can quinoncan
blo ynoqmimo t
ynvallaque ce
ompa qmilmalli
can valqmiztiaq val nenẽque.

Cetecpatl xihuitl yn valleva
que incolhuacan navintin ỹ
qui val mamaque indiablo;
yceetlacatl ytoca

quauhcovatl ymicome apanecatl ymquey
ytoca tezcacovacatl ymic nahui ytoca
chimalman—.

MANESSE BIBLIOTHEK DER WELTGESCHICHTE

JACQUES SOUSTELLE

Das Leben der Azteken

Mexiko am Vorabend der spanischen Eroberung

Aus dem Französischen
von Curt Meyer-Clason

MANESSE VERLAG
ZÜRICH

Einleitung

In dem weiten mexikanischen Raum haben zahlreiche Zivilisationen einander abgelöst. Von den ersten vorchristlichen Jahrtausenden bis zum schicksalsschweren Jahre 1519, das die Eroberung durch die Europäer sah, sind hier so viele Kulturen gleich Meereswogen aufgestiegen und zerschellt, daß es nottut, den Gegenstand dieses Buches in Raum und Zeit genau zu umschreiben. Es soll versucht werden, den Alltag der Mexikaner – «Mexica» nannten sie sich selbst – um die Wende des 16. Jahrhunderts zu schildern.

Nach Ablauf eines jeden einheimischen «Jahrhunderts», das aber nur zweiundfünfzig Jahre währte, feierte man das große Fest des NEUEN FEUERS, das Fest der «Jahresringe». Im Jahre 1507 fand unter der Regierung des Kaisers Montezuma II. Xocoyotzin («des Jüngeren») das letzte dieser Feste statt. Zu dieser Zeit stand die mexikanische Zivilisation in der vollen Blüte jugendlicher Entwicklung. Kaum hundert Jahre zuvor hatte der erste der drei großen Herrscher, Itzcoatl (1428–1440) die Drei-Städte-Liga unter dem Vorsitz von Mexiko-Tenochtitlan gegründet. Dort war auf der mittleren Hochebene in 2200 Meter Höhe

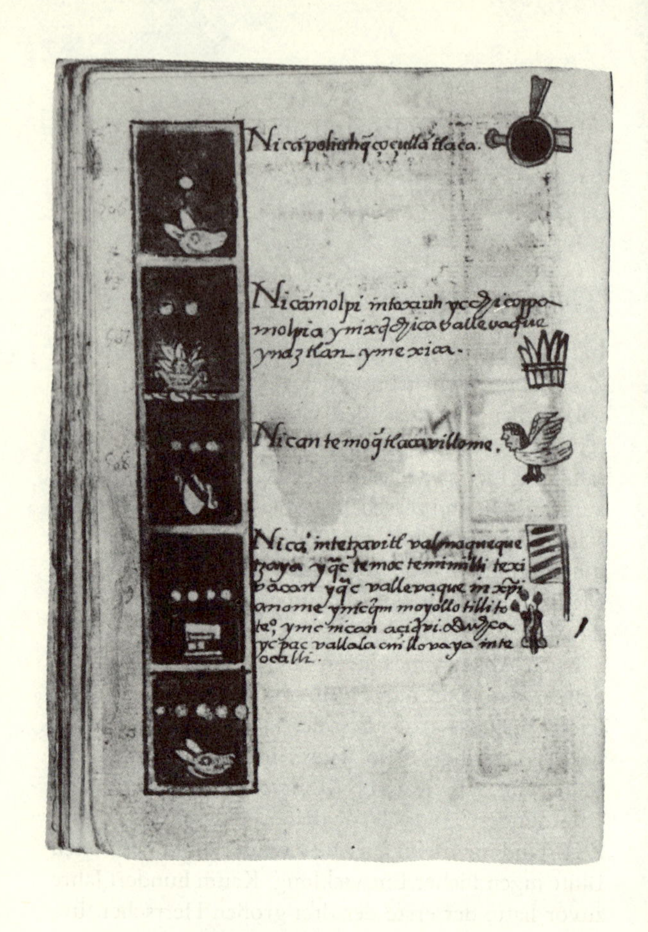

CHRONIK DER JAHRE 1506 BIS 1510
IM CODEX AUBIN

an den Ufern und sogar auf den Wassern der Lagunen, bewacht vom ewigen Schnee der sie umgebenden Vulkane, in wenigen Jahrzehnten die gewaltigste Macht entstanden, die dieser Teil der Erde gesehen hatte.

Von der öden Steppe des Nordens bis hinab zum glühenden Dschungel der Landenge, von der Golfküste bis zum Gestade des Stillen Ozeans hätte im Jahre 1507 niemand geahnt, daß dies herrliche Reich mitsamt seiner Kultur, seiner Kunst und seinen Göttern wenige Jahre später das Opfer eines beispiellosen Zusammenbruchs werden sollte. Zum Vergleich dazu darf der Fall Konstantinopels als Katastrophe minderen Ausmaßes angesehen werden. Wußte doch in Mexiko kein Mensch, daß die Inseln des westlichen Ozeans schon seit dem Jahre 1492 von einem Volke weißer Rasse, das von einem unbekannten Erdteil stammte, besiedelt waren.

Zwischen der ersten Reise von Christoph Kolumbus und der Landung von Fernando Cortés liegen siebenundzwanzig Jahre. In dieser kurzen Spanne leben zwei Kulturwelten, nur durch einen Meeresarm getrennt, Seite an Seite und wissen nichts voneinander.

In Europa bricht die Neuzeit sich schüchtern Bahn. Im Jahre 1507, da die Mexikaner wieder einmal «die Jahre knüpfen» und auf dem Gipfel des Uixachtecatl das NEUE FEUER entzünden, empfängt Luther die Priesterweihen. Ein Jahr zuvor malt Leonardo da Vinci seine Gioconda, und Bramante beginnt mit dem Bau von Sankt Peter. Frankreich ist mit seinem italienischen Feldzug beschäftigt; Florenz ernennt Niccolò

Machiavelli zum Staatssekretär seiner Miliz. Spanien erobert das maurische Granada und gewinnt hierdurch den Rest seiner verlorengegangenen Gebiete zurück. Die neuentdeckten Länder locken. Immer weiter gen Westen treibt die Eroberungslust Spaniens Karavellen, Kriegsleute und Missionare. Nie hatten sie sich über die Bahama-Inseln, Cuba und Haiti hinausgewagt und nur die Küste von Honduras und den Golf von Darien gestreift. Noch ahnt kein Weißer, daß jenseits der Yucatanstraße und des mexikanischen Golfes ungeheure Gebiete sich erstrecken mit menschenwimmelnden Städten, mit Tempeln und vielerlei Staaten.

Auch Mexiko vermutet nichts von dem Schicksal, das bald an seine Türen pochen wird. Planmäßig treibt der Kaiser die Erschließung der Landstriche vorwärts, die unter der Oberhoheit des regierenden Stammes der «Mexica» stehen. Eine nach der anderen fallen die letzten freien Städte, und die entlegensten Dörfer der tropischen Regionen beugen sich vor der Macht des Hochtals. Immerhin bewahren einige kleine Staaten ihre Unabhängigkeit, insbesondere die aristokratische Republik von Tlaxcala, eine Enklave im Herzen des Reiches. Sie wird belagert, von Handel und Wandel abgeschnitten. Aber fordert denn nicht der mexikanische Götterkult, daß zum Ruhm des Sonnengottes der Xochiyaoyotl, der «Blumenkrieg», mitten im Herzen des mexikanischen Friedens fortdauert?

Noch ein paar Jahre, dann zerreißt der Schleier, der die beiden Welten trennt. Dann heißt es: Stahldegen gegen Schwerter aus sprödem Obsidian, Kanonen gegen Pfeil und Wurfgeschoß, Sturmhaube gegen Federschmuck.

Paläste, Pyramiden, seenüberquerende Hochstraßen; steinerne Standbilder und Masken aus Türkis; Umzüge, prangend von Geschmeide und Federbüschen; Priester, Herrscher und heilige Bücher: all das versinkt wie ein Traum. Hier sei versucht, den schillernden Widerschein, den Glanz und den Schimmer einer vom Untergang gezeichneten Welt kurz vor ihrem Ende einzufangen.

Als Erben glänzender Kulturen erschienen die «Mexica» erst spät auf dem mittleren Hochland «Azteca», das heißt: Azteken nannte man sie außerdem in Erinnerung an Aztlán, den mythischen Ausgangspunkt ihrer Wanderung. Ihre Kenntnisse der Vergangenheit reichten nur wenige Jahrhunderte zurück. Für sie waren die Pyramiden von Teotihuacán, deren Erbauung wir um das 6. Jahrhundert ansetzen, ein Werk der Götter zu Beginn der Schöpfung, als Sonne und Mond entstanden. Die Kunst des Bauens und Bildens, die Technik der Federgeflechte, die Erfindung von Kalender und Schrift stammten nach ihrer Auffassung von den alten Einwohnern von Tula, den Tolteken, her, deren Blüte ins 10. und 11. Jahrhundert fällt. Für die Mexikaner gehörten Tula und sein Sonnenkönig Quetzalcoatl, die «gefiederte Schlange», einer legendären Vergangenheit an. Für sie hatten Quetzalcoatl und die Tolteken als erste alle Künste entwickelt und alle Kenntnisse erworben, die Mexiko seither besaß. Doch hatte Tezcatlipoca, der düstere Gott des Nachthimmels, mit seiner schwarzen Magie den Sieg davongetragen und den gleißenden Quetzalcoatl aus Mexiko verbannt. Es hieß, er sei auf den Wogen des Atlantischen Ozeans, der «himmlischen Gewässer», entwichen; eine andere Legende will wissen, er habe sich auf einem Scheiterhaufen selbst verbrannt.

Chaos folgte dem Falle Tulas. Die Nomadenstämme des Nordens, die man unter dem Gattungsnamen Chichimeca zusammenfaßte, was dem «Barbaren» der alten Griechen entspricht, fluteten in wellenförmigen Vorstößen auf das mittlere Hochland zu. Hier reichen Legende und Geschichte einander die Hand.

Im 12. Jahrhundert setzt eine ausgedehnte Völkerwanderung ein: jagd- und kriegslustige Stämme, denen Ackerbau, Seßhaftigkeit und das Webhandwerk unbekannt sind, ziehen allmählich südwärts. Rasch nehmen diese Völkerstämme durch die Berührung mit den Tolteken und den seßhaften Ackerbauern, die nach dem Untergang von Tula im Lande verblieben waren, Sitten und Gebräuche ihrer Vorgänger an; sie bauen Dörfer und Städte. Die bäuerlichen Dialekte der Eindringlinge gehen in der «klassischen» Sprache der alten Mexikaner, dem *nauatl,* auf. Städte wie Colhuacán, Azcapotzalco und Texcoco entstehen. Hier verfeinert sich das Leben. Die Großen beginnen den Kampf um die Vorherrschaft im Hochtal und entreißen sie sich abwechslungsweise. Diese neuerstehende Welt erinnert seltsam an die Republiken der italienischen Renaissance mit ihrer Leidenschaft für Städtefehden, Ränke und Blutrache.

Und nun erhält ein armer, verachteter, tausendmal gedemütigter Volksstamm von seinen mächtigen Nachbarn ein paar sumpfige Inseln in der Lagune zugesprochen. Rund um den Tempel des unbändigen und eifersüchtigen Gottes Uitzilopochtli, der sie durch einhundertfünfzig Jahre ihrer Wanderung geleitet hat, bauen die «Mexica» ihre Hauptstadt, einen armseligen Marktflecken aus Rohrhütten, umgeben von unwirtlichem Sumpfland ohne Bauholz und Gestein. Gehört doch das gesamte Nutzland – Felder, Wälder und Steinbrüche – den älteren Städten, die ihren Besitz argwöhnisch bewachen. In diesem Ödland nun siedelt sich im Jahre 1325 der unstete Volksstamm endlich an. Hier läßt man ihn in Ruhe. Hier erblickt er auch die Verheißung seines Gottes: einen Adler, der auf einem Kaktus eine Schlange vertilgt. Noch dauert es fünfzig Jahre, bis die «Mexica» ihren ersten Staat fügen und ihren ersten Kaiser Acamapichtli wählen. Noch ist die mexikanische Hauptstadt so schwach, noch ist ihr Geschick so ungewiß, daß sie, um sich fürs erste zu behaupten, die Oberlehensherrlichkeit von Azcapotzalco anzuerkennen gezwungen ist. Erst im Jahre 1428 gelingt es ihr, dieses Joch abzuschütteln.

Niemand hätte in diesen bescheidenen Anfängen die Wurzel zu einem mächtigen Reich zu sehen gewagt. Niemand außer den «Gottesträgern», den Kriegerpriestern, war doch ihrer Obhut das heilige Bildnis des Gottes Uitzilopochtli während der Wanderung anvertraut gewesen. Sie hatten dem Volk die Weissagungen des Gottes verkündet und am Glauben seiner Herrscheraufgabe festgehalten; sie bildeten die erste Zelle der Herrscherkaste, welche die «Mexica» in knapp zweihundert Jahren auf den Gipfel ihrer Herrschaft führen sollte.

Zu Beginn des 16. Jahrhunderts sind von den schwierigen Anfängen nur noch die schwimmenden Gärten, jene genial angelegten *chinampas,* am Rande der Stadt übrig. Es sind Zeugen jener Zeit, da die landlosen Mexikaner sich ihre eigene Erde schufen, indem sie Schlamm, den sie dem Grund der Sümpfe entrissen, auf Flöße von Rohrgeflecht häuften. Mexiko-Tenochtitlan, ein Venedig der Neuen Welt, erhebt auf den Wassern seine stolzen Terrassen und Pyramiden. Der Name seines Kaisers Montezuma ist bei zwanzig verschiedenen Völkern[1] der Inbegriff von Macht und Glanz. Hier fließt der Reichtum der Provinzen zusammen, hier entwickeln sich Prachtliebe und Wohlleben. Seit der Zeit der märchenhaften Tula hatten die Augen der Indianer Mexikos nie solche Wunder erblickt.

Die *archäologische* Forschung hat im Tal Mexikos, wo man kaum zu graben braucht, um auf Spuren der Aztekenzeit oder früherer Epochen zu stoßen, reiche Früchte gezeitigt. Häusliche und religiöse Tongefäße, Werkzeuge, Waffen und Bildwerke sind im Überfluß gefunden worden. Da die Mexikaner aber ihre Toten im allgemeinen verbrannten, anstatt sie wie die Zapoteken und Mixteken zu begraben, fehlt uns bei ihnen die schier unversiegbare Quelle der Gräber mit ihren Gebrauchsgegenständen, Gewändern und Kostbarkeiten. Andererseits steht in Mexiko selbst kein einziger alter Bau mehr, da die Spanier während und nach der Belagerung vom Jahre 1521 die Stadt planmäßig zerstörten. Daher kennen wir widersinnigerweise die Bauart der fernen Mayas des 7. Jahrhunderts viel besser als die der Mexikaner des 16. Jahrhunderts. Im Versteck der Dschungel von Chiapas haben ihre Tempel und Pyramiden die Wut von Wetter und Wachstum durch mehr als tausend Jahre überstanden, während die Baudenkmäler Mexikos der menschlichen Zerstörungssucht zum Opfer fielen.

Doch unterscheidet sich der Zeitabschnitt, der uns hier beschäftigt, von allen anderen durch den Reichtum seiner schriftlichen *Urkunden*. Die Mexikaner fesselte ihr eigenes Leben und ihre Geschichte, sie waren unermüdliche Redner und liebten die Dichtkunst; auch nahmen sie am Kulturleben der anderen Völker lebhaften Anteil. Endlich beschäftigte sie auch ihre Zukunft und schärfte ihren Sinn für Vorahnungen und Schicksalsdeutungen. Daher die Vielzahl ihrer Bücher: geschichtlich oder mythisch, erzählend, religiös oder wahrsagend – Schriften, die nach einem Bild- und Lautsystem abgefaßt waren.

Außer den eigentlichen Büchern kannte die mexikanische Kultur nicht nur das Papier, sondern auch den Papierkrieg. Im Aztekenreich liebte man Prozesse; Streitfälle und Zwistigkeiten wuchsen dabei zwangsläufig zu Aktenbündeln an. Machten beispielsweise zwei Dörfer einander gewisses Bauland streitig, so brachten sie zur Unterstützung ihrer Aussage Landkarten, Anlagepläne und ihren Stammbaum mit, um damit das altverbriefte Anrecht dieser oder jener Familie auf das im Streitfall stehende Land zu beweisen.

Ein großer Teil dieser Urkunden ist ebenfalls nach der Eroberung vorsätzlich zerstört worden. Manches Buch hatte religiösen oder magischen Charakter. Bischof Zumárraga ließ sie beschlagnahmen und verbrennen; sicherlich befanden sich auch Schriften weltlicher Art wie Geschichtsbücher darunter. Glücklicherweise wurde eine ziemlich große Anzahl Werke vom Scheiterhaufen verschont. Andererseits erkannten die Indianer recht bald die Vorteile des von den Europäern mitgebrachten Alphabets gegenüber der verwickelten und schwerverständlichen Schrift, die sie bislang gebraucht hatten. Unter Zuhilfenahme der alten Bildhandschriften – von denen trotz der Verbote manch eine sicherlich in den Adelsfamilien aufbewahrt worden war – verfaßten die Azteken, sei es in mexikanischer Sprache und in lateinischen Buchstaben, sei es auf spanisch wertvolle *Chroniken* wie die Jahrbücher von Cuauhtitlán, die Geschichtsbücher von Chimalpahin Quauhtlehuanitzin, von Tezozomac, von Ixtlilxochitl, die von den eingehendsten Einzelheiten über das Leben der alten Mexikaner wimmeln.

Schließlich haben uns auch die Spanier äußerst wertvolle Urkunden hinterlassen. Die erste «Welle» des Einfalls, die aus ebenso rauhen wie tapferen Soldaten bestand, hatte an ihrer Spitze immerhin einen

Staatsmann vom Rang eines Fernando Cortés und in seinem Stab einen geborenen Schriftsteller, der zu sehen und zu erzählen verstand, Bernal Díaz del Castillo. *Cortés' Briefe an Karl den Fünften* und die *Erinnerungen,* die der greise *Bernal Díaz* vor seinem Tode niederschrieb, stellen die erste europäische Zeugenaussage über eine bis dahin vollkommen unbekannte Welt dar. Während der Bericht von Cortés erschöpfender ist, ziehen uns die Aufzeichnungen von Díaz dank ihrer heiteren und gleichzeitig tragischen Unmittelbarkeit an. Gewiß hat weder der eine noch der andere objektiv zu sehen und zu verstehen versucht; zunächst bleiben ihre Augen einfach bei Befestigungen und Waffen, bei Reichtum und Gold haften. Von der einheimischen Sprache hatten sie keine Ahnung und verstümmeln wie zum Spaß jedes Wort, das sie anführen. Die mexikanische Religion, die ihnen als verdammungswürdiges und scheußliches Sammelsurium dämonischer Bräuche vorkam, empörte sie ehrlich. Dennoch hat ihr Zeugnis für uns den Wert eines Tatsachenberichtes, vermögen wir doch seinen Zeilen Dinge zu entnehmen, die nach ihnen niemand mehr zu Gesicht bekommen sollte.

Nach den Soldaten kommen die Missionare an die Reihe. Der berühmteste unter ihnen, Pater Bernardino de Sahagún, trifft in Mexiko im Jahre 1529 ein. Er erlernt das *nauatl,* läßt sich von indianischen Edelleuten in dieser Sprache diktieren und nimmt indianische Schreiber zur Bebilderung seiner Handschrift zu Hilfe. Damit schuf Sahagún ein bewunderungswürdiges Denkmal, die *Historia General de las Cosas de*

Nueva España. Dieses Werk, dem er sein ganzes Leben opferte, brachte ihm wiederholte Verdächtigung und Beschlagnahme seiner Handschriften durch die Behörden (1571 und 1577) ein. Er starb 1590 in Mexiko, nachdem er «seinen Söhnen, den Indianern» Lebewohl gesagt hatte und ohne die Genugtuung gehabt zu haben, auch nur ein Bruchstück seiner Schriften veröffentlicht zu sehen. Andere Geistliche, namentlich Motolinía, haben ebenfalls beachtliche Werke hinterlassen, ohne freilich diesem gleichzukommen. Neben diesen Arbeiten erster Ordnung seien noch jene «Beschreibungen» und «Berichte» erwähnt, die im 16. Jahrhundert oftmals von Spaniern – Priestern, Beamten, Bürgermeistern – ohne Namensnennung abgefaßt wurden und wahre Fundgruben darstellen – wenn ihre Angaben auch nicht selten mit Vorsicht zu genießen sind, da kritischer Sinn nicht gerade die Stärke ihrer Verfasser gewesen zu sein scheint. Auch sei auf die zahlreichen piktographischen Schriften von Einheimischen hingewiesen, die nach der Eroberung entstanden sind, seien es geschichtliche Erzählungen wie der *Codex von 1576,* seien es Aktenstücke. Tritt doch die Lust am Prozessieren uns bei Indianern und Spaniern in manchem Land- und Steuerzwist entgegen, die eine Menge nützlicher Angaben enthalten. Überhaupt ist das Schrifttum des Stoffes ausnehmend reich. Es läßt uns somit ein Bild dieser letzten Epoche mexikanischer Kultur entwerfen, das, ohne vollkommen zu sein – denn viele Rätsel sind ungelöst –, trotz allem lebendig und reich an Einzelheiten ist.[2]

Das Kaiserreich bestand bei Regierungsende von Montezuma II. aus achtunddreißig lehenspflichtigen Provinzen. Dazu kommen die Kleinstaaten mit unbestimmtem Statut, die die Karawanen- und Heerstraßen zwischen dem Oaxaca und dem südlichen Ausläufer von Xoconochco säumten. Das Reich erstreckte sich bis zu den beiden Ozeanen, dem pazifischen bei Cihuatlán, dem atlantischen die ganze Golfküste entlang von Tochpan bis nach Tochtepec. Im Westen grenzte es an den zivilisierten Stamm der Tarasken vom Michoacán[3], im Norden an das jagdliebende Wandervolk der Chichimeca, im Nordosten an die Huaxteken, einen selbständigen Zweig der Mayafamilie. Im Südosten bildete die unabhängige, aber verbündete Provinz Xicalanco eine Art Pufferstaat zwischen den Bewohnern des mittleren Mexiko und den Maya von Yucatán. Unabhängig von Mexiko war auch eine Anzahl Standesherren oder Stammesverbände geblieben, sei es in Form von Enklaven im Herzen des Reiches, sei es als Markgrafschaften: die Republik *nauatl* von Tlaxcala auf dem mittleren Hochland war solch ein Fall, ebenso die *nauatl*-Herrschaft von Metztitlán in der nordöstlichen Sierra, der Kleinstaat *yopi* an der pazifischen Küste, und endlich das Bergvolk *chinanteca,* welches das undurchdringliche Massiv zwischen der Küstenebene des Golfes und den Tälern des Oaxaca, das sie noch heute bewohnen, beherrschten.

Was die Provinzen selbst anbelangt, so bildete jede einzelne mehr einen Steuerbesitz als eine politische Einheit. In jedem «Hauptort» hatte ein Beamter, der

MEXIKO NACH PROVINZEN UND STÄMMEN

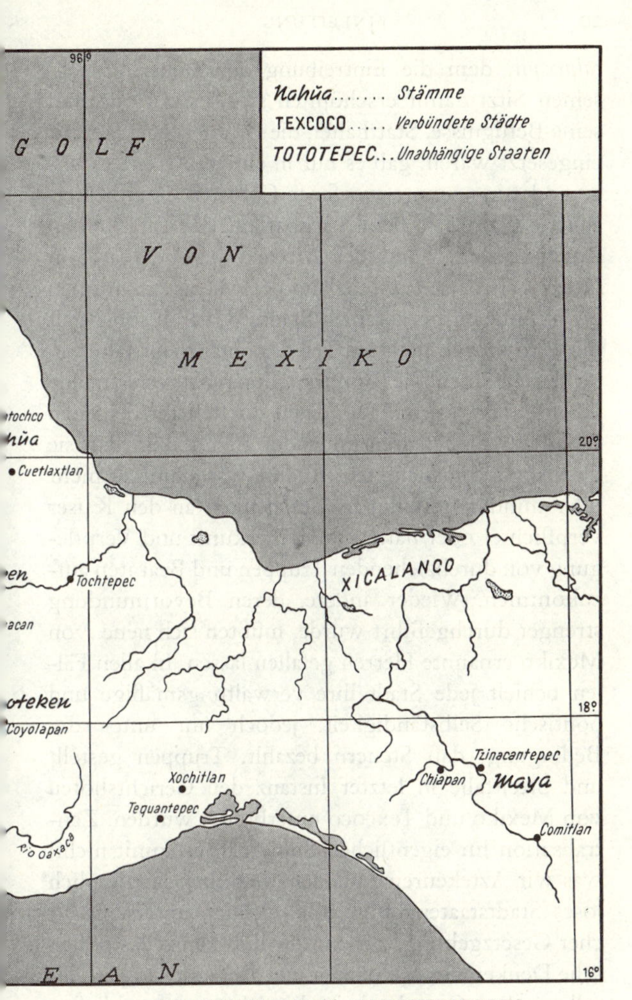

ZU BEGINN DES 16. JAHRHUNDERTS

calpixqui, dem die Eintreibung der Steuern oblag, seinen Sitz; damit erschöpften sich seine Rolle und seine Befugnisse. Statthalter, die von der Staatsgewalt eingesetzt waren, gab es nur in einigen Grenzfestungen oder in neuunterworfenen Gebieten, so zum Beispiel in Oztoman, dem Nachbarland der Tarasken, in Zozolan, dem Land der Mixteken, in Oaxaca, in Xoconochco, dem Grenzland der Mayas, zusammen etwa fünfzehn bis zwanzig Städte. Überall sonst galt die «Provinz» nur als ein Teil des Finanzhaushaltes, in dessen Rahmen die Bundesstädte recht verschieden veranschlagt waren. Die einen durften ihre eigenen Oberhäupter behalten unter der Bedingung, daß sie ihre Abgabe entrichteten. Andere waren nur zu mehr oder minder freiwilligen Geschenken an den Kaiser verpflichtet oder hatten für Unterkunft und Verpflegung von durchziehenden Truppen und Beamten aufzukommen. Wieder andere, deren Bevormundung strenger durchgeführt wurde, mußten sich neue, von Mexiko ernannte Herren gefallen lassen. In allen Fällen behielt jede Stadt ihre verwaltungsmäßige und politische Selbständigkeit, jedoch nur unter der Bedingung, daß Steuern bezahlt, Truppen gestellt und Streitfälle in letzter Instanz den Gerichtshöfen von Mexiko und Texcoco unterbreitet wurden. Zentralisation im eigentlichen Sinne gab es somit nicht; was wir Aztekenreich nennen, war eher ein ziemlich loses Stadtstaatengefüge mit reichlich unterschiedlicher Gesetzgebung. Bis zum Schluß kennt das politische Denken der Mexikaner nur die Stadt *(altepetl)* als selbständige Grundeinheit, die sich zwar anschließen oder einer anderen unterordnen kann, aber dennoch die Grundzelle des Staatengefüges bleibt. Das Kaiserreich ist somit ein Städtemosaik.

Als solches konnte sein Einfluß auf die herrschende Stadt nicht ausbleiben und mußte ihre Lebensbedingungen nach und nach verändern. Denn durch Steuerzufluß oder Handel fanden die Erzeugnisse aller Provinzen den Weg nach Mexiko, namentlich die auf der mittleren Hochebene vorerst unbekannten tropischen Produkte wie Baumwolle, Kakao, Wildfelle, bunte Federn, Türkis, Jade und endlich das Gold. So gewannen in Tenochtitlan Wohlleben und Prachtliebe Boden – Prachtliebe in Kleidung und Schmuck, Aufwand im Essen, Entfaltung im Wohnen und in der Ausstattung. Und all dies auf Grund einer ständigen Flut von Waren jeglicher Art und Herkunft, die von allen Himmelsrichtungen des Staatenbundes zur Hauptstadt strömte.

Andererseits konnte ein derart gestaltetes und in einigen seiner Gebiete jüngster Gründung entstammendes Weltreich nicht anders als recht unruhig sein. Immer legte es die eine oder andere Stadt darauf an, ihre vergangene Selbständigkeit wiederzuerlangen, den Tribut zu verweigern oder den *calpixqui* und seine Helfer umzubringen. Alsbald sah man sich zu einer militärischen Expedition gezwungen, um die Ordnung wiederherzustellen und die Aufrührer zu bestrafen. Mehr und mehr hörte der mexikanische Bürger auf, der bäuerliche Soldat der alten Zeiten zu sein, um Berufssoldat zu werden, der dauernd im Felde stand. Wie das Gewebe der Penelope mußte die Arbeit an dem ungeheuren Reich – das um so ausgedehnter war, als es auf Grund seiner schwierigen natürlichen Hindernisse nur zu Fuß durchmessen werden konnte – immer wieder von neuem begonnen werden. Daher legte der nach Veranlagung und Überlieferung kriegerische Mexikaner selten die Waffen aus der Hand. Die Ausdehnung der Gebiete zog die Dauer der Unternehmungen unendlich hinaus oder zwang den Herrscher, in den entlegensten Orten ständige Garnisonen zu unterhalten. Man hatte sich also schon lange von dem primitiven Zustand des mexikanischen Stammes entfernt, wo der reife Mann zwischen Waffendienst und Feldarbeit abwechselte und zeitweise das Schwert mit der *coa* vertauschte[4]. Daher neigt man zu der Ansicht, daß die Azteken das Kriegshandwerk gepflegt und den anderen Völkern den Frondienst überlassen haben.

Schließlich vereinigte dies Reich eine große Anzahl der ungleichartigsten, durch ganz verschiedene Sprachen gekennzeichneten Bevölkerungen: sicherlich waren die Zentralprovinzen im wesentlichen von den Naua bevölkert, aber die Otomis hielten bereits gute Nachbarschaft mit ihnen, sprachen ihre unverständliche Sprache und verehrten ihre alten Sonnen-, Wind- und Erdgottheiten. Auch im Norden bildeten die Otomis den Grundstock der Bevölkerung in Quahuacan, Xilotepec, Hueypochtla und Atocpan. Im Nordosten und Osten fanden sich Huaxteken in Oxitipan, Totonaken in Tochpan und Tlapacoyan, Mazateken in Tochtepec. Im Südosten lebten Mixteken in Yoaltepec und Tlachquiauco, Zapoteken in Coyolapan. Mayas im Süden an der «Stufe» von Xoconochco; im Südwesten waren die Tlappaneken von Quiauhteopan, die Cuitlateken und die Coixca von Cihuatlán und Tepequacuilco ansässig. Endlich stieß man im Westen auf die Mazahua und die Matlaltzinca von Xocotitlán, von Tolocan, von Ocuilan und von Tlachco. Es konnte nicht ausbleiben, daß Gebräuche und Glaubenssätze dieser verschiedenartigen Völker Einfluß auf den herrschenden Stamm ausübten. In dem Zeitabschnitt, der uns angeht, tragen die Mexikaner den Federschmuck der tropischen Völker, das Lippengehänge aus Bernstein der Maya von Tzinacantlan, die buntscheckig-bestickten Baumwollgewänder der Totonaken, das Goldgeschmeide der Mixteken. Auch haben sie die Liebesgöttin der Huaxteken und das Fest der Mazateken, das alle acht Jahre zu Ehren des Planeten Venus gefeiert wird, übernommen. Ihre Religion war sehr aufnahmefähig und ihr Götterhimmel gastfrei; alle kleineren Lokalgottheiten der Bauernvölker, zum Beispiel *Tepoztecatl,* Erdgottheit der Ernte und des Trankes, die in Tepoztlán[5] verehrt wurde, fanden darin leicht ein Plätzchen. Gewisse gottesdienstliche Bräuche wurden von Gesängen in fremder Sprache begleitet[6].

So befand sich die geschichtliche und gesellschaftliche Aufwärtsbewegung des mexikanischen Reiches in dem Augenblick, als die Spanier sie jäh unterbrachen, auf einer Entwicklungsstufe, die aus einem einfachen, ackerbautreibenden, in seiner Armut gleichförmigen Wandervolk einen mächtigen Stadtstaat gemacht hatte, der seine Herrschaft auf die verschiedensten Länder und Völkerschaften ausübte. Der Aufstieg der aus Kriegern, Priestern und Beamten zusammengesetzten Führerschicht, die der Kaufleute, denen allmählich bedeutende Vorrechte eingeräumt wurden, sowie die Entwicklung der monarchischen Gewalt hatten die alte gesellschaftliche Stammesordnung tiefgehend verändert. Wie gegen Ende der römischen Republik predigte die offizielle Weltanschauung vergeblich die Einfachheit der alten Zeiten, wie auch Aufwandsverbote ihr möglichstes taten, um die Auswüchse der Prachtliebe zu steuern.

Indessen führte außerhalb von Glanz und Reichtum der Städte der Bauer – *nauatl,* Otomi, Zapoteke und so weiter – sein geduldiges, arbeitsames und unscheinbares Leben weiter. Von ihm, dem *maceualli,* dessen Arbeit die Städter ernährte, wissen wir so gut wie nichts. Manchmal finden wir ihn in Skulpturen dargestellt, angetan mit seinem Schurz; denn gestrickte Mäntel gingen wohl über seine Verhältnisse. Seine Hütte, sein Maisfeld, seine Truthähne, seine kleine eineheliche Familie und sein enges Blickfeld boten keinerlei Anreiz für einheimische oder spanische Chronisten, die ihn in ihren Beschreibungen und geschichtlichen Darstellungen gewissermaßen ausklammerten. Jedoch verdient er hier der Erwähnung, wenn auch nur zu dem Zweck, auf sein stilles Schattendasein am Rande einer glänzenden Stadt-Kultur aufmerksam zu machen. Und das um so mehr, als nach dem Unheil von 1521 nur er den völligen Zusammenbruch von Idee und Macht, von religiösem und gesellschaftlichem Gefüge überlebt hat und heute noch da ist.

ERSTES KAPITEL

Die Stadt

Tenochtitlan – eine junge Hauptstadt

Betrachten wir sie einmal, diese Stadt, und lauschen wir auf ihre Stimmen. Ihr Tun hat nichts von Hast an sich, gleicht vielmehr einem steten, geordneten Wirken. Die Menschenmenge mit ihren braunen Gesichtern und weißen Gewändern gleitet unaufhörlich an den stummen Häuserfronten vorbei, deren Portale den frischen Hauch der Gärten ausatmen. Fast verschluckt das scharrende Geräusch der bloßen Füße und Sandalen die halblaute Unterhaltung der Bevölkerung. Hebt man die Augen auf, so erblickt man die scharfen Umrisse der Pyramiden gegen den blauglühenden Himmel; weit dahinter recken die beiden großen Vulkane über den dunklen Wäldern ihre von ewigem Schnee bedeckten Häupter empor. Die Männer trippeln unter dem Gewicht ihrer Traglasten einher, die Stirn gegen den Druck des Kopfriemens nach vorne geneigt; die Frauen eilen mit ihren von Geflügel oder Gemüse strotzenden Körben zum Markt. Zu ihren Seiten gleiten Kanus geräuschlos auf dem Wasser der Kanäle dahin. Plötzlich läuft ein Ruf von Mund zu Mund, am Ende der Allee erscheint ein Zug: der Kaiser! Die Menge teilt sich und wirft mit gesenktem Blick Blumen und Mäntel auf den Weg des Herrschers, der mit seinem Gefolge von Würdenträgern in einer Wolke von grünem Federschmuck und goldenem Zierat vorüberschreitet.

Die Luft ist frisch, sogar zur Mittagszeit, sobald man sich im Schatten der Mauern aufhält, und nachts wird es richtig kühl. Straßenbeleuchtung gibt es nicht. Und die Nacht – das weiß ein jeder – gehört geheimnisvollen und teuflischen Wesen, die an Straßenkreuzungen plötzlich aus dem Dunkel tauchen.

Da ist Tezcatlipoca, der die Krieger bedrängt, und die düsteren *Ciuateteo,* weibliche Ungeheuer, die die Schlummerstunden unsicher machen. Und doch geht das Leben der Stadt – im Gegensatz zu den europäischen Städten des gleichen Zeitabschnitts – die Nacht hindurch bis zum Morgen weiter. Der rötliche Schein der Fackeln flackert über Portalen und Innenhöfen. Denn nachts werden die wichtigsten Besuche gemacht, nachts feiert man die Rückkehr der Karawanen, nachts erheben die Priester sich in regelmäßigen Abständen aus ihrem Schlummer und zelebrieren ihre heiligen Bräuche. Flötentöne mischen sich bei den Gastmählern in das Stimmengewirr der Edlen und Kaufherrn. Aus den Tempeln dringen die entrückten Klänge der Pauken. Und Flammen aus riesigen, mit harzreichem Holz gespeisten Dreifüßen, die auf den Stufen des *teocalli* brennen, werfen ihre roten Gespensterschatten in das tiefe Dunkel der Nacht.

Heutige Beobachter gehen über die Deutung des Schauspiels, das wir zu beschreiben gedenken, weit auseinander. Was war denn genaugenommen Tenochtitlan? Ein großer indianischer Marktflecken, ein ausgewachsenes *pueblo?* Ein Alexandrien der westlichen Welt? «Obgleich Tenochtitlan vom sozialen und regierungstechnischen Standpunkt aus gesehen klar und deutlich die Stadt eines indo-amerikanischen Volksstammes *(an American Indian tribal town)* war, so machte sie nach außen hin den Eindruck einer Reichshauptstadt», schreibt Vaillant. Oswald Spengler hingegen reiht Tenochtitlan unter die «Weltstädte» ein als Sinnbilder und Höhepunkte einer Kultur, die sich in ihrer Größe und ihrem Verfall erfüllt sieht.

Offengestanden weiß ich nicht, was mit «der Stadt eines indo-amerikanischen Volksstammes» gemeint ist. Wenn man damit sagen will, daß Mexiko nicht die richtige Hauptstadt eines Kaiserreiches war und daß hinter ihrer glänzenden Fassade nicht mehr zu finden sei als das, was man in jedem Dorf des Staates Arizona sehen kann, so scheint mir diese Auffassung durch die am wenigsten bestreitbaren Tatsachen widerlegt. Der Unterschied zwischen Mexiko und Taos oder Zuñi ist nämlich ebenso groß wie der zwischen dem Rom Julius Cäsars und dem Rom der Tarquinier. Man darf eben Ankunftspunkt und Ausgangspunkt nicht verwechseln.

Aber kann man Tenochtitlan als eine jener verfeinerten und versteinerten Städte ansprechen, als üppige Gräber einer Kultur, die schon vor dem Untergang erstarrt? Auch nicht. Mexiko war die junge Hauptstadt einer in fruchtbarer Wandlung befindlichen Gesellschaftsordnung, einer machtvoll aufstrebenden Kultur, eines noch in Entwicklung begriffenen Reiches. Die Azteken hatten ihren Höhepunkt noch nicht erreicht: ihr Stern hatte soeben die ersten Grade ihres Laufes durchmessen. Man darf nie vergessen, daß die Stadt durch äußeren Einfluß zerstört wurde, noch bevor sie ihre zweite Jahrhundertfeier begehen konnte, und daß ihr Aufstieg in Wahrheit aus der Zeit Itzcoatls herstammte, also weniger als ein Jahrhundert vor dem Überfall zurücklag.

Natürlich hatte das Land in kurzer Zeit eine fabelhaft rasche Entwicklung von Mensch und Ding gesehen, und diese Entfaltung war von der Spannkraft und dem reichen Kulturerbe eines jungen Volkes noch beschleunigt worden. Doch ließ der Saft keineswegs nach und stieg noch immer in der von jungen Blüten strotzenden Pflanze. Die Zeit der Erschlaffung und des Versiegens war noch nicht gekommen. Der Einbruch des europäischen Menschen hat darum eine klare Aufwärtsbewegung, die keine Spuren von Müdigkeit zeigte, deutlich zunichte gemacht. Darum erscheint Mexiko im Jahre 1519 keineswegs als erstarrte Stadt und tote Seele in einem leblosen Steinpanzer. Sie ist im Gegenteil ein höchst lebendiges Wesen, das seit zwei Jahrhunderten ein ungestümer Machtwille beseelt. Das Reich ist in voller Ausdehnung nach Südosten begriffen; das Gesellschaftsgefüge befindet sich in fruchtbarer Wandlung; die Regierungsform wird immer weniger die eines Stammes, sondern mehr und mehr die eines Staates. Nichts in diesem Bild deutet auf Altersschwäche hin; die Welt der Azteken hat im Gegenteil seine Reife erreicht. Die Hauptstadt, weder primitiv noch dekadent, spiegelt eher ein Volksleben wider, das den Stammeszusammenhalt zwar noch bewahrt, aber auf der Höhe eines gefügten Reiches bereits neue Ausblicke ahnt.

Ursprung, Lage

Selbst der Name der kaiserlichen Hauptstadt entbehrt nicht ganz des Geheimnisses. In der Tat stellt die Bezeichnung «Mexiko-Tenochtitlan» uns vor manche Fragen. Tenochtitlan ist leicht zu erklären: es ist der Ort des *tenochtli,* des wilden Feigenbaums mit seiner harten Frucht, dargestellt durch die Hieroglyphe[7], welche die Stadt als einen auf einem Felsen wachsenden Kaktus kennzeichnet. Aber was soll «Mexiko» bedeuten? Manche Forscher wie Beyer suchen die Lösung in den übrigen Bestandteilen der Hieroglyphe, das heißt in dem Adler, der auf dem Kaktus hockend eine Schlange im Schnabel hält. Dieser Adler wäre dann das Sinnbild von *Mexitl,* ein anderer Name für Uitzilopochtli, den großen Nationalgott. Andere halten sich an die Abstammung des Namens; unter Berufung auf die Glaubwürdigkeit des Paters Antonio del Rincón vermuten sie darin die Wurzel des Wortes *metztli,* Mond, und die von *xictli,* Nabelschnur oder Mitte. Dann wäre Mexiko «(die Stadt, die ist) inmitten (des Sees) des Mondes»: das war nämlich der alte Name der Lagune, *Metztliapan.* Diese Lesart scheint dadurch bestärkt, daß das benachbarte Volk der Otomis die Stadt mit dem Doppelnamen *anbondo amadetzânâ*[8] bezeichnete; *bondo* bedeutet auf otomisch «Feigenbaum aus der Barbarei» und *amadetzânâ* «inmitten des Mondes».

Der auf dem Kaktus kauernde Adler, der eine Schlange vertilgt: das Wappen der augenblicklichen Republik Mexiko ist nur die getreue Wiedergabe der Hieroglyphe, die die aztekische Hauptstadt kennzeichnete. Der *Codex* von 1576 gibt unter anderem sein Bild inmitten von Rohr- und Strohgeflecht wieder. Auch im *Codex Mendoza*[9] finden wir Adler und Kaktus, wenn auch ohne die Schlange, und zwar mit der Unterschrift «Tenochtitlan». In Wirklichkeit handelt es sich stets um ein Bild, das den Ursprung der Stadt und ihre wundersamen und gleichzeitig ärmlichen Anfänge vor Augen führen soll. Denn selbst auf der Höhe ihres Ruhmes vergessen die Mexikaner nie, daß ihre Hauptstadt von einem verachteten Volksstamm auf Sümpfen und Seen gegründet worden war.

Einer der überlieferten Berichte erzählt, wie die Ältesten zuerst *intollihtic inacaihtic,* «inmitten von Rohr, inmitten von Schilf», eine Anzahl Pflanzen und Tiere entdeckten, die der Gott Uitzilopochtli ihnen angekündigt hatte: eine weiße Weide, einen weißen Frosch, einen weißen Fisch und so weiter[10]. «Und als die Ältesten dies sahen, weinten sie und sprachen: «So soll es hier sein (unsere Stadt), denn wir haben gesehen, was Uitzilopochtli uns verheißen hat.» Aber in der folgenden Nacht rief der Gott den Priester Quauhcoatl (Schlange-Adler) und sprach zu ihm:

«O Quauhcoatl! Du hast gesehen, was es da unten im Schilf alles gibt, und hast dich darüber verwun-

DIE GRÜNDUNG VON TENOCHTITLAN,
DER STADT AM KAKTUSFELSEN

dert. Doch höre: es gibt noch andere Dinge, die du nicht gesehen hast. Geh also und entdecke sogleich den Kaktus *tenochtli,* auf dem fröhlich ein Adler sitzt... Dort wollen wir uns niederlassen, dort wollen wir herrschen, warten und den anderen Völkern entgegentreten, auf daß wir sie mit Pfeil und Schild unterwerfen. Dort soll auch unsere Hauptstadt Mexiko-Tenochtitlan stehen, dort, wo der Adler seinen Schrei ertönen läßt, wo er seine Schwingen ausbreitet und seine Nahrung sucht, dort, wo der Fisch schwimmt und die Schlange vertilgt wird; Mexiko-Tenochtitlan, vieles wird dort geschehen!»

Quauhcoatl versammelte alsbald die Mexikaner um sich und überbrachte ihnen die Worte des Gottes. Nun drangen sie unter seiner Führung inmitten von Wasserpflanzen und Schilf in das Sumpfland ein, und plötzlich «sahen sie am Rande einer Höhle den Adler, der auf einem Kaktus saß und lustig eine Schlange verzehrte...», und der Gott rief sie an und sprach: «Mexikaner, hier ist der Ort!» Da weinten sie und riefen aus: «Nun sind wir (unseres Gottes) endlich würdig geworden, nun haben wir (die Belohnung) verdient, wir haben das Zeichen mit Staunen gesehen; hier soll unsere Stadt sein!» Das begab sich im Jahre *ome acatl,* «Zwei-Rohr», das heißt im Jahre 1325 unserer Zeitrechnung.

Der *Codex Azcatitlan* versinnbildlicht die Anfänge des mexikanischen Lebens in Tenochtitlan mit einer Darstellung von Indianern, die von Booten aus teils mit Angeln und Netzen fischen, teils Fische mit Stockschlägen in ihre ausgespannten Netze treiben, das Ganze umgeben von Schilfbüscheln und Wasservögeln.

So ungefähr dürfte die Lebensweise der Mexikaner jener Zeit gewesen sein. Sie unterschied sich in nichts von dem Dasein der Flußbewohner, deren Hauptbeschäftigung außerhalb der Städte in Fischfang und Jagd auf Wasservögel bestand. Man nannte sie *atlaca chichimeca,* die «wilden Seebewohner». Ihre Waffen waren das Netz und *atlatl* oder Wurfbrett für Wurfspeere, dessen Gebrauch für die Jagd auf Seevögel sich bis zum heutigen Tage erhalten hat. Ihre Götter waren: *Atlaua,* «der, welcher *atlatl* trägt», *Amimitl* (von *mitl,* Pfeil, und *atl,* Wasser?) und *Opochtli,* «der Linkser», «der, welcher die Pfeile mit der linken Hand wirft», übrigens Götter, welche in Mexiko noch in ihrer klassischen Zeit bekannt waren[11]. Die Mexikaner werden also in den Augen der Bürger von Colhuacán, Azcapotzalco und Texcoco kaum besser abgeschnitten haben als die anderen «wilden Seebewohner». Wenn sie zu Beginn ihrer Entwicklung zum Bau ihrer Stadt schwere Bohlen, Bretter und Steine benötigten, so kauften sie diese bei den städtischen Stämmen des Festlandes im Austausch gegen Fische und Wasservögel ein. «Armselig und bescheiden war das Haus, das sie ihrem Gott Uitzilopochtli bauten. Das Allerheiligste fiel mehr als klein aus; denn wo hätten sie in dieser Fremde zwischen Schilf und Rohr Bausteine und Holz finden sollen?» ... Die Mexikaner versammelten sich also und sprachen: »Laßt uns Stein und Holz kaufen mit dem, was das Wasser hergibt, mit dem Fisch, *axolotl,* dem Frosch, der

Krabbe, *aneneztli,* der Wasserschlange, dem Wasserfloh, dem Seewurm, der Ente, *cuachilli,* dem Schwan und allen Vögeln, die auf dem Wasser leben. Damit wollen wir Stein und Holz kaufen.» Zu Beginn des 16. Jahrhunderts wurde die Erinnerung an diese Zeit einmal jährlich während der Feier des Monats *Etzalqualiztli* wachgerufen. Die Priester stiegen zu einem feierlichen Bad in die Lagune, und einer von ihnen, der chalchiuhquacuilli (wörtlich: «der Priester des Edelsteins», das heißt: «des Wassers»), sprach die rituelle Formel: «Hier ist die Wut der Schlange, das Summen der Wasserfliege, der Aufflug der Ente, das Rascheln des weißen Schilfs.» Worauf alle untertauchten und mit Händen und Füßen auf das Wasser einschlugen, indem sie den Schrei der Wasservögel nachahmten: «Manche schrien wie Enten (wörtlich: ‹sprachen die Entensprache›, *canauhtlatoa*), andere wie Reiher, Ibis und Silberreiher.» Dieser Brauch wurde vier Tage hintereinander wiederholt.

Wir haben genug Gründe zu der Annahme, daß Adler und Schlange dem Priester Quauhcoatl und seinen Gefährten auf der Stelle erschienen, wo im 15. Jahrhundert der Tempel für Uitzilopochtli erbaut wurde, das heißt, etwas nordöstlich von der heutigen Kathedrale und in ungefähr dreihundert Meter Entfernung in derselben Richtung vom Mittelpunkt des großen Platzes, der heute *Zócalo* heißt. Alle Überlieferungen sind sich in diesem Punkt einig, daß nämlich der erste Tempel – der bloß ein «Gebetshaus», *ayauhcalli,* war – eben dort stand. Die folgenden Herrscher sparten keine Mühe, um Uitzilopochtli ein würdiges

Gotteshaus zu errichten, aber stets erhoben sich von Regierung zu Regierung Gebäude, Pyramiden und Heiligtümer auf demselben Baugrund, dem heiligen, vom Gott selbst bestimmten Ort. Um diesen religiösen Mittelpunkt herum entstanden die kaiserlichen Paläste. Von da gingen auch die großen Achsenstraßen aus, an denen die Stadt sich ausdehnte. Die mexikanische Hauptstadt ist zunächst der Tempel: die Hieroglyphe, die «Fall einer Stadt» bedeutet, ist das Sinnbild eines halbumgestürzten und brennenden Tempels. In diesem «Gotteshaus» – das ist die Bedeutung des aztektischen Wortes *teocalli* – ist Sinn und Sein von Stadt, Volk und Staat beschlossen. Dieser ursprüngliche Mittelpunkt Mexikos ruhte auf festem, felsigem Grund: man erbaute den Tempel «neben einer Höhle», *oztotempa.* Genaugenommen handelte es sich um eine Insel inmitten von Sümpfen in einer weiten Bucht der Lagune. Das Ufer beschrieb um Tenochtitlan einen weiten, von Städten und Dörfern gesäumten Bogen: Azcapotzalco und Tlacopan im Westen, Coyoacán im Süden, Tepeyacac im Norden. Im Westen breitete sich der große Salzsee von Texcoco aus; im Süden die süßen Gewässer der Seen von Xochimilco und Chalco. Andere Inseln oder Inselchen ragten aus der Bucht um Tenochtitlan empor, namentlich die Insel, die zunächst Xaltelolco («Sandhügel»), später Tlatelolco («Erdhügel») genannt wurde und unmittelbar nördlich vom Bauplatz des Uitzilopochtli-Tempels lag. Die Insel Tlatelolco war vom Tenochtitlan-Eiland nur von einem durch eine Brücke verbundenen Lagunenarm getrennt.

Man stelle sich die unmenschliche Kraftanstrengung der ersten Generationen vor, die notwendig war, um dieses Gewirr von Inselchen, Sand- und Schlammbänken und endlich das Niemandsland von mehr oder minder tiefen Sümpfen zugänglich und nutzbar zu machen. Als Wasser- und Landvolk inmitten einer aus Wasser und Land bestehenden Umwelt mußten die Azteken ihren eigenen Boden schaffen, indem sie Schlamm auf Rohrflöße häuften, Kanäle gruben, Dämme aufwarfen, Straßen und Brücken bauten. Als die Bevölkerung zunahm, wurde die Lösung der Urbanisationsfragen, wie wir heute sagen würden, immer schwieriger. Daß eine Stadt unter derartigen Umständen entstehen und wachsen konnte, ist ein wahres Wunder menschlicher Findigkeit und Hartnäckigkeit. Der Stolz, den sie später an den Tag legten, ist darum nicht unberechtigt. Welch ein Aufstieg liegt zwischen dem elenden, im Schilf verborgenen Weiler aus Strohhütten und der glänzenden Weltstadt des 16. Jahrhunderts! Kein Wunder, daß die Azteken von der Größe ihrer Bestimmung, die sie aus einem armen und verlassenen Stamm zu einem reichen und mächtigen Volk gemacht hatte, tief durchdrungen waren.

Ausdehnung und Bevölkerung

Zur Zeit der spanischen Eroberung umschloß die Hauptstadt von Mexiko Tenochtitlan und Tlatelolco. Dieses «Großmexiko» war eine Neugründung. Die

Bevölkerung Tlatelolcos hatte aus einem Zweig des mexikanischen Stammes bestanden, der seine eigene Hauptstadt mit einer von Azcapotzalco abgeleiteten Dynastie gegründet hatte. Die Stadt war durch Krieg und Handel aufgeblüht. Daß aber einen Pfeilflug entfernt eine verwandte Stadt mit ihnen wetteiferte, war für die herrschsüchtigen Mexikaner auf die Dauer ein unerträglicher Gedanke. Den Anlaß zum Streit lieferten die *Tlatelolca* selbst. Ihr König Moquiuixtli, der eine Schwester des Kaisers Axayacatl geheiratet hatte, behandelte seine Frau geringschätzig; dazu suchte er, ehrgeizig und ungestüm, wie er war, andere Städte des Hochtales als Verbündete gegen Mexiko zu gewinnen. Die Beziehungen wurden so gespannt, daß der Krieg ausbrach: 1473 drangen die Azteken in Tlatelolco ein und besetzten den großen Tempel. Moquiuixtli wurde von den Zinnen der Pyramide heruntergestürzt und in Stücke gerissen. Seitdem verlor Tlatelolco seine Eigenständigkeit und wurde der Hauptstadt unter dem Oberbefehl eines Statthalters einverleibt.

Damit erstreckte sich die Stadt zwischen ihrer nördlichsten Grenze Tlatelolco gegenüber dem Uferstädtchen Tepeyacac bis hinunter zu den südlichsten Sümpfen, die allmählich in den See übergingen. Eine Reihe von «Ortsnamen» bestimmten die südliche Grenze des Stadtbereiches: Toltenco («am Rande der Binsen»), Acatlan («Ort des Schilfs»), Xihuitonco («Steppe»), Atizapan («Weißliches Wasser»), Tepetitlan («am Rande des Hügels»), Amanalco («ein Stück Wasser»). Im Westen war sie ungefähr an der Stelle

DIE REGIERUNGSJAHRE AXAYACATLS.
IM BILD OBEN DER STURZ MOQUIUIXTLIS
VON DER TEMPELPYRAMIDE

der heutigen Bucarelistraße, in Atlampa («am Rand des Wassers»), und in Chichimecapan («der Fluß der Chichimeken») zu Ende. Im Osten zog sie sich bis nach Atlixco («auf der Wasserfläche») hin, wo die offene Seefläche von Texcoco begann. Insgesamt bildete sie ein Viereck von ungefähr drei Kilometer Seitenlänge und nahm somit eine Fläche von tausend Hektar ein; dies erinnert an Rom, das innerhalb der Umwallung des Aurelian 1386 Hektar bedeckte. Die Arbeit von zwei Jahrhunderten hatte die gesamte Fläche in ein geometrisches Netz von Kanälen und Festlandskörpern verwandelt, das um zwei Hauptmittelpunkte herum angelegt war: um den großen Tempel und den Platz von Tenochtitlan einerseits und den großen Tempel und Platz von Tlatelolco andererseits, von anderen Mittelpunkten zweiter Ordnung, nämlich den der verschiedenen Stadtteile, abgesehen.

Wenige Punkte Mexikos sind so unklar wie seine «Stadtteile». Man kann mit ziemlicher Sicherheit annehmen, daß die Grundidee der aztektischen Gesellschaftsordnung und somit auch die räumliche Aufteilung als Ausstrahlung der Gesellschaft auf den Boden auf einer Einheit beruhte, die den Namen *calpulli* («Häusergruppe») oder *chinancalli* («heckenumgebenes Haus») trug. Diesen Ausdruck haben die spanischen Chronisten gewöhnlich mit *barrio* (Stadtteil) und die heutigen amerikanischen Geschichtsschreiber mit *clan*[12] übersetzt. Ich neige zu der Ansicht, daß die alten Spanier die Wirklichkeit der Dinge besser begriffen als die heutigen Altertumsforscher. Das Wort «clan», das an gewisse Vorschriften der Heirat und Herkunft, ja an ein «Totem» denken läßt, scheint mir den bekannten Tatsachen weniger zu entsprechen als der Ausdruck «Stadtteil», der eine Gebietseinheit bezeichnet. Der *calpulli* war zunächst ein Landstreifen Gemeinbesitz einer Reihe von Familien, die ihn unter sich aufteilten und nach Regeln, die wir später erläutern werden, ausbeuteten. Er stand unter der dürftigen Selbstverwaltung eines gewählten Oberhauptes, des *calpullec,* und besaß einen eigenen Tempel.

Wahrscheinlich blieben die *calpulli* die wesentliche Zelle des Stammes während ihrer Wanderschaft und bis zur Gründung der Stadt. Wie viele gab es nun damals? Bekannt sind uns die Namen von sieben frühen *calpulli,* doch kann man nicht mit Bestimmtheit sagen, ob es nicht mehr gewesen sind. Tezozomoc zählte fünfzehn zu der Zeit, als die Azteken auf ihrem Marsch in Tula anlangten, das heißt, gegen Ende des 12. Jahrhunderts. Vielleicht gab es zu Beginn der städtischen Epoche zwanzig, doch das beweist noch nicht, daß ihre Anzahl zwischen dem 14. und 16. Jahrhundert nicht zunahm. Auf jeden Fall muß man die *calpulli* von Tlatelolco nach ihrer Einverleibung noch hinzurechnen; wir kennen ihrer sieben, die Stadtteile der Kaufleute waren, wahrscheinlich waren es aber noch mehr. Endlich scheinen sich gewisse Stadtviertel, beispielsweise Amantlan mit seinem Kunsthandwerk der Federmosaiken, der Stadt ziemlich früh angeschlossen zu haben. Wie dem auch sei, der von dem großen Gelehrten Alzate im Jahre 1789 ausgearbeitete Stadtplan gibt für Tenochtitlan und Tlatelolco nicht weniger als 69 «Ortsnamen» an. Man kann nicht mit Bestimmtheit sagen, ob all diese «Ortsnamen» einer gleichen Anzahl Stadtviertel oder *calpulli* entsprachen; sicherlich trifft dies auf eine Reihe von ihnen zu.

Andererseits war kurz nach der Gründung von Mexiko eine neue Unterteilung in Angriff genommen worden. Die traditionellen Berichte schreiben die Erfindung Uitzilopochtli selbst zu. Die gesamte Stadt war in vier auf den Tempel ausgerichtete Bezirke unterteilt. Im Norden Cuepopan («der Ort der Blüte»); im Osten Teopan («das Stadtviertel Gottes», das heißt «des Tempels»); im Süden Moyotlan («der Ort der Schnaken»), ein besonders geeigneter Name, denn dort stoßen Kanäle und Straßen mit den Sümpfen zusammen, die man in der Kolonialzeit *Ciénaga de San Antonio Abad et Ciénaga de la Piedad* nannte; im Westen Aztacalco («das Haus der Reiher»). Diese Unterteilung in vier große Bezirke war so zur Gewohnheit geworden, daß die Spanier sie während der gesamten Kolonialzeit beibehielten und sich darauf beschränkten, den vier großen Stadtvierteln christliche Namen zu geben: Santa María la Redonda (Cuepopan), San Pablo (Teopan), San Juan (Moyotlan), San Sebastián (Aztacalco).

Es liegt auf der Hand, daß diese Einteilung in vier Bezirke, die man dem obersten Stammesgott zuschrieb, vor allem aus Verwaltungs- und Regierungsgesichtspunkten geschehen war. Es handelte sich in erster Linie um ein Befehlsnetz, dem die Vielheit der alten und neuen *calpulli* unterstand. Jeder

Bezirk hatte seinen eigenen Tempel und ein von der Zentralmacht ernanntes Militäroberhaupt. Er unterschied sich somit sichtbar vom *calpulli,* der seinen Führer selbst ernannte; überdies besaß er keine Ländereien.

So finden wir die einzige Siedlungsdichte auf den Umkreis ihrer vier Haupt- und Nebenzentren beschränkt: um die *calpulli* mit ihrem Tempel und ihren *telpochcalli,* «Häuser der jungen Leute», eine Art Klosterschule und Kadettenanstalt, und die vier Bezirke mit ihrem Tempel; endlich die großen *teocalli* von Tenochtitlan und Tlatelolco, die kaiserlichen Paläste und Verwaltungsgebäude.

Wie viele Einwohner hatte diese Stadt? Obgleich den aztekischen Kaisern zum mindesten die Anzahl der in Mexiko ansässigen Familien bekannt gewesen sein dürfte, so ist uns doch kein Ergebnis einer Volkszählung überliefert. Die Schätzungen der Eroberer schwanken zwischen sechzigtausend und einhundertzwanzigtausend Heimen oder bewohnten Häusern. Bleibt also festzustellen, wie viele Personen auf ein Heim kamen. Die Familien waren zahlreich, und die führende Schicht lebte in Vielehen. Wenn wir mit Torquemada annehmen, daß ein Heim vier bis zehn Personen umfaßte, so gelangt man zu einem Durchschnitt von sieben Bewohnern auf ein Haus. Aber wahrscheinlich liegt diese Schätzung noch unter der Wirklichkeit; denn viele Familien Mexikos besaßen Dienerschaft in abhängiger Stellung, also Menschen, die wir fälschlicherweise als Sklaven bezeichnen. Nach einer Berechnung, die ich bedauerlicherweise selbst für willkürlich halte, könnte man mangels genauerer Daten annehmen, daß Tenochtitlan-Tlatelolco achtzig- bis hunderttausend Heime zu je sieben Personen umfaßte, also eine Gesamteinwohnerzahl von 560000 bis 700000 Seelen. Sagen wir, sie betrug sicherlich mehr als eine halbe Million und vermutlich weniger als eine Million Einwohner.

Wir sprechen hier wohlgemerkt lediglich von der Hauptstadt als solcher. Tatsächlich waren zu der Zeit, von der wir reden, zahllose Städte und Städtchen auf dem Festlande nur Trabanten und Vororte der großen Hauptstadt. Selbst wenn diese Ortschaften, wie beispielsweise Tlacopan, den Schein eigenmächtiger Regierung bewahrt hatten, so waren sie in Wahrheit auf das Statut einfacher Vororte der Hauptstadt zurückgedrängt. Dies traf jedenfalls auf Azcapotzalco, Chapultepec, Coyoacán, Uitzilopochco, Iztapalapan, Colhuacán, Mexicaltzinco, Iztacalco und andere zu, kurzum auf den größten Teil dessen, was heute den Bundesdistrikt der mexikanischen Republik ausmacht.

Wohlhabende Vororte waren es, wie die Spanier bei ihrer Ankunft feststellten[13]. Cortés bemerkt, daß die Küstenstädte im Begriff waren, sich in die Lagune hinein auszudehnen, was anzudeuten scheint, daß ihre Bevölkerung im Wachsen begriffen war und die Bewohner des Festlandes, um der Lage Herr zu werden, die in Tenochtitlan übliche Bauweise nachahmten. Es war also ein gewaltiger Zustrom von Menschen, der sich da städtisch breitmachte, den See gewissermaßen aufschluckte, nachdem er seine Ufer besiedelt hatte, und auf diese Weise im Mittelpunkt des Hochtals auf mehr als eine Million Menschen anwuchs.

Überblick, Straßen und Verkehr

Alle Augenzeugen, auch die *conquistadores,* die nach der Ausdrucksweise von Bernal Díaz «niemals dergleichen gesehen oder geträumt hatten», stimmen in ihrer Begeisterung für den Glanz der Stadt überein. Der kühlste und berechnendste unter ihnen, ihr Anführer Cortés, lobt die Schönheit der Gebäude in hohen Tönen und erwähnt besonders die auf Terrassen und Erdboden gleichermaßen herrlich angelegten Gärten. Er verweilt lange bei den Straßen, die breit und kerzengerade sind, bei dem großartigen Kanalsystem, das von Schiffen befahren wird, beim Aquädukt, der Süßwasser zur Stadt bringt, und bei der umtriebigen Größe der Märkte.

Schreibt doch dieser stolze Hidalgo an Karl V., «daß die Indianer in Lebensführung und Ordnungsliebe den Spaniern kaum nachstehen»! «Wunderbar anzusehen», fügte er hinzu, «welcher Sinn für Wirklichkeit bei ihnen in allen Dingen waltet.»

Vier Tage nach ihrem Einzug in Mexiko, also am 12. November 1519, statteten Cortés und seine Hauptbefehlshaber in Begleitung des Kaisers Montezuma dem Markt und dem großen Tempel von Tlatelolco einen Besuch ab. Sie bestiegen die Spitze des *teocalli,* der einhundertundvierzehn Stufen hoch war, und hielten auf der höchsten Plattform der Pyramide

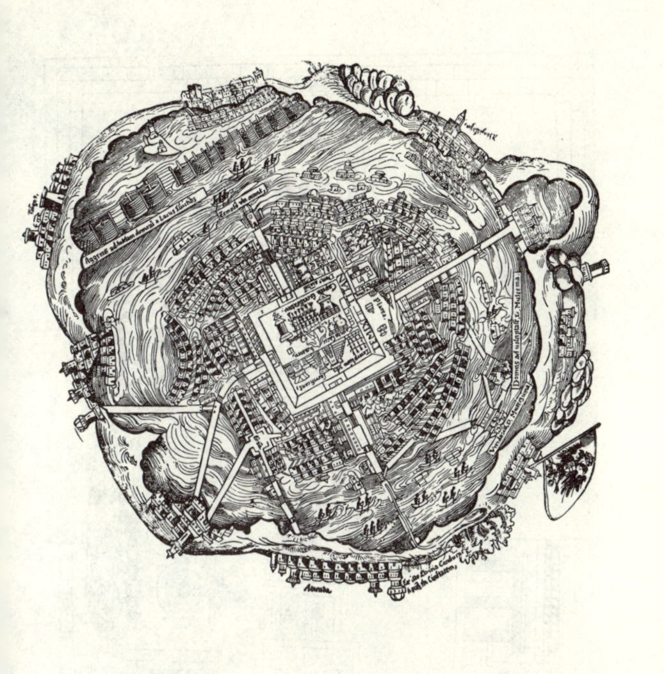

KARTE VON MEXIKO-TENOCHTITLAN
NACH DER BESCHREIBUNG VON CORTÉS

PLAN DES HAUPTPLATZES VON TENOCHTITLAN

vor dem Heiligtum inne. Montezuma nahm Cortés bei der Hand «und bat ihn, einen Blick auf die Hauptstadt und all die anderen um den See herum angelegten Städte und auf das Gewirr der vielen Ortschaften auf dem Festland ... zu werfen. Auf der Spitze dieses dem Untergang geweihten Tempels war man so hoch, daß man alles vollkommen übersehen konnte. Und von da oben sahen wir die drei Straßen, die nach Mexiko führten, die von Iztapalapan, auf der wir vier Tage vorher angekommen waren, die von Tlacopan, auf der wir später nach unserer großen Niederlage in der Nacht fluchtartig abziehen sollten ... und die von Tepeyacac. Wir sahen den Aquädukt, der von Chapultepec herführt und die Stadt mit Süßwasser versorgte, sahen alle die Wasserbrücken, die in Abständen die drei Landstraßen überqueren und beide Seiten der Lagune verbinden. Wir erblickten auf der riesigen Lagune eine Unzahl von Schiffen, die einen, die mit Rohstoffen beladen einliefen, die anderen, die mit Fertigwaren ausfuhren ..., und wir sahen, o Wunder, all die Tempel und Gebetshäuser dieser Städte in Form von Türmen und Bastionen, weiß und leuchtend ..., und die terrassengeschmückten Häuser, und entlang der Straßen wiederum andere Türme und Bet-Tempel, die Befestigungen glichen. Und als wir all das geschaut und betrachtet hatten, wendeten wir den Blick dem großen Marktplatz und der Menschenmenge zu, die dort kaufte und verkaufte: Lärm und Gemurmel der feilschenden Menge hörte man noch weiter als eine Meile entfernt. Unter uns waren Soldaten, die in der Welt herumgekommen waren, in

Konstantinopel, in ganz Italien, sogar in Rom, und sie sagten, sie hätten niemals einen so geordneten, großen und so von Waren und Menschen überfüllten Markt gesehen.»

Stolze Türme, die als terrassenförmige Dächer allenthalben über die weißen Häuser ragen; die geordnete Emsigkeit eines Ameisenhaufens; das unablässige Kommen und Gehen der Schiffe auf Lagune und Kanälen: das sind die Eindrücke aller Beobachter. Die meisten Häuser waren wohl einfach und niedrig, rechteckig mit flachem Dach; und nur die Wohnungen der Würdenträger dürften zweistöckig gewesen sein. Übrigens liegt es auf der Hand, daß die auf unsicherem Grund errichteten Säulenbauten erhebliche Einsturzgefahr liefen, sobald sie ein gewisses Gewicht überschritten; denn das Bauen auf dem festeren Grund der Insel war sicherlich eine Ausnahme.

Die Mehrzahl der Häuser verbargen mit ihren fensterlosen Fassaden den Anblick ihrer Einwohner, die nach dem Innenhof zu lebten, und mögen den Eindruck einer arabischen Stadt erweckt haben, nur waren sie entlang gerader Straßen und Kanäle gebaut. In den Vorstädten und in größerer Entfernung von der Stadtmitte traf man sicherlich noch auf stroh- oder grasgedeckte Hütten mit Mauern aus Lehm und Schilf wie zu den Zeiten der mühsamen Anfänge. Dagegen fiel der prunkvolle Baustil desto mehr auf, je mehr man in die Nähe des großen *teocalli* und der kaiserlichen Paläste kam; hier standen ja die Villen der Würdenträger und hohen Provinzbeamten, die in der Stadt empfangen wollten, dazu die staatlichen Gebäude: das Adlerhaus, eine Art Armeeklub, die *Calmecac* oder Oberschulen, die *Tlacochcalli* oder Arsenale.

Im übrigen war das Ganze keineswegs eintönig: auf jedem Platz stieg aus dem engen Häusergewirr die Tempelpyramide eines Stadtteils auf. In bestimmten Straßen lagen die Werkstätten der Juweliere, der Goldschmiede, der Federhändler. In anderen wiederum standen die Lagerhäuser der Kaufleute. Obschon es außerhalb der großen Plätze wenig unbebautes Gelände gab, mangelte es Mexiko dennoch nicht an Baumbestand: jedes Haus besaß ja seinen Innenhof, und die Azteken waren schon immer große Blumenliebhaber gewesen. Um die Hütten der Vorstädte zog sich ein Kranz von Schrebergärten, in denen Gemüse und Blumen in buntem Durcheinander gediehen, manchmal sogar auf schwimmenden *chinampas*. Die Reichen schmückten die Terrassen ihrer Häuser mit Blumen und Grün.

«Die Hauptstraßen», schreibt Cortés, «sind breit und gerade; einige davon und alle übrigen bestehen zur Hälfte aus einem Erdstreifen und zur anderen Hälfte aus einem Kanal, den die Indianer mit ihren Schiffen befahren. Alle Straßen von einem zum anderen Ende der Stadt sind so breit angelegt, daß ein Wasserstreifen sie gänzlich durchzieht. Alle diese Straßenzüge, deren einige sehr breit sind, sind von festgefügten Brücken überspannt; manche sind so breit, daß zehn Reiter nebeneinander darübertraben können.»

Ein anderer Zeuge bestätigt diese Beschreibung: die Hälfte einer jeden Straße bestand aus gestampfter Erde, ähnlich einem Ziegelpflaster, die andere füllte ein Kanal aus. «Es gibt auch», fügt er hinzu, «breite Straßen, die nur aus Wasser bestehen; sie sind nach Landessitte ausschließlich für Barken und Boote bestimmt; denn ohne diesen Schiffsverkehr könnte man sich in der Stadt weder bewegen noch die Häuser verlassen.» Dann beschreibt er die Bewohner, «wie sie teils zu Wasser, teils zu Land spazierenfahren und -gehen und sich dabei unterhalten». Das ganze Straßen- und Kanalnetz war von Holzbrücken durchzogen, die man im Notfall einziehen konnte, wie die Spanier es zu ihrem Nachteil feststellten, als sie von den Azteken aus der Stadt vertrieben wurden.

Mexiko war in seiner gesamten Ausdehnung und bis zu seinem Mittelpunkt hinein – man konnte im Boot bis zu Montezumas Palast gelangen – als Pfahlbaustadt geplant und errichtet worden und mit der Küste durch die drei Hochstraßen verbunden, die Cortés und Díaz erwähnen. Die Nordstraße, die von Tlatelolco ausging, stieß auf das Ufer bei Tepeyacac am Fuße der Hügel, wo das Heiligtum der Muttergöttin Tonantzin, «unserer verehrten Mutter», stand und wo heute die Basilika von Guadelupe steht.

Die westliche Seehochstraße verband Tenochtitlan mit der Trabantenstadt Tlacopan. Die dritte im Süden teilte sich in zwei Arme: der eine stieß nach Südwesten vor und erreichte das Ufer in Coyoacán, der andere ging in östlicher Richtung und war in Iztapalapan zu Ende. An der Gabelung dieser beiden Straßenarme stand eine Feldschanze mit zwei Türmen, umgeben von einer zweitürigen Mauer, die die Durchfahrt völlig beherrschte. Es scheint ziemlich sicher, daß nur die Südstraße befestigt war: man befürchtete also nur von dieser Seite die Möglichkeit eines Einfalls der Krieger von Uexotzinco, einer unbotmäßigen Stadt auf der anderen Seite der Vulkane.

Die Straßen waren in Wirklichkeit gleichzeitig Deiche, deren Bau die geringe Tiefe der Lagune erleichtert hatte. Man begann damit, daß man auf dem Grund des Sees zwei parallele Reihen von Pfählen einrammte und sodann den Zwischenraum mit einer Mischung von Steinen und geschlagenem Ton ausfüllte. In bestimmten Abständen ließ der Damm das Wasser unter einer Pfahlbrücke durchfließen: tatsächlich herrschten mitunter reißende Strömungen auf dem See, und es wäre ein gefährliches Unterfangen gewesen, hätte man dem Wasser nicht freien Durchfluß gewährt. Diese so erzielten Seestraßen waren breit genug, berichtet Cortés, um acht Reiter in einer Reihe bequem aufmarschieren zu lassen. Die Seenstraße von Iztapalapan nach Mexiko war acht Kilometer lang und «so gerade angelegt, daß sie von der Richtung kaum abwich», schreibt Bernal Díaz.

Sie waren also die Hauptachsen, und an ihnen war die Stadt um den ursprünglichen Kern gewachsen: eine Nord-Süd-Achse, bestimmt durch die Linie Tepeyacac-Tlatelolco-Tenochtitlan (großer Tempel) – Coyoacán, und eine West-Ost-Achse, von Tlacopan durch den Mittelpunkt von Tenochtitlan verlaufend.

Im Westen hatte die Stadt vor den Wassern des großen Sees Halt machen müssen: Texcoco war nur im Boot zu erreichen. Und von da aus konnte man zu Land ins Innere, zu den geheimnisvollen Heißen Ländern vordringen, die stets die Einbildungskraft der Indianer der Hochebene gefesselt hatten.

Denkmäler und Plätze

Sicherlich gab es in dem Mexiko der Zeit vor Cortés Stadtpläne, denn wie hätte die aztekische Verwaltung, die einen Stab von Schreibern unterhielt, um die Verzeichnisse der Landverteilung und des Steuerhaushaltes auf dem laufenden zu halten, sonst einen Überblick über das verwickelte Stadtgefüge behalten? Im übrigen wissen wir, daß die oberste Pflicht eines jeden *calpullec* darin bestand, die «Bilder», die sein Stadtviertel und dessen Aufteilung in Familien darstellten, sorgfältig zu verwahren und notfalls zu ergänzen.

Leider ist keine dieser Urkunden erhalten. Das Nationalmuseum für Anthropologie und Geschichte von Mexiko besitzt ein kostbares Bruchstück, das zweifellos aus der Zeit der Eroberung oder spätestens kurz danach stammt, nämlich den «Stadtplan auf Agavenpapier»; was davon übrig ist, zeigt allerdings nur einen schwachen Teil der Stadt östlich von Tlatelolco.

Immerhin vermittelt dieser Plan eine gute Vorstellung des Stadtviertelgefüges mit seinen gleich großen, von Kanälen und Straßen eingeteilten und von den großen Verkehrsadern durchzogenen Parzellen. Jenen anderen oberflächlichen Stadtplan, den man Cortés zugeschrieben hat, erwähne ich nur der Ordnung halber. Denn mit seinen kindlichen Verzierungen und Bildchen, auf denen die Städtchen im Umkreis von Mexiko von europäischen Türmchen überragt werden, ist er nahezu unbrauchbar.

Da die Denkmäler von Tenochtitlan während der Belagerung und unmittelbar nach ihrer Übergabe durch den Kaiser Cuauhtemotzin Opfer eines planmäßigen, in der Geschichte fast einzig dastehenden Vandalismus wurden, ist es auch außerordentlich schwierig, die Baustellen der freien Plätze und großen Baudenkmäler, die diese umgaben, mit Sicherheit zu bestimmen und die letzteren zu beschreiben. Man muß sich eben auf die mehr oder minder genauen Erzählungen der Chronisten und auf die Ergebnisse einiger Nachforschungen, die im Herzen der modernen Stadt unternommen wurden, verlassen. Endlich kann man aus Vergleichen Schlüsse ziehen und die hauptsächlichsten Baumerkmale der mexikanischen Gebäude von den außerhalb der Stadt befindlichen, von den Eroberern verschonten aztekischen Baudenkmälern, namentlich von der Pyramide von Tenayuca, ableiten.

Der Hauptplatz von Tenochtitlan scheint mit dem gegenwärtigen Zócalo von Mexiko ziemlich genau übereingestimmt zu haben. Er bestand somit aus einem Rechteck von 160 auf 180 Meter, dessen kurze Seiten genau nach Norden und Süden sahen. Im Norden faßte ihn ein Teil der Einfriedung des großen

Tempels ein, den an dieser Stelle die Pyramide eines Sonnentempels überragte. Im Süden war es ein Kanal, der von Osten nach Westen lief; im Westen Häuser, wahrscheinlich zweistöckige, die von Würdenträgern bewohnt waren. Endlich begrenzte ihn im Osten die Fassade des kaiserlichen Palastes von Montezuma II., der Ort, auf dem heute der Regierungspalast des Präsidenten der Republik steht. Der Palast, der Axayacatl (1469–1481) gehört hatte und in dem die Spanier bei ihrer Ankunft in Mexiko untergebracht worden waren, stand unmittelbar nördlich von den Häusern der Würdenträger; seine westliche Fassade ging auf die Umfriedung des großen Tempels. Zu dem weiträumigen Platz gelangte man auf dem oben erwähnten Kanal, und zwar auf der Straße von Iztapalapan, die am Palast von Montezuma vorbeiführte und in verschiedene Straßen am Südtor des Tempels endete. Die Straße von Tlacopan, die ungefähr der heutigen Lage der Tacubastraße entspricht, lief am Palast von Axayacatl an der westlichen Einfriedung des Tempels[14] vorbei und endete ein wenig nördlich des Platzes.

Wie der Baugrund des modernen *Zócalo,* so sind auch die Grundmauern der ihn umgebenden Gebäude buchstäblich gespickt mit Resten aztekischer Bildhauerkunst, mit Standbildern, Bruchstücken von Denkmälern und Reliefs. Manches konnte ausgegraben werden, namentlich der Stein von Tizoc, der berühmte aztekische Kalender, und der *teocalli* des heiligen Krieges. Andere Dinge, deren Fundorte bekannt sind, warten noch darauf, ans Tageslicht gefördert zu werden. Anderes wiederum müssen wir als verloren betrachten.

Welch gewaltigen Eindruck muß dieser Hauptplatz im Tenochtitlan Montezumas gemacht haben, zumal er, obschon durch Läden und Geschäftshäuser teilweise verunstaltet, noch heute eine starke Wirkung ausübt! Hier war das Gefühl der Größe von Staat und Religion vorherrschend, denn beide klangen in ihrem höchsten Ausdruck harmonisch zusammen: die weißen, von Terrassengärten gekrönten Palastfassaden; die Menschenmenge in schmiegsamen Gewändern, die durch die großen Tore aus und ein ging; die zinnengeschmückten Mauern des *teocalli;* die Türme, die sich gegen den Horizont wie ein Volk unbeweglicher Riesen stufenweise abhoben; die von farbigen Heiligtümern gekrönten Pyramiden der Götter, denen zwischen kostbaren Federbannern Weihrauchwolken entstiegen. Der senkrechte Aufschwung der Tempel vereinigte sich mit der waagerechten Stille der Paläste zu dem Wunsch, der Dauerhaftigkeit irdischer Macht möge menschliches Himmelanstreben und göttlicher Schutz Beistand leisten.

«Die Verteidigung des Uitzilopochtlitempels» ist seit den Anfängen städtischen Lebens eine der wesentlichsten Pflichten der Herrscher gewesen. Diese Aufgabe vertraute der Adel ausdrücklich dem zweiten Kaiser, Uitziliuitl (1395–1414), und dem wahren Gründer der Aztekenmacht, Itzcoatl, an.

Der dritte Herrscher, Chimalpopoca, scheint eine Vergrößerung des Tempels beabsichtigt zu haben, und vielleicht hätte er seinen Plan ausgeführt, wenn die Schwäche seiner Stadt und seine persönlichen Sorgen es ihm gestattet hätten. So wurden die ersten bedeutenden Arbeiten, von denen man weiß, erst unter der Regierung von Montezuma I. Ilhuicamina in Angriff genommen. Dieser Kaiser hatte den Plan, auch die benachbarten Städte von Colhuacán, Cuitlahuac, Coyoacán, Mizquic und Xochimilco zu dem Bau heranzuziehen; diese erklärten sich mehr oder minder freiwillig dazu bereit, die notwendigen Baustoffe, insbesondere Stein und Kalk, zu liefern. Die Leute von Chalco hingegen verweigerten ihre Mitarbeit, was einer der Gründe des langen Krieges war, der mit ihrer Niederlage endete.

Die Arbeit dauerte zwei Jahre. Der Tempel wurde auf einer Pyramide errichtet, deren Plattform man auf drei Treppen, die Haupttreppe im Süden, die beiden anderen im Osten und Westen, erreichte. Diese drei Treppen dürften zusammen dreihundertundsechzig Stufen gezählt haben, also den Tagen eines Jahres entsprechend (abzüglich der fünf letzten Unglückstage), das heißt, daß jede Treppe aus hundertzwanzig Stufen bestand. Das Denkmal wurde im Jahre 1455 nach dem Sieg Montezumas des Älteren über die Huaxteken eingeweiht, und die Gefangenen dieses Stammes wurden dann als erste geopfert.

Man muß sich allerdings fragen, ob die hier berichtete Überlieferung nicht vielleicht Tatsachen, die in Wirklichkeit jüngeren Datums sind, der ferneren Vergangenheit zuschreibt: Wenn also der im Auftrag von Montezuma erbaute Tempel bereits die größten Ausmaße des endgültigen Gebäudes besaß, so sieht man nicht recht ein, worin dann die unter den folgenden Regierungen vollendeten Arbeiten bestanden. Indessen weist alles darauf hin, daß der *teocalli* von Uitzilopochtli wie auch die Mehrzahl der mexikanischen Pyramiden durch nacheinander aufgesetzte Aufbauten vergrößert wurde. Daher ist anzunehmen, daß der Tempel, so wie er unter Montezuma Ilhuicamina wiederaufgebaut wurde, die Ausmaße, die in der Folge verwirklicht werden sollten, noch nicht erreicht hatte.

Axayacatl brachte an dem von seinem Vorgänger übernommenen Baudenkmal einige Verschönerungen an; er ließ dort den riesigen *quauhtemalacatl* («die Steinscheibe der Adler»), einen Opferstein, den, wie es heißt, fünfzigtausend Männer mit Seilen und Rollen aus Coyoacán herangeschleift hatten, aufstellen. Aber erst unter der Regierung von Tizoc und Auitzotl wurde der große *teocalli* so fertiggestellt, wie ihn die Augen der ersten Europäer erblicken sollten.

Eine im Nationalmuseum von Mexiko aufbewahrte Stele ruft die Erinnerung an die Einweihung des Tempels wach. Sie stellt die beiden Kaiser dar, jeden mit seiner Namenshieroglyphe und dem Datum *chicuei acatl,* «acht-Rohr», in unserer Sprache das Jahr 1487. Tizoc war erst seit einem Jahr tot. Er, scheint es, ist der Urheber der neuen Arbeiten gewesen.

Der *Codex Telleriano-Remensis* berichtet von zwei Abschnitten dieses Unternehmens. Unter der Regierung von Tizoc, im *naui acatl,* «vier-Rohr», also 1483, «legte man den Grundstein zu dem großen Tempel, den die Christen bei ihrer Ankunft finden sollten». In dem Bildzeichen des darauffolgenden Jahres *macuilli tecpatl,* «fünf-Feuersteinmesser», ist die Jahreshieroglyphe durch einen Bindestrich mit einer Zeichnung verbunden, die eine Pyramide mit vier Rümpfen darstellte. Sie steht auf einem viereckigen, mit zwei blutbespritzten Treppen versehenen Unterbau; auf der obersten Plattform steht der Kaktus, Sinnbild von Tenochtitlan. Die spanische Beschreibung sagt dazu: «Das Dorf Tzinacantepec, das unter der Lehensherrschaft von Mexiko stand, empörte sich. Die Mexikaner griffen an und richteten ein solches Blutbad an, daß kaum eine Seele am Leben blieb, denn alle Gefangenen wurden nach Mexiko geschleppt und dem großen Tempel, *der unvollendet war,* geopfert.»

Die Zeithieroglyphe des Jahres 1487, «acht-Rohr», ist mit einem Tempel verbunden, aber dieses Mal handelt es sich wirklich um das vollendete Gotteshaus: auf der höchsten Spitze der Pyramide standen zwei aneinandergebaute Heiligtümer, das eine mit rotverziertem Dach und Tor, das andere war an den gleichen Stellen blau angemalt. Wir werden später die Bedeutung dieser Einzelheiten erfahren. Mit der Zeichnung des Tempels durch einen Strich verbunden, erscheint ein *tlequauitl,* der Feuerbohrer, aus dem Flammen und Rauch brechen, als Sinnbild des neuen Feuers, das man bei der Einweihung eines Tempels feierlich entzündete.

Ein anderer Strich führt vom Feuerstab zur Hieroglyphe von Tenochtitlan. Diese Bildverbindung läßt sich folgendermaßen übersetzen: «Im Jahre acht-Rohr wurde der doppelte *teocalli* von Tenochtitlan eingeweiht.» Neben diesen Zeichen sieht man einen in einen gestickten Mantel gehüllten Mann auf einem Lehnstuhl, dem königlichen *icpalli,* sitzen, überragt von einem Zeichen, das ein phantastisches Tier der Seengewässer, das *auitzotl,* darstellt: der Kaiser trug diesen Namen. Endlich befinden sich unter und um den Tempel herum Zeichnungen von Kriegern, die mit weißen Federn und Flaum, dem rituellen Schmuck der Geopferten, geschmückt sind, begleitet von den Hieroglyphen der Städte, aus denen sie stammen: Xiuhcoac, Cuetlaxtlan, Tzapotlan.

Unter den Kriegern lesen wir zweimal das Zeichen *xiquipilli* (8000) und zehnmal das Zeichen *centzontli* (400), im ganzen also 20000. Diese Zeichnungen kann man ungefähr folgendermaßen übersetzen: «Bei dieser Gelegenheit ließ Auitzotl zwanzigtausend Krieger aus Xiuhcoac, Cuetlaxtlan und Tzapotlan opfern.» Der spanische Text ist reichlich ungenau: «Bau und Ausstattung des großen Tempels zu Mexiko beendet. Die Alten sagen, daß in diesem Jahr viertausend Mann aus unterworfenen Provinzen geopfert wurden.»

Wir werden noch Gelegenheit haben, auf die Frage der Opferungen zurückzukommen. Im Augenblick genügt uns die Feststellung, daß der große Tempel so, wie ihn die Spanier im Jahre 1519 vorfanden, von Auitzotl zweiunddreißig Jahre zuvor eingeweiht worden war. Die nach der Eroberung abgefaßten Berichte und Beschreibungen sind leider oft unklar. Tatsächlich bringen sie unter der Bezeichnung des großen

REKONSTRUKTIONSZEICHNUNG
DES TEMPELBEZIRKES IN TENOCHTITLAN

Tempels einerseits den Tempel von Uitzilopochtli mit der Gesamtheit der religiösen Bauten, die im Mittelpunkt der Stadt entstanden, und darüber hinaus noch den Tempel von Tlatelolco untereinander. Gerade diese verschiedenen Bauwerke wollen wir zu unterscheiden suchen.

Zunächst den Uitzilopochtli-Tempel an sich: dies war tatsächlich ein doppelter Tempel, wie ihn der *Codex Telleriano-Remensis* aufführt, eine Darstellung, die von einer Anzahl anderer Urkunden, zum Beispiel den Illustrationen des Sahagún-Textes in der Madrider Handschrift und dem *Codex von 1576,* bestätigt wird. Die Pyramide ruhte auf einer rechteckigen Grundmauer von hundert Meter Länge (Nord-Süd-Achse) und achtzig Meter Breite (Ost-West-Achse) und bestand aus vier, vielleicht fünf Rümpfen, deren Umfang sich nach oben verjüngte. Nur die Ostseite der Pyramide hatte eine sehr breite Doppeltreppe, die ein Geländer schützte, das mit großen Schlangenköpfen (einer dieser Köpfe ist kürzlich in der Nähe der Kathedrale ausgegraben worden) fast senkrecht auslief, bevor es die Plattform erreichte. Mit ihren einhundertvierzehn Stufen gehörte diese Treppe zu den höchsten, die man in Mexiko kannte. (Der Tempel von Texcoco besaß nach Bernal Díaz eine von einhundertundsiebzehn Stufen und der von Cholula eine von einhundertundzwanzig). Die Höhe der Pyramide darf man mit ungefähr dreißig Meter ansetzen.

Auf der höchsten Plattform dieses gewaltigen Unterbaus standen also Seite an Seite die beiden Heiligtümer: auf der Nordseite in Weiß und Blau das

Heiligtum von Tlaloc, dem uralten Gotte des Regens und des Wachstums; auf der Südseite das mit gemeißelten, weiß auf rotem Grund getönten Schädeln verzierte Heiligtum Uitzilopochtlis. Die großen Eingangstore beider Heiligtümer, vor denen der Opferstein ruhte, gingen nach Westen auf. Die pyramidenhaften Zwillingstürme bestanden aus einem mit Zement und Kalk bedeckten Gerippe und liefen in eine Art himmelstrebender Mauer oder Grat aus, eine architektonische Verlängerung, die jenen Aufsätzen der Maya-Bauten nicht unähnlich war und den Anschein größerer Höhe erwecken sollte. Meermuscheln, Sinnbild des Wassers, umgaben als gezackter Gürtel das Dach des Tlaloc-Heiligtums, während Schmetterlinge – Feuer und Sonne – das Allerheiligste des Uitzilopochtli-Tempels schmückten. Auf der Plattform waren an der Stelle, wo das Geländer aufhörte, männliche Bildsäulen aufgestellt; sie hielten die Schäfte für die aus üppigem Tropengefieder verfertigten Banner, die bei großen Festlichkeiten gehißt wurden: diese Bannerträger sind ein besonderes Merkmal toltekischer Architektur und Bildhauerkunst, das die Azteken übernommen hatten.

Rund um die Pyramide bildeten ineinander verschlungene Schlangen eine «Schlangenmauer», *coatepantli,* ein weiteres eigentümliches Merkmal toltekischer Kultur.

So also sah dieser harmonische Kolossalbau aus, der im Mittelpunkt von Stadt und Reich Furcht und Verehrung einflößte. Man erzählte sich, seine Grundmauern hielten zahllose Goldgeschmeide und Edelsteine verborgen, denen auf Befehl der Kaiser Zement und Bruchstein beigemengt worden sein sollen: Bernal Díaz bezeugt die Richtigkeit dieser Überlieferung und berichtet, daß die Spanier beim Niederreißen des *teocalli* den versteckten Schatz gefunden hätten.

Zu der Zeit, die wir untersuchen, stand der Doppeltempel von Tlaloc und Uitzilopochtli nicht mehr allein da. Mit seinem himmelstrebenden Umfang beherrschte er eine regelrechte heilige Stadt, die von Pyramiden geradezu wimmelte und mit einem Wall von Zacken aus Schlangenköpfen *(coatepantli)*, vierhundert Meter lang von Westen nach Osten auf dreihundert Meter Breite, umgeben war. Diese Mauer zog sich am Rand des Mittelplatzes hin und säumte hernach den Palast von Montezuma die heutige *calle de la Moneda* entlang. Im Osten lief sie in der Richtung der heutigen *Carmen*-Straße und *Correo-Mayor*-Straße, im Westen entsprach sie den Straßen von *Monte de Piedad* und von *Santo Domingo*. Im Norden lief sie auf einen Kanal aus, der bekanntlich zu dem, der Hauptplatz und Kaiserpalast säumte, parallel verlief. Der Schutzwall dürfte drei oder vier Tore gehabt haben; sie waren befestigt und strotzten von Bewaffnung aller Art. Elitegarnisonen waren hier stationiert. Vom Südtor lief die Straße nach Iztapalapan und Coyoacán; vom Nordtor führte die Straße nach Tepeyacac; vom Osttor nach Tlacopan.

Sahagún zählt nicht weniger als achtundsiebzig Bauten oder Gebäudeteile auf, die zum *templo mayor* gehörten, das heißt, zum heiligen Stadtviertel, das durch den *coatepantli* gegen die restliche Stadt abgegrenzt war. Man muß sich fragen, ob hier nicht Verwechslung oder Übertreibung vorliegt und ob der gute Pater unter dieser Rubrik nicht gewisse Baulichkeiten mitgezählt hat, die außerhalb der Mauer lagen und zu anderen Stadtteilen gehörten. Dieser Verdacht wird nämlich durch die Tatsache bestärkt, daß mehrere der erwähnten Gebäude den Namen von bestimmten Stadtteilen von Tenochtitlan oder sogar Tlatelolco tragen und Sahagún in derselben Reihe *calpulli,* also Versenkungs- und Fastenklausen, aufführt, die in den Stadtteilen nahe der Ortstempel liegen. Wie dem auch sei, wir wollen zunächst einmal versuchen, die verschiedenen Bauarten zu bestimmen, die im Innern der Umfriedung Anwendung fanden.

Zunächst die eigentlichen Tempel, die *teocalli* oder *teopan.* In der Nachbarschaft von Tlaloc und Uitzilopochtli hatten auch andere große Götter ihre Kultstätte: der Tempel von *Tezcatlipoca,* «der rauchende Spiegel», vielgestaltete Gottheit der Nacht, des Krieges und der Jugend: der Gott, den man *Yoalli Eecatl,* «den Nachtwind», *Yaotl,* «den Krieger», *Telpochtli,* «den Jüngling», nannte, reckte seine Pyramide am Südrand des Walles dem Kaiserpalast gegenüber; der von *Quetzalcoatl,* «die Schlange mit den kostbaren Federn», kulturtragender Held und Windgott, stand auf der Achse der Haupttreppe der großen Pyramide in einer Entfernung von einigen hundert Metern östlich.

Im Gegensatz zu allen anderen war dies ein rundes Gebäude und besaß die Form eines Zylinders, der auf einem pyramidalen Fuß ruhte. Man betrat das Innere des Heiligtums durch eine gemeißelte und gemalte Tür in Gestalt eines Drachenmaules. «In einiger Entfernung von der großen Pyramide», schreibt Bernal Díaz, «stand ein kleinerer Turm, der gleichzeitig ein Götzenhaus oder eher noch eine wirkliche Hölle war, denn ihr Eingang bestand aus einem fürchterlichen Maul, wie es die Bildnisse darstellen und es auch in der Hölle geben soll, Mäuler mit riesigen Hauern, um die Verdammten zu verschlingen...; ich habe dieses Haus stets Hölle genannt.»

Man kann sich demnach das Aussehen des Tempels von Quetzalcoatl leicht vorstellen, wenn man sich nach dem Rundbau von Calixtlahuaca in der Gegend von Toluca richtet, der in dem Matlaltzinca-Land unter aztekischer Herrschaft erbaut wurde. Rundbauten sind in Mexiko, dem Land der Pyramide und Zinne, selten; solange man sie baute, weihte man sie meistens dem Windgott; man glaubte, er ziehe die runden Formen, die den Lauf der Luft nicht hemmen, vor. Von den Schlangenmaultoren ist ein eindrucksvolles Beispiel bekannt: das Tor des Azteken-Tempels von Malinalco.

Die Standorte des Tempels der Muttergöttin *Ciuacoatl,* «Schlangenweib», und des *Coacalco,* «Schlangenhaus», auch *Coateocalli,* «Schlangentempel» genannt, sind uns auch bekannt; beide standen nebeneinander im nordwestlichen Zipfel des Schutzwalles. Der *Coacalco* war ein Pantheon: «Dort wohnten die Stadtgötter *(altepeteteo),* die die Mexikaner in allen Städten, die sie unterwarfen, gefangennahmen; sie nahmen sie mit und stellten sie in diesem Tempel auf.» Ein religiöser Eklektizismus brachte die Azteken tatsächlich dazu, um ihren Nationalgott die größtmögliche Anzahl von Gottheiten aus allen Teilen des Reiches zu versammeln.

Wir wissen endlich, daß der Sonnentempel das äußerste Südwestende der heiligen Stadt gegenüber dem Palast von Axayacatl einnahm. Um die eigentlichen Gotteshäuser herum scharte sich eine Vielfalt von kultischen Nebengebäuden: Gebets-, Sühne- und Opferhäuser. In der *quauhxicalco,* «der Ort, wo sich *quauhxicalli* befindet», ein ritueller Behälter, in den man das Herz des dargebrachten Opfers legte, fasteten und sühnten Kaiser und Priester, indem sie sich mit Agavendornen die Beine ritzten, um den Göttern ihr Blut zu opfern. Auf den *tzompantli* stellte man die Schädel der Opfer zur Schau. Der *temalacatl* war eine riesige, auf einer niedrigen Pyramide befestigte, scheibenförmig durchbohrte Steinscheibe. Auf ihr wurden die Gefangenen lose angebunden. Dann traten die tapferen Todgeweihten zum letzten Kampf gegen aztekische Krieger an.

Die *calmecac* waren gleichzeitig Klöster und Schulen: dort wohnten die Priester, strenge, von Kasteiung erschöpfte Männer, schauerlich anzusehen in ihren schwarzen Gewändern und ihrem wallenden Haupthaar; dort machten auch die Jünglinge der Führerschicht ihre Lehrzeit im Gebrauch der Riten, der Bilderschrift und der Landesgeschichte durch. Jeder Tempel besaß seinen *calmecac,* in dem Priester und Jünglinge in Gemeinschaft lebten.

Mehrere Quellen entsprangen im Innern des Schutzwalles; außerdem mündete dort, wie Díaz bemerkt, der Aquädukt von Chapultepec als offener Kanal in ein großes Becken ein. Die Feuerpriester badeten nachts im *Tlilapan,* «dem dunklen Wasser». Eine andere Quelle, *Toxpalatl,* lieferte Trinkwasser nicht nur für die Priester, sondern auch für die Leute «der Gemeine». Der Hohepriester von *Coacalco* badete als einziger in einem Bach oder Becken mit Namen *Coaapan.*

Außerdem beherbergten die Mauern dieser Gottesstadt auch Bauten, die weltlichem Brauch dienten. Da war zunächst der *Tlachtli,* das Ballspielhaus, das gleichzeitig als Unterhaltungsstätte der Würdenträger und zur Abhaltung von rituellen Festlichkeiten diente; mit seinen langen parallelen Mauern erstreckte es sich in ostwestlicher Richtung und lag westlich vom Tempel des Quetzalcoatl zwischen diesem und der Schutzmauer. Man hat an dieser Stelle ein herrliches Standbild von *Xochipilli,* dem «Blumenfürst», dem Gott der Jugend, der Musik und des Spiels, gefunden. Das Ballspiel stand bei allen Kulturvölkern des alten Mexiko in hohem Ansehen. Die Bewohner von Tenochtitlan hatten es von ihren Nachbarn des Hochtales übernommen, die es wiederum von den Tolteken erlernt hatten und es mit Begeisterung pflegten.

Mehrere Gebäude, die *tlacochcalli* oder *tlacochcalco,* «Haus der Speere», hießen, dienten nicht nur als Arsenale für eine etwaige Verteidigung des Tempels, sondern für militärische Unternehmungen im allgemeinen. Sie wurden von Soldaten bewacht, die der Verantwortung eines hohen Militärbeamten, dem *tlacochalcoatl,* unterstanden.

Zwei Häuser waren für die vorübergehende Unterbringung der Herren von Anahuac und von Besuchern aus entlegenen Städten vorgesehen. Montezuma umgab sie mit großen Ehren, beschenkte sie, gab ihnen wertvolle Mäntel, kostbare Halsbänder und herrliche Armreifen. Endlich war ein besonderes Gebäude, der *Mecatlan,* als Schule und Probesaal der *tlapizque* eingerichtet; dies waren Musiker, die bei großen Feierlichkeiten Flöte und andere Blasinstrumente spielten.

So ungefähr sah in ihrer lebendigen Mannigfaltigkeit diese Kolossalanlage von hohen und niedrigen Bauten, Türmen, Mauern und Dächern, verziert mit Reliefs und sprühend von Farbe und Helligkeit, aus. Das also war die Stadt, die aus einer Weidenhütte entstanden und groß geworden war; und genauso sollte sie im Kugelregen und in den Flammen der brennenden Tempel untergehen. Aber als Stadt und Staat wuchsen, vertauschten auch ihre Machthaber und ihre Götter Armut mit Überfluß und Strohhütten mit Palästen. Jeder Kaiser scheint Wert darauf gelegt zu haben, seine eigene Residenz zu bauen.

Zur Zeit des Einmarsches der Spanier in Mexiko stand noch der nördlich der Einfriedung des großen *teocalli* erbaute Palast von Auitzotl und auch der Palast von Axayacatl, den die Eroberer bezogen. Er stand, wie wir gesehen haben, der Westseite der Schlangenmauer gegenüber. Montezuma II. hingegen bewohnte den großen Palast, den man «die neuen Häuser» (Casas Nuevas) nannte und dessen Größe und Pracht die Abenteurer in Staunen und Verwunderung versetzten.

Dieser Palast breitete sich am östlichen Ende des Platzes auf einer viereckigen Fläche von ungefähr zweihundert Meter Seitenlänge aus. Auch er war eine regelrechte Stadt mit zahlreichen Toren, in die man zu Fuß oder zu Schiff gelangte. «Mehr als einmal habe ich die Residenz des Herrschers besucht», erklärt ein Augenzeuge, «nur um sie anzusehen; jedesmal bin ich darin umhergewandert, bis ich müde wurde, und dennoch habe ich sie nie ganz besichtigen können.» Man muß sie sich wohl als einen Komplex von Bauten vorstellen, viele, wenn nicht alle, zweistöckig und um rechteckige oder viereckige Innenhöfe mit gepflegten Gärten angelegt.

Nach dem *Codex Mendoza* lagen die Gemächer des Monarchen im Obergeschoß; es wird auch von besonderen Räumen berichtet, die auf demselben Stockwerk zur Verfügung der Könige der Bundesstädte Texcoco und Tlacopan gehalten wurden. Die Säle des Erdgeschosses beherbergten das, was wir heute das Räderwerk der öffentlichen Ämter und der Regierung nennen würden: den obersten Zivil- und Strafgerichtshof sowie das Sondergericht, das Würdenträger, die schwerer Vergehen wie des Ehebruchs angeklagt wurden, aburteilte; den Kriegsrat, der sich aus dem militärischen Oberbefehl zusammensetzte; den *achcauhcalli,* in denen die Sitzungen der Beamten zweiten Grades, denen die Vollstreckung der Urteils-

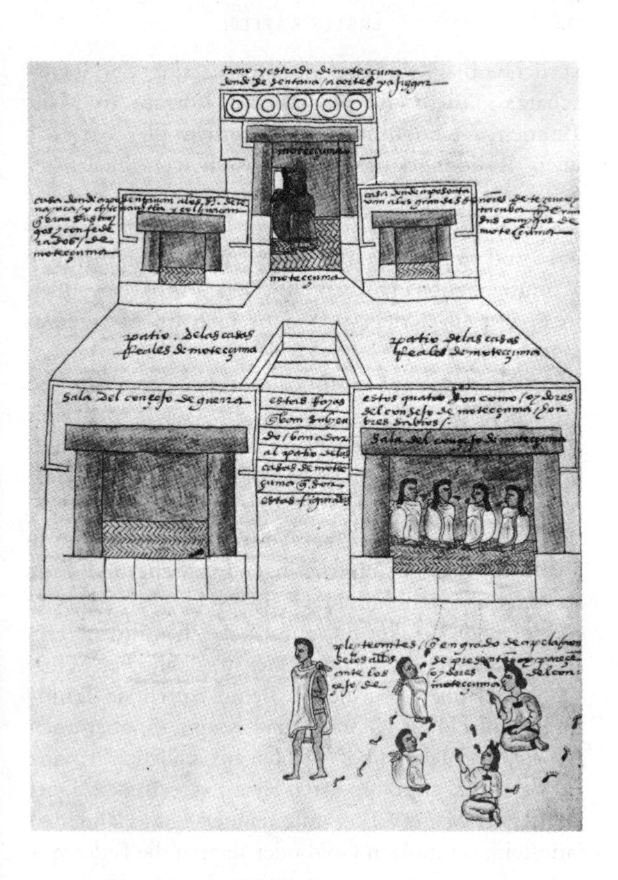

PALAST DES MONTEZUMA

sprüche oblag, stattfanden; den *petlacalco* oder Staatsschatz, in dem die beachtlichen Vorräte an Mais, Bohnen, Getreide und Lebensmitteln aller Art, wie auch Kleidungsstücke und Waren verschiedenster Sorte aufgestapelt waren; und endlich den «Saal der *Calpixque*» oder die Behörde zur Prüfung der Steuerein- und -ausgänge, das Finanzamt mithin. Andere Räumlichkeiten wurden als Gefängnis verwendet, nicht nur für Kriegs-, sondern auch für Strafgefangene.

Außerdem standen für die anspruchsvollen und erlesenen Vergnügungen, die zur Gewohnheit der mexikanischen Herrscher und sicherlich auch der niederen Würdenträger, die ihre Monarchen nach Kräften nachahmten, geworden waren, noch eine Unzahl von Sälen und Hallen zur Verfügung. Hier strömte allabendlich die männliche Jugend zu Sang und Tanz zusammen, während in einem Nebensaal erprobte Sänger und Musiker nur auf das Zeichen ihres Herrschers warteten, um jeden seiner musikalischen Wünsche zu erfüllen. Zu diesem Behuf hatten sie Trommeln und Flöten, Glocken und Klappern, aber auch Masken, Perücken und Trachten aus mancher Provinz mitgebracht, alles, um ihren Herrn zu erfreuen. Dort ziselierten Handwerker mit feinnerviger Hand den Jadestein, schmolzen Gold oder setzten die Federmosaiken Stück für Stück zusammen. Nicht weit davon lärmte der *totocalli,* das «Haus der Vögel», vom Konzert aller gefiederten Seltenheiten der Tropen; in nahen Holzkäfigen brüllten Jaguare und Pumas. In den Gärten, in denen die seltensten Blumen und

Heilkräuter des ganzen Landes gediehen, boten weitläufige Wasserspiegel Enten, Schwänen und Silberreihern eine freundliche Bleibe.

«Montezumas Stadtpalast», schreibt Cortés, «ist von so großer und wundersamer Schönheit, daß ich kaum Worte finde, ihn zu beschreiben. Ich beschränke mich auf die bloße Feststellung, daß er in Spanien seinesgleichen sucht.» Das ist aus der Feder eines spanischen Hidalgo, der dem Kaiser Karl V. schreibt, immerhin eine erstaunlich freimütige Ausdrucksweise. Doch bestätigt die Beschreibung von Bernal Díaz in seiner nicht weniger begeisterten Unmittelbarkeit die Richtigkeit des Gesagten.

Wir werden noch Gelegenheit haben, uns an späteren Einzelheiten eine Vorstellung von dem Lebensstil der mexikanischen Staatsoberhäupter zu machen. Im Augenblick wollen wir uns damit begnügen, im Gesamtbild der Stadt Herrschersitz und Heiligtum Seite an Seite zu sehen und uns Staunen und Verwunderung eines Provinzlers oder eines Küsten- oder Bergindianers vorzustellen, der nach Mexiko kommt und den Pyramidenwald des *teocalli* oder die Prunkentfaltung der Fassaden und Terrassen des kaiserlichen Palastes vor sich sieht. Der großartige Eindruck, den diese Baudenkmäler hervorrufen mußten, wurde noch gesteigert durch die unzähligen Reliefs, Standbilder und Skulpturen meist religiöser, teilweise aber auch weltlicher Prägung, die die Gebäude schmückten, Heiligtümer und Säle füllten und Mauern und Plätze säumten. Was im Nationalmuseum trotz der massenhaften Zerstörung im 16. Jahrhundert noch erhalten ist, überwältigt durch Anzahl, Ausmaße und Vollkommenheit.

Der Hauptplatz von Tenochtitlan, wie übrigens auch die Plätze der verschiedenen Stadtviertel, dürfte auch als Markt gedient haben. «Diese Stadt besitzt zahllose Plätze», schreibt Cortés, «auf denen dauernd Markt abgehalten wird und wo Handeln und Feilschen nicht abreißt. Es gibt aber», so fügt er hinzu, «auch noch einen anderen Markt, zweimal so groß wie Salamanca und ganz von Arkaden umgeben, da kommen täglich sechzigtausend Menschen zu Kauf und Verkauf zusammen. Man findet dort Waren jeglicher Art und Herkunft, gleich ob Landesprodukte, Lebensmittel oder Gold- und Silbergeschmeide», und so weiter.

Hierbei muß es sich um den Platz von Tlatelolco gehandelt haben. Die Einwohner dieser Stadt waren für ihren Handelssinn bekannt gewesen, und nach der Annektierung wurde Tlatelolco zwangsläufig das Haupthandelsviertel von Mexiko.

«Als wir auf dem großen Platz anlangten», berichtet Bernal Díaz, «der Tlatelolco heißt, waren wir einfach starr vor Staunen, nicht nur über die Menschenmenge und den Aufwand an Waren, sondern auch über die Ordnung, die in allem herrschte, weil wir dergleichen nie zuvor gesehen hatten.» Der Verfasser des *Kurzberichtes* stellt fest, daß fünfundzwanzigtausend Menschen täglich diesen Markt besuchten, daß aber alle fünf Tage hier ein Markt abgehalten wurde, der vierzig- bis fünfzigtausend Menschen anlockte.

Alle Augenzeugen lassen sich über die ungewöhnliche Vielfältigkeit dieses riesigen Marktes und gleichzeitig über seine erstaunliche Ordnung aus. Jede Warengattung hatte ihren bestimmten und begrenzten Standort in Straßenzügen angeordnet, «genau wie in meinem Heimatort Medina del Campo an Markttagen», schreibt Bernal Díaz. «Hier wurden Silber-, Goldgeschmeide und Edelsteine gehandelt, dazu die bunten Federn, die aus den Heißen Ländern stammten. Gleich daneben erwarteten Sklaven, die einen ungefesselt, die anderen mit schweren Holzketten um den Hals, das trübe Los ihres Verkaufes. Ein wenig weiter feilschten Männer und Frauen um Mäntel, Lendenschurze, Baumwollröcke und Aloëgarn.

Schuhwerk und Tauwerk, rohe und gegerbte Felle von Jaguaren, Pumas, Füchsen und Ziegen standen in ihren Ständen hochgestapelt zum Verkauf aus sowie Adler-, Häher- und Falkenfedern. Mais und Bohnen, Ölfrüchte und Kakao, Gewürze und Zwiebeln und tausenderlei Gemüse und Kräuter wurden hier feilgeboten; Truthähne, Hasen und Kaninchen, Wildbret, Enten und kleine fette Hunde ohne Fell und Stimme, welch letztere eine besondere Leckerei der Mexikaner bildeten; Früchte, Süßkartoffeln, Honig, Mais- und Agavensaft; Salz; Farben zum Färben und Schreiben, Cochenille und Indigo; Tongeschirr in allen Formen und Größen, Kürbisflaschen, Platten und Gefäße aus bemaltem Holz, Messer aus Feuerstein und Obsidian, auch Hacken aus Kupfer; Bauholz, Bretter und Balken, Brennholz, Holzkohle und Harzfackeln; Papier aus Rinde und Aloë; zylindrische Bambuspfeifen, gestopft und fertig zum Rauchen; alle Erzeugnisse der Seen, angefangen von den Fischen, Schnecken und Schaltieren bis zu einer Art «Kaviar» aus Insekteneiern, die man vom Wasserspiegel abschöpfte; endlich Matten, Stühle, Kohlenbecken...

«Was soll ich euch noch alles erzählen?» ruft Bernal Díaz aus. «Es standen auch – mit Verlaub zu sagen – mehrere Boote voll menschlicher Exkremente zum Verkauf aus; sie waren in den Sümpfen unweit des Marktes festgemacht, ihr Inhalt diente zum Gerben..., selbst wenn es nur Herren hören, ich weiß, es wird euch zum Lachen bringen.» Überall häuften und stauten sich die Waren in ungeahnter Fülle und Vielfalt. Und eine dichte summende Volksmenge schwärmte ohne Hast und ohne Lärm – wie es die Indianer bei Menschenansammlungen heute noch tun – ernst und gemessen durch den weiten Markt und wandelte vor den Buden und Ständen wägend und feilschend auf und ab. «Man findet (auf diesem Markt)», sagt Cortés, «Häuser, wie sie Apotheker führen, wo man trinkfertige Heilsäfte, Salben und Pflaster kaufen kann. Man sieht Barbierstuben, wo man baden und sich die Haare schneiden lassen kann. Man stößt auf Häuser, in denen man für Geld essen und trinken kann.» Wirklich kochten da Frauen auf ihren Kohlenbecken unter offenem Himmel und boten dem Käufer Ragouts an und würzige Maissuppen, dazu Honigbeilagen und schmackhafte Maiskuchen – *tlaxcalli,* die mexikanische *tortilla* und köstliche *tamales*, deren dampfgekochter Maisteig mit Bohnen, Fleisch und Pfefferschoten gefüllt war.

Man konnte den ganzen Tag – und sicherlich verwehrte man sich dieses Vergnügen nicht – durch dieses Handelsfest schlendern, dort seine Mahlzeiten einnehmen, Verwandte und Freunde treffen, und all dies in Alleen aus langsam schwindenden Fruchthügeln und bunten Stoffauslagen; man mochte gemächlich mit einer Indianerin plauschen, die hinter ihren Gemüsen hockte, man mochte sich an der wilden Miene eines Otomi erfreuen, der von den Bergen herabgestiegen war, um ein paar Tierfelle zu verhandeln, man mochte endlich dem wohlhabenden Gebaren eines *pochtecatl,* eines Händlers, neidvoll zusehen, der mit seinen Papageienfedern und Geschmeiden aus durchsichtiger Jade soeben aus dem sagenumwobenen Südosten zurückgekehrt war.

Unbeirrbar durchmaßen die «Marktaufseher» *(tianquizpan tlayacaque)* den riesigen Platz von einem Ende zum anderen und überwachten schweigsam die Menge der Kauflustigen und der Händler. Und was geschah, wenn ein Zwist ausbrach, ein Käufer Betrugsklage erhob oder ein Vorübergehender in einer Auslage sein gestohlenes Gut entdeckte? Keine Angst: Sofort wurden alle Beteiligten ohne Umstände vor das Gericht geführt, das an einem Ende des Marktes in Dauersitzung tagte; drei Schnellrichter lösten sich hier unablässig ab, und alsbald wurde das Urteil gesprochen. Wurde der Schuldige zu einer Geldstrafe verurteilt, so ließ er Angehörige rufen, die atemlos eine Ladung *quachtli,* Stoffstücke, die als Münzeinheit dienten, auf dem Rücken herbeischleiften. Und befriedigt nahm die Menge wie ein

Ameisenvolk ihren Rundgang durch die gedeckten Galerien, die den Platz am Fuß der hohen Pyramide des Tlatelolco-Tempels säumten, wieder auf.

Großstadtprobleme

Ein solcher Zustrom und Zuwachs mußte die Staatsführung vor Probleme stellen, von denen die Gründer zwei Jahrhunderte zuvor nie geträumt hätten. Die Lebensmittelversorgung war, nach dem Reichtum der Märkte zu schließen, leicht zu lösen; tatsächlich riß der Zufluß von Tausenden von Booten, die von allen Seiten schwer beladen auf die Seenstadt zusteuerten, niemals ab. Nebenbei sei darauf hingewiesen, daß in einem Lande, in dem es weder Zug- noch Tragtiere, weder Wagen noch Landverkehrsmittel gab, die Wasserbeförderung bei weitem am raschesten und leistungsfähigsten war.

Aber gerade das Wasser bereitete den Mexikanern die größten Sorgen. Das mexikanische Hochtal war von Natur aus so beschaffen, daß es gleichzeitig zwei entgegengesetzte Nachteile mit sich brachte: heute wie damals gibt es stets zu viel oder zu wenig Wasser, man wird entweder von Überschwemmungen oder von Trockenheit heimgesucht. Während der Regenzeit verwandeln Unwetter von ungeahnter Heftigkeit jenes gewaltige Landbecken im Nu in eine riesige Wasserlache, die nur sehr langsam abfließt. Während der Trockenzeit gestaltet sich die Trinkwasserversorgung einer großen Stadt sowie die Wasserzufuhr für die Pflege der Gartenanlagen äußerst schwierig. Der

Teil des Sees, an dem Mexiko lag, war ohnehin von geringer Tiefe; die Verdunstung saugte die dünne Wasserfläche allmählich ganz auf. Doch dürfte das Klima des Tales zu jener Zeit feuchter und im großen ganzen besser gewesen sein als heute und heftigen Klimaunterschieden weniger ausgesetzt. Daß die Lagune verschwunden ist, hat zur Besserung des Klimas keineswegs beigetragen: der Kampf gegen die Überschwemmungsgefahr ist also sehr teuer zu stehen gekommen.

Zu Beginn dürften die Mexikaner kaum Schwierigkeiten gehabt haben, sich mit Süßwasser zu versorgen: die Quellen, die aus dem Boden der mittleren Insel hervorsprudelten, reichten dazu sicherlich vollkommen aus. Wie wir bereits gesehen haben, versorgten diese Quellen noch im 16. Jahrhundert einen Teil der Bevölkerung mit Süßwasser. Das Seewasser war durch seinen starken Salzgehalt zum Trinken ungeeignet. Als die unglücklichen Verteidiger der Stadt sich darauf angewiesen sahen, verschlimmerte dies untaugliche Naß nur noch ihre Leiden.

Als die Bevölkerung wuchs, reichten auch die Quellen nicht mehr aus. So blieb nur noch der Ausweg, der Stadt Trinkwasser von den Quellen des Festlandes zuzuführen. Die Quelle von Chapultepec im Westen von Tenochtitlan war den Azteken wohlbekannt: sie rief in ihnen düstere Erinnerungen wach, denn dort war es geschehen, daß ihr noch umherstreifender Stamm zu Beginn des 14. Jahrhunderts die schlimmste Niederlage seiner Geschichte erleiden und zusehen mußte, wie sein Anführer Uitziliuitl der

Ältere mit seinen beiden Töchtern Gefangenschaft und Tod in der Sklaverei zu Colhuacán erduldete. Jedenfalls war Chapultepec («der Heuschreckenhügel») unter Montezuma I. an die Hauptstadt angegliedert worden; die Bäume seines Gehölzes und seine Felsformationen, an deren Fuße eine Quelle reichlich Wasser spendete, waren berühmt.

Es ist möglich, daß man sich eine Zeitlang damit begnügte, irdene Wasserbehälter, die man auf dem Wasserwege hinbrachte, an der Quelle zu füllen, doch dürfte sich eine derartige Versorgung bald als ungenügend erwiesen haben. Daher die Idee des Aquäduktes, der unter Montezuma I. gebaut wurde und in einer Entfernung von fünf Kilometern in die Stadtmitte innerhalb der Schutzmauer des großen *teocalli* einmündete. Er war aus Stein und Zement und – darüber sind sich alle Berichte einig – umfaßte zwei Rohre, beide in Mannsdicke. Man benutzte nie beide Rohre gleichzeitig; eines war stets in Reinigung.

In Anbetracht der Stadtanlage mußte der Aquädukt natürlich mehrere Kanäle überqueren. Cortés, der von der Genialität der Konstruktion besonders beeindruckt gewesen zu sein scheint, beschreibt die Hohlbrücken, die «dick wie Stiere» die Wasserstraßen überquerten. Auf diesen Kanalbrücken hockten Spezialarbeiter, die gegen Bezahlung die Eimer, die ihnen die Schiffer von unten heraufreichten, mit Trinkwasser füllten. Diese verkauften dann das Wasser in der Stadt. Dazu gab es öffentliche Brunnen oder zum mindesten einen Hauptbrunnen in der Stadtmitte. Dort füllten die Frauen ihre Krüge.

Als der Druck der Bevölkerungszunahme wuchs, wurde die Wasserleitung von Chapultepec ihrerseits unzureichend. Der Bau des zweiten Aquäduktes, welcher unter Auitzotl unternommen und zu Ende geführt wurde, zeigt gleichzeitig die Ausdehnung der Stadt und die kluge Tatkraft ihrer Oberhäupter. Die Wasserleitung brachte das Wasser von Coyoacán längs der Straße von Iztapalapan heran.

Der Verwirklichung dieses Bauplanes war ein mißglückter Versuch vorausgegangen, der zeigt, wie empfindlich das natürliche Gleichgewicht von See und Inseln blieb. Tatsächlich hatte der Vorfall die Gemüter derartig beeindruckt, daß der Bericht, der auf uns gekommen ist, von einer Menge magischer Einzelheiten ausgeschmückt scheint. Auitzotl hatte nämlich die Absicht gehabt, eine Quelle namens *Acuecuexatl* zu fassen, die zwischen Uitzilopochco und Coyoacán auf dem Gebiete letzterer Stadt hervorsprudelte.

Nach Tezozomocs Aussage schickte er Gesandte zu dem Herrn von Coyoacán, einem berühmten Magier, der sich unter ihren erschrockenen Augen wie Prometheus in einen Adler, einen Tiger, eine Schlange und zum Schluß in ein Flammenbündel verwandelte. Immerhin gelang es den mexikanischen Sendboten, ihm einen Strick über den Kopf zu werfen und ihn zu erdrosseln. Die Arbeiten wurden alsbald in Angriff genommen, und nicht lange darauf war der Aquädukt fähig, Quellwasser bis in die Stadtmitte zu liefern.

Mit großen Feierlichkeiten beging man die Beendigung des Werkes: einer der Hohepriester kniete nieder und trank von dem Quellwasser, während seine Meßgehilfen ihre Instrumente erklingen ließen und die «Sänger von Tlaloc» zu Ehren der Wassergötter ihre von hölzernen Pauken skandierten Gesänge anstimmten. «Willkommen sei dein Wasser in Mexiko-Tenochtitlan, das inmitten von See und Schilf liegt!» sangen sie. Dann wurden Menschenopfer dargebracht; schließlich begrüßte der goldgekrönte Kaiser persönlich die Ankunft des Wassers in Tenochtitlan und opferte ihm Vögel, Blumen und Weihrauch. «O *Chalchiuhtlicue* (‹die, welche einen Rock aus Grünstein trägt›, die Göttin des Wassers)», rief er aus, «sei willkommen im Hause von Uitzilopochtli!»

Aber Acuecuexatl kochte, und das Wasser sprudelte mit wachsender Heftigkeit ungestüm hervor. Der Aquädukt lief über, und nach Ablauf von vierzehn Tagen begann die Lage ernst zu werden: die Höhe des Sees stieg fortwährend; zuerst meldeten Fischer das Steigen; bald setzte die Überschwemmung ein, drang in die Häuser, brachte sie zum Einsturz und bedrohte sogar Auitzotl, der sich in den großen Tempel flüchtete. Es dauerte nicht lange, und die Maisfelder an der Küste und auf den Inseln waren verwüstet; Furcht vor Hungersnot gewann Raum. Zahlreiche Personen ertranken, langsam entvölkerte sich die Stadt.

Nicht nur Tezozomoc, der als mexikanischer Chronist stets darauf brennt, sein Volk und seine vergangenen Herrscher herauszustreichen, sondern auch Ixtlilxochitl, dessen Fassung für Texcoco sichtlich Stellung nimmt, berichtet, daß Auitzotl, der das Geraune der Mexikaner bemerkte und einen Aufstand befürchtete, sich in dieser Notlage an seinen Verbündeten Nezaualpilli, den König von Texcoco, um Hilfe wandte. «Du hättest das Unglück verhüten können», hält ihm dieser mit einiger Berechtigung entgegen, «wenn du den Rat des Herrn von Coyoacán befolgt hättest, anstatt ihn verächtlich zu behandeln.»

Worauf er die Leitung der magisch-technischen Eingriffe selbst übernahm: mehrere Würdenträger wurden nämlich geopfert und ihre Herzen zusammen mit Edelsteinen, Gold und gestickten Stoffen in die Quelle geworfen. Dann stürzten sich fünfzehn Taucher in die Flut und erreichten mit großer Mühe, die Spalten, aus denen das Wasser mit solcher Gewalt hervorbrach, zu verstopfen.

Daraufhin errichtete man eine Art Schleusenkammer aus Zement, um auf diese Weise die gefährliche Quelle endgültig zu versiegeln. Die Überschwemmung war Herrscher und Stadt teuer zu stehen gekommen: ungezählte Häuser, darunter auch Auitzotls Palast, mußten wieder aufgebaut werden; zehn Lasten *quachtli* – ein kleines Vermögen – waren an jeden Taucher zu zahlen; zweiunddreißigtausend Boote mußten den Bewohnern zur Verfügung gestellt werden, um von ihrer Habe soviel wie möglich zu retten und fortzuschaffen, bis das Wasser wieder gesunken war; zweihunderttausend Lasten Mais wurden zur Verteilung unter die hungrige Bevölkerung benötigt und endlich bedeutende Lieferungen von Kleidung für die Geschädigten. Ixtlilxochitl behauptet sogar, die Überschwemmung sei die Todesursache des Kaisers gewesen, denn «da er sich gerade in einem Raum des Erdgeschosses befand, der auf die Gärten ging, war er zur Flucht vor dem rasend eindringenden Wasser gezwungen und stieß beim Laufen mit solcher Wucht gegen eine Türfassung, daß er den Folgen der Verletzung erlag»[15].

Diese Überschwemmung ist zweifellos die berühmteste des vorspanischen Altertums, blieb aber keineswegs die einzige. Jede Regenzeit brachte der Stadt neue Gefahren. Wenn die Flüsse, die in den See von Texcoco münden, insbesondere der Fluß Acolman, Hochwasser hatten, flossen ihre nördlichen und östlichen Gewässer dem Teil der Lagunen zu, in dem Mexiko lag. Um dieser Gefahr vorzubeugen, ließ Montezuma I. auf Anraten und nach den Angaben des Königs von Texcoco, Nezaualcoyotl, im Jahre 1449 einen sechzehn Kilometer langen Deich bauen, der in Nord-Süd-Richtung Atzacoalco und Iztapalapan verband und Tenochtitlan gegen den Durchbruch des großen Sees schützte. Deutliche Spuren dieses Deiches sind noch sichtbar.

So kann gesagt werden, daß von den zwei wichtigsten Problemen der Mexikaner das eine, das Trinkwasser, gelöst war, während die Lösung des zweiten, nämlich der Überschwemmungsgefahr, nur teilweise und dazu in recht bedenklicher Weise gelang: genaugenommen ist die Frage selbst heute trotz aller technischen Mittel noch nicht gelöst. Eine weitere Frage verdient unsere Aufmerksamkeit noch für einen Augenblick: die Frage der öffentlichen Sauberkeit.

In Tenochtitlan war es mit den Kloaken nicht besser bestellt als in Rom unter den Cäsaren oder in Paris unter Ludwig XIV. Die Abwässer ergossen sich einfach in die Kanäle und somit in die Lagune; glücklicherweise war diese von ziemlich starken Strömungen durchzogen und sorgte infolgedessen für einen leidlichen Abfluß. An vielen Stellen, «auf allen Straßen», wie Bernal Díaz sagt, gab es öffentliche Latrinen, deren Inhalt dem Fußgänger durch Schilfwände verborgen war, und zweifellos stammt hiervon der Inhalt der Boote, von denen derselbe *conquistador* im Zusammenhang mit dem großen Markt spricht. Bei dieser Gelegenheit sei erwähnt, daß die Azteken ihren Boden mit dieser Art von Dünger fruchtbar zu machen verstanden.

Der Küchenabfall wurde am Stadtrand auf Sümpfen oder «Neuland» abgeladen oder auf den Innenhöfen vergraben. Die Straßenreinigung dürfte wohl der Ortsverwaltung jedes einzelnen Viertels unterstellt gewesen sein, und zwar unter der Oberaufsicht des *Uey Calpixqui,* eines kaiserlichen Beamten, der ihnen wie ein Bürgermeister Richtlinien erteilte.

Die tägliche Straßenreinigung erforderte einen Einsatz von tausend Menschen; sie wurde mit solcher Sorgfalt durchgeführt, daß man nach dem Bericht von Augenzeugen durch die Straßen gehen konnte, ohne auch nur die geringste Beschmutzung zu befürchten. Sicher ist, daß die Stadt zu Anfang des 16. Jahrhunderts dank des Wasserüberflusses, des Sauberkeitsanspruches ihrer Bewohner und ihrer Höhenlage recht gesund gewesen sein muß. Der *Codex Telleriano-Remensis,* der sorgfältig jedes ungewöhnliche Ereignis und Mißgeschick, wie Regenfälle, Erdbeben, Kometensturz, Sonnenfinsternis und dergleichen, erwähnt, berichtet von keinerlei Epidemie. Das gleiche trifft auf den *Codex von 1576* und den *Codex Azcatitlan* zu.

Die erste große Epidemie, die Mexiko erlebte, war die Pockenseuche. Sie wurde von einem Neger, den die Spanier aus Cuba mitbrachten, eingeschleppt, wütete im Jahre 1520 und raffte den Kaiser Cuitlahuac hinweg.

Es ist ein starkes und vielschichtiges Leben, geprägt von einer verzweigten Gesellschaftsordnung mit stark hieratischem Einschlag und von mächtigen Strömungen durchpulst. Um dieses Leben zu begreifen, müssen wir, da wir den Rahmen, in dem es sich entfaltete, entworfen haben, nunmehr unseren Blick der Gesellschaftsordnung selbst zuwenden.

ZWEITES KAPITEL

Gesellschaft und Staat zu Beginn des 16. Jahrhunderts

Das Gesellschaftsgefüge des mexikanischen Volksstammes war während seiner Wanderschaft und bis zu seiner Ankunft im mittleren Hochtal ziemlich einfach geblieben. Als Soldatenbauern machten die *Mexica* manchmal in fruchtbaren Gegenden auf mehrere Jahre hinaus halt[16], kämpften gegen die alten Besitzer, um sich den Durchmarsch oder die Abgabe eines Streifens Ackerland zu erzwingen, und zogen dann, ihre spärliche Habe auf dem Rücken, weiter.

Eine solche Lebensführung erforderte weder eine scharfe Unterscheidung sozialer Ämter noch den Aufwand einer durchgebildeten Machtordnung. Jedes Familienoberhaupt, das Bauer und Krieger zugleich war, nahm mit den anderen Stammesgenossen am Kriegsrat und an entscheidenden Versammlungen teil. Was die Lebensweise der Azteken anbelangt, so bestand sie für alle in der Gleichheit der Armut.

Nur die Priester ihres Gottes Uitzilopochtli, die «Gottesträger», die ihre Priesterschaft mit einer Art Militärkommando und Oberaufsicht über das Gemeinwesen verknüpften, bildeten zu jener Zeit den Keim einer Führerschicht und den Kern zur späteren

Macht. Dieser Grundzug einer Stammesordnung genügte. Als die Mexikaner ihre höher entwickelten Nachbarn nachahmen, sich als Stadt organisieren und einen König wählen wollten, scheiterte ihr Versuch vollkommen[17]. Als sie dann ihre Stadt gründeten, war ihr soziales und politisches Gefüge nicht sehr verschieden von dem, was sie während ihrer langen Wanderschaft gekannt hatten. Aber welch anderes Bild zu Beginn des 16. Jahrhunderts: Jetzt weist die mexikanische Gesellschaft feine Trennungen und Unterschiede auf, sie hat sich verästelt und untersteht einer Rangordnung. Verschiedene Bevölkerungsschichten üben bestimmte und ganz verschiedene Ämter aus, die Würdenträger verfügen über erhebliche Befehlsgewalt. Der einflußreiche und angesehene Priesterstand besitzt keine militärischen oder zivilen Machtbefugnisse mehr. Der Handel setzt gewaltige Mengen wertvollster Güter um, und der Händler sieht seinen Einfluß wachsen. Reichtum und Wohlleben erscheinen neben der Armut.

Schließlich tritt ein Staatswesen an den Platz des alten und höchst einfachen Räderwerks der Stammesordnung, leitet eine Verwaltung, entwirft seine eigene Außenpolitik. Und auf der Spitze dieses Gebäudes strahlt ein einziger Mann solchen Glanz aus, daß der einfache Mann den Blick vor ihm senkt: es ist der Kaiser, *tlatoani,* im Kreise seiner Ratgeber und Kronbeamten. Die Umgestaltung war tiefgreifend und hat sich in Kürze vollzogen. Die Stammesdemokratie hat einer aristokratischen und imperialistischen Monarchie Platz gemacht.

Die Führerschicht

Auf dem Höhepunkt der gesellschaftlichen Rangordnung tritt die Führerschicht teils durch ihre Ämter, teils durch Bedeutung und Ehrenstellung, die diesen anhaften, deutlich hervor. Ein Hoherpriester steht auf gleicher Stufe wie ein militärischer Befehlshaber, aber beide sehen den armen Priester eines Stadtviertels oder den kleinen Steuereinnehmer eines Dorfes über die Schulter an. Jedoch unterscheiden sich alle zusammen von den «Plebejern», wie die Spanier sagten, von den *maceualtin* (Einzahl: *maceualli*), die weder Einfluß ausübten, noch irgendwelche Stellungen innehatten.

Das Wort *tecuhtli,* «Würdenträger», «Herr», bezeichnet die oberste Schicht der führenden Klasse in Heer, Verwaltung und Rechtsprechung: es findet Anwendung bei den höchsten Heerführern, den höchsten Staatsbeamten Mexikos und der Provinzen, den Oberhäuptern der Stadtviertel der Bundeshauptstadt und bei den Richtern der größeren Städte, denen die Rechtsprechung der wichtigsten Prozesse obliegt. Der frühere Herrscher einer dem Reich einverleibten Stadt, der unter der Oberhoheit von Tenochtitlan im Amte geblieben ist, heißt *tecuhtli.* Selbst der Kaiser ist ein *tecuhtli.* Oftmals tragen die Götter diesen großartigen Titel: *Mictlantecuhtli* ist «der Herr der Unterwelt»; *Xiuhtecuhtli,* «der Herr des Türkis», ist der Feuergott.

Den Priestern wird nur ausnahmsweise diese Bezeichnung verliehen; sie haben ihre eigene Rangordnung, die nicht weniger geachtet ist als die der anderen Berufe.

Früher wurde man *tecuhtli* durch Wahl oder meist durch Ernennung, da die Wahl des Ausschusses für eine bestimmte Berufsausbildung fast immer auf dieselbe Familie fiel. Zum Beispiel wurde die Nachfolge eines Stadtvierteloberhauptes «nicht durch Erbfolge, sondern bei seinem Tode durch Wahl des ehrenhaftesten, weisesten, auf seine Weise geschicktesten und ältesten bestimmt... Hat der Verstorbene einen fähigen Sohn, so wird dieser genommen, überhaupt wird stets ein Verwandter des Verblichenen gewählt, vorausgesetzt, daß einer vorhanden ist und Tauglichkeit zur Ausübung des Amtes besitzt.»

Doch sind unter Montezuma II. die einzigen Ämter, die wirklich durch Wahl vergeben werden, auch die höchsten: nämlich das des Kaisers und der vier «Senatoren» seiner engsten Umgebung. In allen anderen Fällen ernennt entweder der Herrscher seine Beamten, oder die Stadtteile und Städte bestimmen ihre Häupter, doch haben diese Ernennungen nur mit Bestätigung der Zentralmacht Gültigkeit.

In der Praxis folgt wohl am häufigsten der Sohn, ein Neffe oder gar ein Bruder dem *tecuhtli* an der Spitze seines Dorfes, seiner Stadt oder seines Stadtteils nach, doch läuft es, sofern die überlieferten Formen dabei nicht verletzt werden, in Wirklichkeit mehr auf eine Vorstellung als eine Wahl hinaus, und der Kaiser behält sich die letzte Entscheidung vor. Die Machtbefugnis wird nicht mehr von unten, sondern von oben erteilt; die Spuren der ursprünglichen Demokratie sind in der neuen Staatsmaschinerie aufgefangen.

Ein *tecuhtli* ist stets eine Persönlichkeit, ob er nun einem Dorf, einem Marktflecken oder einer Stadt vorsteht. Er ist es, den die Eroberer mit einem Namen, den sie der Sprache Haitis entlehnt haben, «Kazike» nannten. Man erkennt ihn an Kleidung und Schmuck. Auch wird seinem Eigennamen das kleine Ehrenwörtchen *-tzin* angehängt. Er bewohnt den *teccalli,* den je nachdem bescheidenen oder üppigen «Palast», dessen Unterhaltung der Einwohnerschaft des Dorfes und der Stadt obliegt; sie muß ihm nach zeitüblichem Brauch «Holz und Wasser» und die Dienerschaft stellen. Die Nutznießung eines Stückes Land, das die Gemeinde für ihn bestellt, gehört zu seiner Stellung; der Ertrag stellt das dar, was man sein «Gehalt» nennen könnte. Außerdem bekommt er vom Kaiser «Sold» und «Rationen», Stoffe, Kleider, Lebensmittel; dafür muß er dem Kaiser zur Verfügung stehen, wann es diesem beliebt.

Worin bestehen seine Ämter? Zunächst ist er Vertreter seines Volkes vor höherer Behörde. Er muß «für die Leute sprechen, für die er verantwortlich ist», und hat sie notfalls gegen Übersteuerung und alle Übergriffe auf ihr Eigentum und Land zu verteidigen. In zweiter Linie wird er Streitigkeiten und Zwist, deren Berufungen in Mexiko oder in Texcoco entschieden werden, in erster Instanz schlichten müssen. Sodann führt er als militärischer Befehlshaber die Truppenkontingente, die er zu stellen hat, in den Kampf. Schließlich ist er für Ordnung und Sitte verantwortlich und hat die sachgemäße Bestellung des Ackerlandes einschließlich der Felder zu überwachen, deren Ertrag für die Entrichtung der Abgaben vorgesehen ist; auch hat er für richtige und rechtzeitige Zahlung an die *calpixque* der kaiserlichen Verwaltung zu sorgen.

Um all diesen Aufgaben zu genügen, besonders wenn der Ort größer ist, kann er seinerseits Ortsbeamte ernennen, die er auf eigene Kosten aus den Einnahmen seiner Ländereien und aus seinen «Rationen» entlohnen muß. Weder er noch seine Familie sind steuerpflichtig.

Bekanntlich bestand im alten Frankreich ein beträchtlicher Unterschied zwischen Lebensweise und Einfluß eines Landedlen der Bretagne oder Gascogne auf der einen und einem Mitglied des Kronadels am Hofe des Königs auf der anderen Seite. Gleichermaßen spielte in Mexiko der *tecuhtli* eines entlegenen Dorfes eine recht unbedeutende Rolle im Vergleich zu einem adligen Herrn aus dem kaiserlichen Gefolge. Wenn aber der französische Edelmann seinen Titel vererben durfte, so besaß der *tecuhtli* nicht diese Gewißheit: seine Ernennung war persönlich und lebenslänglich; auch konnten seine Ämter durch den doppelten Vorgang der Ortsernennung und nachträglichen Bestätigung von seiten der Zentralmacht ebensogut auf einen entfernten Verwandten wie auf einen mit ihm überhaupt nicht versippten Nachfolger übergehen. Tatsächlich haben zu verschiedenen Zeiten mehrere Städte, besonders in der Umgebung von Mexiko, *tecuhtli* erhalten, die vom Kaiser selbst ernannt waren.

Jedes Stadtviertel oder *calpulli* der Hauptstadt hatte

sein Oberhaupt, den *calpullec,* der von den Einwohnern mit Vorliebe stets aus derselben Familie auf Lebensdauer gewählt und vom Herrscher bestätigt wurde. Ihn umgab der Rat der Alten, die *ueuetque,* wahrscheinlich die ältesten und bekanntesten Familienoberhäupter; «ohne die Meinungsäußerung dieser Greise tat er nichts». Seine Tätigkeit war der des *tecuhtli* eines Dorfes oder einer Stadt sehr ähnlich: er sollte vor allem «in der Lage sein, seine Mitbürger zu schützen und zu verteidigen». Seine Hauptaufgabe bestand jedoch darin, über die Gemeindeäcker des *calpulli,* deren Ertrag auf die verschiedenen Familien verteilt wurde, sorgfältig Buch zu führen. Wir werden sehen, daß die Familien sie unter bestimmten Bedingungen bestellen und abernten konnten. Der *calpullec* und sein Rat hatten darüber zu wachen, daß diese Bedingungen erfüllt wurden, auch mußten sie in ihren Büchern alle Änderungen, die in der Verteilung der Ländereien vorkamen, in Bilderschrift und Hieroglyphen eintragen.

Das Amt des *calpullec* brachte erhebliche Ausgaben mit sich: die häufigen Versammlungen des Stadtteilrates fanden in seinem Hause statt; die Bewirtung ging auf seine Kosten. Noch heute würde der mit einem Amt bekleidete Indianer eines mexikanischen Dorfes das Gesicht verlieren, wenn er sich seiner Pflicht nicht großzügig entledigte; schon damals war es so. Dafür war der Vorstand eines Viertels steuerledig; die Einwohner seines *calpulli* bestellten für ihn abwechslungsweise das Feld und versorgten ihn mit Hausangestellten.

Hier berühren wir ohne Zweifel eine uralte Einrichtung des mexikanischen Volksstammes. Der *calpulli* ist die wahre Grundzelle; Vorstand und Altenrat stellten die erste Form aztekischer Landordnung dar. Dies schließt aber nicht aus, daß zu der Zeit, die wir betrachten, die Amtsgewalt des zwar angesehenen *calpullec* immer mehr beschnitten wird und zuletzt fast nur noch dem Namen nach gilt.

Trotz seiner Wahl durch die Mitbürger verdankt er die Bewahrung seiner Stellung in erster Linie dem guten Willen des Kaisers. Dem Buchstaben nach war er das Oberhaupt der Gemeindeämter, mußte aber den Ortsstempel dem *quacuilli,* dem Priester des Stadtviertels, welcher der geistlichen Rangordnung unterstand, und das «Haus der jungen Männer» den von oben eingesetzten Militärinstrukteuren überlassen. Jeden Tag, schreibt Torquemada, mußte er zum Befehlsempfang im Palast erscheinen: «er wartete, bis der *Uey calpixqui,* der *mayordomo mayor,* ihn ansprach, um ihm Wünsche und Befehle des hohen Herrn (des Kaisers) mitzuteilen». Unter ihm standen Beamte, von denen einem jeden die Steuererhebung und die Organisation der Gemeinschaftsarbeit – Reinigung, Bauten und so weiter – für zwanzig, vierzig und hundert Familien oblag. Auf dem Papier unterstanden sie dem *calpullec,* doch gewinnt man den klaren Eindruck, daß sie einem – man könnte sagen – «bürokratischen» Verwaltungssystem einverleibt waren, das sich dessen Einfluß jedoch entzog. Die Zahl der Beamten *(oficiales),* die dieses Volk für die unscheinbarsten Befugnisse unterhielt, war so groß, und die

Bücher waren so gut geführt, daß weder in Büchern noch in Aufstellungen *(padrones)* der geringste Fehler unterlief, denn für alles gab es Beamte und Unterbeamte *(mandoncillos)*, die Straßenfeger eingeschlossen...

«Die gesamte Stadt und sämtliche Stadtviertel waren aufgeteilt, denn der, dem hundert Häuser unterstanden, ernannte wiederum fünf oder sechs neue Beamte, an die er diese hundert Häuser vergab, so daß ein jeder fünfzehn oder zwanzig Häuser zu beaufsichtigen, die Steuern einzutreiben und die nötigen Männer für öffentliche Arbeiten aufzubringen hatte. Auf diese Weise waren die Stadtbeamten (oficiales de la república) so zahlreich, daß man über sie kaum Buch zu führen vermochte.»

Dieses Bild mexikanischer Rangordnung, die seltsam an das Verwaltungssystem des peruanischen Inkareiches erinnert, läßt unserer Vorstellung über die Befehlsgewalt eines *calpullec* zwischen dem *Uey calpixqui* über ihm und der Bürokratie unter ihm wenig Spielraum. Als Beamter alter Überlieferung war er Zeuge einer vergangenen Entwicklungsstufe und sah sich nun in den Maschen einer zentralisierten Verwaltungsordnung verfangen, die dem Staat allein und nicht mehr den Ortsgemeinden gehorchte.

Wenn ihm endlich zur Anfangszeit, wie man wohl annehmen muß, militärische Befugnisse zustanden, so war er ihrer nunmehr praktisch entkleidet. Die Truppenkontingente der einzelnen Stadtviertel waren nämlich in vier Korps eingeteilt, die den vier großen Stadtteilen entsprachen: Teopan, Moyotlan, Aztacoalco und Cuepopan. Sie unterstanden dem Kommando von Befehlshabern, deren Ansehen das der Ortsvorstände bei weitem übertraf. Die militärische Stufenleiter bot in einem Lande, das unausgesetzt im Kriege lag, mutigen und ehrgeizigen Männern besonders glänzende Aufstiegsmöglichkeiten zu Ehren und Macht.

Es versteht sich von selbst, daß in Tenochtitlan jeder Mann, gleichviel welcher Abkunft, vor allem Krieger war oder es sein wollte. Beamte waren Soldaten gewesen oder wurden es. Auch die Priester zogen, wenigstens in jungen Jahren, ins Feld, um Gefangene zu machen, und gewisse Geistliche, die *tlamacaztequiuaque,* verbanden ihr Amt sogar mit dem Waffenhandwerk. Bei den Kaufleuten werden wir sehen, daß ihr Beruf keineswegs das friedliche Aussehen hatte, dessen er sich bei uns erfreut, sondern nicht selten in bewaffnete Aufklärung oder Kolonialexpeditionen ausartete.

Von Geburt an wurde das Knäblein auf den Krieg hin erzogen. Man gräbt seine Nabelschnur mit einem Schild und kleinen Pfeilen ein. Man erklärt ihm in einer Rede, daß es zum Kampf auf die Welt gekommen ist. Der Gott der jungen Männer ist Tezcatlipoca, auch Yaotl, «der Krieger», genannt und Telpochtli, «der junge Mann». Er herrscht über die «Häuser der jungen Männer», die *telpochcalli,* die in jedem Viertel Knaben von sechs bis sieben Jahren an aufnehmen. Die Erziehung in diesen Schulen ist im wesentlichen kriegerisch ausgerichtet, und die jungen Mexikaner träumen von künftigen Heldentaten. Vom zehnten

UNTERRICHT BEI EINEM KRIEGER (OBEN)
BESUCH EINES «TELPOCHCALLI» (UNTEN)

Lebensjahre an schneidet man ihnen das Haar ab und läßt nur im Nacken einen Schopf, *piochtli,* wachsen, den sie erst abschneiden dürfen, wenn sie im Kampf einen Gefangenen gemacht haben, selbst wenn es zu zweit oder zu dritt geschah.

Der Krieger, der diese erste Kriegstat vollbracht hat, trägt nun den Titel eines *iyac.* «Ich bin ein *iyac*», verkündet Tezcatlipoca; damit gleicht er schon seinem Gott. Er schneidet also seinen Schopf ab und läßt nun das Haupthaar in eine große Locke, die über das rechte Ohr fällt, auswachsen. Jedoch hat er bislang nur eine Stufe seiner Laufbahn erklommen: wenn er nämlich zwei oder drei Feldzüge mitgemacht hat, ohne sich auszuzeichnen, ist er gezwungen, seinen Abschied zu nehmen. Es bleibt ihm nichts anderes übrig, als seine Lebensarbeit auf Familie und Acker zu beschränken. Nie wird er buntgestickte Baumwollgewänder und Schmuck tragen dürfen. Er ist dann nur noch ein *maceualli.*

Wenn hingegen die Götter ihn begünstigen, wenn – um als Mexikaner zu sprechen – er unter einem günstigen Zeichen geboren ist, so hat er Glück im Waffenhandwerk. Sobald er vier feindliche Krieger getötet oder gefangengenommen hat, bekommt er den Titel eines *tequiua,* «eines, der (einen Teil des) Tributes besitzt», des *tequitl,* das heißt, er gehört nun zu jener gehobenen Klasse, die bei der Steuerverteilung bedacht wird. Kriegsrat und Kriegskommandos stehen ihm offen. Er darf gewisse Arten von Kopfschmuck und lederne Armreifen tragen. Auch kann er mit Beförderung rechnen: er kann ein *quachic,* ein *quauhchichimecatl,* «ein Chichimeca-Adler», werden oder ein *otomitl,* was den alten, rauhen und kriegerischen Volksstamm, der die Gebirge des nördlichen Mexiko bewohnt, bezeichnet. Endlich kann er einem der höheren militärischen Orden beitreten: dem Orden der «Jaguar-Ritter», der Soldaten Tezcatlipocas[18], deren Kriegsgewand ein Jaguarfell war, oder dem der «Adler-Ritter», der Sonnensoldaten[19], deren Helm ein Adlerkopf zierte.

Der Kaiser verteilte im elften Monat des Jahres, dem *Ochpanitztli,* höchstpersönlich Belohnungen und Auszeichnungen. Alle traten in Reih und Glied vor Montezuma an, der auf seiner «Adlermatte» *(quauhpetlapan)* saß: in Wirklichkeit saß er auf Adlerschwingen, und die Rückenlehne seines Sessels war aus einem Jaguarfell... Jeder trat vor ihn hin und grüßte ihn ehrerbietig; vor seinen Füßen lagen alle Arten von Waffen und Abzeichen, Schilde, Schwerter, Mäntel, Schurze.

«Aufrecht grüßten sie ihn und erhielten alle der Reihe nach ihre Geschenke. Daraufhin legten sie die empfangenen Orden und Ehrenzeichen an. Der Kaiser verteilte diese kostbaren Auszeichnungen unter seine Hauptbefehlshaber... Sobald sie sich geschmückt hatten, traten sie von neuem in Reihen vor Montezuma hin... Und diese Auszeichnungen erhielten sie als Belohnung, die sie (an ihren Dienst) ketten sollte... Und die greisen Mütter und die geliebten Frauen, die dabeistanden und zuschauten, vergossen heiße Tränen, ihre Herzen waren von Kummer schwer: ‹Seht unsere geliebten Söhne, wenn in fünf oder sechs Tagen der Ruf: Wasser und Feuer! (das heißt: Krieg) ertönt, werden sie dann zurückkehren? Werden sie den Weg der Heimkehr finden? Nein, sie werden uns auf immer verlassen[20].›»

Doch scheinen diese Klagen alter Überlieferung die Krieger von ihrer nicht minder ruhmreichen und traditionsgebundenen Laufbahn nie abgehalten zu haben. Für sie ist der Tod in der Schlacht oder, noch besser, der Tod auf dem Opferstein die Verheißung ewiger Glückseligkeit: denn der auf der Walstatt gefallene oder geopferte Krieger hat die Gewißheit, ein «Gefährte des Adlers», ein *quauhteca* zu werden, also einer, der die Sonne von Osten zum Zenit in einem strahlenden Gefolge von Licht und Freude begleitet, um hernach in der Verwandlung eines Kolibri auf ewig unter Blumen zu leben.

Auf dem Höhepunkt ihrer Macht verschmilzt die Rangordnung der Krieger mit der des Staates. Einer der Kaisertitel war *Tlacatecuhtli,* «Herr der Männer», das heißt «der Krieger», und seine erste Aufgabe bestand in dem Oberbefehl nicht nur über die Heere Mexikos, sondern auch über die Truppen der verbündeten Städte. Unter den höchsten Würdenträgern seiner Umgebung besaßen die bedeutendsten unter ihnen wenigstens ursprünglich militärische Ränge; vier davon befehligten in Kriegszeiten die Truppenkontingente der vier Stadtteile.

Unter den «vier Großen» stechen zwei durch ihre Ehrenstellung hervor: der *Tlacateccatl,* «der, welcher die Krieger befehligt», und der *Tlacochcalcatl,* «der vom Hause der Speere». Diese Titel scheinen zu besagen, daß der erste das Truppenkommando ausübt und der zweite für die Arsenale *(tlacochcalli),* also für das Waffenlager, verantwortlich zeichnet. Meist werden diese Stellen von Verwandten des Herrschers besetzt, und aus ihrer Mitte erwählte man wiederum des öfteren einen Kaiser: Itzcoatl, Axayacatl, Tizoc und Montezuma. Durch ihre Ernennung werden sie sofort Tlacochcalcatl. Auitzotl war ein Tlacateccatl. Ihr Gewand war kostbar und großartig: bestickte Mäntel, Geschmeide, Federbüsche. In ihrem Wohnungsstil und ihrer Lebensweise lehnen sie sich stark an ihren Kaiser an. Auch gehören sie zu den ersten Begünstigten der Geschenk- und Warenverteilung aus Gütern, die unterworfenen Provinzen entstammen. Reichtum und Ansehen gehören zu ihrer Stellung.

Übrigens gleicht dieser Beschreibung in entsprechenden Abstufungen der Aufstieg aller Krieger, die sich hervortun. In dem Maß, wie sie die Stufenleiter der Rangordnung erklimmen, nimmt ihr Ruf zu, und mit der Berechtigung, immer prächtigere Kleider und Verzierungen zu tragen, wachsen ihre Einkünfte in Form von Geschenken und Landerträgen. Sie sind nun nicht nur der Verpflichtung, wie der gewöhnliche Bürger ihr eigenes Stück Land zu bestellen, ledig, sondern bekommen dazu noch neue Parzellen, meist in besetzten Gebieten, zugeteilt, die wiederum für sie bestellt werden.

Schöne Häuser, zahlreiche Dienerschaft, herrliche Kleider und Schmuckstücke, Vorräte in Speichern und Kassen machen sie reich und unabhängig. Doch darf man nicht vergessen, daß dieser Reichtum erst eine Folge der hart erworbenen Ehrenstellung ist. Man wird reich, weil man angesehen ist; man wird nicht geehrt, weil man reich ist. Im übrigen ist es für einen Angehörigen dieser Klasse unmöglich, Reichtum auf andere Weise als durch Leistung und Bewährung zu erwerben.

Die Spanier glaubten, in diesen militärischen Würdenträgern einen Kronadel zu erblicken, wie er die Könige von Spanien und Frankreich umgibt. Diese Deutung ist freilich falsch. Der Aztekenherrscher war nicht von einem Hofstaat «großer» Erbadliger mit Großgrundbesitz und Familienvermögen umgeben, sondern scharte Militär- oder Staatsbeamte um sich, die einfach die Vorrechte ihrer Stellung genossen.

Diese Führerschicht – und darin bestand ihre Stärke – erneuerte sich ständig und ergänzte sich aus der großen Masse des Bürgertums. Jeder Krieger, gleichviel welcher Herkunft, dem die Gefangennahme von vier feindlichen Kriegern gelang, wurde ein *tequiua* und gewann im selben Augenblick Zugang zu der nächsthöheren Gesellschaftsschicht. Andererseits ernannte der Kaiser diejenigen zu höheren Graden, die es verdient hatten; nicht selten kam es unmittelbar nach dem glücklichen Ausgang einer Schlacht oder eines Krieges zu Massenbeförderungen, so zum Beispiel wurden nach dem Sieg Montezumas II. über die Mannen von Tutotepec zweihundertsechzig Offiziere und Beamte befördert.

Tezozomoc gibt an, daß nach der Unterwerfung

MONTEZUMA ZEICHNET
VERDIENTE KRIEGER AUS

von Coyoacán alle «Plebejer», die sich im Kampf gegen diese Stadt ausgezeichnet hatten, zu den höchsten militärischen Rängen gelangten; jeder von ihnen erhielt gleichzeitig ein oder mehrere Landgüter, deren Ertrag ihm zufloß. Im übrigen wurden die vorher erwähnten hochwichtigen Ämter, nämlich die des Tlacochcalcatl und des Tlacateccatl, so besetzt, daß zum mindesten für eines davon stets ein aus dem Soldatenstand hervorgegangener Offizier – einer, der nach Sahagúns Ausdruck *criado en las guerras* war – gewählt wurde.

In einer Gesellschaftsordnung, die – mit der beachtenswerten Ausnahme der Kaufleute, von denen später noch die Rede sein wird – ausnahmslos auf Ansehen, und zwar auf Ansehen, das sich auf Leistung und Bewährung gründet, erpicht war, wurde die Stellung dieser beneidenswerten Krieger daher auch ehrlich beneidet. Wenn ein Vater seinem Sohn eine jener Moralpredigten hielt, für die das Aztekenvolk solche Vorliebe besaß, so vergaß er nie, ihm die Krieger als Vorbild vorzuhalten. Denn ihre Überlegenheit trat nicht nur in Kleidung und Ehrenzeichen dauernd hervor, sondern zeichnete sich auch noch in der Sonderstellung ab, die sie bei heiligen Bräuchen und Festlichkeiten genossen.

So durften zum Beispiel an dem großen heiligen Tanz, der im achten Monat des Jahres, am Uey tecuilhuitl, dem «großen Fest der Würdenträger», zu nächtlicher Stunde am Fuße der Pyramiden der heiligen Stadt im Lichtschein riesiger Kohlenbecken und Fakkeln, die junge Männer hielten, aufgeführt wurde, «nur Hauptleute und kriegserprobte Recken teilnehmen». Sie tanzten zu zweit, und zu jeder Zweiergruppe gesellte sich eine Frau – eine jener *auianime,* die dem unverheirateten Soldaten als Gefährtin dienten – eine Frau in einem gestickten Rock mit Fransen und mit offenem Haar, das über die Schultern fiel. Die Tänzer trugen den Schmuck ihres Grades: ein *quachic* hatte das Anrecht auf ein Lippengehänge in Vogelform, ein *otomitl* auf dasselbe in Form eines Blattes oder einer Wasserpflanze. Alle trugen Türkisscheiben an den Ohren. Der Tanz dauerte mehrere Stunden; mitunter nahm der Kaiser daran teil.

Im folgenden Monat, *Tlaxochimaco,* fand ein nicht weniger feierlicher Tanz zu Ehren von Uitzilopochtli vor seinem *teocalli* statt, aber diesmal mittags, denn Uitzilopochtli war der Gott der Sonne, wenn sie im Zenit steht. Hierbei stellten sich die Krieger nach ihrem Rang auf: zuerst die *quaquachictin* und die *otomi,* dann die *tequiuaque,* dann die jungen Kriegsleute, die einen Gefangenen gemacht hatten, dann die, welche «ältere Brüder» genannt wurden, also erprobte Krieger, die als Instrukteure dienten, und endlich die Jünglinge aus den Kriegsschulen der Stadtviertel. «Und sie faßten sich bei den Händen, eine Frau zwischen zwei Männern, und ein Mann zwischen zwei Frauen, wie bei den Volkstänzen in Altkastilien, und tanzten sich umschlingend und singend ... Die Tänzer der ersten Reihe hielten die Frau um die Taille, als ob sie sie umarmten; die anderen, die (in der militärischen Rangordnung) noch nicht so ausgezeichnet waren, waren dazu nicht berechtigt.»

Auch bei anderen Gelegenheiten standen die Krieger im Mittelpunkt öffentlicher Bewunderung und Anerkennung. Dies geschah alle vier Jahre, wenn beim Fest des Feuergottes der Kaiser und die Hauptwürdenträger im Schmuck ihrer Federn und Edelsteine den «Tanz der Würdenträger» tanzten; es geschah auch an allen Tagen, die das Zeichen *ce xochtil,* «eins-Blume» trugen, an denen der Herrscher inmitten von Gesang und Tanz reiche Geschenke an die Krieger verteilte. Es geschah natürlich auch nach der Rückkehr von jedem siegreichen Feldzug, wenn das Heer, das schon an der Seeküste von Abgesandten aus dem Ältestenrat empfangen worden war, auf einer der Hochstraßen zu den Klängen der *teponaztli* und Trompeten in die Stadt einzog.

Wenn diese Würdenträger auch keinen «Adelsstand» im europäischen Sinne darstellten, so neigten sie in dem Zeitabschnitt, den wir darzustellen versuchen, doch dazu, durch Vererbung der Auszeichnung, die ursprünglich nur mit einem Amt verknüpft war, ihre Würde fortzupflanzen. Der Sohn eines *tecuhtli* fiel nicht auf den Rang eines *maceualli,* eines «Plebejers», zurück; er trug als bloßes Geburtsrecht den Titel *pilli,* ein Wort, das zunächst «Kind, Sohn» bedeutet, aber den Sinn von «Sohn (eines tecuhtli)» oder, um im Sinne Spaniens zu reden, von hidalgo: «Sohn von jemand», annahm.

Der *pilli* hatte grundsätzlich keinerlei Anrechte, und wenn er in der militärischen, zivilen oder geistlichen Rangordnung aufsteigen wollte, so bedurfte es desselben Einsatzes wie eines *maceualli.* Allerdings begann seine Laufbahn unter mancherlei günstigen Vorbedingungen: so das Ansehen seines Vaters und die höhere Erziehung im *calmecac* an Stelle der Schulbildung des Stadtviertels. Aus dieser Klasse von Leuten holte der Kaiser sich mit Vorliebe seine Beamten, seine Richter und Botschafter zusammen; sie lag sozusagen auf halbem Wege zwischen Volk und Führerschicht und diente als menschlicher Vorrat, auf den man bei den ständig zunehmenden Anforderungen einer in voller Entwicklung befindlichen Staatsverwaltung zurückgreifen konnte.

Ein «Adelsstand» war also im Entstehen begriffen: immerhin darf man nicht vergessen, daß ein *pilli,* der sich zu Lebzeiten nicht auszeichnete, seinen Kindern keinerlei Ansehen vererben konnte. Der Glanz eines *tecuhtli* dürfte kaum eine Generation überdauert haben, wenn er durch neue Leistungen nicht belebt wurde.

Die Ausdehnung des Reiches und die Vielfalt der Aufgaben, deren sich der Staat zu unterziehen hatte, führten zwangsläufig zu einer Verästelung der öffentlichen Ämter. Es ist äußerst schwierig, mit Genauigkeit festzustellen, worin die Befugnis der Beamten lag, deren Titel wir kennen. Diese Titel entsprachen wohl wie die, welche im römischen oder byzantinischen Weltreich oder auch bei uns unter der Monarchie üblich waren, in ihrer Mehrzahl kaum mehr dem wörtlichen Sinn ihrer Bezeichnung. Der *Tlillancalqui* war vermutlich ebensowenig «der Wächter des düsteren Hauses», wie der Konnetabel sich bei uns um den Marstall kümmerte. Wie dem auch sei, zur Zeit von

Montezuma II. lassen sich drei Klassen von Beamten unterscheiden.

An erster Stelle die Statthalter gewisser Städte oder Ortschaften. Wenngleich sie den militärischen Titel des *tlacochtecuhtli,* «des Würdenträgers der Speere», des *tlacateccatl* oder selbst des *tlacatecuhtli,* seltener den des *tezcacoacatl,* «der des Schlangenspiegels», oder des *tlillancalqui* trugen, so müssen ihre Befugnisse größtenteils ziviler und verwaltungstechnischer Art gewesen sein. Mehreren Städten waren gleichzeitig zwei «Statthalter» zugeteilt, so zum Beispiel Oztoman, Zozolan, Uaxyacac (Oaxaca); daher ist es wahrscheinlich, daß einer die Stadtverwaltung ausübte, während der andere das Garnisonskommando führte.

Die mit Verwaltung und Steuererhebung betrauten Beamten wurden unter dem Gattungsnamen des calpixque, «Hausverwalter», zusammengefaßt, was Eroberer und Chronisten mit «Haushofmeister» übersetzen.

Sie wurden aus der Klasse der *pilli* ausgewählt und hatten als Hauptaufgabe die Bestellung des steuerpflichtigen Ackerlandes sowie den Empfang von Korn, Landesprodukten und Waren, die jede Provinz in regelmäßigen Abständen entrichten mußte, und ihre Überführung nach Mexiko zu überwachen.

Sie mußten aber auch den Kaiser mit regelmäßigen Berichten über die Lage von Ackerbau und Handel versehen. Brach irgendwo eine Hungersnot aus, so hatten sie den Kaiser darüber in Kenntnis zu setzen und die geschädigte Provinz auf seinen Befehl der Steuerzahlung zu entheben, im Notfalle sogar die

Staatsspeicher zu öffnen und Getreide an die Bevölkerung zu verteilen. Auch waren sie für die Durchführung öffentlicher Bauten, für die Instandhaltung der Verkehrswege und für die Belieferung des kaiserlichen Haushaltes verantwortlich.

Der *calpixqui* und sein Stab hatten ihren Wohnsitz jeweils im Hauptort einer Provinz; der Stab bestand aus einer Anzahl Schreiber, die über die Abgaben Buch führten und die Berichte abfaßten; in den wichtigeren Städten und Städtchen der Provinz dürfte der *calpixqui* Ortsabgeordnete unterhalten haben.

Der Bericht von Bernal Díaz vermittelt eine Vorstellung von diesen Beamten und ihrer beängstigenden Amtsbefugnis: tatsächlich lernten die Spanier bei den vom Kaiserreich soeben unterworfenen Totonaken in Quiauiztlan zum erstenmal kennen, was ein *calpixqui* ist. «Einige Indianer desselben Dorfes kamen gelaufen und erzählten allen Kaziken, die mit Cortés sprechen wollten, man habe fünf Mexikaner auf dem Weg hierher gesehen, die Montezumas Steuereinnehmer seien. Als sie dies hörten, erbleichten sie und begannen vor Furcht zu zittern. Sie ließen Cortés stehen und gingen hinaus, um die Mexikaner zu empfangen. Rasch schmückten sie einen Saal mit Zweigen, bereiteten etwas zum Essen vor und machten Kakao, welches ihr bestes Getränk ist. Als die fünf Indianer das Dorf betraten, schritten sie an uns mit solcher Selbstverständlichkeit und solchem Stolz vorüber, daß sie weder mit Cortés noch mit irgendeinem von uns ein Wort wechselten. Sie trugen reichgestickte Mäntel und Schurze derselben Art, ihr Haar glänzte und war in einem Knoten hochgebunden; jeder hielt einen Blumenstrauß in der Hand, an dem sie rochen, und andere Indianer, vermutlich Diener, verscheuchten mit Wedeln die Fliegen aus ihrer Nähe.» Und diese hochfahrenden Vertreter der Zentralmacht zögerten nicht, die Totonakenhäupter, welche die Unvorsichtigkeit begingen, mit Cortés zu verhandeln, vor sich zu rufen und ihnen einen scharfen Verweis zu erteilen.

Endlich wurden als dritte Klasse der ernannten Beamten die Richter vom Herrscher unter den erfahrenen und älteren Würdenträgern oder aus der Mitte des Volkes ausgewählt. In Texcoco stammte die eine Hälfte der oberen Richter aus «Adelsfamilien», die andere war «plebejischer» Abkunft. Alle Chronisten stimmten in ihrem Lob der Sorgfalt, die Kaiser und verbündete Könige auf die Wahl der Richter verwandten, überein; sie sollen stets darauf bedacht gewesen sein, «daß keiner der Richter trunksüchtig, bestechlich und weder zu beeinflußbar noch zu leidenschaftlich in seinen Urteilssprüchen war».

Ihr Amt war hochangesehen und flößte Ehrfurcht ein; eine Art Feldpolizei unterstand ihnen, die auf ihren Befehl sogar Würdenträger in einem beliebigen Ort festnehmen konnte. Ihre Sendboten «reisten mit Windeseile bei Tag und Nacht, bei Regen, Schnee oder Hagel». Ihre Schreiber nahmen jede Einzelheit, die Ansprüche jeder Partei, die Zeugenaussagen und Urteilssprüche zu Protokoll. Aber wehe dem noch so angesehenen Richter, der sich bestechen ließ! Vom

Verweis war es kein weiter Weg zur Absetzung, manchmal ging es bis zur Todesstrafe: ein König von Texcoco ließ einen Richter hinrichten, der einen Würdenträger zu Lasten eines einfachen Mannes begünstigt hatte.

Ob Militär- oder Zivilbeamte, ob Verwalter oder Bürgermeister, ob Würdenträger im Dienst oder Herrensöhne in Erwartung eines Postens – alle diese Beamten mit ihrem Schwarm von Boten, Kanzleidienern, Schreibern und Polizisten unterstanden der weltlichen Macht. Sie waren dem Kaiser, dem Staatsoberhaupt, lehenspflichtig und gehörten ebenso zum Räderwerk der gewaltigen Staatsmaschine. Ihnen zur Seite und durch Familienbande, Erziehung und Glaubensstärke eng verbunden, wenn auch einem anderen Grundsatz entspringend, standen die Diener des Gottesreiches; dem Beamtenstand stand der Priesterstand gegenüber. Zwei gleichlaufende Rangordnungen teilten sich in die Führerschicht. Die einen eroberten, verwalteten, richteten; die anderen erwirkten durch die Treue ihres Tempeldienstes, daß die Götter den Segen ihrer Gunst nicht versagten.

Jeder junge *pilli* hatte von Kindesbeinen an Gelegenheit, den geistlichen Beruf aus der Nähe kennenzulernen, denn er wurde in einem *calmecac,* einer Klosterschule, erzogen, wo er die strenge Lebensweise der Priester teilte. Die Söhne der Kaufherren konnten auch im *calmecac* aufgenommen werden, aber sozusagen als überzählige und nicht etatmäßige Zöglinge. Es scheint somit, daß der Priesterstand nur den Mitgliedern der Führerschicht offenstand oder im äußersten Falle den Söhnen des Kaufmannsstandes. Indessen betont Sahagún, daß manche der verehrtesten Geistlichen mitunter aus den niedersten Familien stammten. Dies würde bedeuten, daß ein *maceualli* auf Wunsch als Novize Aufnahme fand. Vielleicht erlaubte eine außergewöhnliche Anlage zum Priesterstand, wenn sie während seiner Schulzeit in der Stadtschule zutage trat, die Versetzung des Jünglings in den *calmecac*.

Der «Novize», wörtlich der «kleine Priester», wurde Quetzalcoatl, dem Priestergott im besten Sinne, geweiht. Wenn er im Alter von zweiundzwanzig Jahren sich entschloß, nicht zu heiraten und endgültig in den Priesterstand einzutreten, wurde er *tlamacazqui*, «Priester», und durfte von nun an diesen Ehrentitel führen. Dies ist übrigens der Titel, den man Quetzalcoatl, zugleich Gott, König und Hohepriester des märchenhaften Tula, gab. Man gibt ihn auch Tlaloc, dem jahrtausendealten Gott des Regens und der Fruchtbarkeit, man gibt ihn den zweitrangigen Gottheiten, die ihn umgeben, man gibt ihn dem sprühenden und wohltuenden Gott der Musik und des Tanzes. Mit dem Titel *tlamacazqui* ist man schon ein bißchen gottähnlich.

Der Mehrzahl der Priester gelang es wohl selten, über diesen Rang hinauszukommen. Im höheren Alter pflegten sie mit lebenslänglichen, wenn auch zweitrangigen Ämtern wie Trommelschläger oder Opfergehilfe betraut zu werden; oder sie mochten an der Spitze einer «Pfarrgemeinde» als Leiter des Tempeldienstes in einem Stadtviertel friedlich ihr Leben

AUSBILDUNG EINES JUNGEN PRIESTERS

beenden. Ihr Grad wurde in der Rangordnung mit *quacuilli* bezeichnet.

Andere wiederum schlugen die höhere Laufbahn ein. Dann erhielten sie den Titel *tlenamacac.* Dies berechtigte sie zum Eintritt in den Wahlausschuß; aus diesem Gremium setzten sich die höchsten Würdenträger der mexikanischen Kirche zusammen.

Die oberste Kirchenverwaltung bildeten zwei gleichberechtigte Hohepriester, der *quetzalcoatl totec tlamacazqui*, «Federschlangen-Priester unseres Herrn», und der *quetzalcoatl Tlaloc tlamacazqui*, «Federschlangen-Priester von Tlaloc», das heißt, der erste war für den Uitzilopochtli-Kult und der andere für den Tlaloc-Kult verantwortlich. So wie diese beiden Gottheiten zusammen den großen *teocalli* beherrschten, so herrschten auch ihre beiden höchsten Würdenträger gemeinsam über die geistliche Rangordnung.

Ihr Gemeinschaftstitel «Federschlange» gab ihnen den Stempel der Heiligkeit, den die Sage dem toltekischen Gottkönig Quetzalcoatl lieh; sie waren ja seine Vertreter und Nachfahren. «Unter diesen Geistlichen», sagt Sahagún, «wählte man die besten zu Hohenpriestern aus; man nannte sie *quequetzalcoa,* was Nachfolger von Quetzalcoatl bedeutet... Bei dieser Wahl wurde auf Herkunft kein Wert gelegt; was zählte, war Sittenreinheit und Eignung zur Priesterschaft, Gelehrsamkeit und Sauberkeit der Lebensführung. Man wählte den, der tugendstreng, demütig und friedlich, verständig und ernsthaft, nicht leichtfertig, sondern überlegt, streng und gewissenhaft in der Beachtung der Sitten, liebevoll und barmherzig, freundlich und mitleidig gegen alle, fromm und gottesfürchtig war.» Ist das nicht ein selten warmes Lob aus der Feder eines katholischen Mönches?

Diese beiden Hohenpriester waren nach derselben Quelle «gleichwertig in Stand und Ehren» und lebten in einer Atmosphäre tiefer Verehrung. Nicht einmal der Kaiser scheute die Mühe, sie zu besuchen. Ihre zweifache Gegenwart auf dem Gipfel der religiösen Welt verewigte und bestätigte die Vereinigung zweier Grundanschauungen Mexikos, welche die Führerschaft der Azteken verschmolzen hatte: hier Uitzilopochtli, Sonnenherrscher des Krieges, naher Verwandter der Jagdgottheiten, Vorbild der Soldaten, Abbild des Geopferten, der als sorglose Wiedergeburt eines Vogellebens verewigt wird; dort Tlaloc, uralter Gott des Regens und der Wachstumsfülle, mithin der Gott, der ohne Kampf den Mais sprießen und die Pflanzen wachsen läßt, ein wohltätiger Zauberer, der Trockenheit und Hungersnot fernhält. Einerseits die Religion kriegerischer Nomaden, andererseits die seßhafter Bauern, aber beide mit ihrem Ideal und ihrem Paradies.

Im Gefolge dieser zwei Hohenpriester waren zahlreiche «Prälaten» für bestimmte Zweige des religiösen Lebens und für diesen oder jenen Gotteskult verantwortlich. Der wichtigste unter ihnen, eine Art kirchlicher Generalsekretär, trug den Titel eines *Mexicatl teohuatzin,* «der ehrwürdige *(-tzin)* Mexikaner, der für die Götter verantwortlich ist». Er wurde von den beiden *quequetzalcoa* gewählt und hatte andere, weniger bedeutende Priester im Range von Bischöfen unter sich. Er hatte dafür zu sorgen, daß alles, was den Gottesdienst in sämtlichen Ortschaften und Provinzen angeht, nach den Vorschriften und Gebräuchen der ältesten Priester sorgfältig und tadellos ausgeführt wird..., ihm oblagen auch alle Maßnahmen religiöser Natur in den von Mexiko unterworfenen Provinzen. Seine Befugnisse schlossen gleichermaßen die Erziehung des geistlichen Korps und die Schulleitung der *calmecac* ein. Ihm standen einerseits der *Uitznauac teohuatzin,* dem hauptsächlich der Gottesdient, und andererseits der *Tepan teohuatzin,* dem die Erziehungsfragen oblagen, zur Seite.

Die Kultgegenstände, das Mobiliar und das Tempeleigentum unterstanden einem Schatzmeister, dem *tlaquimiloltecuhtli*[21]; denn der Reichtum der Götter war gewaltig. Nicht nur stellten die Bauten, Grundstücke und Denkmäler, die unzähligen Kultgeräte und unausgesetzten Spenden der Gläubigen von Lebensmitteln und Kleidern einen beträchtlichen Wert dar, sondern auch die Priesterschulen besaßen Ackerland, das sie bestellen ließen oder verpachteten; dazu stand ihnen ein Teil der Einkünfte aus den unterworfenen Provinzen zu.

Aus der Frömmigkeit der Kaiser floß den Tempeln ein Strom von Geschenken zu. In Texcoco waren allein fünfzehn Hauptdörfer und ihre Nebengemeinden mit der Instandhaltung der Tempel und deren Belieferung mit Holz für die ewigen Feuer beauftragt. In Mexiko war es nicht anders; bestimmte Dörfer bezahlten keine anderen Steuern als in Form von

Mais, Fleisch, Holz und Weihrauch für die heiligen Stätten. So befanden sich neben den Tempeln besondere Speicher für die Aufbewahrung lebenswichtiger Vorräte. Die Priester bedienten sich ihrer nicht nur für ihren eigenen Gebrauch, sondern auch für Kranke und Bedürftige. So hatten sie Krankenhäuser in Mexiko, in Texcoco, in Cholula und anderen Plätzen ins Leben gerufen. Die Verwaltung all dieser Besitztümer dürfte den Großschatzmeister einen ganzen Stab von Schreibern gekostet haben.

Was die den verschiedenen Kulten zugeteilten Priester anbelangt, so müssen sie äußerst zahlreich gewesen sein. Kein Gott hätte sich ohne ein eigenes «Haus» mit einem Hohenpriester, mit Vikaren und Novizen begnügt. Die vierhundert Götter des Trankes und der Trunkenheit verfügten zu ihrem Kultdienst über einen ebenso großen Stab von Priestern, die der *Ometochtzin,* «der ehrwürdige Zwei-Kaninchen», der denselben Namen seiner Götter trug, leitete. Übrigens war dies ein verbreiteter Brauch: jeder Priester trug als Titel den Namen des Gottes, dem er diente und den er gleichzeitig verkörperte. Die Ritensucht hatte derartig überhandgenommen, daß eine Vielzahl von Priestern sich nur noch mit der einen oder anderen Aufgabe rein materieller Natur beschäftigte, da die zugeteilte Arbeit an sich schon einen vollen Einsatz erforderte. So war der *Ixcozauhqui tzonmolco teohua* einzig und allein für die Holzbelieferung des Feuergott-Tempels verantwortlich, und dem *Pochtlan teohua yiacatecuhtli* oblag das Amt, die Festlichkeiten zu Ehren des Handelsgottes zu planen und zu leiten.

Natürlich mußte der Festkalender sorgsam befolgt und die Reihenfolge der Zeremonien gewissenhaft eingehalten werden: dies war die besonders wichtige Aufgabe des *Epcoaquacuiltzin,* «des ehrwürdigen Dieners des Regentempels», dessen Amtsbereich trotz seines unscheinbaren Titels die Kontrolle sämtlicher Riten oder jedenfalls ihre materielle Seite unter der Oberaufsicht des *Uitznauac teohuatzin* umfaßte.

Die Frauen waren von der Priesterweihe keineswegs ausgeschlossen: ein neugeborenes Mädchen (zwanzig oder vierzig Tage nach seiner Geburt) konnte von seiner Mutter im Tempel vorgestellt werden; der *quacuilli* empfing aus den Händen der Mutter ein Weihrauchfaß und *copal* (Weihrauch), was eine Art gegenseitige Verpflichtung besiegelte. Aber erst als junges Mädchen *(ichpochtli)* trat sie als Novize in den Tempeldienst und erhielt dann den Titel der Priesterin (wörtlich: Frau-Priester, *ciuatlama-cazqui*). Solange sie Priesterin war, mußte sie das Zölibat wahren, doch konnte sie ohne weiteres heiraten, «wenn man um ihre Hand anhielt, wenn die richtigen Worte gesprochen wurden, wenn Vater, Mutter und Honoratioren einverstanden waren»: dann wurde eine besonders prächtige Hochzeit gefeiert, worauf sie den Tempel mit ihrem neuen Heim vertauschte. Es scheint jedoch, daß viele Mädchen dem Priesterberuf auf Lebensdauer treu blieben.

In den überkommenen Berichten lesen wir oft von Priesterinnen, die bei den verschiedensten Gelegenheiten den Gottesdienst abhielten. Der Festgottesdienst der großen Göttin *Toci* («unsere Großmutter») wurde von einer *ciuaquacuilli* oder Vikarin geleitet. Eine andere, die den Titel *itztacciuatl,* «die weiße Frau», führte, war mit der materiellen Vorbereitung gewisser Kultbräuche beauftragt, namentlich mit der Reinigung der Heiligtümer und der Beaufsichtigung der ewigen Feuerbrände.

Im vierten Monat, dem *Quecholli,* strömten die Frauen zum Tempel des Jagd- und Kriegsgottes Mixcoatl und brachten ihre Kinder den alten Priesterinnen dieses Tempels dar, die mit ihnen im Arm tanzten. Hernach zogen die Frauen mit ihren Kindern wieder nach Hause, nicht ohne die Priesterinnen mit Süßigkeiten beschenkt zu haben. Dieser heilige Brauch nahm den ganzen Vormittag ein.

Im Verlauf der Zeremonien, die im Monat Ochpanitzli abgehalten wurden, spielten junge Mädchen, die Priesterinnen der Maisgöttin, die Hauptrolle. Eine jede stellte die Göttin dar und trug in kostbares Tuch gewickelt sieben Maiskolben auf dem Rücken; ihr Gesicht war gemalt, Arme und Beine mit Federn geschmückt. Sie sangen und nahmen an der Prozession der Priester derselben Gottheit teil. Bei Sonnenuntergang wurden verschiedenfarbige Maiskörner und Kürbiskerne handvollweise unter die Menge geworfen; die Zuschauer stürzten sich wie wild darauf, um ein Korn als Unterpfand für Glück und Segen im kommenden Jahr mit nach Hause zu nehmen.

Torquemada stellt fest, daß manche der jungen Priesterinnen Gelübde für ein oder mehrere Jahre – aber anscheinend nie auf Lebensdauer – ablegten, um eine göttliche Gunst wie die Heilung von einer

Krankheit oder eine gute Heirat zu erwirken. Überwacht und geschult von alten Frauen, versahen sie den Tempeldienst, brachten den Göttern Brandopfer dar zu Beginn der Nacht, zur Mitternacht und im Morgengrauen und webten Mäntel für die Priester und Götzenbilder.

Von der Priesterschaft über die Wahrsagekunst zur Heilkunde und von dort zur Magie führt ein stufenweiser Weg vom Heil zum Unheil, von der Verehrung über die Furcht zum Haß. In ihrem düsteren Grenzland begegnete die religiöse Welt dem unheilvollen Reich der Zauberei und Hexenkunst.

Echtes Wahrsagetum war nicht nur erlaubt, sondern wurde von einer priesterlichen Sonderklasse, den *tonalpouhque,* öffentlich ausgeübt. Sie hatte ihre Ausbildung in den Klosterschulen erhalten, denn dort bekam man Einblick in die Schriftzeichen des Wahrsagekalenders: diese Kenntnis war übrigens ein wichtiger Teil höherer Ausbildung; man denke nur an die Rolle, die bei den Römern der Blütezeit die Deutung der Vorzeichen spielte. Doch scheint es, daß die Wahrsager nach beendeter Ausbildung vom Tempeldienst ausschieden; sie begannen ihr Handwerk sozusagen «auf eigene Rechnung» auszuüben. An Beschäftigung und Einnahmen dürfte es nie gefehlt haben, da sie bei einer Geburt zwangsläufig von jeder Familie befragt wurden und es im übrigen kein wichtiges Lebensdatum, wie Heirat, Abreise, Heerzug und so weiter, gab, das auf Wunsch der Privatpersonen oder Beamten nicht von ihnen festgesetzt worden wäre. Jede Beratung wurde durch eine Mahlzeit und

Geschenke, «mehrere Mäntel, Truthähne und eine Lebensmittelspende» beglichen.

Als anerkanntes Amt, obschon sein Gebiet sich am Rande jener dunklen, von der schwarzen Magie überschatteten Zone erstreckte, galt auch die Kunst der Medizinmänner und -frauen, die vor aller Öffentlichkeit an zahlreichen staatlichen Veranstaltungen teilnahmen. Hier muß auch die Hebamme erwähnt werden, die nicht nur die Entbindung vornimmt, sondern die Aufgabe hat, das Neugeborene moralisch und religiös zu belehren, und nach Befragung des Wahrsagers zur Wahl des «Taufnamens» schreitet. Sicherlich war ihr Amt in der Gemeinde angesehen und einträglich.

Endlich treten uns als Gegenpol zum heiligen Priesterstand die Magier und Zauberer als schlimme Fachleute der Hexerei entgegen. Man schrieb ihnen weitreichende und vielfältige Kräfte zu: sie standen im Rufe, sich in Tiere zu verwandeln und Zauberformeln zu kennen, «die Frauen zu behexen und ihr Herz nach Wunsch zu lenken»; auch hielt man sie für fähig, durch Zauberei auf Entfernung zu töten. Ob weiblich oder männlich, die Zauberer übten ihr lichtscheues Gewerbe geheim aus, doch kannte man ihre Schlupfwinkel und dingte ihre Dienste des Nachts. Es hieß, ihre Kraft rühre davon her, daß sie unter einem bösen Zeichen geboren seien, zum Beispiel unter «eins-Regen» oder «eins-Wind», und darum für ihre Beschwörungen Tage auswählten, die unter einem für die entsprechenden Unternehmungen günstigen Zeichen ständen. Die Zahl neun, die Zahl der nächtlichen Gottheiten von Tod und Hölle, galt als eine ihrer Lieblingszahlen.

Eines der Verbrechen der Hexerei, das immer wieder erwähnt wird, bestand darin, daß sich fünfzehn oder zwanzig Zauberer zusammentaten, um eine Familie auszuplündern. Sie zogen dann des Nachts vor ein Haus, das sie ins Auge gefaßt hatten, und schlugen mittels gewisser Zauberformeln sämtliche Bewohner mit Starre: «Sie waren wie tot und sahen und hörten dennoch alles, was um sie vorging... Die Diebe zündeten Fackeln an und durchsuchten das ganze Haus nach Eßbarem. Dann setzten sie sich in aller Ruhe zum Schmaus nieder: keiner der Hausbewohner vermochte Einspruch zu erheben, waren sie doch alle wie versteinert. Nachdem die Diebe sich gelabt hatten, brachen sie in Vorratskammern und Speicher ein und griffen alles, was sie fanden, Kleider, Gold, Silber, Edelsteine und kostbare Federn..., man will sogar wissen, daß sie an den Frauen tausend Schamlosigkeiten verübten.»

Daher wurde dieses Zauberwesen von der Öffentlichkeit streng verurteilt und nicht minder streng bestraft. Gelang es, ihre Schlupfwinkel auszuheben und sie zu überführen, so wurden sie entweder vor einem Altar geopfert, indem man ihnen das Herz aus der Brust riß, oder man hängte sie auf. Unter der Regierung von Chimalpopoca wurden ein Mann und eine Frau von Cuauhtitlán zum Tode verurteilt, weil sie durch Zauberei einen Bauern von Tenayuca eingeschläfert und ihm dann seinen Mais gestohlen hatten.

Mit Ausnahme dieser Minderheit verstoßener Mächtiger ist allen Klassen, die wir soeben aufführten – Krieger, Beamte, Priester –, die Führerrolle, die sie in Gesellschaft und Staat spielen, gemeinsam. Alle zusammen bilden sie eine Führerschicht neuen, kräftigen, durch frisches Blut fortwährend verstärkten Ursprungs, und dieses Blut spenden die «Plebejer», denen die höchsten Posten in Heer, Verwaltung und Kirche offenstehen. Wenn auch das Erbrecht eine gewisse Rolle spielt, so hebt das persönliche Verdienst doch das Ansehen, während kein Verdienst das Ansehen schwächt: nie vergißt der Mexikaner, daß Ehre und Ansehen wie Wasser zerfließen und daß ein edelgeborener Mann als Sklave sterben kann.

Es scheint, daß zu Beginn des 16. Jahrhunderts unter der Regierung von Montezuma II. eine starke «Adelsströmung» einsetzte, welche die Söhne von Plebejern aus den hohen Posten zu entfernen suchte; immerhin soll es sich den Berichten zufolge nur um die Auslandsposten gehandelt haben, weil es als unpassend empfunden wurde, daß *Macehuales* Königspaläste betraten. Vielleicht hätte diese Entwicklung im Laufe der Zeit einen reinen Erbadel geschaffen, doch bewirkte der dauernde Druck von Krieg und Eroberung, daß ehrgeizige und mutige Männer sich bis zu den höchsten Stellen emporarbeiteten.

Was bei der Betrachtung der Lebensweise dieser Führerschicht ins Auge springt, ist, daß eine ihrer wichtigsten Klassen, die Priesterschaft, in Armut und Enthaltsamkeit lebt, während die anderen, Krieger und Verwaltungsbeamte, Reichtum in Form von

Land, Häusern, Sklaven, Kleidern, Lebensmitteln, Schmuck und dergleichen nur als Folge ihrer Grade und Stellungen erwerben. Reichtum wird nicht um seinetwillen erstrebt; er kommt Hand in Hand mit einem gewissen Stufengrad von Macht und standesgemäßem Auftreten. Er ist nichts weiter als Nutznießung. Das einzige, was in den Augen der *tecuhtli* zählt, ist Ansehen.

Indessen gibt es noch eine andere Klasse, die zwar unter der Führerschicht steht, aber im Begriff ist, sie einzuholen. Sie kehrt nun diese Werte um und läßt das Ansehen nicht nur außer acht, sondern meidet es sogar. Die Mitglieder dieser Klasse streben einzig und allein den Reichtum an. Sie ist mit ihren Bräuchen, ihren Gesetzen und ihrem Aufbau eine derart verschiedene Klasse, daß sie fast eine Welt für sich bildet.

Eine aufstrebende Klasse: Die Kaufleute

Viele Mexikaner trieben Handel, sei es in Form von Gelegenheitsgeschäften, sei es als Dauererwerb: Bauern, die auf dem Markt ihren Mais, ihr Gemüse, ihr Geflügel verkauften; Frauen, die auf der Straße alle Arten von Gerichten und Gewürzfleisch anboten; Kaufleute, die mit Stoffen, Schuhwerk, Getränken, Fellen, Geschirr, Seilen, Pfeifen und verschiedenerlei Gerät handelten; Fischer, die täglich ihre Fische, Schnecken und Krustentiere vom See herbeibrachten. Diese kleinen und mittleren Händler bildeten keine gesonderte Bevölkerungsschicht. Der Titel *pochteca*

YACATECUHTLI, SCHUTZGOTT
DER KAUFLEUTE (OBEN)
KAUFMANN MIT QUETZAL-FEDERN (UNTEN)

oder Kaufmann stand nur den Mitgliedern mächtiger Körperschaften zu, die das Monopol des Außenhandels innehatten.

Sie gründeten und leiteten die Trägerkarawanen, die vom Hochtal aus die fernen, sagenumwobenen Provinzen der Golfküste und der pazifischen Küste durchstreiften. Dort verkauften sie Mexikos Erzeugnisse: Stoffe, Decken aus Kaninchenhaar, bestickte Gewänder, Goldgeschmeide, Ohrenschmuck aus Obsidian und Kupfer, Obsidianmesser, Farbstoff aus Cochenille, Heil- und Duftkräuter. Von dort brachten sie Luxusartikel mit: den *chalchiuitl,* die grüne, durchscheinende Jade, Smaragde, *quetzalitztli,* die Seemuschel, das Schildpatt der Seeschildkröte, aus denen man Schalen zur Bereitung von Kakao herstellte, die Felle von Jaguaren und Pumas, Bernstein, Papageienfedern, *quetzal* und *xiuhtototl.* Ihr Handel bestand somit in der Ausfuhr von Fertigwaren und in der Einfuhr von exotischen Luxusartikeln.

Man beachte nebenbei, daß dieser Austausch allein noch nicht die wirtschaftlichen Beziehungen zwischen den Kalten Ländern der Mitte und den Heißen Ländern des Südostens erklärt. Zwar führt man Goldgeschmeide aus, doch führt man kein Gold ein; man verkauft Baumwollstoffe, kauft aber keine Baumwolle dagegen. Mit den von den Provinzen entrichteten Steuern und Abgaben bezahlte nämlich Mexiko seine Rohprodukte: zum Beispiel mußte die mixtekische Provinz von Yoaltepec jährlich vierzig Goldreifen von Fingerdicke mit einem Durchmesser von vier bis fünf Zentimeter bezahlen; die Provinz von Tlachquiauco zwanzig Kürbisflaschen Goldstaub; die Provinzen Quauhtochco und Ahuilizapan eintausendsechshundert Ballen Baumwolle. In Mexiko veredelt, wanderten diese Rohstoffe nun als Gewebe oder Schmuck auf dem Rücken der Träger und unter der Führung der *pochteca* wieder südwärts.

Kaufmännische Körperschaften gab es in mindestens zehn Städten und Marktflecken des Mittellandes: in Texcoco, Azcapotzalco, Uitzilopochco, Uexotla, Cuauhtitlán, Coatlinchan, Chalco, Otumba, endlich in Tenochtitlan und in Tlatelolco. Während der Unabhängigkeitsperiode letztgenannter Stadt, vor der Annektion durch die Mexikaner im Jahre 1473, scheinen die *pochteca* den größten Einfluß ausgeübt zu haben. Dort wohnten sie in sieben Stadtteilen; von einem, Pochtlan, stammt ihr Berufsname; zu jedem dieser Handelsviertel gehörte ein «Sitz» (wörtlich: eine Matte, *petlatl*) oder privates Handelsgericht. Wenn man Chimalpahin Glauben schenken darf, nahm in Tenochtitlan est im Jahre 12 *tecpatl,* also 1504, «der Handel seinen Anfang», – *«inpeuh pochtecayotl Mexico».* Das ist zweifellos so zu verstehen, daß also erst in jüngster Zeit unter dem Einfluß und in Nachahmung der *pochteca* von Tlatelolco, die seit dreißig Jahren Mexikaner waren, die erste Körperschaft offiziell gegründet wurde.

Die *tlatelolca*-Kaufleute hatten schon zu Beginn des 15. Jahrhunderts, als der *tlatoani* Tlacateotl, der 1407 auf den Thron kam, über ihre Stadt herrschte, Handel zu treiben begonnen. Man sagt, sie seien es gewesen, die der noch bäuerlichen Bevölkerung der Seenstadt beigebracht hätten, was schöne Baumwollstoffe sind. Unter dem zweiten Herrscher von Tlatelolco, Quauhtlatoa (1428–1467), führten sie Lippenschmuck, Federn und Wildfelle ein. Unter ihrem letzten unabhängigen Oberhaupt Moquiuix war die Anzahl der von ihren langen Reisen mitgebrachten Waren beträchtlich gestiegen: besonders fällt der Kakao auf, der das Hausgetränk der guten Gesellschaft wird. Die Handelsgesellschaft wurde von zwei Köpfen, den *pochtecatlatohque,* «den Handels-Herren», geleitet, deren Namen das Ehrenbeiwort *-tzin* schmückte.

Nach der Übernahme von Tlatelolco bestand zwischen den Kaufleuten dieser Stadt und den Kaufherren von Tenochtitlan eine enge Verbindung, obschon die beiden Gruppen unabhängig blieben. Ihre Häupter, drei bis fünf an der Zahl, sind erfahrene Greise, die sich daher den Strapazen und Gefahren der Kaufzüge nicht mehr aussetzen. Sie vertrauen ihre Waren jüngeren *pochteca* an, die sie für ihre Rechnung verkaufen müssen. Sie stellen jedoch die Karawanen zusammen und setzen ihre Reisedaten fest, führen den Vorsitz bei den Abfahrts- und Ankunftsfeiern und vertreten die Körperschaften beim Kaiser. Endlich liegt die Gerichtsbarkeit der Handelsklasse in ihren Händen, nicht nur, wenn es um Streitfragen im Handel geht, sondern auf allen Gebieten: ihre Gerichte können alle Strafen verhängen, die Todesstrafe eingeschlossen.

Dies ist ein um so bemerkenswerteres Vorrecht, als die mexikanische Gesellschaft in Rechtsfragen keine andere Ausnahme kennt und die Gerichte des Herrschers *tecuhtli* und *maceualli* gleichermaßen aburteilen. Nur der *pochtecatl* macht darin eine Ausnahme. In vieler Hinsicht stellten die Kaufleute im Schoß des aztekischen Gemeinwesens eine eigenständige Gesellschaft dar. Im Gegensatz zum Offizierskorps und zur Priesterschaft erneuerte sich die Kaufmannschaft nicht aus dem Volk; man war Kaufmann, weil der Vater es gewesen war. Die *pochteca* wohnten in denselben Stadtvierteln und heirateten untereinander. Die Kaufleute hatten ihre eigenen Götter, ihre besonderen Feste und übten ihren Gottesdienst auf ihre Weise aus, denn auf ihren langen Reisen waren sie ihre eigenen Priester.

Wir haben gesehen, wie sehr die führende Schicht das Gesetz der Rangordnung beachtete: das gleiche Anliegen beobachten wir bei den Kaufleuten. Zwischen dem Oberhaupt des Gewerbes und dem jungen Kaufmann, der auf seine erste Handelsfahrt auszieht, stand eine ganze Reihe verschiedener Klassen und Befugnisse mit besonderen Titeln. Da waren die *tecuhnenenque,* «die fahrenden Herren», geachtet ob ihrer langen und gefahrvollen Fahrten; die *naualoztomeca,* «die verkleideten Kaufleute», die sich nicht scheuten, feindlichen Völkerschaften Gewand und Redeweise zu entlehnen, um im geheimnisvollen Tzinacantlan[22] Bernstein und quetzal-Federn zu kaufen; die *tealtianime,* die Sklaven geopfert hatten; die *teyaualouanime,* «die den Feind einzingeln»; die *tequanime,* «das Rotwild». Die beiden letzten Bezeichnungen könnten bei einem Gewerbe wie dem Handel überraschen. Nun war aber der Handel ein unausgesetztes Abenteuer. Denn je mehr die Handelskarawane sich von Mexiko entfernte, desto gefahrvoller wurde ihre Reise. Da die Kaufleute mit Recht als Spione angesehen wurden, stießen sie auf die Feindseligkeit der noch nicht unterworfenen Stämme. Ihre Waren reizten die Begehrlichkeit der Bergvölker. Raubüberfälle bedrohten die Karawanen, und wenn der *pochtecatl* nicht umkommen wollte, mußte er wohl oder übel zum Krieger werden.

So begann der gesellschaftliche Aufstieg der Kaufmannsschicht in der alten Stadt. Unter der Regierung von Auitzotl wurde eine mexikanische Handelskolonne in einem Dorf des *Anahuac Ayotlan* (dem Abhang auf der Landenge von Tehuantepec auf der pazifischen Seite) von Truppenteilen verschiedener Stämme eingeschlossen und regelrecht belagert. Dennoch leisteten sie unter unaufhörlichen Kämpfen vier Jahre lang Widerstand, und als der zukünftige Kaiser Montezuma, der damals Tlacochcalcatl war, an der Spitze der mexikanischen Truppen dorthin zog, um sie zu entsetzen, traf er die siegreichen *pochteca* beutebeladen auf dem Heimmarsch.

Mit ihrem langen, bis auf den Gürtel reichenden Haupthaar und mit ihrem erschöpften und gleichzeitig triumphierenden Aussehen erregten diese kriegerischen Kaufleute in Mexiko Aufsehen und wurden vom Kaiser mit großem Prunk empfangen. Im Palast legten sie Auitzotl die Standarten und wertvollen Federabzeichen zu Füßen, die sie in hartem Kampf erbeutet hatten. Der Herrscher nannte sie «Gevatter» und verlieh ihnen auf der Stelle das Recht, Goldgeschmeide und Federschmuck zu tragen – allerdings mit der Einschränkung, sie nur bei privaten Festlichkeiten anzulegen, während die Mitglieder der Führerschicht dies Vorrecht ohne Einschränkung genossen.

Nach Sahagún soll der Redner, der Auitzotl im Namen der Kaufleute antwortete, gesagt haben: «Wir *pochteca,* deine Gevattern, die wir nun heimgekehrt sind und vor dir stehen, haben unser Leben aufs Spiel gesetzt und uns Tag und Nacht durchgekämpft, denn obschon wir Kaufleute heißen und auch so aussehen, sind wir Hauptleute und Soldaten, die verkleidet auf Eroberung ausziehen.» Eine bemerkenswerte Rede, in der wir den Ausdruck einer Art «gesetzlicher Vortäuschung falscher Tatsachen» nicht übersehen dürfen, denn diese Vortäuschung verschaffte den Kaufleuten gewisse gesellschaftliche Vorteile und sollte in den Augen der Berufskrieger eine Haltung rechtfertigen, die früher als untragbare Dreistigkeit angesehen worden wäre.

In Wirklichkeit ist es natürlich falsch, die *pochteca* als verkleidete Krieger anzusprechen; zunächst sind es ausschließlich Kaufleute. Jedoch – und in dieser Beziehung spielt die auf der Landenge von Tehuantepec überstandene Belagerung eine entscheidende Rolle in ihrer Geschichte – führte ihr Gewerbe zwangsläufig zu Kampfhandlungen. Und dieser wenn auch zweitrangige Gesichtspunkt tritt von nun an maßgebend in Erscheinung. Auitzotl und nach ihm Montezuma begriffen bald, wie wertvoll diese unermüdlichen Kauffahrer für das Reich waren: man kann fast sagen, daß unter den Regierungen dieser beiden Herrscher die Eroberungen den Karawanen nachfolgten und die Waren der Reichsflagge vorangingen. Dagegen sagte man dem Kaufmann nach, er habe diesen Beruf nur gewählt, um seine wahre Kriegernatur zu verbergen: sicherlich eine fromme Lüge, die dieser Klasse immerhin gestattete, in einer Gesellschaft aufzusteigen, deren Grundsätzen sie eigentlich stets fremd blieb.

Welch grundlegenden Gegensatz bildet doch die Lebensweise der *pochtecatl* im Vergleich zum Dasein der führenden Schicht! Diese träumt nur von Ansehen und Dienst; jene hat nur ihre eigene Bereicherung im Auge. Der Würdenträger trägt stolz seine gestickten Mäntel und Federbüsche als Ausdruck seines Ranges; der Kaufmann erniedrigt sich absichtlich in der Verkleidung geflickter Lumpen. Begegnet man ihm und seinen Trägern, die unter kostbaren Lasten keuchen, so wird er die Besitzerschaft schmierig leugnen und vorgeben, er stehe im Dienste eines anderen. Kehrt er von seinen Reisen heim, so schmuggelt er sich des Nachts auf dem Wasserwege der Lagune in die Stadt ein und bringt seine Waren heimlich in dem Lagerhaus eines Verwandten oder Freundes unter deren Namen unter.

Und wenn ein *pochtecatl* reich zu werden beginnt? Dann überlegt er, ob er Vorgesetzten und Kollegen ein Fest geben soll. Doch wieviel kränkende Reden muß er vom Vorstand der Körperschaften über sich ergehen lassen! Man untersucht seine Waren, man beschuldigt ihn roh des Diebstahls. Und alles muß er unter Tränen und Beteuerungen unterwürfig einstekken. Erst im Verlauf des Festes, erst *mit* diesem Fest kann und muß er mit letzter Freigebigkeit für seinen Erfolg bezahlen, und zwar so sehr, daß alle Gäste und sogar alle Bewohner des Viertels zwei Tage lang essen und trinken und hernach mitnehmen dürfen, was übrigbleibt.

Abgesehen von solchen Sonderfällen «protzten die Händler nicht mit ihrem Reichtum, sie machten sich im Gegenteil klein und unscheinbar. Sie wollten weder für reich gehalten werden noch im Geruch des Reichtums stehen, traten bescheiden und gesenkten Blickes auf und strebten weder nach Ehrenposten noch nach Ansehen. Sie gingen mit einem zerrissenen Mantel auf die Straße und fürchteten vor allem Ansehen und Ehrenstellung.»

Diese falsche Bescheidenheit, diese Sucht nach Unauffälligkeit war einfach die Münze, mit der sie ihren Aufstieg in der Gesellschaft bezahlten. Damit erzwangen sie, daß man ihnen ihre wahre Stellung, deren Bedeutung täglich zunahm, verzieh. Denn die führende Schicht duldete diese Rivalen nur, wenn wenigstens in der Öffentlichkeit Anlaß zu Ärgernis vermieden wurde. Wenn die *pochteca* zu reich und zu stolz wurden, suchte der Kaiser «irgendeinen Vorwand, um sie zu vernichten und hinzurichten, obgleich sie unschuldig waren, nur aus Haß gegen ihre Hoffart und Anmaßung, und verteilte ihre Güter als Geschenke unter die Krieger». Anders ausgedrückt, das Damoklesschwert von Tod und Enteignung schwebte stets über den Häuptern derjenigen

Kaufleute, die wagten, aus der Rolle zu fallen und ihren Reichtum zur Schau zu tragen.

Dennoch war ihr Aufstieg eine ausgemachte Sache. Ihre Söhne hatten bereits die Berechtigung zum Eintritt in den *calmecac* zusammen mit den Kindern der Würdenträger. Im Monat Uitzilopochtlis durften die Kaufleute dem großen Nationalgott Sklaven opfern, die sie auf eigene Rechnung gekauft hatten. Auf diese Weise versuchte der *pochtecatl,* es dem *tecuhtli,* wenn auch auf niedererer Ebene, gleichzutun. Kam ein Kaufherr auf einem Handelszug um, so verbrannte man seinen Leichnam; man sah ihn der Sonne zustreben wie einen auf der Walstatt gefallenen Krieger. Der Gott der Kaufleute wurde zusammen mit den anderen großen Gottheiten verehrt, und ein besonderer Hymnus war ihm zugeeignet. Und wenn die Handelsherren auch für ihre Waren steuerpflichtig waren, so war ihnen jedwede Handarbeit und jede persönliche Dienstleistung erlassen.

So kam es, daß in einer Gesellschaft, die ausschließlich aus Kriegern und Priestern bestand, ein junger Handelsstand langsam auf die Höhe kam. Er war noch sehr weit vom Ziele entfernt und mußte seinen Aufstieg mit aller Vorsicht tarnen, um nicht vorzeitig auf gewaltsamen Widerstand zu stoßen. Doch machte ihn der steigende Hang zum Wohlleben, den er bei den anderen Ständen künstlich weckte, unentbehrlich, und sein eigener Reichtum wurde in dem Maße, in dem die führende Schicht die karge Lebensweise der vergangenen Generationen für immer aufgab, in seinen Händen zu einem mächtigen Werkzeug.

Hier liegt der Versuch nahe, sich mit einer Portion Willkür, die solch eine Betrachtung gestattet, vorzustellen, was hätte geschehen können, wenn der spanische Einbruch diese Entwicklung nicht in voller Blüte erstickt und den mexikanischen Staat und die mexikanische Gesellschaft nicht restlos zerstört hätte. Vielleicht hätten diese «Kaufherren» mit all ihren bedeutsamen Vorrechten, ihren Privatgerichten, ihren von Auitzotl eingeräumten Ehrenzeichen die Spitzenklasse eines «Bürgerstandes» gebildet, der sich entweder der führenden Schicht angeschlossen oder sie schließlich überflügelt hätte.

Vielleicht hätte der Adelsstand auch neue Kräfte gesammelt und damit jedes neue Gelüst nach Aufstieg und Macht unterbunden. Mit Sicherheit kann nur gesagt werden, daß das Gefüge der mexikanischen Gesellschaft im Jahre 1519 keineswegs endgültig war; vielmehr erscheint es uns durchaus fließend. Die Klasse der *pochteca* spielt in diesem Gefüge die Rolle eines besonders beweglichen Elementes und stellt das Prinzip des Privatvermögens gegen das der amtsgebundenen Vorteile, den Reichtum gegen das Ansehen, das Wohlleben gegen die Lebensstrenge dar. Selbst an Beherrschung gewöhnt, macht sie von Verstellung und Heuchelei häufig Gebrauch. Schon lassen die Würdenträger sich herab, an ihren Festen teilzunehmen und Geschenke von ihnen anzunehmen[23], so wie etwa die Herren des Ancien Régime mit einem Generalpächter verkehren mochten. Sogar ganz hohe Herren heirateten Kaufmannstöchter, wenigstens als Nebenfrauen; dies war zum Beispiel beim König von Texcoco, Nezaualpilli, der Fall, dessen Favoritin «die Dame von Tula» genannt wurde, nicht etwa, weil sie von adeliger Herkunft war, denn sie war bloß die Tochter eines Kaufmanns.

Das Kunsthandwerk

Sowie wir die Spitzen der Gesellschaft verlassen, rinnen die Auskunftsquellen spärlicher. Weder die einheimischen Geschichtsschreiber noch die spanischen Chronisten haben sich damit abgegeben, uns das Leben der niederen Schichten zu beschreiben.

Die Handwerker, die man nach den Kaufleuten einreihen könnte, obschon sie in gewisser Hinsicht mit ihnen zusammenhängen, bildeten mit ihren eigenen Stadtvierteln und Einrichtungen eine zahlreiche Schicht. Wir wissen nicht viel von solch nützlichen wiewohl unscheinbaren Körperschaften wie der Steinhauer und Salzsieder, von denen mitunter beiläufig und oberflächlich die Rede ist. Nur augenfällige Gewerkschaften wie die «Kleinkunst» der Goldschmiede, Juweliere und Federmosaikwirker haben das Interesse der Augenzeugen geweckt. Diese Kunsthandwerker waren unter dem Namen *tolteca,* «die Tolteken», bekannt. Denn tatsächlich schrieb man den Ursprung ihrer Technik überliefertermaßen der alten toltekischen Kultur mit ihrem Gottkönig Quetzalcoatl und der wundersamen Stadt Tula zu.

Quetzalcoatl «entdeckte große Schätze von Smaragden, feinsten Türkisen sowie Gold, Silber, Korallen, Muscheln und (die Federn von) *quetzal, xiuhtototl, tlauhquechol, zaquan, tzinizcan* und *ayocan* ... (in seinem Palast) hatte er Matten aus Edelsteinen, Federn und Silber», schrieb der aztekische Verfasser der Annalen von Cuauhtitlán. Und Sahagún beteuert: «Man nannte sie Tolteken, das heißt soviel wie geschickte und begehrte Handwerker ..., alle waren sie erstklassige Kunstgewerkler, Maler, Steinschneider, Federflechter ... Sie fanden die Minen jenes Edelsteins, den man in Mexiko *xiuitl,* das heißt: Türkis, nennt ..., auch Silber- und Goldminen ..., dazu Bernstein, Kristall und die sogenannten Amethyste, Perlen und noch viele andere Steine mehr, die sie zu Schmuck verarbeiteten.» «Sie konnten sozusagen alles, nichts schien für sie schwierig, sie schnitten den Grünstein *(chalchiuitl),* sie schmolzen Gold *(teocuitlapitzaia)* ..., und all dies stammte von Quetzalcoatl, Künste *(toltecayotl)* und Kenntnisse.»

Wie man sieht, faßte man diese kunsthandwerklichen Arbeiten in dem Begriff *toltecayotl,* «Toltekenangelegenheiten», zusammen. Dies war der Adelstitel dieser Kunsthandwerker. Im übrigen war in diesem Anspruch auf eine berühmte Vergangenheit nicht alles Legende; das aztekische Wandervolk, das sich im Jahre 1325 im Sumpfland niederließ, besaß schwerlich ein Kunsthandwerk. Die Handwerker, die sich ihm anschlossen, traten als Erben des alten Kunsthandwerks auf, das sich nach dem Fall von Tula in kleinen Seestädtchen wie Colhuacán oder Xochimilco erhalten hatte und deren Einwohner, wie Ixtlilxochitl berichtet, Sprache, Sitten und die Handfertigkeit der Tolteken bewahrt hatten. Die Steinschneider galten zum Beispiel als Nachfahren der Einwohner von Xochimilco.

Ein exotischer Nimbus umgibt diese Künstler. In den Augen der Mexikaner war jeder, der zu einem einheitlichen Volksstamm gehörte, der Abkömmling einer anderen, unbekannten, ein wenig geheimnisvollen Rasse. Von den Federflechtern, die die fabelhaft feinen Federmosaiken, den Kopfschmuck, die Federbüsche und Abzeichen der Großen verfertigten, behauptete man, sie seien die ersten Einwohner des Landes gewesen. Sie hätten mit ihrem Gott *Coyotlinaual,* «der, welcher als Wolf verkleidet ist», ihr Dorf, Amantlan, um dessen Tempel herum gegründet, vor dem sein gold- und federgeschmücktes, mit einem Wolfsfell bekleidetes Standbild stand.

In historischer Zeit war das Dörfchen Amantlan nur mehr ein Teil der Hauptstadt, doch scheinen Aufzeichnungen darauf hinzuweisen, daß es durch Kriegshandlung zu Mexiko kam. Der Kultgesang *Uitzilopochtli icuic* zu Ehren des großen mexikanischen Gottes enthält nämlich folgende Strophe: «Unsere Feinde, die Leute von Amantlan *(Amanteca toyaohuan),* vereinige sie für mich: sie, die Feinde, werden in ihren Häusern sein.» Und der aztekische Ausleger erklärt: «Ihr Haus wird in Flammen aufgehen», das heißt: «sie werden besiegt werden.» Dies alte Kultgedicht bewahrt also noch Spuren einer Zeit, als die *Amanteca* nicht zur Stadt gehörten, als sie also noch Feinde waren, auf die man den Zorn von Uitzilopochtli herabflehte.

GOLDSCHMIED BEIM SCHMELZEN
DES GOLDES

Auch die Goldschmiede, die *teocuitlahuaque,* erscheinen im Glanzlicht einer besonderen Luft. Obschon man sie seltsamerweise auch «Tolteken» nennt, gehören sie ihren Sitten nach zu anderen Völkern, und das macht sie in den Augen der Azteken noch geheimnisvoller und exotischer. Ihr Hauptgott heißt *Xipe Totec,* «der, welcher der Gott der Küstenbewohner, also der richtige Gott von Tzapotlan war», und der einen goldenen Schild «wie die Küstenbewohner» trug. Er wurde in einem Tempel mit Namen *Yopico,* «der Ort *yopi*», verehrt: dies war der Name eines Volkes, das seine Unabhängigkeit vom Aztekenreich nahezu bewahrte und dessen Gebiet sich auf dem pazifischen Gebirgsabfall bis zur Meeresküste zwischen Mexikanern und Mixteken erstreckte.

Diese *Yopi,* die man auch *Tlappaneca,* «bemalte Leute», nannte, weil sie sich den Leib anmalten, wurden als «Barbaren» angesehen, das heißt, weil sie nicht die Sprache Mexikos sprachen. Sie wohnten unter großen Entbehrungen in einem armen und unfruchtbaren Land mit hügeligem und rauhem Boden: «jedoch kannten sie die kostbarsten Steine und ihre Tugenden», sagt Sahagún. Daher galten sie trotz der Armut ihres Bodens als reich. Wenn man bedenkt, daß die Goldschmiedekunst in Zentralmexiko erst in jüngster Zeit eingeführt worden war und einige der herrlichsten Proben dieser Kunst auf mixtekischem Gebiet gefunden worden sind, so ist man anzunehmen geneigt, daß die Goldschmiede mit ihrem goldumhüllten Küstengott einen südlichen Einfluß nach Mexiko brachten, der für die primitive

Aztekenkultur etwas durchaus Neuartiges darstellen mußte.

Zu der Zeit, die wir betrachten, waren sie in der mexikanischen Gesellschaft sicherlich fest verankert, aber wahrscheinlich als Sonderklasse mit eigenen Sitten und Gewohnheiten. Die Federflechter von Amantlan verkehrten wohl nur mit ihren Nachbarn, den Händlern von Pochtlan, und hielten mit ihnen gemeinsame Festessen ab. Wie die *pochteca* durften sie im Monat Panquetzaliztli nach den Kriegsgefangenen ein Sklavenopfer darbringen; die gesamte Körperschaft beteiligte sich am Kauf des Opfers. Im Monat Tlaxochimaco begingen sie ihr Sippenfest zu Ehren ihres Stadtgottes, vier weiterer Götter und zweier Göttinnen, die ebenfalls ihrer Körperschaft angehörten; dabei legten sie das Gelübde ab, ihre Söhne dem Handwerk zu weihen. Mit ihrem einfachen Handwerkszeug, mit ihrem erlesenen Geschmack und ihrer unendlichen Geduld schufen sie, wie wir sehen werden, wirkliche Meisterwerke. Albrecht Dürer, der im Jahre 1520 in Belgien einige Geschenke sah, die Montezuma Cortés gemacht hatte und die dieser an Karl V. weiterleitete, schrieb: «Diese Dinge sind alle köstlich gewesen, daß man sie beschätzt um hunderttausend Gulden wert. Und ich hab aber all mein Lebtag nichts gesehen, das mein Herz also erfreuet hat als diese Ding. Dann ich hab darin gesehen wunderliche künstliche Ding und hab mich verwundert der subtilen Ingenia der Menschen in fremden Landen.» Man muß sich vorstellen, daß die einen dieser Kunsthandwerker im Auftrag des Herrschers im Palast arbeiteten, wo Bernal Díaz sie beobachtet hat, während die anderen zu Hause wirkten, von Würdenträgern und Kaufleuten Steine, Federn oder Metall bekamen und daraus Zierat und Schmuck verfertigten. Jede Familie bildete ihr eigenes Atelier: die Frauen der Federflechter zum Beispiel webten und stickten, fertigten Decken aus Kaninchenfell an oder widmeten sich dem Färben von Federn. Die Kinder gingen bei ihren Eltern in die Lehre.

«Trotz ihrer Einfachheit entbehrte die gesellschaftliche Stellung dieser *tolteca,* die sich aus Reichtum und Macht nichts machten, nicht eines gewissen Ansehens. Die jungen Würdenträger hielten es nicht unter ihrer Würde, als Übung und Erholung einige Künste und Verrichtungen wie das Malen zu erlernen und sich an Stein, Holz, Gold und Edelstein zu versuchen.» Der Künstler wurde bezahlt, und zwar, wie es scheint, äußerst großzügig, in einem Fall sogar außergewöhnlich gut, denn von den vierzehn Bildhauern, die das Standbild von Montezuma II. meißelten, erhielt jeder vor Beginn der Arbeit Gewänder für sich und seine Frau, zehn Lasten Flaschenkürbis, zehn Lasten Bohnen, zwei Lasten Pfeffer, Kakao und Baumwolle und ein Kanu voll Mais; und nach Beendigung des Auftrages zwei Sklaven, zwei Lasten Kakao, Geschirr, Salz und eine Last Stoffe. Es ist wahrscheinlich, daß die Künstler bei den wichtigsten Arbeitsabschnitten beträchtliche Vergütungen empfingen. Andererseits waren sie steuerpflichtig, aber wie die Händler vom persönlichen Staatsdienst und von der Landarbeit befreit. Endlich wurden ihre Körperschaften, wie wir heute sagen würden, als «Zivilpersonen» behandelt; ihre Vorstände vertraten sie bei Staat und Gericht.

Wir haben es also hier wiederum mit Bevorzugten zu tun, die sich aus der Masse der «Plebejer» herausheben. Was sie jedoch von den Kaufleuten unterscheidet, ist, daß man bei ihnen nicht die mehr oder minder verdrängte Sucht beobachtet, in der gesellschaftlichen Rangordnung aufzusteigen. Auch ist bei ihnen von Spannungen, wie sie zwischen der Führerschicht und den *pochteca* auftreten, nichts zu spüren, von der Neigung zur Verschleierung und Heuchelei der letzteren gar nicht zu reden. Der Kunsthandwerker braucht nichts zu verbergen und sich nicht für eine bedeutende Stellung zu entschuldigen, die er nicht anstrebt. Er nimmt in dieser verwickelten Gesellschaftsordnung genau die Stellung ein, die ihm zusagt und in der er zu verbleiben gedenkt. Die Kaufmannschaft ist dynamisch, das Kunsthandwerk ist statisch. Es begnügt sich dank Dienstfreiheit und dem Ansehen, das ihm sein Talent einbringt, mit einer Stellung, die auf der Stufenleiter der Gesellschaft genau über der der Bevölkerung ohne Vorrechte, dem «Plebs», steht.

Der Plebs

Das aztekische Wort *maceualli* (Mehrzahl *maceualtin*) bezeichnet im 15. Jahrhundert jeden, der noch nicht einer der aufgezählten Klassen angehörte und auch kein Sklave mehr war: also die «Leute der Gemeine», die «Plebejer», wie die Spanier es oft übersetzt haben. Es scheint, daß der Ausdruck ursprünglich einfach «Arbeiter» bedeutete. Er kommt von dem Zeitwort *maceualo,* «arbeiten, um Verdienst zu erwerben», her. Daraus entstand *maceualiztli,* was nicht «Arbeit» heißt, sondern eine Handlung, die Verdienst erwerben soll: so hießen zum Beispiel gewisse Tänze, die man vor den Götterbildern aufführte, um Verdienst in ihren Augen zu erwerben. Wie man sieht, lag in dem Wort nichts Abfälliges. Im Schrifttum gibt es ungezählte Fälle, wo *maceualtin* ohne herabmindernden Beigeschmack einfach mit «die Leute» zu übersetzen wäre. Andererseits ist es sicher, daß das Wort auf die Länge der Zeit einen leicht verächtlichen Unterton bekam. Man traute dem maceualli kein gutes Benehmen zu. *Maceuallatoa* hieß «wie ein Bauer reden» und *maceualtic* «gewöhnlich».

In einer großen Stadt, die mehrere tausend Würdenträger, Kaufleute und Kunsthandwerker zählen mochte, bestand die überwiegende Mehrzahl der Bevölkerung aus *maceualtin,* die zwar vollwertige Bürger des Stammes und der Stadtviertel waren, jedoch unveräußerliche Pflichten zu erfüllen hatten. Mit der Aufzählung ihrer Rechte und Pflichten vermögen wir ihren Stand unschwer zu umreißen.

Als Mexikaner und Mitglied eines *calpulli* von Tenochtitlan oder Tlatelolco hat der *maceualli* Anrecht auf die Nutznießung des Grundstückes, auf dem er sein Haus baut, und der Parzelle, die er bebaut. Seine Kinder haben Zugang zu den Schulen des Stadtviertels. Er und seine Familie nehmen an den Feiern von

Stadtvierteln und Hauptstadt nach Überlieferung und Brauch teil. Er bekommt bei den Lebensmittel- und Kleiderverteilungen der Staatsverwaltung seinen Anteil. Durch Mut und Verstand kann er sich über seine Klasse erheben und Reichtum und Ansehen erwerben. Auch ist er an der Wahl der Ortsvorstände beteiligt, wenngleich ihre Ernennung in letzter Instanz vom Kaiser abhängt.

Wenn er sich aber in den ersten Jahren seines tätigen Lebens durch nichts auszeichnet und somit «Plebejer» bleibt, werden ihm schwere Pflichten auferlegt. Zunächst einmal der Militärdienst, den allerdings kein Mexikaner als Last empfand, sondern eher als Ehre und zugleich als Gottesdienst. Da er von der Stadtverwaltung statistisch erfaßt wird, muß er jeden Augenblick eine Einberufung zur Gemeinschaftsarbeit für Stadtreinigung und -instandhaltung, für Brücken-, Straßen- und Tempelbau gewärtig sein. Wenn der Kaiserpalast Brennholz oder Wasser braucht, so werden die *maceualtin* rasch zum Arbeitsdienst eingesetzt. Und endlich muß der gute Mann auch noch Steuern zahlen, die der Vorstand und der Ältestenrat jedes Viertels in Gemeinschaft mit den Steuereinnehmern unter sich aufteilen.

Doch muß betont werden, daß der *maceualli* von Mexiko, Texcoco und Tlacopan als Mitglied einer der drei Bundesstädte des Kaiserreiches im Vergleich zu dem der unterworfenen Städte und insbesondere zu dem *maceualli* des Landes immerhin einer Art Sonderklasse angehörte. Wenn er auch Steuern zahlte, so dürften die Lebensmittel und Kleiderzulagen, die aus den Abgaben der Provinzen stammten, ähnlich dem römischen Mundvorratzuschuß, diese größtenteils wieder wettgemacht haben. Er war somit in seinem Rang ein Nutznießer des Systems, das seinen Stamm zum Herrschervolk gemacht hatte. Wer zahlte, war der Mann aus der Provinz. Und der wirkliche Plebejer war eben der Bauer mit seiner Bauernsprache und seinem ungeschlachten Benehmen, der Mensch, dessen Arbeit stets beansprucht und dessen Ernte stets beschnitten wurde. Auf ihm lastete das ganze Gewicht der Gesellschaftsordnung. Indessen erfreute sich diese freie Bevölkerungsklasse, gleichgültig, ob in der Stadt oder auf dem Lande, einer Stellung, die, obschon bescheiden, keineswegs der Würde entbehrte und die denen, die Schicksal oder Begabung zu etwas Höherem auserkoren hatte, den Aufstieg zum Erfolg nicht versperrte. Kein Mensch konnte einem *maceualli* sein Land wegnehmen oder ihn aus seinem *calpulli* jagen – es sei denn als Strafe für Vergehen oder schwere Verbrechen. Von Naturkatastrophen oder Kriegen abgesehen, lief er keine Gefahr, Hungers zu sterben oder aus seiner Gemeinschaft mit Mensch und Gott gerissen zu werden.

Seine Erfolgs- und Aufstiegsmöglichkeiten waren, wie wir gesehen haben, nicht unbedeutend: die militärische Laufbahn und der Priesterstand – dieser letztere war schon weniger leicht – erlaubten ihm, höchste Posten anzustreben. Und gab es nicht im Schatten der Großen ungezählte, wenn auch weniger glänzende, so doch angesehene und nicht weniger einträgliche Posten unter all den Gerichtsdienern, Gendarmen, Sendboten und niederen Beamten aller Art? Schließlich vermochte die Gunst eines Herrschers oder einer adeligen Dame das Leben eines Plebejers durchaus zu verändern. Dies nämlich widerfuhr einem Vorstadtgärtner Mexikos namens Xochitlacotzin unter der Regierung von Montezuma II. Obschon Plebejer, besaß er die Kühnheit, dem Kaiser die Stirn zu bieten, der von seiner Geradheit so entzückt war, daß er ihn zu einem Herrn machte und ihm sagte, «er betrachte ihn von nun an als Gevatter».

Chimalpahin erzählt, eine Tochter von Itzcoatl habe sich in einen *maceualtzintli,* «einen kleinen Plebejer» aus Atotonilco, verliebt; sie heiratete ihn, und dank dieser fürstlichen Verbindung wurde er Herr seines Dorfes.

Damit soll gezeigt werden, daß es keine unüberbrückbaren Klassenunterschiede gab; selbst das bescheidenste Dasein war nicht hoffnungslos.

Auf der Grenzscheide zwischen dem freien Plebs und der untersten Stufe der Sklaven finden wir noch eine Klasse: die der landlosen Bauern. Das Wort *tlalmaitl,* das ihrem Stand entspricht, bedeutet wörtlich «Hand der Erde», woraus «ländliche Arbeitskraft» entstand und daher mit «Landarbeiter, Tagelöhner» übersetzt werden kann. Wie diese Gesellschaftsklasse zustande kam, ist schwierig zu erklären, da ja jedes Stammesmitglied Anrecht auf Ackerland hatte. Vielleicht waren diese landlosen Bauern das, was wir heute «Vertriebene» (displaced persons) nennen würden, Opfer von Kriegen und Staatsstreichen, deren Schauplatz die Städte des mittleren Mexiko durch die zwei oder drei vergangenen Jahrhunderte gewesen waren. Als Flüchtlinge ihres Stammes werden sie ihre Dienste wohl einem mexikanischen Würdenträger angeboten haben, der ihnen dann ein Stück Land zur Verfügung stellte. Vielleicht auch, daß nach der Verteilung des Ackerlandes der besiegten Städte unter die aztekischen Herren ganze Familien auf deren Scholle als Taglöhner verblieben.

Wie dem auch sei, der *tlalmaitl* lebt mit seiner Familie auf dem ihm zugewiesenen Land und bleibt aus Liebe zur Scholle auch noch dort, wenn die Nutznießung des Grundbesitzes auf die Erben der Besitzer übergeht. Als Gegenleistung für den Acker, den er für sich selbst bebauen darf, muß er «Wasser und Holz», Hausarbeit und einen Zins, sei es in Form eines Teils seiner Ernte, sei es, indem er einen anderen Acker bebaut, an seinen Herrn entrichten. Es handelt sich also hier um eine Verpachtung, beziehungsweise um ein Pachtverhältnis. Der *tlalmaitl* ist kein Bürger wie der *maceualli*. Er hat weder die Rechte noch die Verpflichtungen dieses. Er zahlt keine Steuern und wird nicht zum Arbeitsdienst gerufen, das heißt, er untersteht weder der Stadt noch dem *calpulli*. Er hängt also nur von seinem Landverpächter ab. In zweifacher Hinsicht ähnelt seine Stellung jedoch der des Plebejers: er ist – eine wichtige Ausnahme – militärdienstpflichtig; vom Rechtsstandpunkt aus gesehen, untersteht er dem Zivil- und Strafgesetz des Aztekenherrschers. Er ist somit nicht gänzlich privatem Verfügungsrecht ausgeliefert. Er ist immerhin noch ein freier Mann.

Die Sklaven

Unter allen Ständen und niederer als alle anderen steht ganz am Ende der Gesellschaftsordnung der, den wir mangels besserer Bezeichnung den «Sklaven», *tlacotli* (Mehrzahl: tlatlacotin), nennen. Er ist weder Bürger noch Untertan und gehört einem Herrn wie ein Gegenstand. Dieses Merkmal rückt ihn in die Nähe eines Zustandes, den wir unter Sklaverei verstehen, sei es in der antiken Stadt unserer westlichen Welt, sei es im modernen Staat bis vor nicht sehr langer Zeit. Aber viele andere Züge unterscheiden die mexikanische Sklavenhaltung von der antiken Knechtschaft. «Die Art und Weise der Sklavenhaltung», schreibt Pater Motolinia, «weicht bei den Abkömmlingen Neuspaniens stark von den diesbezüglichen Methoden der europäischen Völker ab... Es scheint sogar, daß die, welche man (in Mexiko) Sklaven nennt, gewisse Voraussetzungen eines richtigen Sklaven gar nicht erfüllen.» Als die Spanier nach ihrer Eroberung die Sklaverei in Mexiko nach Europa einführten, hatten die unglücklichen Indianer, die mit einem Brandmal im Gesicht in die Schächte der Minen gestoßen und schlimmer als Tiere behandelt wurden, genügend Gelegenheit, ihrem früheren Sklavenschicksal nachzutrauern. Sie hatten durch den Wechsel offensichtlich nichts gewonnen.

Wie sieht nun die Lage des Sklaven zu Beginn des 16. Jahrhunderts im einzelnen aus? Erstens, daß er für jemand anderes als Landarbeiter, Hausdiener oder Träger einer Handelskarawane arbeitet. Die Sklavenfrauen spinnen, nähen oder flicken die Kleider ihrer Herrschaft und zählen nicht selten unter die Kebsweiber des Hausherrn.

Der *tlacotli* wird für seine Dienste nicht entlohnt. Dafür bekommt er aber Wohnung, Kleidung und Essen wie ein gewöhnlicher Bürger. «Sie behandeln ihre Sklaven fast wie ihre eigenen Kinder.» Es soll Fälle von Sklaven gegeben haben, die Haushofmeister wurden, ausgedehnte Besitzungen verwalteten und freien Männern befahlen.

Noch mehr – und dieser Zug fällt vollkommen aus dem Rahmen der Sklaverei, wie wir sie aus unserer alten Welt kennen – die *tlatlacotin* durften Besitz haben, Ersparnisse machen, Land, Häuser und sogar Sklaven zu ihrem eigenen Gebrauch erwerben. Keine Schranke verbot eine Heirat zwischen Sklaven und Bürgern. Ein Sklave konnte eine freie Frau heiraten; nicht selten ehelichte eine Witwe einen ihrer Sklaven, der dadurch Familienoberhaupt wurde. Seine Kinder waren dann Freigeborene, einschließlich denen, die aus einer Sklavenehe stammten. Keinerlei Erbmal haftete an dieser Herkunft: der Kaiser Itzcoatl, einer der größten der mexikanischen Geschichte, war der Sohn von Acamapichtli und einer Sklavin.

Im übrigen galt die Stellung des Sklaven nicht als endgültig umrissen. Viele wurden beim Tode ihrer Herren testamentarisch freigelassen; andere wiederum empfingen ihre Freiheit vom Kaiser oder von einem der verbündeten Könige, die Massenfreilassungen verordneten, wie es Montezuma II. und Nezaualpilli taten. Jeder Sklave konnte noch bis zum Augenblick seines Verkaufs den Weg in die Freiheit wagen. Gelang es ihm, aus dem Markt zu entweichen, hatte niemand außer seinem Herrn und dessen Söhnen das Recht, ihm den Weg zu versperren, wenn er nicht selbst in die Sklaverei verkauft werden wollte. Gelangte er bis zum Tor des Kaiserpalastes, so enthob ihn die erhabene Gegenwart des Herrschers unverzüglich jeder Bindung und machte ihn ipso facto frei und ledig.

Andere wiederum konnten sich loskaufen, indem sie entweder ihrem Herrn die für sie entrichtete Summe zurückzahlten – weshalb wir auch hören, daß ein Sklave frei und reich werden konnte – oder sich durch ein Familienmitglied ablösen ließen. So konnten zum Beispiel mehrere Brüder abwechslungsweise den Hausdienst bei ein und demselben Herrn bestreiten. Somit hat das mexikanische Sklaventum nichts von dem verzweifelten Anstrich, den es zu anderen Zeiten und Orten gehabt hat; im schlimmsten Falle mag es vorübergehend eine harte Probe gewesen sein.

Aber wie wurde man denn ein Sklave? Bei der Beantwortung dieser Frage wird man gleichzeitig gewahr, daß es mehrere Sklavengattungen gab, deren Bedingungen in Wahrheit stark voneinander abwichen. Die Kriegsgefangenen, jedenfalls diejenigen, die nicht unmittelbar nach Beendigung des Feldzuges dem Kriegsopfer verfielen, wurden in Tlatelolco oder in Azcapotzalco als Sklaven verkauft. Von den reichsten Kaufleuten wird berichtet, daß sie von ihren Reisen Sklaven mitbrachten, die sie unbotmäßigen Stämmen gewaltsam entrissen hatten. Gewisse Städte mußten als Steuerzahlung eine Anzahl Sklaven zur Verfügung stellen, die sie zweifellos außerhalb der Reichsgrenzen auf bewaffneten Expeditionen zu beschaffen suchten. So sandte Cihuatlán an der pazifischen Küste taraskische und cuitlatekische Gefangene nach Mexiko, Zompanco schickte Tlappaneken und Teotitlán Mixteken. Alle diese Sklaven wurden in ihrer Eigenschaft als Fremde wie Barbaren angesehen und waren als Kriegsgefangene im Grunde zum Opfertod bestimmt. Somit galten sie gewissermaßen als zurückgestellte Opfer, und den meisten von ihnen blieb nichts anderes übrig, als ihrem Ende auf dem blutigen Opferstein einer Pyramidenplattform stoisch entgegenzusehen.

Andererseits konnte die Versklavung auch das Haupt dessen treffen, der sich gewisser Vergehen oder Verbrechen schuldig gemacht hatte. Die indianische Rechtsprechung kannte die langen Gefängnisstrafen unseres Rechtes nicht. Aber wer in einem Tempel, einem Palast oder Privathaus Einbruchdiebstahl verübte, wurde der Sklave des betreffenden Tempels, Herren oder Bürgers, es sei denn, daß er sich durch Rückzahlung des geraubten Wertes, notfalls mit Hilfe seiner Eltern, loskaufte.

Ferner wurde mit Versklavung bestraft, wer ein Kind stahl, um es als Sklave zu verkaufen, wer einen Sklaven daran hinderte, sich zwecks Selbstbefreiung in den Kaiserpalast zu retten, wer fremdes Gut verkaufte, wer sich gegen den Kaiser verschwor. Aber noch seltsamer war dies: wenn ein Freier die Sklavin eines anderen als Freundin nahm und diese im Kindbett starb, war er selbst zum Sklaventum gestempelt, um diejenige zu ersetzen, deren Tod er verschuldet hatte.

Jedoch scheinen die Zeitberichte zu beweisen, daß die zahlreichste Sklavenschicht die der freiwilligen Sklaven war. Der freie Mann oder die freie Frau konnten in einer feierlichen Urkunde über ihren Körper verfügen und ihn an einen anderen Bürger verkaufen. Wer sich zu einer solch schwerwiegenden Entscheidung entschloß, war meist ein seiner Landarbeit überdrüssiger Faulpelz oder ein Trunkenbold, dem der *calpulli* sein Landstück entzog, wenn es mehr als drei Jahre brachlag; vielleicht auch ein Ballspieler oder *patolli,* den seine Spielleidenschaft zugrunde gerichtet hatte; oder etwa eine Frau, die sich «meist für nichts» verschenkt und sich endgültig verkauft hatte, um ein Dach über dem Kopf zu haben und sich kleiden und schmücken zu können.

Die Erklärung, mit der man auf die Freiheit verzichtete, war von einer Feierlichkeit begleitet, die gleichzeitig eine Garantie bildete. Diese wurde in Gegenwart von mindestens vier bejahrten und vertrauenswürdigen Zeugen abgehalten; mehrere Gehilfen nahmen am Abschluß des Kontraktes teil. Der künftige Sklave erhielt seinen Kaufpreis; der Höchstpreis um die Zeit, die uns beschäftigt, war wohl eine *quachtli*-Last, das heißt, zwanzig Stoffstücke. Er blieb in Freiheit, bis er das Geld aufgezehrt hatte, was im allgemeinen ein Jahr oder ein wenig länger in Anspruch nahm – eine der wenigen genauen Angaben, die wir über die «Lebenskosten» in Tenochtitlan besitzen. Wenn sein Kaufgeld verbraucht war, meldete er sich bei seinem Herrn, um seinen Dienst anzutreten.

Eine andere Form der freiwilligen Sklavenschaft entsprang der Verpflichtung, die eine oder mehrere Familien gegenüber einer Privatperson oder einem Würdenträger eingehen konnten. Eine Familie konnte einen ihrer Söhne als Sklave verkaufen und ersetzte ihn durch ein anderes ihrer Kinder, wenn er ins heiratsfähige Alter kam. Auch konnte es bei einer Hungersnot geschehen, daß die unglücklichen Hungerleider sich einem Herrn und seinen Erben zu einem Dauerdienst verpflichteten, beispielsweise für Aussaat, Ernte, Hausreinigung oder Holztragen.

Es kam vor, daß vier oder fünf Familien sich zusammentaten, um einen Sklaven auf mehrere Jahre hinaus für diese oder ähnliche Arbeiten zur Verfügung zu stellen, worauf er von einem anderen Mitglied derselben Familie abgelöst wurde. Bei jeder Ablösung bezahlte der Herr einen Zuschuß von drei oder vier *quachtli* und spendete Mais. Es handelte sich hierbei um einen alten Brauch mit Namen *ueuetlatlacolli,* «altes Sklaventum»; sein Nachteil war, daß er vermittels einer einmaligen Abschlagszahlung und mäßigen Zuschüssen zu Dauerdienst verpflichtete. Daher wurde er anläßlich der großen Hungersnot von 1505 von Nezaualpilli abgeschafft, und diese Abschaffung scheint sich dann auf das gesamte Reich ausgedehnt zu haben. Zur Zeit der spanischen Eroberung kam es noch vor, daß eine Familie einen ihrer Angehörigen zur Abdeckung einer Schuld in Zahlung gab:

starb er, so war die Schuld verfallen. Daher wurde diese Art Sklaven auch besonders gut behandelt. Der Verkauf von Sklaven war gleichermaßen durch vielerlei Maßnahmen erschwert. Grundsätzlich verkaufte ein Herr seine Sklaven nicht. Verarmte er, so ließ er sie auf seine Rechnung zwischen Mexiko und irgendeinem mehr oder minder entlegenen Städtchen Handelsbeziehungen aufnehmen; zur Ausübung ihrer Aufgabe ließ man ihnen dann volle Bewegungsfreiheit. Nur ein fauler und verdorbener Sklave durfte verkauft werden: und auch da mußte eine dreimalige ernstliche Verwarnung vor Zeugen vorausgegangen sein, damit Unehrlichkeit oder Arbeitsverweigerung klar zutage trat. Besserte er sich nicht, so stand seinem Herrn das Recht zu, ihn an einer schweren Holzkette zum Sklavenmarkt zu führen.

Wenn drei Herren nacheinander gezwungen waren, ihn loszuwerden, blieb für den Sklaven nur das Schlimmste übrig: von nun an durfte er zu Opferzwecken gekauft werden. Die *pochteca* und Kunsthandwerker, die keine Kriegsgefangenen machen konnten, kamen auf diese Weise zu Menschenopfern. Sahagún beschreibt diese traurigen Umzüge von Sklaven, die nach einem rituellen Bad in geschmackvoller Kleidung und benebelt vom «göttlichen» Getränk *teooctli* stumpfsinnig dem Tode entgegenschritten, der sie auf dem Opferstein vor dem Standbild von Uitzilopochtli erwartete. Aber nie empörte sich einer. Dieses Ende erschien den alten Mexikanern nicht nur normal und unvermeidlich – da die Zeichen des Wahrsagerkalenders diese Todesart ja für gewisse

Geburtsdaten voraussagten–, sondern auch noch ehrenhaft. In ihrem Federschmuck waren die Sklaven in ihrer Todesstunde die Verkörperung der Götter; sie waren Götter. Das armselige Leben des Paria erfüllte sich als Apotheose.

Genaugenommen hatte der Sklave jedoch wenig Aussicht auf eine derartige Todesart. Allem Anschein nach wurde die überwiegende Mehrzahl der Sklaven im Laufe der Zeit freigelassen, wenn auch erst beim Tode ihres Herrn, oder sie beendeten ihre Tage, ohne Hunger und Entbehrungen zu leiden. Es waren recht eigentlich Menschen, die vor der Verantwortung flohen und die Rechte und Pflichten der Freiheit aufgegeben hatten.

Kein Militärdienst, keine Steuern, kein Arbeitsdienst, keine Verpflichtungen gegen Staat oder Stadtteil. Ich wiederhole, man behandelte sie gut: im übrigen sah man sie als Schützlinge und «liebe Söhne» des großen Gottes Tezcatlipoca an. Unter dem Zeichen *ce miquiztli* «eins-Toter», das diesem Gott geweiht war, brachte man den Sklaven Geschenke dar, und niemand wagte sie zurechtzuweisen aus Furcht, durch den Zorn Tezcatlipocas selbst dem Sklavenstand zu verfallen: «Die Slavenhalter verboten allen Hausbewohnern strengstens, den Sklaven etwas zuleide zu tun. Es hieß, wenn jemand einen Sklaven in dieser Zeit bestrafte, so zog er sich selbst Armut, Krankheit und Unglück zu, ja er verdiente, selbst ein Sklave zu werden, weil er einen lieben Sohn von Tezcatlipoca mißhandelt hatte…, und wenn es geschah, daß der Sklave frei und reich wurde, während sein ehemaliger

Herr der Sklaverei verfiel, so sagte man, dies sei der Wille von Tezcatlipoca, der sich des Sklaven, der ihn darum gebeten habe, erbarmte und den Herrn für seine Härte gegen den Sklaven bestrafte.» Glaube, Gesetz und Sitte trugen somit zum Schutz und zur Erleichterung seines Loses bei und erhöhten damit die Möglichkeiten einer Freilassung.

Zu Beginn des 16. Jahrhunderts scheint die Zahl der *tlatlacotin* im Ansteigen gewesen zu sein. Der Aufschwung des Außenhandels und des Tributeingangs sowie die zunehmenden Klassenunterschiede erklären diese Erscheinung. In einer verwickelten Gesellschaftsordnung, deren alter Aufbau sich langsam auflöste, zog Aufstieg und Reichtum der einen den Abstieg der anderen nach sich. Die Ärmsten und Unfähigsten fielen dabei sozusagen auf den letzten Tiefstand, unter dem es keine Lebensstufe mehr gab. Doch müssen wir nochmals darauf hinweisen, daß selbst dieser Nullpunkt des Daseins nicht hoffnungslos war.

Reichtum und Armut: Die verschiedenen Lebensstile

Der Reichtum wird im *Codex Telleriano-Remensis* von einem mit Grünsteinen angefüllten Rohrkorb, *petlacalli,* versinnbildlicht. Tatsächlich ging man mehr und mehr dazu über, sich irdisches Gut in der greifbaren Form von Jade, Gold und Geweben vorzustellen: Mobilien, wie wir heute sagen würden, begannen den Platz von Immobilien einzunehmen. Dennoch steht fest, daß noch im 16. Jahrhundert in den Augen der Oberschicht die Grundlage allen Reichtums das Land, der bestellbare Boden blieb. Sowie ein Würdenträger in der Rangordnung aufstieg, stieg auch sein Anrecht auf Grundbesitz.

Natürlich war grundsätzlich niemand «Besitzer» von Land. Das Ackerland war Gemeinschaftsbesitz des *calpulli,* der öffentlichen Einrichtungen wie der Tempel, oder der Stadt selbst. Es gab also keinen privaten Landbesitz in unserem Sinne, sondern nur Gemeinschaftsbesitz mit dem Recht individueller Nutznießung. «Diese Ländereien», sagt Zurita und meint dabei den Landbesitz eines Stadtteils, «gehören nicht jedem einzelnen Einwohner, sondern sind Gemeingut des *calpulli,* und der Nutznießer darf sie nicht veräußern; doch gehört ihm auf Lebzeiten der Ertrag des entsprechenden Ackers, den er auf seine Söhne übertragen kann. Es handelt sich also um eine übertragbare Nutznießung.»

Das Oberhaupt des *calpulli* führt die Bücher der Ländereien und ihrer Unterteilung. Zusammen mit den Ältesten wacht er darüber, daß jeder Familie die benötigte Parzelle zugeteilt wird. Wenn ein Mann zwei Jahre hindurch seinen Acker nicht bebaut, bekommt er eine strenge Verwarnung; nimmt er sie sich nicht zu Herzen, wird ihm das Recht zur Bestellung im darauffolgenden Jahr entzogen: das zugeteilte Land geht wieder in den Gemeinschaftsbesitz zurück. Dasselbe geschieht, wenn eine Familie den Stadtteil verläßt oder ausstirbt. Der Besitz des *calpulli* erstreckt sich auf alles auch unbebaute Land innerhalb seiner

Zone: «unerschlossene» Landstriche, herrenloser Boden. Oberhaupt und Ältestenrat können solches Gelände an auswärtige Bebauer verpachten, doch kommt die Pacht der Stadtkasse zugute und nicht einer Privatperson.

Der Besitz ist also gemeinsam, die Nutznießung hingegen einzeln. Jeder verheiratete Erwachsene hat das – unverjährbare – Anrecht auf eine Parzelle Land und dessen Bebauung. Am Tag seiner Verheiratung wird er in das Landregister eingetragen und erhält vom *calpulli* selbsttätig ein Stück Land zugewiesen, sofern er nicht von seinem Vater den Nießbrauch seines Bodens geerbt hat. Sowie er ihn bebaut, kann ihn ihm niemand wegnehmen; sagt er ihm nicht zu, kann er eine andere Parzelle anfordern. Bei seinem Tode vermacht er seinen Kindern nicht das Land, sondern dessen Nießbrauch.

So sah das Urrecht der mexikanischen Stadt und ihres gleichberechtigten Stammes aus: jeder Mann hatte seinen Acker und war verpflichtet, ihn zu bebauen. Mit der Zeit und mit zunehmender Verästelung des Gesellschaftsgefüges war diese alte Regel mehrmals verändert worden: Würdenträger, Beamte und Priester bebauten das Land, auf das sie Anrecht hatten, nicht selbst; Kaufleute und Kunsthandwerker waren von der Landarbeit befreit. Im übrigen war Bauland auf den Inselchen der mexikanischen Lagune höchst selten; und nur auf dem Festland ergatterten die *maceualtin* sich ihr Stückchen Land. Viele Mexikaner führten daher ein reines Stadtleben.

Immerhin muß gesagt werden, daß Fälle von Landenteignung vermutlich sehr selten vorkamen. Von Geschlecht zu Geschlecht verblieb ein Maisfeld, ein Gemüsegarten im Besitz derselben Sippe. Sicherlich galt als eigentlicher Besitzer der *calpulli,* doch wird der Bürger, der sein Land vom Vater und Großvater übernommen hatte, sich auf seiner Scholle ganz «zu Hause» gefühlt haben. Zur Zeit, die der spanischen Eroberung unmittelbar vorausging, scheint das Gesetz Landverkäufe zugelassen zu haben. Eine Neigung zu Privatbesitz hatte seit dem Gemeinschaftsbesitz althergebrachter Prägung bestanden.

Diese Entwicklung wird noch sichtbarer, wenn man nicht nur die Besitzungen der Stadtteile, sondern auch die der anderen Gemeinwesen und Städte in Betracht zieht. Maßgebend für diese Entwicklung und damit zusammenhängend ist in erster Linie der Machtzuwachs der Herrscher, sodann sind es die Eroberungen der *Mexica* und ihrer Verbündeten: dies zog eine Vielfalt von Grundbesitz mit verschiedenen Satzungen nach sich, so die *altepetlalli* als Stadtbesitz, die *tecpantlalli* oder Palastdomäne, *tlatocamilli* oder «Kommandantur»-Grundbesitz, *yaoyotlalli* oder «Kriegs»-Äcker.

In allen Fällen handelte es sich um Domänen, die von Sklaven oder vom Plebs einer unterworfenen Stadt bebaut wurden und deren Ertrag für die «Bedürfnisse der Republik» bestimmt war. So bebauten zum Beispiel die Indianer des Tales von Toluca im Auftrag des Kaisers ein Feld von achthundert Klaftern Länge auf vierhundert Klafter Breite. Der Kaiser und seine verbündeten Könige verfügten somit über beträchtlichen Grundbesitz, dessen Einkommen sie einem Beamten, einem Richter, einem Heerführer als Gehalt zukommen ließen. In einem währungslosen Staat bestanden die Besoldungen im wesentlichen aus Landertrag. An Beispielen von Landverteilung unter Soldaten als Kriegsauszeichnung fehlt es nicht.

Zu der Zeit, die wir betrachten, tritt eine bedeutungsvolle Entwicklung zutage. Wenngleich der Landbesitz theoretisch Eigentum der Gemeinde bleibt, so überträgt der *tecuhtli* das ihm zugewiesene Land in Wirklichkeit seinen Nachkommen. Dies Land wird damit zu *pillalli,* zu «pilli-Land», das heißt, daß die Söhne von Würdenträgern, die schon durch ihre Geburt ein gewisses Vorrecht auf höhere Staatsstellungen haben, außerdem noch in den Genuß von erblichen Einkünften kommen. Es entsteht also Privatbesitz auf Kosten des Gemeinbesitzes. Wollte man den Kaiser und die Würdenträger Großgrundbesitzer nennen, so würde man damit bewußt die Sachlage entstellen, bleibt doch in Wirklichkeit ein starkes Empfinden für das Gemeinschaftsrecht lebendig. Man würde sich aber gleichfalls täuschen, wenn man behaupten wollte, das Privatrecht sei nur in der Praxis zutage getreten.

Die mexikanische Gesellschaft befand sich nämlich in vollem Übergang, und die Aneignung von Privatbesitz gehörte langsam zur Tagesordnung; Sitten und Gebräuche entfernten sich immer mehr von ihrer Überlieferung. Während diese durch die Aufteilung des Gemeinschaftsbodens eine Gleichheit der Lebensverhältnisse vorgesehen hatte, war nunmehr die

Ungleichheit an Grundbesitz an der Tagesordnung. Und wo der *maceualli* sich mit seiner Parzelle zufriedengeben mußte, häuften die höheren Beamten nach dem Beispiel des Kaisers, der an vielen Orten Landhäuser und Lustgärten besaß, Besitztümer in mehreren Provinzen an.

Diese Ungleichheit der Vermögen war am «beweglichen» Gut nicht weniger sichtbar. Wenn es keine Münzeinheit gab, so dienten gewisse Landesprodukte, Waren oder Gegenstände als normative Wertmesser und Tauschmittel: der *quachtli,* ein Stück Stoff, und sein Vielfaches, die «Last» (zwanzig Stücke), die Kakaobohne, ein regelrechtes «Kleingeld» mit seinem Vielfachen, dem *xiquipilli,* einem ganzen Sack, der achttausend Bohnen enthielt oder wenigstens enthalten sollte, kleine kupferne Haken in T-Form oder mit Goldstaub gefüllte Federröhrchen. Außer diesen Tauschartikeln setzte sich der «Schatz» des Kaisers oder einer Privatperson aus einer gewaltigen Menge von Landesprodukten, wie Mais, Bohnen, Ölsaaten, bunten Federn, Edelsteinen und Halbedelsteinen, Geschmeide, Kleidung, Schmuck und dergleichen, zusammen. Diese Reichtümer entstammten zwei Quellen: Abgaben oder Steuern und Handel. Hier treten die Kaufleute auf den Plan.

Alle Bewohner der Stadt und des Reiches zahlen Steuern, mit Ausnahme der Würdenträger, der Priester, der *pilli,* der Kinder, der Waisen und Armen, und wohlgemerkt der Sklaven. Die *maceualtin* gaben hauptsächlich ihre Arbeit; Geschäftsleute und Handwerker lieferten Lebensmittel oder Gegenstände, die ihrem Gewerbe entstammten, und machten ihre Zahlungen alle zwanzig oder achtzig Tage. Die jeder Stadt oder jedem Dorf auferlegte Abgabe hing hauptsächlich von den Umständen ihrer Einverleibung in das Reich und von den wirtschaftlichen Gegebenheiten des Ortes ab.

In ihren Ursprüngen beruhte die Einrichtung der Abgabe im Sinne der Indianer auf einem wirklichen Kontrakt, auf einem Loskauf: da der Sieger uneingeschränktes Verfügungsrecht über den Besiegten hatte, erklärte die Siegerstadt sich bereit, gegen eine feierliche Verpflichtung darauf teilweise zu verzichten. Waren die Kampfhandlungen eingestellt, so begann ein ziemlich heftiges Feilschen: die Besiegten taten ihr möglichstes, glimpflich wegzukommen; die Mexikaner drohten mit der Wiederaufnahme der Feindseligkeiten. Schließlich wurde man handelseinig, und die Sieger versäumten nie, das den Gegnern entrissene Jawort zu Protokoll zu nehmen. «Werft uns bloß später nicht vor, daß wir zuviel verlangt haben, denn heute wart ihr ja damit einverstanden» – das etwa ist der Sinn des in den einheimischen Berichten überlieferten Wortlautes derartiger Verträge.

Jede Provinz und jedes Städtchen oder Dorf einer Provinz mußte ein- oder zweimal im Jahr eine bestimmte Menge Landesprodukte oder Erzeugnisse abliefern. Die im *Codex Mendoza* aufgeführten Listen lassen die Vielfalt dieser Beiträge ersehen. Eine Provinz der «kalten Erde», die Provinz Xilotepec, war auf eine jährliche Abgabe von achthundert Lasten Frauenkleider (also sechzehntausend Stück), achthundertundsechzehn Lasten *quachtli,* zwei Kriegertrachten mit Schild und Kopfschmuck, vier Magazine Mais und andere Getreide und schließlich ein bis vier lebendige Adler veranschlagt.

Die Provinz Tochpan an der Golfküste mußte 6948 Lasten Mäntel verschiedenen Zuschnitts, achthundert Lasten Lendenschurze und ebensoviel Röcke, achthundert Lasten Pfeffer, zwanzig Sack Federn, zwei Halsbänder aus Jade, ein Türkishalsband, zwei Scheiben aus Türkismosaik, zwei Paradetrachten für Heerführer abgeben. Tochtepec, das Hauptquartier der Kaufleute an der Grenzlinie zwischen den Süd- und Ostländern, zahlte außer zahlreichen Gewändern 16000 Ballen Gummi, 24000 Sträuße von Papageienfedern, achtzig Pakete *quetzal*-Federn, einen Schild, ein Diadem, eine Kopfbinde und zwei goldene Halsreifen, Schmuck aus Bernstein und Kristall, und Kakao.

Die Abgabelisten sprachen auch von Baumwollgeweben und Agavenzwirn, von Kleidern aller Art, von Mais, Getreide, Kakao, Honig, Salz, Pfeffer, Tabak; von Baustoffen, Möbeln, Geschirr; vom Gold der mixtekischen Provinzen, vom Türkis und der Jade der Ostküste; von Cochenille, Weihrauch, Gummi; vom Papier aus Quauhnahuac und Huaxtepec, von Cihuatlán-Muscheln; von lebendigen Vögeln aus Xilotepec und Oxitipan. Alles in *quachtli* gerechnet, ergab die Steuer jährlich insgesamt mehr als 100000 Lasten: wir haben ja gesehen, daß eine *quachtli*-Last ungefähr den jährlichen Unterhaltungskosten für eine Person entsprach. So ging also in Mexiko nur in

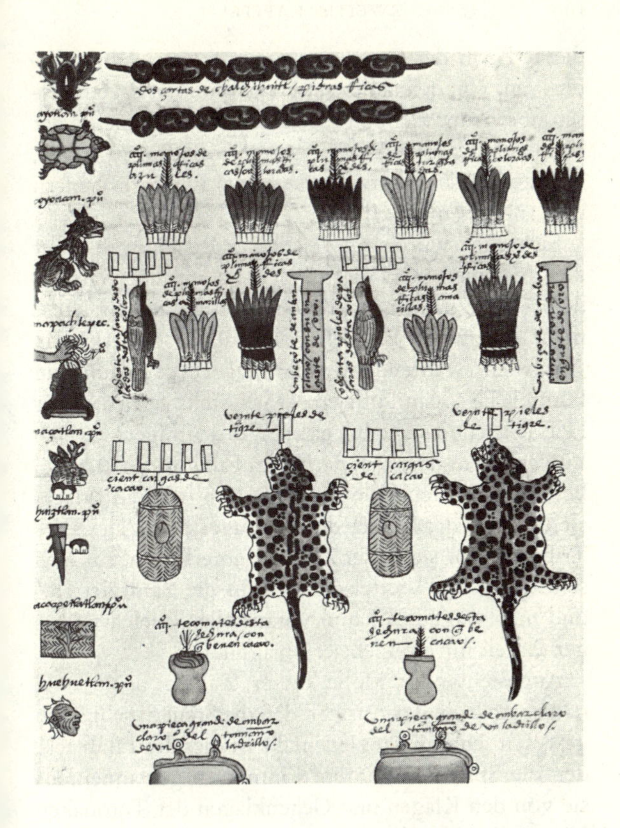

TRIBUTLISTE DES MONTEZUMA

dieser Form der Gegenwert von 100000 «Jahresrenten» ein, von den anderen obenerwähnten Erzeugnissen überhaupt nicht zu reden. Der Tribut brachte der Hauptstadt beispielsweise 32000 große Bogen Papier, 152320 Lendenschurze, 30884 Lots kostbarer Federn und anderes mehr ein.

Sicherlich wurde ein Teil dieser Reichtümer unter die verschiedenen Viertel der Hauptstadt verteilt, denn diese nahm wenigstens grundsätzlich nicht mehr als zwei Fünftel des Tributs für sich in Anspruch, während zwei Fünftel Texcoco und ein Fünftel Tlacopan zufielen. Doch steht fest, daß der Herrscher und seine höchsten Würdenträger sich den Löwenanteil sicherten: nach dem Fall von Cuetlaxtlan beschlagnahmten Montezuma I., sein Adjutant Tlacaeleltzin und der Führer des Feldzuges drei Viertel des Tributes, den sie dieser Provinz auferlegten, für sich selbst; nur ein Viertel gelangte in die Stadtviertel – und man wagt sich kaum vorzustellen, welch winziger Anteil für die Plebejer übrigblieb.

Angesichts der Höhe dieser Zahlen neigt man naturgemäß zu der Ansicht, daß die Steuern sehr hoch gewesen sein müssen. Jedenfalls ist dies der Eindruck, den die Spanier bei ihrem Einmarsch gewannen, als sie von den Klagen und Gegenklagen der Totonaken hörten. Doch ist das Zeugnis dieses Stammes, der erst jüngst unterworfen worden war und dabei die Mexikaner haßte, vielleicht nicht wörtlich zu nehmen. Man muß auch in Betracht ziehen, daß manche Provinzen große Bevölkerungsdichte aufwiesen. Alonso de Zurita, ein ausgezeichneter spanischer Beamter und glänzender Beobachter, schreibt ausdrücklich: «In all dem lag viel Ordnungssinn, und es wurde stets darauf geachtet, daß niemand zuviel belastet wurde. Ein jeder bezahlte etwas, und da die Bevölkerung groß war, kam viel Ware mit wenig Arbeit und ohne viel Plackerei zusammen.»

Städte und Städtchen des mexikanischen Hochtals unterlagen einem besonderen Steuersystem: sie mußten die Unterhaltung der Paläste der drei verbündeten Könige abwechslungsweise bestreiten, Dienstboten zur Verfügung stellen und für die Lebensmittelversorgung einstehen. Nezaualcoyotl, der König von Texcoco, hatte die Umgegend seiner Hauptstadt in acht Kreise unterteilt: jedem dieser Kreise oblag diese Verpflichtung unter der Aufsicht eines *calpixqui* während einer bestimmten Zeitspanne des Jahres.

Wenn man Ixtlilxochitl Glauben schenken darf, waren die täglichen Lieferungen, die zu Lasten dieser Kreise gingen, beträchtlich: in den königlichen Gebäuden wurden nicht weniger als hundert Truthähne täglich verzehrt.

Sicher ist, daß der gewaltige Zustrom von Steuern, die in Form von Waren nach Mexiko wanderten, in den Händen des Herrschers und dessen Gefolge zu einem unübersehbaren Besitz anwuchs. Sicher ist aber auch, daß ihre Ausgaben ungeheuer groß waren. Nezaualpilli unterhielt in Texcoco einen riesigen Harem und vierzig Lieblingsfrauen; davon besaß allein eine, die Tochter des mexikanischen Kaisers Axayacatl, mehr als zweitausend Leute Dienerschaft. Montezuma II. war in Mexiko ständig von einem dreitausendköpfigen Hofgesinde umgeben, gar nicht zu reden von all den Adlern, Schlangen und Jaguaren, die er in besonderen Verliesen verwahren und täglich mit fünfhundert Truthähnen füttern ließ. Diese beiden Herrscher lebten als Potentaten inmitten eines Gepränges, das eine ständig zunehmende Anzahl Menschen anzog. Da andererseits zwischen dem Staatsschatz und dem kaiserlichen Privatvermögen kein Unterschied gemacht wurde, so war es der Kaiser, der im Monat *Uey tecuilhuitl,* der «Aushilfe»-Zeit, in der die Familienvorräte erschöpft waren, Speise und Trank unter die Bevölkerung verteilte, der bei Hungersnot und Ausnahmezustand seine Speicher öffnete, der die Kriegslasten und die Ausrüstung und Verpflegung seiner Truppe auf sich nahm. Jeder Würdenträger gab je nach Rang nicht nur für sich, sondern auch für die Unterhaltung seines Gefolges, für die Empfänge der auswärtigen Gäste und die Ernährung der Armen große Summen aus. Der Reichtum der Mächtigen äußerte sich zwar im Wohlleben, fand aber durch die großen Verpflichtungen ihrer Ämter zu einem Teil seinen Weg wieder unter das Volk.

Da lag der Fall der Kaufleute ganz anders. Wie wir gesehen haben, stellten die *pochteca* ihren Reichtum nicht zur Schau; nur bei seltenen Anlässen forderte es Brauch und Anstand, daß sie sich freigebig zeigten. Die Verpflichtungen eines Amtes kannten sie nicht, somit kam von ihrem Reichtum niemand etwas zugute. Dieser stammte weder aus Landbesitz noch aus Steuereinkünften, sondern von dem Handel, auf den sie das Monopol hatten; er wuchs in ihren Lagerräumen wohlgetarnt an als Ballen kostbarer Federn, als Truhen voll von Grünstein und Bernstein, als goldstaubgefüllte Kürbisflaschen.

Während die führende Klasse das Geld leicht ausgab, lebten die *pochteca* in behaglicher Zurückgezogenheit, und da sie nur für ihre eigenen Kosten aufzukommen hatten und weder Plebejer noch Arme zu unterstützen brauchten, konnten sie «Kapital» bilden, wie wir heute sagen würden. Die Würdenträger waren genaugenommen nur hohe Beamte, die über eine Zivilliste und erhebliche Gehälter verfügten, aber eben auf Grund ihrer Ehrenstellung zu großen Ausgaben gezwungen waren. Die Geschäftsleute hingegen bildeten den ersten Kern einer begüterten Schicht, deren Vermögen rein privatem Erwerb entsprang.

So fallen uns zu Beginn des 16. Jahrhunderts ganz verschiedene Lebensstile auf, die nebeneinander bestehen: die erstaunliche Prachtliebe des Herrschers und in manchen Fällen ein ähnlicher Aufwand bei den Würdenträgern; der «bürgerliche» Wohlstand der Kaufleute; die karge Daseinsform des Plebejers. Zu oft ist im Schrifttum des Landes die Rede von den «Armen», als daß man ihre Bedeutung übersehen könnte: die glückliche Mittelmäßigkeit, die das Los aller Mexikaner zwei Jahrhunderte zuvor gewesen war, verschwand nach und nach, als aus dem Marktflecken die Hauptstadt des Reiches und der Mittelpunkt wurde, auf den alle Reichtümer eines ausgedehnten Landes zuströmten. Das Großstadtleben, die zunehmende Verästelung der Ämter, die Vielfalt der

Verwaltungsaufgaben, die ein wachsendes Vasallenreich mit sich brachte, die Entstehung von Innen- und Außenhandel, all das veränderte durchgreifend und endgültig die alten Lebensbedingungen. Ohne Zweifel dürfte der *calpulli* mit seiner Gleichheitsordnung ein stark beharrendes Element gewesen sein. Es ist aber auch wahrscheinlich, daß der kleine Morgen Land, der dem braven Bürger des 14. Jahrhunderts genügt hatte, dem Mexikaner des 16. Jahrhunderts reichlich schäbig vorgekommen sein muß. Auch da scheint eine Entwicklung eingesetzt zu haben, deren Folge wir nur ahnen können, da der Einbruch der Europäer sie im Keime erstickt hat.

Der Herrscher, die hohen Würdenträger, der Staatsrat

An der Spitze steht der Herrscher. Er ist gleichzeitig oberster Kriegsherr und Spender von Reichtümern, Vertreter der Bevorzugten und Beschützer der Plebejer und hält als solcher das Übergewicht der Führerschicht aufrecht, nicht ohne die Kaufmannschaft abwechselnd zu schonen und zu schinden. Er umgibt sich mit allen Anzeichen monarchischer Gewalt, und diese Zeichen entsprechen voll der Wirklichkeit: nichts ist leichtfertiger als der Versuch gewisser moderner Schriftsteller, diesen Tatbestand ableugnen zu wollen.

Mögen die *conquistadores* ungebildetes Pack gewesen sein, jedenfalls hatten sie offene Augen, und ihre

Beschreibungen lassen an Klarheit nichts zu wünschen übrig. Außerdem stimmen sie mit den einheimischen Quellen überein, welche Stammbaum, Thronbesteigung und Tod jedes einzelnen Herrschers genauestens festhielten. Daß die mexikanische Hauptstadt im Jahre 1519 eine Monarchie war, ist eine feststehende Tatsache. Bleibt also aufzuklären, was für eine Art von Monarchie es war. Wer war der Herrscher und wie wurde er gewählt?

Was wir in Mexiko Kaiser nennen, hieß *tlatoani,* «der, der spricht», vom Zeitwort *tlatoa,* «sprechen»; wir finden dieselbe Wurzel in den verwandten Wörtern wie zum Beispiel *tlatolli,* «Sprache», und in denen, die Macht und Befehlsgewalt ausdrücken wie *tlatocayotl,* «Staat»; beide Bedeutungen vereinigen sich in dem Wort *tlatocan,* das oberster Rat bedeutet, der Ort, an dem gesprochen wird und von dem die Amtsgewalt ausgeht. Es ist kein Zufall, daß der Herrscher als *tlatoani* bezeichnet wird: am Ursprung seiner Macht steht die Sprachgewalt, steht die Leitung der Verhandlungen im Ältestenrat, stehen Geschicklichkeit und Würde jener schwülstigen und bilderreichen Reden, welche die Azteken so begeisterten. Sein zweiter Titel war *tlacatecuhtli,* «Haupt der Krieger», und betraf eine äußerst wichtige Seite seiner Befugnisse: den Oberbefehl der drei verbündeten Stadtheere.

Die Herkunft der mexikanischen Dynastie ist undurchsichtig, und diese Undurchsichtigkeit wird noch vermehrt durch die Bemühungen der aztekischen Geschichtsschreiber, welche die herrscherliche

Geschlechterreihe mit Adelstiteln schmückten. Es handelte sich für sie eben darum, den Anschein zu erwecken, als ob diese junge, ganz einfach aus «Emporkömmlingen» zusammengesetzte Dynastie von der sagenumwobenen Großmonarchie der Tolteken abstamme. Man gelangte auf dem Wege über Colhuacán, der südlichen Seestadt, zum Ziel, denn dort hatten sich Tulas Sprache und Brauch erhalten. Der erste Aztekenkaiser, Acamapichtli, *mußte* eben von dieser Stadt abstammen und somit Tolteke sein. Daher die vielfältigen und verwickelten Lesarten seiner Machtergreifung. Eine dieser Darstellungsweisen, deren besonderer Reiz darin besteht, daß sie nach der spanischen Eroberung auf Anordnung des conquistador Juan Cano, der Doña Isabel, die Tochter Montezumas II., geheiratet hatte, ausgearbeitet wurde, vermittelt uns zweifellos die offizielle Fassung.

Diese Relación[24] sagt ausdrücklich, daß die Herren von Colhuacán von Quetzalcoatl, der «gefiederten Schlange», dem König von Tula, abstammen, und stellt Acamapichtli als Adoptivsohn des letzten rechtmäßigen Herrn dieses Geschlechtes dar. Nach einer anderen Quelle war Acamapichtli in Colhuacán geboren, obschon seine Mutter Mexikanerin war. Doch spielt in der Gründung dieser Dynastie eine andere Frau eine wesentliche, wenn auch etwas undurchsichtige Rolle: nämlich die, welche als Adoptivmutter des jungen Königs, und dann wieder als seine Frau, aber stets als *señora* von erlauchtem colhuacaner Geschlecht auftritt. Ein weiteres Anzeichen dafür, daß in alten Zeiten Adel und Macht durch Frauen übertragen wurde. Wie dem auch sei, ein recht dünner Faden hat dazu herhalten müssen, um dem mexikanischen Kaisergeschlecht eine ruhmreiche und sagenhafte Abkunft zu verschaffen.

Seit Acamapichtli verblieb das Türkisdiadem ohne Unterbrechung bis zum Schluß in der Familie: der zweite Kaiser, Uitzilopochtli, war sein Sohn, der dritte, Chimalpopoca, sein Enkel. Danach geht die Macht oftmals vom verstorbenen Herrscher auf den Bruder oder Neffen über. Die verschiedenen Urkunden sind sich über die genauen Verwandtschaftsbande der nachfolgenden Kaiser nicht immer einig, doch steht ein Punkt außer allem Zweifel: es handelt sich stets um ein und dasselbe Familiengeschlecht, um ein und dieselbe Dynastie.

Die Bräuche mögen von Stadt zu Stadt voneinander abweichen: in Texcoco zum Beispiel erfolgte die Nachfolge regelmäßig vom Vater auf den Sohn. Auch blieb stets festzustellen, auf welchen Sohn die Macht übergehen sollte, was in Fällen von vielehelichen Herrschern gar nicht einfach war. Im allgemeinen betrachtete man eine der Königsfrauen als «rechtmäßig», so daß grundsätzlich der älteste Sohn die Herrschaft des Vaters antrat. Aber auch hier dürfte noch mancherlei Ungewißheit geherrscht haben, denn – so schreibt Zurita – «wenn keiner der Söhne oder Enkel sich zum Herrscher eignete, so rief man nicht den Nachfolger aus, sondern dann trat der Hofadel zur Kaiserwahl zusammen». Daher war Nezaualcoyotl noch vor seinem Tode vorsichtig genug, seinen siebenjährigen Sohn Nezaualpilli zum Nachfolger zu bestimmen und ihn als König anerkennen zu lassen, so wie die römischen oder byzantinischen Kaiser ihre Söhne zu Lebzeiten der Kaiserkrone verbanden, um für sie die Nachfolge sicherzustellen.

In Mexiko war die Wahl üblich. Acamapichtli bestimmte seinen Nachfolger nicht auf dem Totenbette, «sondern überließ dem Staat die Wahl des Geeigneten... Dieser Brauch hat sich bei den Mexikanern erhalten. Die Königssöhne haben nie erbmäßig, sondern wahlmäßig geherrscht». Anfänglich war es die Gesamtheit des Volkes – jedenfalls dessen Familienoberhäupter – die den Herrscher wählte: die Stadt war noch klein und die Einwohnerzahl gering. Sie konnte sich unschwer auf dem Hauptplatz versammeln und die von einigen Anführern gemachten Wahlvorschläge durch Zuruf bestätigen.

Als Stadt und Staat wuchsen, schrumpfte der Wahlkörper ein: nun ist es nicht mehr das Volk, sondern der «Senat», der Auitzotl erwählte. Zu Beginn des 16. Jahrhunderts dürfte die Wählerschaft des Kaisers nicht mehr als hundert in fünf verschiedene Klassen aufgeteilte Wähler gezählt haben: die *tecuhtlatoque* oder obersten Würdenträger, dreizehn an der Zahl; die *achcacauhtin,* Beamte zweiten Ranges, die die verschiedenen Stadtteile vertraten oder vertreten sollten; zwei militärische Klassen, eine im Dienst, die andere im Ruhestand, und schließlich die Hohenpriester, die *tlenamacazque.* Wie man sieht, setzte sich dieser Wahlkörper nur aus der obersten Schicht der führenden Klasse der Beamten, Priester und Krieger zusammen; nicht nur die Sklaven, nicht nur das Volk, sondern wohlgemerkt auch die Kaufmannschaft, das Kunsthandwerk und sogar der «Adel» (die *pilli*) waren von der Wahl ausgeschlossen. Die Kaiserwahl ruhte somit in den Händen einer ganz beschränkten Minderheit.

Sahagún stellt fest, daß es den Begriff der geheimen Wahl nicht gab. Noch heute wird in den *nauatl*-Dörfern des modernen Mexiko bei der Wahl eines Stadtbeamten oder eines Genossenschaftsvorstandes in derselben Weise verfahren. Die «Wähler» beraten sich, Vorschläge werden ausgerufen, und man einigt sich auf einen Namen. Keine Wahlstimmen, keine Abstimmung im heutigen Sinne. Wenn die Wahl vorbei war, mußte der neue Herrscher die langwierige Prüfung der Krönungsfeierlichkeiten über sich ergehen lassen; es galt, vor den Göttern Bußübungen abzulegen, mehrere feierliche Ansprachen anzuhören und durch feurige Reden zu antworten. Zum Schluß sprach er selbst zum Volk und ermahnte es besonders, am Götterkult festzuhalten und die Trunksucht zu meiden. Dabei trat er im vollen Glanz seiner Kaisertracht auf: auf dem Haupt das dreieckige Diadem aus Gold und Türkis, den blaugrünen Mantel um die Schultern, mit Grünstein geschmückt, und in der Hand ein Zepter in Schlangenform.

Die Reden, die zwischen der Führerschaft und dem Neuerwählten ausgetauscht wurden, sowie die Ansprache an das Volk, geben uns eine Vorstellung von der Bedeutung der Kaiserwürde, die sie in den Augen der Mexikaner gehabt haben muß. Der Kaiser war wohl von den Großen des Staates gewählt worden, doch verlangte die offizielle Lehre, daß er in

Wirklichkeit von den Göttern, insbesondere von Tezcatlipoca, gewählt wurde, von jenem Gott, der alles in seinem Zauberspiegel sieht. Seine Pflichten binden ihn also in erster Linie an die Götter; er bedankt sich bei ihnen unter Seufzen und Stöhnen für die Wahl, die eine solch schwere Last, wie es die Regierung eines Reiches ist, einbringt. Er verspricht die Verteidigung des Tempels von Uitzilopochtli und die Aufrechterhaltung des Götterkultes.

Seine anderen Pflichten binden ihn an das Volk. Der Kaiser ist nach alter Weiheformel «Vater und Mutter» der Mexikaner. Er ist ihnen gegenüber für Gerechtigkeit verantwortlich und verpflichtet, Not und Teuerung zu bekämpfen und ihnen «den Überfluß der Früchte der Erde» zu sichern. Hinter diesen althergebrachten Floskeln der Staatssprache vermögen wir dennoch die Würde der aztekischen Monarchenidee zu erkennen; Sinn für das Gemeinwohl und das wirkliche Empfinden einer wechselseitigen Verantwortlichkeit zwischen Führerschicht und Volksmasse ist darin unverkennbar. Im übrigen weist alles darauf hin, daß die Kaiser ihre Pflichten stets ernst genommen haben. In den Berichten der Überlieferung wird von Regierung zu Regierung immer wieder davon gesprochen, wie sie nicht nur darauf bedacht waren, das Reich zu stärken und neue Tempel zu errichten, sondern auch dem Volk zu Hilfe zu kommen, wenn es im Elend war: so verteilte zum Beispiel Montezuma I. an alle Einwohner Bekleidung und Verpflegung, und Auitzotl gab zweihunderttausend Lasten an die Überschwemmungsopfer aus.

In Gemeinschaft mit dem Herrscher regierten hohe Würdenträger – die nicht selten seine nächsten Verwandten waren. Der erste unter ihnen, ein wirklicher «Vizekaiser», trug den eigenartigen Titel des *Ciuacoatl,* der «Schlangenfrau». Dies war der Name einer mächtigen Göttin, und es ist nicht unwahrscheinlich, daß der *Ciuacoatl* zu Beginn nichts anderes war als der oberste Priester dieser Gottheit. Aber erst von der Regierung Montezumas I. an wird der in Mexiko und anderen Städten schon früher anerkannte Titel *Ciuacoatl* plötzlich zum ersten Mann im Staat nächst dem Herrscher: «Du sollst mir die Mexikanische Republik regieren helfen», sagte Montezuma I. zu seinem Bruder Tlacaeleltzin, den er zum *Ciuacoatl* ernannt hatte.

Die Ämter dieses hohen Würdenträgers waren vielseitig: als oberster Kriegs- und Zivilrichter oblagen ihm die Staatsgeschäfte und die Verwaltung des Kronschatzes. «Er entschied die Fälle, deren Berufungen vor ihn gebracht wurden», sagt Torquemada, der ihn als «Gerichtspräsident und Oberrichter» bezeichnete. Er schlug die Krieger zu Beförderungen und Auszeichnungen vor, er stellte die Feldzüge zusammen und bestimmte ihre Führer, er berief den Wahlkörper beim Tode des Herrschers, er trat als Staatschef während des Interregnums auf.

Wenn der Kaiser Tenochtitlan verließ, um den Oberbefehl der verbündeten Truppen persönlich zu übernehmen, zog der *Ciuacoatl* in den Kaiserpalast und regierte an seiner Stelle. Die Ehren, die ihn umgaben, standen nur denen nach, die dem Kaiser entgegengebracht wurden; nur er durfte vor den Kaiser treten, ohne die Schuhe auszuziehen. Auf ihn fiel ein großer Anteil von den Abgaben der eroberten Städte. Er war in allem ein «Doppelgänger» des *tlatoani,* und sein schwarzweißer Mantel kam unmittelbar nach dem blaugrünen Mantel als Zeichen der Macht.

Es scheint, daß Montezuma I. ein wirklicher Wurf gelungen ist, als er seinen Bruder Tlacaeleltzin neben sich setzte, denn alle Chronisten schildern ihn voller Bewunderung als starke Persönlichkeit, so zum Beispiel Chimalpahin, der ihn *uey oquichtli,* wörtlich übersetzt *«vir illustris»,* nennt.

Alle Augenzeugen stimmen gemeinsam eine Lobeshymne auf seine kriegerische Tapferkeit, seine staatsmännische Geschicklichkeit und seine Kaisertreue an. Er verstand es, seinem Amt solchen Glanz zu verleihen, daß die nachfolgenden Titelträger samt und sonders aus seiner unmittelbaren Nachfolge unter seinen Söhnen und Enkeln bis zum letzten, Tlacotzin, ausgewählt wurden. Dieser lebte lang genug, um am 13. August 1521 Cortés die Übergabe Mexikos zu Füßen zu legen und unter dem Namen Don Juan Velázquez getauft zu werden. Somit gab es also zwei Geschlechter, das Kaisergeschlecht und das der Ciuacoatl, zwei verschiedene Dynastien, deren gemeinsamer Ahne Uitziliuitl, der zweite Herrscher von Tenochtitlan, war.

Unmittelbar hinter dem Ciuacoatl treten uns vier hohe Würdenträger entgegen, die mit ihm zusammen die Hauptratgeber des Kaisers sind. Zwei unter ihnen, der *tlacochcalcatl* und der *tlacateccatl,* waren oftmals nächste Verwandte des Herrschers; unter ihnen wählte man seinen Nachfolger. Montezuma II. übte unter der Regierung seines Vaters Auitzotl die Befugnisse des *tlacochcalcatl* aus. Einige dieser Würdenträger besaßen auch richterliche Vollmachten: der *tlacateccatl* erkannte über Zivil- und Straffälle; gegen seine Entscheidung konnte man beim Ciuacoatl Berufung einlegen. Endlich erwähnen die eingeborenen und spanischen Chronisten eine ziemlich große Anzahl anderer Titel, deren Befugnisse wir aber in den meisten Fällen mit den uns heute zur Verfügung stehenden Kenntnissen der damaligen Zeit schlecht umreißen können. Wir wissen zum Beispiel, daß der Kaiser Tizoc in seiner Jugend die Würde eines *tlailotlac* bekleidete; dieser Ausdruck bedeutet einen fremden Volksstamm und mag als Beititel geführt worden sein wie bei den Römern die Bezeichnung Germanicus oder Parthicus. Dem *Mexicatl achcauhtli* als Oberhaupt der Beamten der Stadt Mexiko wurde die schreckliche Verantwortung der endgültigen Übergabe zuteil. Der *tecuhtlamacazqui,* der oftmals unter den unmittelbaren Ratgebern des Herrschers Erwähnung findet, scheint der Nuntius der Priesterschaft bei der Staatsmacht gewesen zu sein.

Der *petlacalcatl,* «der mit dem Staatsschatz (betraut ist)», hatte Speicher und Lagerräume, darin die Abgaben der Provinzen lagerten, unter sich; der *uey calpixqui* übte das Amt des Bürgermeisters der Hauptstadt – er war der Mann, der den Vorstehern der Stadtviertel Anweisungen erteilte – zusammen mit der Oberaufsicht über die Steuereinnehmer des gesamten Reiches aus. In diesem Zusammenhang scheint es, daß die gleichzeitige Ausübung mehrerer Ämter nicht selten war: so hatte der *tlacochcalcatl* Itzquauhtzin, der bei der Ankunft der Spanier amtierte, gleichzeitig den Posten des Statthalters von Tlatelolco inne.

Mit Ausnahme des *petlacalcatl* und des *uey calpixqui* – vielleicht weil ihre Befugnisse rein «ziviler» Natur waren – werden die großen Würdenträger wohl Mitglieder des *Tlatocan* oder Hohen Rates der Stadt gewesen sein. Unter dem Vorsitz des Kaisers oder, wenn er abwesend war, des Ciuacoatl, wurde dieser Rat vor jeder wichtigen Entscheidung befragt: bei der Entsendung von Botschaftern, bei Kriegserklärungen und so weiter. Er bildete auch den Hauptkern des Wahlkörpers, der mit der Ernennung des Kaisers betraut war. Es wäre freilich abwegig, darin eine Art beschließende Versammlung in unserem Sinne oder gar einen Rat der «sachems», eines nordamerikanischen Indianerstammes, sehen zu wollen.

Zweifellos hatte der Hohe Rat in den Ursprüngen aus Abgeordneten der verschiedenen *calpulli* bestanden. Doch wird zu der Zeit, die uns beschäftigt, der Kaiser wenigstens einen Teil seiner Mitglieder ernannt haben, während der Rest wohl durch Ergänzungswahl hinzukam. Auch da war man von einer Stammesdemokratie zu einer oligarchischen Regierungsform übergegangen, deren Herrscher Hüter und Haupt zugleich war. Aber vergessen wir nicht, daß den Plebejern die Tür zu den höchsten Würdenämtern offenstand: diese auf ihre Vorrechte eifersüchtige Aristokratie hatte die Möglichkeit, sich aus den Reihen verdienstvoller Männer zu erneuern und zu ergänzen; ihr Gewebe war dabei noch nicht verhärtet. Man beachte, daß die Aussicht, *tecuhtli* zu werden, zwar jedem Plebejer gewährt, jedoch dem Kaufmann verwehrt war: wer als Kaufmann geboren war, blieb Kaufmann. Um es in unserer Sprache auszudrücken, könnte man sagen, daß die Aristokratie im Volke wurzelte und nicht im Bürgertum. Als sozial und politisch höchst verwickelter Organismus, an dessen Umformung mannigfache Kräfte arbeiteten, unterschied die mexikanische Stadt des 16. Jahrhunderts sich grundlegend von jenem Wandervolk, das im Jahre 1325 als Zufluchtsstätte einige im Schilf versteckte Inselchen gewählt hatte. Dieser Unterschied äußerte sich nicht nur mengenmäßig – was Einwohnerzahl, Gebietsausdehnung und Hilfsmittel anbelangt –, sondern auch hinsichtlich der Beschaffenheit. Die Stadt war kein ausgewachsener Stamm, sie war etwas ganz anderes geworden: ein Staat, der in mächtiger Ausdehnung begriffen ist; eine Gesellschaft, die sich verästelt und in der manche Gegensätzlichkeit sich bemerkbar zu machen beginnt, in der das Besitzverhältnis sich wandelt und wo Staatsdienst und Reichtum einen dunklen Zweikampf beginnen. Aber über all dem stand die Religion: sie verhüllte diese Verwicklungen, sie hielt die verschiedensten Strömungen der Gesellschaft kraftvoll zusammen; lebendig, allmächtig, über allen Hader erhaben, schrieb sie allen eine gemeinsame Weltanschauung vor und ordnete mit ihren Riten das Dasein eines jeden.

Durch sie knüpfte die Stadt wieder an den Stamm an, durch sie fand die Vielheit ihre Einheit wieder. Sie hielt diese in vieler Hinsicht modern anmutende Stadt in mittelalterlicher Luft gefangen. Das Leben des mexikanischen Menschen wird in seinem materiellen und gesellschaftlichen Rahmen nur verständlich, wenn man sich vorzustellen versucht, wie eine allmächtige Sinngebung ihm seine Pflichten vorschrieb, seinen Tag lenkte und seiner Welt und seinem Schicksal eine einheitliche Färbung verlieh.

DRITTES KAPITEL

Die Welt, der Mensch und die Zeit[25]

Eine unbeständige und bedrohte Welt

Wie andere Völker Mittelamerikas glaubten auch die Mexikaner, daß mehrere aufeinanderfolgende Welten der unseren vorausgegangen waren und daß jede dieser Welten in einer Naturkatastrophe untergegangen war, welche die Menschheit jeweils verschlungen hatte: das sind die «vier Sonnen»; unsere Welt ist die fünfte. Jede dieser «Sonnen» ist auf Denkmälern wie dem Aztekenkalender oder dem Sonnenstein festgehalten durch ein Datum, ihr Enddatum nämlich, das gleichzeitig die Art ihres Zusammenbruchs in Erinnerung bringt: so trägt zum Beispiel die vierte Epoche, die «Wassersonne», das Datum *naui atl,* «vier-Wasser», denn sie ging durch Überschwemmung in einer Art Sintflut zu Ende.

Unserer Welt wird dasselbe Geschick zuteil werden; ihr Schicksal ist festgelegt durch das Datum, das ihre Geburt sozusagen bestimmt hat, nämlich als unsere Sonne ihren Lauf begann: *naui ollin.* Die Hieroglyphe *ollin* in Form eines Heiligen-Andreas-Kreuzes, die neben der Maske des Sonnengottes im Mittelpunkt des Aztekenkalenders steht, hat den Doppelsinn der «Bewegung» und des «Erdbebens».

Sie versinnbildlicht gleichzeitig den Anlauf des Gestirns zu Beginn unserer Zeitrechnung und den Umbruch, der unsere Welt zerstören wird. Dann wird die Wirklichkeit wie ein Schleier zerreißen, und die Ungeheuer der Dämmerung, die in der Tiefe des Westens der verhängnisvollen Stunde harren, werden hervortauchen, um über die letzten Überlebenden herzufallen.

Am Anfang aller Wesen und sogar der Götter stellten sich die alten Mexikaner ein Urpaar vor, *Ometecuhtli,* den «Herrn der Zweiheit», und *Omeciuatl,* «die Herrin der Zweiheit». Sie wohnen auf dem Gipfel der Welt, im dreizehnten Himmel, «wo die Luft kalt, dünn und eisig ist». Von ihrer ewigen Fruchtbarkeit stammen alle Götter ab und werden alle Menschen geboren. In der Zeit, die uns hier beschäftigt, war dieses Götterpaar zu etwas wie Königen geworden, die zwar regieren, aber nicht mehr herrschen: sie waren von der kraftvollen Menge jüngerer und tatkräftiger Götter in den Hintergrund gedrängt worden. Dennoch räumte man ihnen das Vorrecht der Festsetzung einer jeden Menschengeburt und somit eines jeden Schicksals ein.

Als Abkömmlinge der höchsten Zweiheit haben die Götter wiederum die Welt geschaffen. Ihre wichtigste Handlung war natürlich die Geburt der Sonne gewesen: und diese Sonne wurde geboren durch Opfer und Blut. Die Götter, heißt es, versammelten sich in dem Dunkel von Teotihuacán, und aus ihrer Mitte trat eine kleine aussätzige, mit Schwären bedeckte Gottheit hervor und sprang in eine unge-

DAS URPAAR OMETECUHTLI
UND OMECIUATL

heure Feuersglut hinein, aus der sie als Stern emportauchte. Doch verharrte diese neue Sonne regungslos: Blut war nötig, damit sie in Bewegung kam. Da opferten sich die Götter, und die Sonne zog Leben aus ihrem Tod und begann ihren Lauf durch das Himmelsgewölbe.

So beginnt das kosmische Drama, in das der Mensch nach dem Fall der Götter verwoben ist. Damit die Sonne ihren Lauf fortsetzen kann, damit das Dunkel nicht endgültig über die Erde sinkt, muß man ihr täglich Speise reichen, das «kostbare Wasser» *(chalchiuatl),* das heißt Menschenblut. Das Opfer ist eine heilige Pflicht gegen die Sonne und sogar eine Notwendigkeit für das Wohl der Menschen. Ohne das Opfer kommt selbst das Leben der Welt zum Stillstand. Jedesmal, wenn auf der höchsten Plattform einer Pyramide der Priester das blutende Herz eines Opfers in seinen Händen hochhebt und es in den *quauhxicalli* senkt, ist der Zusammenbruch, der Welt und Menschheit in jedem Augenblick bedroht, noch einmal verhütet. Das Menschenopfer ist eine Verwandlung, die aus Tod Leben schafft. Und die Götter haben uns am ersten Tag der Schöpfung ein Beispiel dafür gegeben.

Und nun besteht das erste Gebot des Menschen eben darin, *intonan intota tlaltecuhtli tonatiuh,* «unserer Mutter und unserem Vater, der Erde und der Sonne», Nahrung zu geben. Sich dieser kosmischen Pflicht zu entziehen, heißt, die Götter und damit alle Menschen verraten: denn was für die Sonne gilt, gilt auch für die Erde, für den Regen, für das Wachstum, kurzum für alle Kräfte der Natur. Nichts wächst, nichts dauert als durch Opferblut.

«Der große Gott-König der Tolteken, Quetzalcoatl, gab niemals Menschenopfern statt, weil er seine Untertanen, die Tolteken, viel zu sehr liebte; daher opferte er nur Schlangen, Vögel und Falter.» Doch hatte Quetzalcoatl wegen der Untaten Tezcatlipocas aus Tula fliehen müssen: nun war Mexiko den nach Opfern dürstenden Göttern ausgeliefert. Nach der landläufigen Form dieses Brauches wurde das Menschenopfer mit dem Rücken auf einen leicht gewölbten Stein niedergelegt, vier Priester hielten ihn an Armen und Beinen fest, und der fünfte stieß ihm sein Feuersteinmesser in die Brust und riß ihm das Herz heraus. Oftmals spielte sich die Opferung auch in der Form eines *gladiatorio* ab, wie es die spanischen Chronisten genannt haben: der mit Holzwaffen ausgerüstete Gefangene wurde mittels eines Taues, das ihm Bewegungsfreiheit gewährte, auf einer riesigen Steinscheibe festgebunden und mußte mit mehreren regelrecht bewaffneten Aztekenkriegern hintereinander kämpfen. Falls er wider Erwarten ihrem Ansturm widerstand, so mochte er sein Leben retten. In den meisten Fällen brach aber der «Gladiator» schwer verletzt zusammen und hauchte wenige Minuten später auf dem Steinrad sein Leben aus, wenn die Priester in schwarzem Gewand und wehendem Haar ihm die Brust öffneten. Die auf diese Weise dem Tod geweihten Krieger trugen besondere Kleidung und Schmuck: man krönte sie mit weißem Flaum, dem Sinnbild des ersten Morgenschimmers, jener schwankenden Stunde, da im grauen Licht die Seele des auferstandenen Kriegers zu unserem Vater, der Sonne, emporfliegt.

Aber das waren nicht die einzigen Formen der Opferung: man enthauptete die zu Ehren der Erdgöttinnen todgeweihten Frauen, während sie tanzend ihr Schicksal zu vergessen vorgaben; man ertränkte Kinder als Opfergabe für den Regengott Tlaloc; man warf die vom *yauhtli* (Haschisch) unempfindlich gemachten Opfer für den Feuergott auf den Scheiterhaufen; man band Opfer, die den Gott Xipe Totec darstellen sollten, auf eine Art Folterbank und durchbohrte sie mit Pfeilen: hernach zog man ihnen die Haut ab, und die Priester legten sie um. In den meisten Fällen war das Opfer als Ebenbild des Gottes, dem es geopfert wurde, gekleidet, bemalt und geschmückt. So war es der Gott selbst, der vor seinem Ebenbild und in seinem eigenen Tempel umkam, wie ja zu Beginn alle Götter ihren Untergang zur Errettung der Welt auf sich genommen hatten. Und wenn bei gewissen Anlässen rituelle Menschenfresserei getrieben wurde, so war es stets das Fleisch des leibhaftigen Gottes, das der Gläubige in einer blutigen Kommunion verspeiste.

Keine Erscheinung der mexikanischen Kultur verletzt unsere Empfindsamkeit so sehr wie diese. Von der ersten Berührung zwischen Europäern und Indianern an kamen die Neuankömmlinge aus Schrecken und Abscheu vor dem Menschenopfer zu der Überzeugung, daß die Urreligion aus der Hölle stamme und daß ihre Götter nichts anderes seien als Dämonen: es stand für sie sogleich fest, daß Uitzilopochtli, Tlaloc, Tezcatlipoca und all die anderen fragwürdigen Gottheiten Mexikos Teufel seien und daß alles, was sie betraf oder sie im entferntesten berührte, mit Stumpf und Stiel ausgerottet werden müsse. Die Anwendung von Menschenopfern bei den Azteken trug viel zu der unüberwindlichen Kluft zwischen den beiden Religionen, die sich zum ersten Male gegenüberstanden, bei. Und als der Krieg zwischen Spaniern und Mexikanern ausbrach, wurde diese Kluft zu einer verbissenen und unversöhnlichen Feindschaft in dem Augenblick, da die conquistadores dem kläglichen Verenden ihrer Kameraden aus ohnmächtiger Entfernung beiwohnen mußten, deren grimassierende Schädel sie später auf den *tzompantli* zur Schau gestellt sahen.

Für uns Heutige ist es zweifellos nicht leicht zu begreifen, was das Menschenopfer für einen Azteken des 16. Jahrhunderts bedeutete. Rufen wir uns daher zuerst ins Gedächtnis zurück, daß jede Kultur ihre höchst eigene Vorstellung vom Wesen des Grausamen hat. Die Römer vergossen zum Beispiel auf der Höhe ihrer Entwicklung in den Arenen und für ihre Belustigungen mehr Blut, als es die Azteken je vor dem Angesicht ihrer Götzen taten. Die über die Grausamkeit der einheimischen Priester ehrlich entsetzten Spanier haben ihrerseits mit dem ruhigsten Gewissen der Welt das Sengen, Brennen, Morden und Foltern nach Herzenslust getrieben[26]. Unsere Generation, die bei den Berichten der blutigen Riten des alten Mexiko ein Zittern befällt, hat andererseits mit eigenen Augen ansehen müssen, wie zivilisierte Völker die programmäßige Ausrottung von Millionen Menschen bewerkstelligt haben, wie dieselben Völker Vernichtungswaffen entwickelt haben, die in einer Sekunde hundertmal mehr Menschen umbringen können, als das aztekische Kaiserreich in seinem ganzen Bestehen je gemordet hat.

Das Menschenopfer war bei den Mexikanern weder ein Niederschlag der Grausamkeit noch des Hasses. Es war vielmehr ihre Antwort – die einzige für sie denkbare Antwort – auf die Unbeständigkeit einer fortwährend bedrohten Welt. Um diese Welt und die Menschen zu retten, bedurfte es des Blutes: das Opfer war kein Feind mehr, den man tötet, sondern ein Bote, der mit fast göttlicher Würde bekleidet zu den Göttern entsendet wird. Alle Beschreibungen von Opferzeremonien, einschließlich diejenigen, welche Sahagún von seinen aztekischen Gewährsmännern diktiert wurden, vermitteln ganz unbeabsichtigt den Eindruck, daß zwischen Opfern und Schächern keinerlei Abneigung wie Haß oder Blutdurst bestand, sondern sogar eine seltsame Brüderschaft oder eher noch – und aus den Texten wird dies offenbar – eine Art mystische Verwandtschaft.

Wenn ein Krieger einen Gefangenen machte, sagte er: «Dies ist mein vielgeliebter Sohn.» Und der Gefangene sagte: «Dies ist mein verehrter Vater.» Der Krieger, der einen Gefangenen gemacht hatte und dessen Tod vor dem Altar beiwohnte, wußte, daß ihn früher oder später ein ähnliches Los erwartete. «Sei willkommen, du kennst das Los des Kriegers; heute bist du es, morgen bin ich es», sagte der Kaiser zu einem gefangenen Heerführer. Der Gefangene aber, von früher Kindheit an auf sein mögliches Ende vorbereitet, verneigte sich mit Gleichmut. Ja, noch mehr: bot man ihm eine mit seinem Geschick und dem Willen der Götter unvereinbare Begnadigung an, so wies er dieses Anerbieten zurück.

Der mexikanische Häuptling Tlacahuepan, der unter der Regierung von Montezuma I. von den *Chalca* gefangengenommen worden war, hatte sich durch Tapferkeit so ausgezeichnet, daß seine Feinde nach der Gefangennahme ihm und den anderen in ihre Hand gefallenen Azteken ein Stück Land in ihrem Gebiet anboten. Man hätte ihm also nicht nur das Leben geschenkt, sondern ihn noch zum Besitzer über jenen Stadtteil gemacht, ja, man bot ihm sogar das Oberkommando über die Chalco-Truppen an. Als Antwort stieß Tlacahuepan sich das Schwert in die Seite und rief seinen Schicksalsgefährten brechenden Auges zu: «Mexikaner, ich gehe von hinnen und erwarte euch.»

Nicht weniger berühmt ist die Geschichte eines Herrn von Tlaxcala, Tlahuicole mit Namen, der in die Gefangenschaft der Mexikaner geriet. Er rief bei ihnen derartige Bewunderung hervor, daß sie, anstatt ihn zu opfern, ihm das Kommando eines Truppenteils in einem Krieg gegen Michoacán anvertrauten. Aber nach der Rückkehr von diesem Feldzug weigerte der ruhmbedeckte Tlaxcalteke sich endgültig, dem Schicksal noch länger zu widerstehen: er forderte den Tod und starb bald darauf auf dem Opferstein.

In einem geringeren Maße zeichnet sich dieselbe Haltung bei allen anderen Opfern ab; so bei dem jungen Mann, der ein Jahr lang inmitten fürstlicher Pracht lebte und hernach vor dem Bild von Tezcatlipoca umkam; so bei den Frauen, die kaltblütig tanzten und sangen, während hinter ihnen die düstergekleideten Priester nur auf den Augenblick warteten, wo die Köpfe ihrer Opfer fallen würden wie der Maiskolben von seinem Stengel. Die Empfindsamkeit der Indianer war durch eine mächtige und jahrhundertealte Überlieferung ausgebildet worden und darum der europäischen ihrer Zeit ganz unähnlich: während die blutigen Szenen ihrer Tempelopfer sie kalt ließen, kannte ihr Entsetzen angesichts der Martern, welche die Spanier vom Lande der Inquisition mitbrachten, keine Grenzen.

Welche Bedeutung für die alten Mexikaner der Krieg hatte, jener immerwährende Krieg, der alle Kräfte der Hauptstadt aufsog, vermögen nur die vorangegangenen Betrachtungen zu erhellen. Es ist sicher nicht verkehrt, die Geschichte von Tenochtitlan zwischen 1325 und 1519 als den Versuch eines imperialistischen Staates zu deuten, seine Gebietsausdehnung durch unablässige Eroberungskriege zu fördern. Aber das ist noch nicht alles. Denn in dem Maße, wie die mexikanische Herrschaft um sich griff, schufen ihre Siege eine ständig zunehmende Zone der Befriedung um sie her bis zu den Grenzen der ihnen bekannten Welt: wo sollten sie nun die unerläßlichen Opfer zur «Ernährung», *tlaxcaltilitzli,* ihrer Götter hernehmen? Wo das kostbare Blut auftreiben, ohne das Sonne und Weltgefüge dem Untergang entgegentrieben? Nur die Aufrechterhaltung des Krieges vermochte dies. Daher die seltsame Einrichtung des «Blumenkrieges», *xochiyaoyotl,* der nach der schrecklichen Hungersnot, die Zentralmexiko im Jahre 1450 heimsuchte, zum Begriff geworden sein muß.

Die Herrscher von Mexiko, Texcoco und Tlacopan und die Lehnsherrschaften von Tlaxcala, Uexotzinco und Cholula kamen daher zu dem gemeinsamen Beschluß, mangels richtiger Kriege Kampfhandlungen anzuzetteln, die ihnen das für ihre Götter notwendige Opfermaterial liefern sollten: man glaubte nämlich allen Ernstes, daß die Mißstände des Jahres 1450 auf die Unzufriedenheit der mit ungenügenden Opfern versehenen Götter zurückzuführen wären. Man zog also nur zu Felde, um Gefangene zu machen und sie zu opfern: auf dem Schlachtfeld tötete man so wenig wie möglich. Der Krieg war nun nicht mehr bloß ein Werkzeug der Politik, sondern vor allen Dingen ein Ritus, ein «heiliger Krieg».

Im Grund ihres Herzens hatten die alten Mexikaner wohl wenig Zutrauen zur Zukunft. Ihre Welt war ein gebrechliches Gefüge und stets von Unheil bedroht. Da lauerten nicht nur Naturkatastrophen und Hungersnot, in gewissen Nächten tauchten auch die dämonischen Gottheiten des Westens an Kreuzwegen auf; da trieben die Zauberer ihr Unwesen als Sendboten einer Welt des geheimnisvollen Dunkels; und alle zweiundfünfzig Jahre schlug der Schrecken alle Völker des Reiches, wenn die Sonne am Tage des letzten

«Jahrhunderts» versank und die Frage laut wurde, ob sie wohl jemals wieder aufgehen würde.

Dann erloschen alle Feuer in Stadt und Land, auch die geängstigte Menge drängte sich am Fuß und an den Hängen des Berges Uixachtecatl, während droben auf dem Gipfel die Priester das Sternbild der Plejaden beobachteten. Bald mußte es im Zenit stehen: würde es weiterreisen? Würde es stehenbleiben? Würde der scheußliche Chor der Untiere als Auftakt zum Weltuntergang auftauchen? Der priesterliche Sterndeuter gab ein Zeichen: ein Gefangener wurde auf den Stein gelegt, das Feuersteinmesser drang mit einem dumpfen Geräusch in seine Brust, und in seiner klaffenden Wunde wurde rasch der *tlequauitl,* der Feuerbohrer, gedreht. O Wunder! Die Flamme sprühte und keimte gleichsam aus der verstümmelten Brust, und unter dem Freudentaumel des Volkes entzündeten die Sendboten ihre Fackeln und eilten von dannen, um das heilige Feuer in die vier Himmelsrichtungen des mittleren Hochtales zu tragen. Noch einmal war die Welt der Zerstörung entronnen. Doch welch schwere und blutige Bürde für Priester, für Krieger, für Kaiser, Jahrhundert auf Jahrhundert und Tag für Tag dem unablässigen Ansturm des Nichts zu begegnen!

Himmel und Erde

Die Azteken waren im wahren Sinne des Wortes ein «Sonnenvolk». Ihr höchster Gott, Uitzilopochtli, verkörperte die Sonne im Zenit, die stechende Sonne der Mittagsstunde. Seine Mutter Coatlicue, «die einen Rock aus Schlangen trägt» – eine Erdgöttin – hatte von ihm die ungezählten Sterngottheiten, die man «die Vierhundert des Südens» nannte, und die Mondgöttin Coyolxauhqui, eine Verkörperung des nächtlichen Dunkels, geboren. Die Überlieferung will wissen, daß sie durch das Wunder eines vom Himmel gefallenen Federballs (die Seele eines Geopferten) befruchtet wurde und daß ihr Sohn, der schon mit seiner «Feuerschlange» *(xiuhcoatl)* bewaffnet zur Welt kam, seine Brüder und seine Schwestern vertrieb, so wie die Sonne die Nacht vertreibt und die Sterne auslöscht.

Uitzilopochtlis Anfänge waren schwer gewesen, als er nur der unbekannte Gott eines kleinen Nomadenvolkes war und auf dem Rücken der Männer durch die staubbedeckte Steppe des Nordens geschleppt wurde. Damals war er nichts anderes als ein «Plebejer, und nur ein Mensch», *çan maceoalli, çan tlacatl catca*, aber auch ein *naoalli, tetzauitl,* «ein Zauberer, eine Erscheinung (ein Wunder)». Mit dem Stamm, den er führte, war er gewachsen; im 16. Jahrhundert herrschte er über das Aztekenreich wie die Sonne über den Mond. «Dank meiner ist die Sonne aufgegangen!» rief er durch die Stimme der Priester aus.

Als Gott eines Jäger- und Kriegerstammes, der vom Norden stammte, gehörte Uitzilopochtli einer Gemeinschaft von Stern- und Himmelsgottheiten an, die ebenfalls von den nördlichen Völkern, die in Mexiko einbrachen, mitgebracht worden waren – so zum Beispiel Tezcatlipoca, der Gott des Großen Bären und des Nachthimmels, ein Zauberer in Vielgestalt, der in seinem Spiegel aus Obsidian alles sieht, der «junge Mann», *telpochtli,* der die jungen Krieger beschirmt, und Mixcoatl, der Gott der Milchstraße, Schutzherr der Jäger, Nationalgott von Tlaxcala mit Namen Camaxtli.

Es wäre denkbar, daß die Wandervölker der Steppe nur eine beschränkte Zahl von Gottheiten und somit auch eine wesentlich, wenn nicht ausschließlich sterngebundene Religion besaßen. Das seßhafte Volk des Mittelhochlandes hingegen betete seit Urzeiten Erdgottheiten des Wachstums und des Regens an: in erster Linie Tlaloc mit der Schlangenmaske, der die Wolken auf den Bergrücken versammelt – dort, wo die kleinen Regengötter, die *tlaloque,* hausen – und der nach Gutdünken wohltuenden Regen oder verheerendes Unwetter austeilt oder die Geißel der Trockenheit über sein Volk verhängt. «O Herr, fürstlicher Zauberer, dir allein gehört aller Mais», betete man zu ihm. Er war der höchste Gott der Bauern, so wie Uitzilopochtli der höchste Gott der Krieger war. Daher thronte er auch, wie wir gesehen haben, auf der Spitze des großen teocalli der Hauptstadt neben Uitzilopochtli und auf gleichem Fuß mit ihm; sein Hoherpriester war dem Hohenpriester des Sonnengottes ebenbürtig. Sonne und Regen, die zwei großen Kräfte, die die Welt beherrschen, vereinigen sich auf dem Gipfel einer Stadt, die seßhaft gewordene Wanderkrieger gegründet haben.

Neben Tlaloc saß gewöhnlich seine Gefährtin

Chalchiuhtlicue, «die einen Rock aus Edelsteinen trägt», die Göttin des Süßwassers, und Uixtociuatl, Göttin des Salzwassers und des Meeres, eine Körperschaftsgottheit der Salzsieder.

Die Erde war versinnbildlicht von einem Ungeheuer mit weitaufgerissenem Rachen, das die untergehende Sonne, die leiblichen Überreste der Toten und das Blut der Geopferten verschluckt. Man brachte sie dauernd in Verbindung mit dem «alten Gott», dem mit der Muttergöttin verbundenen Gottvater, das heißt mit dem Feuergott Xiuhtecuhtli, dem «Herrn des Türkis», manchmal auch Otontecuhtli, dem «Herrn otomi»: dieser alte Stamm der mittleren Hochebene betete tatsächlich ein göttliches Paar an. Es gab aber außerdem eine große Anzahl Erdgottheiten, «die Mutter der Götter», «unsere verehrte Mutter», «unsere Ahne», «die weibliche Schlange», «der Obsidienfalter», alles wundersam-furchtbare Göttinnen, Quelle des Lebens und des Todes. Die aztekische Bildhauerkunst stellte sie mit außerordentlichem Sinn für realistisches Gleichmaß der Einzelheiten dar und verriet in der Auffassung einen Symbolismus höchster Esoterik mit halb menschlichen, halb tierischen Zügen, das Ganze von schaurigen Verzierungen geschmückt.

Die Hymnentexte vergleichen sie mit den weißen und gelben Blumen, die im Regen erblühen, oder zeigen sie uns im «göttlichen Maisfeld», *centlateomilco,* wie sie die Zauberglocken schwingen, die die gelbe Ernährerin zum Keimen bringt. Es sind also die großen Mütter, die die jungen Maisgötter zur Welt gebracht haben, Centeotl, Göttin der Musik, des Tanzes und der Blumen, Xochipilli und Macuilxochitl. In ihnen schließen sich die beiden Seiten der Welt und des Lebens, die wohltuende und die erschreckende, zusammen.

Ihnen verwandt und oftmals mit gleichen Eigenschaften dargestellt, aber vermutlich verschiedener Herkunft – es scheint, daß ihr Kult vom Lande der Huaxteken im Nordosten Mexikos eingeführt wurde – tritt uns Tlazolteotl, die Göttin der körperlichen Liebe, der Sünde und der Beichte, entgegen. Ihr konnte man mittels eines Priesters seine Sünden bekennen, jedoch zum Unterschied von der christlichen Beichte nur ein einziges Mal im Leben. Man nannte sie *tlaelquani,* «die Schmutzesserin», das heißt die, welche die Sünden ißt.

Für die alten Mexikaner sowie für viele Ackerbauvölker hängt das Wachstum eng mit dem Mond, Metztli, dessen Phasen und Finsternisse schon seit der Zeit der Maya von den einheimischen Sternkundigen genau verfolgt wurden, zusammen. Darum waren die Erdgöttinnen auch Mondgöttinnen. Im übrigen gab es eine Unzahl kleiner Ortsgötter, von denen man für die Ernte Schutz und Fülle erhoffte.

Jeder von ihnen trug meist den Namen der Stadt oder Siedlung, in der er verehrt wurde – zum Beispiel Tepoztecatl, «der von Tepoztlán» – und man gab ihnen den Sammelnamen der «vierhundert Kaninchen». Das Kaninchen galt als Ebenbild des Mondes, denn die Mexikaner glauben in den dunklen Flecken der Mondscheibe die Form dieses Tieres zu erkennen.

Man feierte diese Landgötter beim Erntedankfest, wobei der *octli* in Strömen floß: daher waren sie auch Götter der Trunkenheit geworden.

Wenn Tlazolteotl vom Nordosten herabgekommen war, so war es wahrscheinlich der Süden, die Pazifikküste, die den schrecklichen Kult von Xipe Totec, «unseres gehäuteten Herrn», des Körperschaftsgottes der Goldschmiede und gleichzeitig des Frühlingsregens, der Erneuerung von Natur und Pflanzen, gebracht hatte. Die Menschenopfer, die man im Laufe des Monats Tlacaxipeualitztli darbrachte, wurden mit Pfeilen durchbohrt, damit ihr Blut wie Regen über die Erde flösse; hernach zog man ihnen die Haut ab.

Die Priester zogen dann ihre Haut an, die in der Farbe der Goldfolie bemalt wurde, und dieser magische Vorgang, der die Erde versinnbildlichen sollte, die zu Beginn der Regenzeit «ein neues Kleid anlegt», brachte dem Wachstum neues Leben. Man nannte ihn den «nächtlichen Trinker», weil der fruchtbringende Regen des Nachts fällt. Man rief ihn leidenschaftlich an: «O Gott, warum lässest du dich bitten? Lege doch dein goldenes Gewand an!» Und dankte ihm sodann überschwenglich: «Mein Gott, dein Edelsteinwasser ist herniedergeflossen!»

Dies war die eine Seite des Dramas, die sich jedes Jahr unaufhörlich wiederholte: die Wiedergeburt der Wachstumskraft nach dem Scheintod der Trockenzeit. Alles Denken der alten Mexikaner, ja ihre gesamte Lebensschau kreiste um diesen Grundgedanken, gleichgültig, ob es um Mensch oder Natur ging.

Tod und Wiedergeburt

Der Mais und die anderen Pflanzen wachsen im Westen, im westlichen Gartenland von Tamoanchan, wo die Erdgöttinnen, die Quellen des Lebens, wohnen. Nun machen sie eine lange Reise unter der Erde – die des Keimens – und bitten die Regengötter um Reiseschutz: endlich tauchen sie im Osten, der Gegend der aufgehenden Sonne, der Jugend und Fülle, dem «roten Land» der Morgenröte, wo der Gesang des Vogels *quetzalcoxcoxtli* ertönt, wieder auf.

Venus, der Morgenstern, erscheint im Osten, verschwindet sodann und taucht als Abendstern im Westen wieder auf. Er hat also die Welt durchlaufen: er ist somit Sinnbild des Todes und der Wiedergeburt. Sein göttlicher Name ist Quetzalcoatl, «Schlangen-*quetzal*» oder «Federschlange», was auch als «köstlicher Zwilling» gedeutet werden kann, da die beiden Erscheinungen des Planeten Zwillingssternen gleichen. Quetzalcoatl hat sich auf einem Scheiterhaufen geopfert, man hat den Flammen einen glänzenden Stern entsteigen sehen. Als Xolotl, der hundsköpfige Gott, ist er unter die Erde in die Hölle des Mictlan hinabgestiegen, um die bleichen Gebeine der Toten zu holen und daraus lebendige zu machen.

Uitzilopochtli, der Sonnensieger, ist er nicht die neue Fleischwerdung eines toten Kriegers? Wie wir gesehen haben, entstammt seine Geburt einem Wunder, und die Seele eines als Kämpfer oder Geopferter Gefallenen hat seine Mutter, die Erde, befruchtet. Sein Name «Kolibri *(uitzilin)* der Linken *(opochtli)*» bedeutet «der im Süden wiedererstandene Krieger», denn der Süden ist die linke Seite der Welt, und die Krieger erstehen im zarten und leuchtenden Körper des Kolibri von neuem.

So sind Mensch und Natur nicht dem ewigen Tod verfallen. Die Kräfte der Wiedererweckung sind am Werke. Jeden Morgen erscheint die Sonne von neuem, nachdem sie die Nacht «unter der göttlichen Ebene», *teotlalli iitic,* das heißt in der Unterwelt verbracht hat. Venus stirbt und ersteht. Der Mais vergeht und wächst neu. Das gesamte Wachstum, in der Trokkenzeit vom Tode ereilt, keimt und sprießt in jeder Regenzeit schöner und jünger, wie auch der Mond am Himmel erlischt und zu seiner Zeit wiederkehrt.

Tod und Leben sind nur zwei Seiten einer Wirklichkeit: seit Urzeiten formten die Töpfer von Tlatilco ein Doppelantlitz, halb Gesicht, halb Totenkopf, eine Zweiheit, die ungezählte Male wiederkehrt. Vielleicht ist kein Volk der Geschichte von der schrecklichen Gegenwart des Todes so heimgesucht worden wie die Mexikaner. Aber für sie keimte das Leben eben aus dem Tod wie die junge Pflanze aus dem Samenkorn, das in der Erde stirbt.

Wie sich der Mexikaner das Leben nach dem Tode vorstellte, davon wissen wir wenig. Sicher ist, daß er gewisse Vorstellungen von der Unsterblichkeit hatte, die aber keinerlei Lohn- und Straflehre enthielten. Der auf dem Schlachtfeld oder auf dem Opferstein getötete Krieger wurde zum «Gefährten des Adlers», *quauhtecatl,* das heißt zum Begleiter der Sonne. Tag für Tag trat er mit seinesgleichen in die Reihen des frohgemuten Gefolges ein, um das Gestirn auf seinem Weg vom Aufgang im Osten zum Zenit zu begleiten: Kriegsgesänge und Scheinkämpfe füllten die lichterfüllten Stunden dieser ewigen Soldaten aus. Nach vier Jahren wurden sie als Kolibris wiedergeboren und dazu bestimmt, ihr neues Leben in lauer Luft von Blume zu Blume flatternd zu verströmen.

Mit dem Überschreiten des Zenits betrat die Sonne die westliche Hälfte der Welt, «die weibliche Seite», *ciuatlampa,* denn der Westen galt als Wohnung der Muttergöttinnen und damit auch jener Frauen, die durch ihren Tod bei der Geburt eines Kindes zu Göttinnen, *Ciuateteo*, wurden. Ihre Aufgabe war es, die Sonne vom Höhepunkt zum Untergang zu begleiten.

Im übrigen hatte das Schicksal für jede Todesart ein anders geartetes Fortleben vorgesehen: zum Beispiel für die, welche Tlaloc ausgezeichnet hatte, die durch Ertrinken und Blitzschlag umgekommen oder durch eine mit dem Wasser verwandte Krankheit, wie die Wassersucht, gestorben waren. Diesen hatte der Gott der Landleute sein Paradies, das Tlalocan, versprochen; dies war ein Idealbild des tropischen Ostlandes, ein blühender Garten voller Ruhe und sanften Regens, der den Glückseligen ewige Freude verhieß.

So erklärt sich das Nebeneinander zweier Weltanschauungen an den beiden Volksgruppen, die zum mexikanischen Volk verschmolzen, hier die kriegerischen Wanderjäger mit ihrem Sonnenkult, dort die seßhaften Ackerbauern, die dem Regengott dienten.

Den einen gehörte die Strahlenbahn vom Osten zum Zenit, hernach die sorglose Ewigkeit des Kolibris, den anderen das stille Glück des Überflusses ohne Arbeit und Mühe im grünen Tropenparadies.

Und die anderen? Was geschah mit denen, die weder Uitzilopochtli noch Tlaloc auszeichnete? Die Aussichten für diese «gewöhnlichen» Toten waren nicht sehr rosig, denn ihnen blieb nur der Mictlan, die Unterwelt unter den weiten Nordsteppen im Lande der kalten Düsterkeit, übrig. Dort herrschte Mictlantecuhtli, der mexikanische Pluto mit der Totenmaske, und seine Gemahlin Mictecaciuatl inmitten von Spinnen und Nachteulen.

Zu dieser letzten Ruhe gelangte der Tote noch nicht einmal mühelos. Mit einem Hund als «Seelenbegleiter», den man mit ihm einäscherte, war er zu einer vierjährigen Irrfahrt durch die Unterwelt verdammt. Dort war er der Wut des eisigen Windes, des Windes aus «Obsidian», und dem gierigen Rachen der Ungeheuer ausgesetzt; auch galt es, die Neun Flüsse zu überqueren, hinter denen die Unterwelt ihre unerbittlichen Tore öffnete. Und dort, in diesem letzten Nichts, verschwand er spurlos und endgültig.

Es wäre durchaus denkbar, daß die zur Verfügung stehenden Quellen uns nicht alles verraten haben. Was geschah zum Beispiel mit Kaisern und Würdenträgern, wenn sie «im Bett» starben; waren sie dann auch dem Mictlan verfallen? Und was wurde aus den Priestern, deren Geschick anscheinend unter keine der bekannten Gattungen fiel? Wir können kaum annehmen, daß nicht irgendeine Form des Fortlebens für sie vorgesehen war. Vielleicht, daß Quetzalcoatl, das Urbild des Priesters, den Mitgliedern des geistlichen

Standes ein Leben jenseits des Grabes auserkoren hatte, da Uitzilopochtli für die Auferstehung der Krieger und Tlaloc für die Wiederkehr seiner Auserwählten geradestand.

Wie dem auch sei, Ewigkeit und Erdenleben entsprangen dem unentrinnbaren Geschick, das die unumschränkte Entscheidung des Schöpferpaares für jeden einzelnen von seiner Geburt an vorgesehen hatte. Alles hängt von dem Zeichen ab, unter dem ein Mensch geboren wird, und dieser Glaube an die Vorbestimmung als Ausdruck des Schicksals lastete am stärksten auf dem Dasein jedes Mexikaners.

Schicksal und Zeichen

Seit den Mayas, für die der gebieterische Ablauf der Zeit eine faszinierende Beschäftigung gewesen sein muß, haben alle Kulturvölker Mexikos und Mittelamerikas verwickelte Zeitrechnungen ersonnen, die einem doppelten Zwecke dienten. Einmal suchten sie Anhaltspunkte, um den Zusammenhang der Naturerscheinungen, den Lauf der Sterne und die Jahreszeiten begreifen, vorausbestimmen und ihrem Ablauf feste Riten eingliedern zu können. Daneben lag ihnen daran, das Los jedes einzelnen und die Möglichkeiten jeder Unternehmung an Hand von Vorzeichen zu bestimmen, die für diese Völker ein ebenso geschlossenes, «rationales» Wesensbild ergaben, wie es für uns die wissenschaftliche Deutung der Welt heute ist.

Das Sonnenjahr, *xiuitl,* hatte 365 Tage und war in 18 Monate von je 20 Tagen eingeteilt; dazu kamen

5 «überschüssige» Tage, die als unheilvoll angesehen wurden. Jeder dieser Monate trug einen Namen, der entweder mit einer Naturerscheinung oder noch häufiger mit den während dieses Abschnitts gefeierten Riten zusammenhing.

Das Jahr wurde nach seinem ersten Tag benannt, der dem Wahrsagekalender entnommen war und Vor- oder Nachteile bereits in der Potenz enthielt.

Wenn also die Zahl der Jahrestage abzüglich der «überschüssigen» Tage 360 und diese wiederum durch 20 teilbar war, so geht daraus hervor, daß, wenn das Jahr beispielsweise mit dem Zeichen *acatl* begann, der erste der Schalttage das gleiche Zeichen trug. Da aber noch vier Schalttage übrigblieben, so fehlten dem ersten Tag des nachfolgenden Jahres 5 Stufen in bezug zum vorigen Jahre. 20 geteilt durch 5 ergibt 4, somit gab es nur vier Zeichen, die das Jahr einleiten konnten. Zur Zeit der Azteken waren es vier: *acatl, tecpatl, calli* und *tochtli*.

Die 13 Grundzahlen des Wahrsagekalenders, multipliziert mit den vier Jahreszeiten, ergeben 52 Jahresbeginne. Erst nach diesem Zeitabschnitt stieß man von neuem auf dieselbe Zahl und dasselbe Zeichen: man «knüpfte» dann die Jahre und entzündete das neue Feuer. Dieser Abschnitt von 52 Jahren, der manchmal als mexikanisches «Jahrhundert» bezeichnet wird, wurde durch ein Bündel Stiele dargestellt.

Die Azteken hatten vermutlich von ihren Nachbarn der Puebla- und Mixtecagegend die Laufbahn des Planeten Venus zu beobachten gelernt. 5 Venusjahre entsprechen 8 Sonnenjahren. Man zählte diese

Jahre mittels der Zeichen des Wahrsagekalenders. Die Rechnungen, die der Venus- und die der Sonnenjahre, stimmen erst nach 65 Jahren der ersten und 104 der zweiten überein, das heißt nach zwei irdischen «Jahrhunderten». Dies war die längste Phase der mexikanischen Zeitrechnung; man nannte sie *ce ueuatiliztli*, «ein Greisenalter».

Was nun den Wahrsagekalender oder *tonalpoualli* anbelangt, so beruhte er bei den Azteken wie bei allen mexikanischen Völkern auf der Verbindung von 13 Zahlen – von 1 bis 13 – und 20 Namen:

cipactli:	Krokodil oder Wasserungeheuer;
eecatl:	Wind;
calli:	Haus;
cuetzpalin:	Eidechse;
coatl:	Schlange;
miquiztli:	Tod;
mazatl:	Hirsch;
tochtli:	Kaninchen;
atl:	Wasser;
itzcuintli:	Hund;
ozomatli:	Affe;
malinalli:	(welkes) Gras;
acatl:	Rohr;
ocelotl:	Jaguar;
quauhtli:	Adler;
cozcaquauhtli:	Geier;
ollin:	Erdbewegung oder Erdbeben;
tecpatl:	Feuerstein;
quiauitl:	Regen;
xochitl:	Blume.

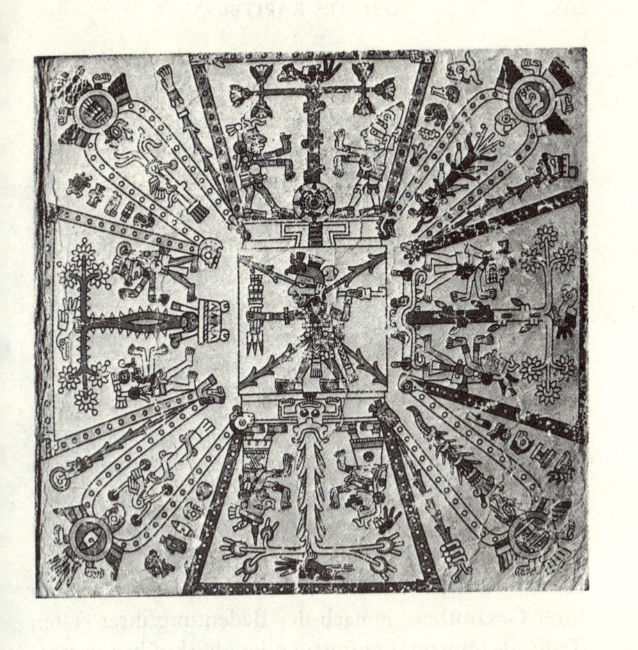

DAS WAHRSAGEJAHR

Jeder Name eines Tages wurde durch ein Zeichen dargestellt. Die Verbindung von 13 Namen und 20 Zeichen ergab eine Reihe von 260 Tagen, die Dauer des Wahrsagejahres; es begann mit 1 *cipactli* und ging am Tage 13 *xochitl* ohne Unterbrechung zu Ende, ohne daß jemals dasselbe Zeichen und dieselbe Zahl wiederkehrte. Daß die Zeitrechnungen des Wahrsagekalenders und des Sonnenjahres nebeneinander herliefen, richtete keinerlei Verwirrung an: jeder Tag konnte nämlich ohne weiteres nach beiden Systemen berechnet werden, zum Beispiel: 8 *cipactli* 3 *toxcatl,* das heißt der achte Tag der «Dreizehnerreihe», die mit 1 *ocelotl,* dem 3. Tag des 5. Monats *toxactl,* beginnt.

Das Wahrsagejahr von 260 Tagen unterteilte sich ganz natürlich in zwanzig Dreizehnerreihen, die alle mit der Zahl 1 und einem verschiedenen Zeichen begannen: 1 *cipactli,* 1 *ocelotl,* 1 *mazatl* und so weiter bis zum letzten: 1 *tochtli.* Jede dieser Serien wurde in ihrer Gesamtheit, je nach der Bedeutung ihrer ersten Tage, als günstig, ungünstig oder gleichgültig angesehen; darüber hinaus konnte jeder Tag gut, schlecht oder neutral sein, ja nach Zahl und Zeichen, die ihn bestimmten. Die Tage, die die Zahlen 7, 10, 11, 12 und 13 trugen, wurden als allgemein günstig, die mit der Zahl 9 als allgemein ungünstig angesehen. Doch mußte der Einfluß der Zahlen mit dem der Zeichen in Einklang gebracht werden; der Wahrsagekalender setzte sich im wesentlichen aus einer Sammlung von 260 Einzelfällen zusammen.

Außerdem war jede Dreizehnerreihe einem oder zwei Göttern zugeteilt: Sonne und Mond der Reihe 1 *miquiztli;* Patecatl (Gott des Trunkes und der Trunkenheit) der Reihe 1 *quiauitl*; der Planet Venus und der Totengott der Dreizehnerreihe 1 *coatl;* und so fort. Endlich bildeten neun Gottheiten, die «Herrscher der Nacht», die Parallelserie in einer entsprechenden Zeichenreihe und folgten einander unabhängig an deren Seite; ihr eigentlicher Einfluß dürfte vermutlich auf jenem Gebiet zu suchen sein, das der Wahrsager zur Einschätzung eines jeden Tages in Betracht zog.

Außerdem galt es, die eigentliche Bedeutung des Jahres in Rechnung zu ziehen und darüber hinaus den Einfluß, den die vier Himmelsrichtungen auf die Zeichen ausüben konnten. Die Mexikaner stellten sich die Welt nämlich als eine Art Malteserkreuz vor, der Osten oben, der Norden rechts, der Westen unten, der Süden links. Die zwanzig Tageszeichen waren in vier Fünferreihen aufgeteilt, eine jede war von einer Himmelsrichtung beherrscht. Die Zeichen *cipactli* und *acatl* gehörten zum Beispiel zum Osten, *ocelotl* und *tecpatl* zum Norden, *mazatl* und *calli* zum Westen, *xochitl* und *tochtli* zum Süden.

Darnach beherrschte jede Grundrichtung nacheinander einen Tag in der Reihenfolge Ost – Nord – West – Süd und ebenso ein Jahr in der Reihenfolge *acatl* (Ost), *tecpatl* (Norden), *calli* (West), *tochtli* (Süd). Aus dieser Tatsache ergibt sich, daß jeder Tag oder jedes Jahr die Eigenheiten einer jeden Himmelsrichtung beherbergte: Fruchtbarkeit und Überfluß des Ostens, Rauheit und Trockenheit des Nordens, Niedergang, Alter und Tod des Westens (Sonnenuntergang) und die unbestimmten Merkmale des Südens.

Auch die «Dreizehnerreihen» unterlagen gleichermaßen und in derselben Reihenfolge dem Einfluß der Himmelsrichtungen, denn die erste gehörte zum Osten, die zweite zum Norden, die dritte zum Westen, die vierte zum Süden, und so weiter ohne Unterbrechung.

So paßten die «Einflüsse» der Räume, die die Zeiten beherrschten, ineinander wie die russischen Puppen; besser noch, das mexikanische Denken kannte Raum und Zeit nicht im abstrakten Sinne als gleichartige und getrennte Medien, es kannte nur Raumgefüge und greifbare Zeiten, ungleichartige und eigentümliche Lagen und Begebenheiten. Die besonderen Beschaffenheiten eines jeden «Ort-Augenblicks», ausgedrückt durch das Zeichen, das die Tage im *tonalpoualli* bestimmt, lösen einander nach einem bestimmten zyklischen Rhythmus als jähe und vollständige Mutation im Einklang mit einer ewigen Reihenfolge ab.

Wenn also der Mensch durch die Entscheidung der höchsten Zweiheit geboren wird oder «herabsteigt» *(temo),* so ist er von vornherein der allmächtigen Maschinerie verfallen und ohne sein Zutun dieser Ordnung eingegliedert. Das Tageszeichen seiner Geburt beherrscht sein Leben bis zum Tode: es setzt sogar seinen Tod und damit sein Fortleben fest, je nachdem er zum Opfertod bestimmt und damit dem schimmernden Sonnengefolge eingereiht wird, oder ertrinken soll, worauf er die endlosen Freuden des Tlalocan kennenlernt, oder etwa dem Nichts im düsteren Jenseits des Mictlan zu verfallen bestimmt ist. Sein Los ist vom Anfang bis zum Ende unerbittlicher Vorbestimmung unterworfen.

Sicherlich versuchte man das Schicksal zu beeinflussen. Wenn ein Kind unter einem ungünstigen Zeichen geboren wurde, wartete man einige Tage mit der «Namensgebung», bis ein günstiges Zeichen auftauchte. Auch hielt man es für möglich, daß ein Mensch durch Bußübungen, Kasteiung und Selbstbeherrschung schlimmen Einflüssen, die ihn beispielsweise Trunksucht, Spiel und Entartung ausliefern mochten, entgehen konnte. Doch scheint es, daß man sich im allgemeinen keinen übertriebenen Hoffnungen hingab, man vermöge sich dem unerbittlichen Getriebe der Zeichen zu entziehen. Privates und allgemeines Geschick, alles entsprang ihnen; selbst die Götter waren nicht frei. Gerade, weil das Schicksal von Quetzalcoatl unter dem Zeichen 1 *acatl* stand, mußte er im Osten als Morgenstern erscheinen.

Daher wurde das Leben der Mexikaner durch die Voraussagen des *tonalamatl* geregelt. Die Händler warteten den Tag 1 *coatl* ab, um nach den fernen Südländern aufzubrechen, denn dieses Zeichen versprach ihnen Erfolg und Reichtum. Wer in der Dreizehnerreihe 1 *ocelotl* geboren wurde, mußte als Kriegsgefangener sterben. Die Maler, Schreiber und Weberinnen ehren besonders das Zeichen 7 *xochitl,* das ihnen günstig war.

Wer im Zeichen 2 *tochtli* auf die Welt kam, würde ein Trunkenbold werden. Wer als 4 *itzcuintli* geboren wurde, war zum Reichtum bestimmt, selbst wenn er nichts dazu tat. Das Zeichen 1 *miquiztli* war den

Sklaven günstig, das Zeichen 4 *eecatl* den Zauberern und der schwarzen Magie, 1 *calli* Ärzten und Hebammen. Am Tage 4 *ollin* opferten die Würdenträger der Sonne Vögel; am Tage 1 *acatl* brachten sie Quetzalcoatl Blumen, Weihrauch und Tabak dar. Man kann sagen, daß kein Azteke ohne Rücksicht auf Herkunft oder Beruf auf die Dienste eines Wahrsagers zu verzichten oder irgend etwas ohne Kenntnisnahme der Zeichen zu unternehmen wagte.

Gemüter, auf denen das Geschick mit seiner ganzen Schwere derart lastete, mußten zwangsläufig äußerst empfänglich sein für jede Art von Vorhersage, ob diese nun auf gleichgültigen Begebenheiten oder schwerwiegenden Erscheinungen fußte. Ein ungewohntes Geräusch in den Bergen, der Ruf der Eule, ein Kaninchen, das in ein Haus einbricht, ein Wolf, der den Weg kreuzt – all das brachte Unglück.

Die für Spuk und Hexerei wie geschaffene Nacht war von den greulichsten Gespenstern bevölkert, von Zwerginnen mit wehendem Haar, von Totenköpfen, die den Eilenden verfolgten, von kopf- und beinlosen Wesen, die heulend am Boden dahinrollten. «Und wer dieses heillose Treiben sah, mußte zu der Ansicht, ja zu der Überzeugung gelangen, daß ihn todsicher Krieg und Krankheit verschlingen oder irgendein anderes furchtbares Unglück ereilen werde.»

Andere Vorzeichen kündigten Kriege oder Niederlagen an. Es muß sich dabei um außergewöhnliche Vorkommnisse vom Schlage der römischen *portenta* oder der aztekischen *tetzauitl* gehandelt haben. So begann plötzlich ein Hund zu bellen und kündigte seinem Herrn, einem der Ältesten von Tlatelolco, am Vorabend des Kampfes, der mit dem Sieg der Mexikaner endete, das Unheil an, das über seine Stadt hereinbrechen sollte. Da tötete der Alte den Hund. Darauf fing ein *uexolotl* (ein Truthahn), der im Innenhof seines Hauses sein Rad schlug, zu sprechen an. «Auch du bist für mich kein Vorzeichen *(amonotinotetzauh)*», schrie der Tlatelolcatl wütend und hieb dem Tier den Kopf ab. Nun hub eine Tanzmaske, die in seinem Hause an der Wand hing, zu reden an. Die Häufung der Vorzeichen machte dem Alten solchen Eindruck, daß er zum König Moquiuixtli lief und ihm den Vorfall meldete. «Bist du von Sinnen?» fragte ihn der König. Aber kurz darauf wurde er von den Soldaten Axayacatls auf den Stufen seines Tempels niedergemacht.

Die Jäger, die auf der mexikanischen Lagune den Wasservögeln nachstellten, brachten eines Tages Montezuma II. einen seltsamen Vogel, den sie gefangen hatten. Dieser Vogel hatte mitten auf dem Kopf einen runden Spiegel, in dem man Himmel und Sterne sah. Als Montezuma in den Spiegel blickte, sah er eine große Menge bewaffneter Reiter. Er ließ seine Wahrsager kommen und fragte sie: «Wißt ihr, was ich gesehen habe? Eine Menge Leute, die näherrücken», doch bevor die Wahrsager antworten konnten, war der Vogel verschwunden.

Der *Codex Telleriano – Remensis* beschreibt im Jahre 4 *calli* (1509) eine riesige Flamme, die von der Erde bis zum Himmel reicht. Diese Erscheinung (vielleicht das

Tierkreislicht) ist später als Ankündigung der *conquistadores* angesehen worden. «Einige Nächte lang», sagt Ixtlilxochitl, «ward eine große Klarheit, die am östlichen Horizont erstand und als flammende Pyramide zum Himmel emporstieg... Und der König von Texcoco, der in allen Wissenschaften der Alten und insbesondere in der Sternkunde sehr bewandert war..., achtete Königreich und Lehensherrschaft plötzlich für gering und gab zu dieser Zeit seinen Hauptleuten und Heerführern den Befehl, Krieg und Kampf zu beenden.»

Kometen und Erdbeben, die jedes Jahr sorgfältig in den Bilderhandschriften erfaßt wurden, galten stets als Vorzeichen von Unheil. Desgleichen, wenn der Blitz in einen Tempel einschlug; wenn die Lagune von Mexiko, die kein Lufthauch rührte, plötzlich in Bewegung geriet oder etwa – was kurz vor dem spanischen Einbruch geschah –, wenn eine stöhnende und jammernde Frauenstimme in der Luft ertönte.

Alles in allem läßt die mexikanische Weltanschauung dem Menschen wenig Bewegungsfreiheit. Er ist beherrscht von den Verstrickungen seines Geschicks, er hat weder auf sein Leben noch auf sein Fortleben irgendwelchen Einfluß, sein kurzes Erdenwallen ist in allen Phasen vorausbestimmt. Die Last der Götter und der Gestirne erdrückt ihn, die Allmacht der Zeichen macht ihn zum Sklaven seines Verhängnisses. Die Welt, in der er auf kurze Zeit seinen Kampf kämpft, ist selbst nur eine flüchtige Gestalt, nur einer von vielen Versuchen, mißlich wie alle vorigen und wie sie dem Untergang geweiht. Schrecken und

Grauen sind ihm auf den Fersen ein Leben lang, Gespenster und Gesichter künden ihm nur Unheil.

Das seelische Klima Mexikos ist von Pessimismus erfüllt. Todesgrauen und Angst vor dem Nichts gehen durch alle Gedichte des großen Königs Nezaualcoyotl. Selbst wenn andere Dichter die Schönheit der tropischen Natur besingen, so spürt man eine Bedrängnis, die niemals weicht und «die einen inmitten von Blumenduft an der Gurgel packt». Die Religion, die Kunst, die uns aus den Skulpturen entgegentritt; die Manuskripte, die in ihrer Bilderschrift die Weisheit der Alten bergen – aus allem tritt uns die Unerbittlichkeit eines Schicksals entgegen, das auf dem Menschen lastet und seinem Willen widersteht.

Was aber die Größe dieses Volkes ausmacht, ist seine Bereitschaft, die Gegebenheiten der Welt hinzunehmen. Sein Pessimismus ist ein aktiver Pessimismus. Er äußert sich nicht in Mutlosigkeit und Trägheit, sondern in seinem glühenden Willen zum heiligen Krieg, zum Götterkult, zum Städtebau und Ausbau des Reiches. Der mexikanische Mensch sah sich einer erbarmungslosen Welt gegenüber, doch stellte er sich ihr ohne Selbsttäuschung und mit unbeugsamem Willen und schmiedete sich mit Blut und Schweiß das fragwürdige Dasein, das die Götter ihm gewährten.

Eine kaiserliche Religion

Die aztekische Kultur hatte sich in ihrem jugendlichen Schwung noch kaum entwickelt, als der europäische Einbruch ihr Wachstum und die gesamte

Aufbauarbeit ihres religiösen Denkens zunichte machte. So wie uns am Vorabend des Zusammenbruchs das religiöse Gedankengut entgegentritt, erscheint es uns verwickelt und widersprüchlich, auch finden wir darin Fremdkörper verschiedener Herkunft, die noch nicht durchdacht und zu einem zusammenhängenden System verschmolzen zu sein scheinen.

Die mexikanische Religion hatte offene Türen. Die siegreichen Azteken taten nichts lieber, als mit den unterworfenen Provinzen auch deren Götterkult zu übernehmen. Die Umfriedung des großen *teocalli* nahm in seinen Mauern alle fremden Gottheiten auf, und die wissens- und ritenhungrigen Priester von Tenochtitlan eigneten sich gerne Mythen und Gebräuche ferner Länder an, die Mexikos Heere durchstreiften.

Hier lag die Wurzel des großen Mißverständnisses zwischen Mexikanern und Spaniern: Die einen waren als Anbeter einer Vielfalt von Göttern bereit, in ihrem Götterhimmel die Gottheiten der Neuankömmlinge aufzunehmen; die anderen als Sektierer einer ausschließlichen Religion vermochten ihre Kirchen nur auf den Ruinen der alten Tempel zu errichten.

Diese Verwicklungen der mexikanischen Religion erklären sich leicht aus der Vielschichtigkeit des Staates. Wenn die Religion die Welt widerspiegelt und eine Deutung des Daseins darstellt, so gibt sie verständlicherweise zunächst einmal die ihrerseits verwickelte Gesellschaftsordnung wieder, deren reiner Ausdruck sie war. Darüber hinaus war sie die Religion nicht nur einer Stadt, sondern eines ausgedehnten und weitverzweigten Städtebundes geworden. Die Ausdruckswelt der bäuerlichen und plebejischen Frömmigkeit ist uns wenig bekannt. Der Glaube an das Urpaar Sonne – Erde (Vater und Mutter) ist bei den alten Ackerbauvölkern wie den Otomis nachweisbar; man findet ihn bei den nauatl-Mexikanern als erstes Paar, als Herr und Herrin der Zweiheit, sowie in den üblichen Anrufungen an Sonnenvater und Erdenmutter wieder.

Wir wissen auch von der Existenz von Gottheiten, die Stadtvierteln und Körperschaften angehörten, so Yiacatecutli, Gott der Kaufleute, Coyotlinaual, Gott der Federflechter, Uixtociuatl, Göttin der Salzsieder, Atlaua, Gott der Jäger, die auf der Lagune dem Fang von Wasservögeln nachgingen. Die Sterngottheiten der vom Norden eingewanderten Nomaden hatten sich mit den Göttern des Regens und des Ackerbaues, die schon vor dem christlichen Zeitalter von den seßhaften Volksstämmen angebetet wurden, zusammengetan. Endlich waren im Laufe der Zeit huaxtekische Götter wie Tlazolteotl oder *yopi*-Götter wie Xipe Totec, wie auch all die kleinen Gottheiten der Ernte und des Trankes, unter der Bezeichnung *Centzon Totochtin* («Vierhundert Kaninchen») eingeführt worden.

In diesem vielgestaltigen Götterhimmel finden wir nun die Glaubensinhalte und Wunschträume der verschiedensten Gesellschaftsschichten und Völkerstämme wieder. Der mythische Sonnenzyklus ist vor allem die Religion der kampf- und opfergeweihten

Krieger. Quetzalcoatl ist das Ideal der nach Heiligkeit dürstenden Priester. Tlaloc ist der große Gott der Landleute. Mixcoatl, der Gott der Nordvölker, hat auch seine Anbeter, so auch Xipe Totec, «der Herr der Küste», die gefiederte Schlange der Tolteken, die fleischliche Göttin der Ostvölker.

Für jede Stufe der gesellschaftlichen Rangordnung, für jede Sparte der Heimat und der Arbeit, für jedes Dorf oder jede Stadt – für alle und alles gibt es einen oder mehrere Götter. Es ist im Grunde die kaiserliche Religion eines im Werden befindlichen Großstaates, der vorläufig nur ein Bundesstaat zahlreicher höchst eigenwilliger Kleinstaaten mit ihrer eigenen Geschichte, ihrer Überlieferung und nicht selten ihrer besonderen Sprache ist.

So wie auf dem Höhepunkt die politischen Einrichtungen einem Zusammenschluß entgegenstrebten und auf das für einen kaiserlichen Staat notwendige Gefüge hinarbeiteten, so lief auch das gesamte Denken der Priester darauf hinaus, aus dem theologischen Chaos eine religiöse Weltanschauung zu schmieden. Daraus entstand ein Synkretismus, dessen unklare Überlieferung uns leider nur bescheidene Einblicke gewährt.

Bestimmte Götter überragten die große Menge der Gottheiten. Um nun zu der religiösen Synthese zu gelangen, die ihnen als unentbehrlich vorschwebte, vereinigten die mexikanischen Denker in diesen hervorragenden Gottheiten eine Vielfalt von Eigenschaften; ferner erklärten sie die Namen mehrerer Götter sinnverwandt und dachten sich göttliche Stamm-

TEZCATLIPOCA, DER «RAUCHENDE SPIEGEL»

bäume aus, um sie untereinander zu verbinden. Namentlich Tezcatlipoca schien auf dem besten Wege, zum Grundgesetz der göttlichen Weltordnung zu werden.

Nach einer der Überlieferungen soll das Urpaar vier Söhne gezeugt haben, die ihrerseits die anderen Götter und die Welt erschaffen hätten: der rote Tezcatlipoca, gleichbedeutend mit Xipe Totec und Camaxtli oder Mixcoatl; der schwarze Tezcatlipoca, der mit dem unter diesem Namen gewöhnlich angebeteten Gott gleichbedeutend ist; der blaue Tezcatlipoca, der kein anderer ist als Uitzilopochtli; und endlich Quetzalcoatl. Auf diese Weise läßt sich im Rahmen der vier Himmelsrichtungen eine ganze Reihe von göttlichen Persönlichkeiten unterbringen, die wiederum auf zwei Hauptfiguren zurückgeführt werden können: Tezcatlipoca und Quetzalcoatl, denen man Uitzilopochtli, den neuen Gott, den «Emporkömmling», mit seinem Stamm ebenso angliedert wie Xipe Totec, die fremde Gottheit.

Ein ähnliches Bestreben nach Zusammenfassung im selben Sinne geht aus den Handschriften wie dem *Borgia* oder dem *Cospiano* hervor, die aus der Gegend von Puebla, Tepeaca, Tehuacán und Tlaxcala zu stammen scheinen. Manche entlegenen Städte waren wegen der Weisheit und Gedankentiefe ihrer Priester berühmt, wie Teotitlán an den Grenzen des Oaxaca.

Quetzalcoatl, der ganz besonders in Cholula, das in derselben Gegend wie Puebla lag, angebetet wurde, gehörte zu denen, die schon durch ihre Größe aus der

Masse der anderen Götter herausragten. Wir haben gesehen, daß ihn eine Stimme der Überlieferung mit Tezcatlipoca auf eine Stufe stellt. Er war der Toltekengott, der Gott der seßhaft gewordenen Kultur des Hochlandes, der Erfinder der Künste, der Schrift und des Kalenders, der Ausdruck aller Lebensschönheit und Lebensverfeinerung, im Einklang mit dem Planeten Venus und seiner Botschaft von der Auferstehung: es war also richtig, ihm gegenüber den düsteren Nordengott des Nachthimmls, der Kriege und der Zauberei aufzustellen. Besagte denn nicht die Sage von Tula, daß der Zauberer Tezcatlipoca den gütigen Götterkönig aus seiner Stadt getrieben und die gefiederte Schlange zur Verbannung verurteilt hatte?

So kam man wenigstens in gewissen Kreisen, zum Beispiel in den *calmecac,* wo wißbegierige Priester sich über die vielfarbenen Manuskripte beugten oder des Nachts den Lauf der Sterne beobachteten, zu dem Schluß, daß die göttliche Welt von einer kleinen Anzahl mythischer vielseitiger Gestalten beherrscht werde.

Manche gingen noch weiter. Der fromme König Nezaualcoyotl erbaute dem «unbekannten Gott und Schöpfer aller Dinge» einen Tempel; man nannte ihn *Tloque Nahuaque,* «der unserer nächsten Nachbarschaft», oder *Ipalnemohuani,* «der, durch den wir leben». Dieser Tempel wurde von einem neunstöckigen Turm überragt; «der bedeutete neun Himmel, und der zehnte, der den Abschluß bildete, war von außen schwarz und sternbesät und von innen mit

Gold, Edelsteinen und kostbaren Perlen besetzt». Der Gott, den «niemand kannte, noch jemals gesehen hatte», war durch keinerlei Bildsäule oder Götzenbild dargestellt.

Dieser Kult hinderte Nezaualcoyotl keineswegs daran, gleichzeitig eine Vielfalt anderer Götter anzubeten. Es handelt sich hier also nicht um einen Monotheismus, sondern um den Glauben an einen höchsten, über allen anderen thronenden Gott, der namenlos ist – denn die ihn schmückenden Bezeichnungen sind nur Beiwörter – und weder Antlitz noch Mythos hat.

Es kann gut sein, daß diese philosophischen und theologischen Betrachtungen in einem kleinen hochgeistigen Kreis von Stadt- und Kirchenoberhäuptern gepflegt wurden. Den Dörflern der Hochebene oder der tropischen Länder dürfte es kaum in den Sinn gekommen sein, daß ihre Ortsgottheiten diesem oder jenem großen Gott nachstehen könnten. Die Einwohner der verschiedenen Viertel der Hauptstadt zogen sicherlich die Götter ihrer kleinen Tempel, die ihnen durch Überlieferung vertraut waren und mitten in ihrem Dasein standen, den abstrakten Gottheiten der Priester vor.

Sicher ist jedenfalls, daß diese Religion mit ihrem anspruchsvollen und verästelten Ritus und mit ihrem Überfluß an Mythen den Alltag des Menschen in seinen tiefsten Schichten durchdrang. Sie bot eine Deutung der Welt und ein Gesetz zum Handeln. Sie verlieh dem Dasein des mexikanischen Volkes vollgültigen und unablässigen Ausdruck.

Privatleben oder Öffentlichkeit; die Lebensabschnitte eines jeden zwischen Geburt und Tod; Zeitrhythmus; Künste und selbst der Zeitvertreib – es gab keine Sparte des Lebens, welche die Religion nicht erfaßt hätte. Wie ein machtvolles Gerüst trägt sie das große Gebäude der mexikanischen Kultur. Daher ist es nicht erstaunlich, wenn mit der Verletzung dieses Gerippes durch die Eroberer auch das ganze Gebäude einstürzte.

VIERTES KAPITEL

Der Tag des Mexikaners

Das Haus, die Einrichtung, die Gärten

Nun hellt sich der Himmel über den Vulkanen auf. Wie ein Edelstein erglänzt der Morgenstern: Zu seiner Begrüßung schlagen die Holzpauken auf den Spitzen der Tempel, und die Muscheln dröhnen. Nebelschwaden hängen bei der eisigen Höhenluft noch über den Lagunen, dann lösen sie sich in den ersten Sonnenstrahlen auf. Der Tag beginnt. In den großen und kleinen Häusern von einem Ende der Stadt zum anderen, wie auch in den Seedörfern und in den Hütten auf dem Land, erwacht das Leben.

Die Frauen entfachen mit ihren Fächern aus Korbgeflecht das auf den Herdsteinen entschlummerte Feuer. Dann knien sie vor dem *metlatl* aus vulkanischem Gestein nieder und beginnen mit dem Mahlen des Maises. Denn mit dem dumpfen Schaben des Maisbrechers beginnt die Tagesarbeit: so ist es seit Jahrtausenden. Kurz darauf hört man ein rhythmisches Klatschen, wenn die Frauen den Maisbrei zwischen den Handflächen breitschlagen, um Fladen oder *tortillas* (tlaxcalli) zu backen.

In Gärten und Höfen picken und glucksen die Truthähne. Nackte Füße oder Sandalen schlürfen über die Sandwege. Ruder schaufeln durch das Wasser der Kanäle. Jeder eilt zu seinem Tagewerk: Rasch brechen die Männer, ihr *itacatl* (Frühstück) im Beutel, zu Stadt- oder Landarbeit auf; die Frauen bleiben zu Hause.

In einer Stadt wie Mexiko gab es natürlich große Unterschiede im Wohnstil, je nach Rang, Reichtum und Beruf der Bevölkerung. Die beiden Extreme bildeten einerseits die Paläste des Herrschers und der Würdenträger, weitläufige, vielräumige Bauten, die gleichzeitig privaten und öffentlichen Charakter trugen; auf der anderen Seite stehen die Bauernhütten der Vorstädte aus Zweigen, Strohlehm und Grasdächern.

Die Mehrzahl der Häuser war aus sonnengetrockneten Ziegeln gebaut; die einfachsten hatten nur einen Hauptraum – die Küche war meist im Hof unter einem kleinen Seitendach untergebracht –, und die Zahl der Räume nahm mit den Mitteln der Familie zu. Ein «mittleres» Haus bestand aus einer Küche, einer Kammer, in der die ganze Familie schlief, und einem kleinen Heiligtum; das Bad *(temazcalli)* war stets ein gesonderter Bau. Wer es sich leisten konnte, erhöhte die Anzahl der Stuben und räumte den Frauen ein oder mehrere gesonderte Gemächer ein.

Die Kunsthandwerker hatten ihre Ateliers, die Kaufleute ihre Lagerräume. Das Grundstück, auf dem das Haus stand, wurde selten ganz vom Bau eingenommen: stets ließ man Platz für einen Innenhof und einen Garten, in dem dank des ewigen Frühlingsklimas von Tenochtitlan die Kinder sich vergnügen und

ATELIER EINES GOLDSCHMIEDES

die Frauen spinnen und weben konnten. Die weitaus größte Zahl dieser Parzellen war zum mindesten auf einer Seite von einem Kanal gesäumt; jedes Haus hatte seinen Anlegesteg: auf diese Weise konnten die Kaufleute des Nachts unauffällig heimkehren und ihre Waren einlagern, ohne Aufsehen zu erregen.

Mochte der Baustil üppig oder einfach sein, die Einrichtung blieb sich doch ziemlich gleich. Wie im Orient beschränkte sie sich auf ein Mindestmaß, das in unseren Augen der Gipfel der Unbequemlichkeit wäre. Die Betten bestanden aus mehr oder minder zahlreichen und mehr oder minder fein gewebten Matten; eine Art Himmel mochte darüber gespannt sein, wie sie die Betten hatten, die man den Spaniern im Palast von Axayacatl zuwies. «Kein Mensch, und sei er noch so hochgestellt, besitzt ein anderes Bett», bemerkte Bernal Díaz. Und dabei handelte es sich in diesem Fall um die Wohnstätte des Königs. Bei den Leuten vom Volk tat es eine einfache Matte, die bei Tage als Sitz diente.

Tatsächlich diente eine Matte *(petlatl),* die auf einer Erhöhung aus festgestampfter Erde oder bei feierlichen Anlässen aus Holz ausgebreitet ward, als Sitz, und zwar nicht nur in den Privaträumen, sondern beispielsweise auch in den Gerichtshöfen. Unter *petlatl* verstand man sogar einen Gerichtshof oder einen Verwaltungsbezirk. Dennoch gab es noch eine bequemere Art von Sitz, den *icpalli* mit einer Lehne aus Holz oder Korbgeflecht, auf dem in den Bildhandschriften oftmals Herrscher und Würdenträger sitzend dargestellt sind.

Es handelt sich um ein niederes Möbel ohne Füße; das Kissen, auf dem man mit gekreuzten Beinen saß, ruhte unmittelbar auf dem Fußboden. Die leicht zurückgeneigte Lehne war etwas höher als der Kopf des Sitzenden. Diese *icpalli* wurden besonders in Cuauhtitlán hergestellt; von dort gingen jährlich viertausend Stühle (und ebenso viele Matten) als Abgabe nach Mexiko. Die kaiserlichen Möbel waren mit Tuch oder Fell bezogen und mit Goldstickerei verbrämt.

Kleider, Gewebe und Schmuck einer Familie wurden in Korbtruhen *petlacalli*[27] aufbewahrt; der Name bedeutet auch Staats-«Schatz» und kehrt im Titel des Schatzmeisters, *petlacalcatl,* der mit den kaiserlichen Finanzen betraut war, wieder. Weder diese leichten Truhen, die einfache Henkelkörbe waren, noch die schloßlosen Türen boten irgendeinen Schutz gegen Diebstahl: daher die äußerste Gesetzesstrenge gegen dieses Vergehen. Wollte man seine Güter wirklich sicherstellen, so mußte man sie hinter einer falschen Wand im Haus verstecken, wie es Montezuma mit dem Schatz von Axayacatl tat[28].

Matten, Truhen und ein paar Stühle, alles aus Rohrgeflecht – damit war das Aztekenhaus von arm und reich möbliert. Beim Kaiser und sicherlich auch bei den Würdenträgern mögen noch einige niedere Tische und Ofen- und Wandschirme aus reichversilbertem Holz zum Schutz gegen übermäßige Herdglut oder zur vorübergehenden Abtrennung eines Teiles des Raumes gestanden haben. «War es kalt», schreibt Díaz, «so entzündete man bei Montezuma ein gewaltiges Kohlenfeuer, gemischt mit Baumrinde, die nicht rauchte und einen sehr angenehmen Geruch erzeugte; und damit die Kohlenglut keine allzu große Hitze verbreitete, stellte man eine Art goldverzierte, mit Götzenbildern eingelegte Bretterwand davor ..., und wenn er speiste, wurde eine über und über mit Gold eingelegte Tür vor ihn hingestellt, damit man ihn beim Essen nicht sehen könne.»

Nebenbei beachte man die Befangenheit des guten Bernal Díaz, der zu Hause in Spanien anscheinend nie einen Wandschirm gesehen hatte. Übrigens zeigt uns diese Beschreibung, daß es selbst bei den Großen keine «Speisezimmer» gab: man nahm die Mahlzeit in irgendeinem Raum ein.

Mit diesem Mobiliar oder, besser gesagt, nahezu unmöbliert müssen diese Häuser mit ihrem Fußboden aus festgestampfter Erde oder Steinplatten und ihren weißgetünchten Wänden reichlich kalt und nackt ausgesehen haben. Möglicherweise zierten Fresken die Wände der wohlhabenden Häuser, auch mögen farbige Truhen oder Tierfelle als Wandverkleidung gedient haben. Für den Empfang eines Gastes schmückte man das Innere des Hauses mit Zweigen und Blumen. Als Heizung gebrauchte man Holzfeuerung – die Bedeutung des Brennholzes wird durch die häufige Erwähnung in der Literatur immer wieder hervorgehoben – und Kohlenbecken. Genaugenommen war diese Art der Heizung wohl wenig wirksam, denn, obschon das Klima Mexikos seine Einwohner vor großer Kälte stets bewahrt hat, dürfte man auf seiner Matte manche Winternacht böse geschlottert haben, wenn die Witterung plötzlich absank. In dieser Beziehung hatten die Azteken mehr Glück als die Römer, deren Heizmethoden auch nicht viel besser waren, konnten sie doch bei Tagesanbruch in der Sonne wieder warm werden, da der mexikanische Winter der Trockenzeit entspricht. Die Beleuchtung war nicht weniger primitiv: harzige Fackeln aus Pinienholz *(ocotl)* wurden im Haus verwendet; draußen dienten große Fackeln oder riesige, mit harzigem Holz gefüllte Becken als Stadtbeleuchtung, wenn eine besondere Gelegenheit, beispielsweise ein religiöser Ritus, es verlangte.

Der Mittelpunkt des Hauses, insbesondere der ganz Armen, war der Herd, Bild und Verkörperung des «Alten Gottes», des Feuergottes. Daher umgab auch die drei Steine, zwischen denen die Scheiter brannten und auf die man die Gefäße stellte, ein Schein von Heiligkeit. In ihnen ruhte die geheimnisvolle Macht des Gottes. Wer das Feuer beleidigte und auf die Herdsteine trat, mußte eines raschen Todes gewiß sein. Die Kaufleute hatten eine besondere Verehrung für das Feuer; am Vorabend eines Karawanenzuges fanden sie sich alle im Haus eines Kollegen ein und opferten, vor dem Hausfeuer stehend, Vögel, brannten Weihrauch ab und warfen magische Papierfiguren in die Glut. Nach ihrer Rückkehr spendeten sie dem Feuer die ihm zustehende Nahrung, bevor sie sich zum Festschmaus niedersetzten, mit dem sie den glücklichen Ausgang der Reise begingen.

Der Aufwand der Herrenhäuser lag nicht so sehr in der Einrichtung, deren Einfachheit wir bereits beschrieben haben, noch in der Behaglichkeit, die den Stil der einfachsten Häuser kaum überstieg, sondern in den Ausmaßen und der Anzahl der Zimmer und vielleicht noch mehr im Zauber ihrer abwechslungsreichen Gärten.

Der Palast des Königs Nezaualcoyotl in Texcoco hatte die Form eines Vierecks von 800 auf 1000 Meter. Einen Teil dieser Fläche füllten öffentliche Ämter, wie Gerichtshof, Beratungssäle, «Büros», Waffenkammern, und private Räume, wie die königlichen Gemächer, der Harem und die Flucht der Gastzimmer für die Herrscher von Mexiko und Tlacopan, im ganzen über dreihundert Räume, aus. Die übrige Fläche war mit Gärten ausgelegt. «Zahlreiche Springbrunnen, Wasserbecken und Kanäle mit vielen Fischen und Vögeln gab es darin, mehr als zweitausend Pinien beschatteten das Ganze... Auch bargen diese Gärten zahlreiche Labyrinthe, in denen das königliche Bad lag; aus ihnen herauszufinden, wenn man sich einmal darin verlaufen hatte, war unmöglich... Weiter weg, in der Nähe der Tempel, stand das Haus der Vögel, in dem der König alle Arten von Vögeln, Tieren, Reptilien und Schlangen zog, die er in allen Teilen Neu-Spaniens sammeln ließ. Was man nicht herbeischaffen konnte, ließ er aus Gold oder Edelsteinen nachbilden, desgleichen See-, Fluß- und Lagunenfische. Auf diese Weise fehlte an diesem Ort kein Vogel, Fisch oder Tier des gesamten Landes, teils lebendig, teils in Stein oder Gold.»

Außer seinem Palast von Texcoco hatte derselbe König auch an anderen Orten prunkvolle Gärten anlegen lasen, insbesondere in Tetzcotzinco. «Diese Parks und Gärten schmückten reichverzierte *alcazars* mit ihren Springbrunnen, Bewässerungsgräben, Kanälen, Wasserspielen und Bädern; auch hatte er darin fabelhafte Labyrinthe anlegen lassen, in denen eine große Vielfalt seltener, aus den entlegensten Gegenden eingeführter Blumen und Bäume angepflanzt waren... Das Wasser für die Springbrunnen, Becken und Bewässerungsgräben der Blumen und Bäume des Parks kam unmittelbar von der Quelle her. Um es herzuleiten, hatte man auf unglaubliche Entfernungen über Berg und Tal auf hohen und dicken Zementmauern einen Aquädukt bauen müssen, der den Park an seiner höchstgelegenen Stelle erreichte.» Das Wasser floß zunächst in ein mit historischen Reliefs geschmücktes Sammelbecken, das «der erste Bischof von Mexiko, der Frater Juan de Zumárraga, in Stücke hauen ließ, weil er die Reliefs für Götterbilder hielt». Von da ergoß es sich in zwei Hauptkanäle, der eine nach Norden, der andere nach Süden, durch die verzweigten Gartenanlagen und füllte Becken, in denen kunstvoll behauene Stelen sich spiegelten. Aus einem dieser Becken «stürzte das Wasser auf eine Felsgruppe und sprang von da in einem Sprühregen auf einen duftenden Garten der herrlichsten Tropenblumen; es schien, als regnete es auf diese üppige Tropenpracht, so steil und heftig war der Aufprall des Wassers auf den Felsen».

«Hinter den Gärten begannen die in den rohen Fels gehauenen Bäder... und dahinter das Schloß des Königs, in dem ganze Fluchten von Gemächern, darunter eines mit einem riesigen Hof davor, zu sehen waren. Dort empfing er die Könige von Mexiko und Tlacopan und andere hohe Herren, die zu Kurzweil und Gespräch geladen waren: in dem genannten Hof fanden Tanz- und andere Vorführungen zur Unterhaltung und zur Zerstreuung des Hofstaates statt... Das übrige Parkgelände war, wie oben erwähnt, mit vielerlei Baum- und tropischen Blumensorten bebaut. In den Bäumen nistete eine Unzahl von Vogelarten, von den Vögeln, die der König aus fremden Ländern in Käfigen herbeischaffen ließ, gar nicht zu reden: dies ganze Vogelvolk vollführte ein solches Konzert, daß man sein eigenes Wort nicht verstand. Gleich hinter der Parkmauer erstreckte sich das offene Land mit seinen Hirschen, Hasen und Kaninchen.»

Hat sich der spanisch beeinflußte indianische Chronist Ixtlilxochitl, der selbst von Nezaualcoyotl abstammte, vom Dynastenstolz mitreißen lassen? Die heutigen Spuren der Gärten von Tetzcotzinco vermitteln uns leider nur einen schwachen Eindruck ihres einstigen Glanzes, bestätigen aber im wesentlichen die Behauptungen unseres Verfassers. Wasserfälle, Wasserspiegel und Blumenbeete sind verschwunden: aber die vertrockneten Becken im Fels sind noch sichtbar; der alte Aquädukt, die Treppen und Terrassen stehen noch.

Im übrigen haben die Eroberer bei ihrer Ankunft ähnliche Herrlichkeiten im mexikanischen Hochtal erblickt. Am Vorabend ihres Einzugs in die Hauptstadt kamen sie durch Iztapalapan am Seeufer: Díaz ist außer sich vor Bewunderung über den Palast, in dem sie untergebracht waren. «Wie groß und glänzend der schöne Steinbau war; das Gebälk aus Zedern und anderen wohlriechenden Hölzern; große Räume und weite *patios,* die – was sehenswert war – mit Zelttuch überspannt waren. Nachdem wir dies alles eingehend betrachtet hatten, gingen wir durch den Garten, der herrlich anzusehen war. Ich wurde nicht müde, die Vielfalt der Pflanzen und ihre Düfte, die Blumenbeete, Obstbäume, die einheimischen Rosensträucher (sic) und ein großes Süßwasserbecken auf mich wirken zu lassen. Noch etwas sehr Beachtenswertes: große Boote konnten von der Lagune bis in diesen Obstgarten einfahren.» Der alte spanische Kriegsmann, der seine Erinnerungen viel später niederschreibt, fügt schwermütig hinzu: «*Ahora todo está por el suelo, perdido, que no hay cosa:* nun ist all das vernichtet, verloren, nichts ist übriggeblieben.»

Und das war nur der Palast eines *tecuhtli.* Was wäre von den Landhäusern und Lustschlössern des Kaisers noch alles zu erzählen? Cortés schreibt darüber in einem seiner Briefe an Karl V.: Er (Montezuma) besaß in der Stadt wie auch außerhalb mehrere Vergnügungssitze ... In einem hatte er einen fabelhaften Garten, über den sich *miradores* aus Marmor und Jaspiskacheln kunstvoller Arbeit erhoben ... Er hatte auch zehn Becken, in denen Wasservögel der verschiedensten Sorte des Landes gehalten wurden ... Für die Wasservögel des Meerstrandes unterhielt man Becken mit Seewasser, für die Flußvögel Süßwasserweiher. Diese Becken wurden zu regelmäßiger Reinigung entleert und mittels Kanälen gefüllt. Jede Vogelart bekam die ihr angepaßte Nahrung, die sie in ihrer natürlichen Umgebung vorfand, so daß man den fischfressenden Vögeln Fische, den wurmfressenden Würmer, den maisfressenden Mais gab... Ich kann Eurer Majestät bezeugen, daß allein an die fischfressenden Vögel täglich zehn *arrobas* (ungefähr 120 kg) Fische verfüttert wurden. Dreihundert Mann waren mit der Pflege dieser Vögel betraut und taten nichts anderes; andere Männer wieder waren ausschließlich mit der Betreuung der kranken Vögel beauftragt. Über diesen Becken waren Laufgänge und Aussichtsrondelle angebracht, in denen Montezuma sich aufhielt, um zu beobachten und sich zu zerstreuen. «Ist das alles? Nein, denn – so fährt der *conquistador* fort – der mexikanische Kaiser führte in seinen Sammlungen auch «Phänomene», hauptsächlich Albinos, «von Geburt weiß, was Gesicht, Körper, Haare, Brauen und Lider anlangt». Auch Zwerge, Bucklige und andere Mißgestalten. In Käfigen, die zum Schutz gegen den Regen halb bedeckt, für Sonne und Luft halb offen waren, wurden Raubvögel gehalten; auch gab es Pumas, Jaguare, Coyoten, Füchse und Wildkatzen. Hunderte von Dienern waren mit der Pflege jeder der Tier- oder Menschensorten dieses Gartenmuseums beschäftigt.

Wollte man das Augenzeugnis von Cortés anzweifeln, so brauchen wir nur die Stimmen seiner Genossen zu befragen. Andrés de Tapia zählt fast in derselben Sprache die Vielfalt der Vögel, Wildtiere und «Phänomene» auf, die Montezuma in seiner Befestigung unterhielt. «Es gab in diesem Haus» – fügte er hinzu – «auch große Schalen und Fässer voll von Nattern und Vipern. Und all das nur aus Großsucht.» Die Einzelheit bestätigt Bernal Díaz, der von zahlreichen Vipern und giftigen Nattern spricht, die am Schwanz eine Art Klapper tragen: «Das seien von allen die gefährlichsten. Man bewahrte sie in großen mit Federn ausgefüllten Fässern und Töpfen, darin legten sie Eier und zogen ihre Jungen auf... Und wenn Tiger und Löwen brüllten, Coyoten und Füchse heulten und die Schlangen zischten, war es schauerlich anzuhören. Man glaubte sich in die Hölle versetzt.»

Übergehen wir den überschwenglichen Kommentar des Chronisten, der eben aus der Provinz stammt und zum erstenmal vor einem der charakteristischsten Merkmale einer Großstadt steht: dem Zoologischen Garten. Aber nicht übertrieben dürfte die Sorgfalt sein, mit der die Herrscher des alten Mexiko alle Spezies der Fauna und Flora ihres Landes sammelten. Die Azteken waren große Blumenliebhaber: ihre gesamte Lyrik ist eine einzige Hymne auf Schönheit und Duft ihrer «betörenden» Blumen.

Nach der Eroberung von Oaxtepec in den heißen Landstrichen des westlichen Abhanges beschloß der erste Montezuma, einen Garten anzulegen, in dem alle tropischen Pflanzen gezogen werden sollten. Kaiserliche Sendboten gingen in den Provinzen auf die Suche nach blühenden Büschen aus. Beim Ausgraben achtete man darauf, daß ihre Wurzeln nicht beschädigt wurden, und wickelte sie sorgfältig in Matten ein. Vierzig indianische Familien, die aus der Gegend der Blumenfunde stammten, wurden in Oaxtepec angesiedelt; der Herrscher eröffnete in eigener Person feierlich den Garten.

In bescheidenerem Maße teilten die Mexikaner alle diese Gartenleidenschaft. In den Höfen und auf den Terrassen zogen die Einwohner Mexikos ihre Blumen, und der Seenvorort Xochimilco, «der Ort der Blumenfelder», war, wie noch heute, schon damals der Garten, der das ganze Tal mit Blumen versah. Auch hatte jede Familie ihre Haustiere: den Truthahn, einen Vogel des Hühnerhofes, den Mexiko der übrigen Welt geschenkt hat, einige zahme Kaninchen, Hunde, von denen zum mindesten einige eßbar waren und zu diesem Zweck gemästet wurden, manchmal auch Bienen und auf jeden Fall Papageien oder Aras. Im Haus hielt man sich wenig auf, die meiste Zeit verbrachte man draußen unter einem Himmel, der sonniger war als irgendwo anders. Und die Stadt, die sich von ihren Ursprüngen noch kaum entfernt hatte, mischte in das schimmernde Weiß ihrer Bauten und Tempel eine Unzahl grüner Flecken und das zarte Mosaik der Blumen.

Das Aufstehen, die Morgenwäsche, die Kleidung

Der Mexikaner schlief auf seiner Matte fast nackt, er war höchstens mit seinem Lendenschurz bekleidet und in seinen Mantel gewickelt, wenn er keine Dekken besaß. Bei Tagesanbruch brauchte er nur in seine Sandalen zu schlüpfen, seinen Mantel über der Schulter zu knüpfen, und schon war er arbeitsfertig. So sah es jedenfalls bei den «Plebejern» aus, denn die Würde eines Beamten erforderte umständliche Vorbereitungen. Jedermann stand früh auf: die Gerichtshöfe öffneten beispielsweise schon in der Dämmerung ihre Tore, und die Richter begannen ihre Sitzungen beim ersten Tageslicht.

Wie dem auch sei, die Körperpflege scheint unter der gesamten Bevölkerung sehr verbreitet gewesen zu sein. Sicherlich verwendeten die Mitglieder der Oberschicht mehr Zeit und Aufmerksamkeit darauf als die einfachen Bürger: Montezuma «wusch sich zweimal am Tage», bemerkt nicht ohne Verwunderung der Eroberer Andrés de Tapia. Aber alle Welt «badete häufig und viele sogar täglich» in den Flüssen, Lagunen und Becken.

Diese Gewohnheit war den jungen Leuten durch die Erziehung eingeimpft worden; oftmals mußten sie nachts aufstehen und im kalten Wasser der Lagunen oder einer Quelle baden. Die Azteken stellen keine Seife her, aber als Ersatz dafür zwei pflanzliche Erzeugnisse: die Frucht des *copalxocotl,* von den Spaniern «Seifenbaum» genannt, und die Wurzel des *saponaria americana*. Das eine wie das andere gibt einen Schaum, der nicht nur zur körperlichen Reinigung, sondern auch zum Waschen verwendet werden kann. Was *a contrario* das hohe Reinlichkeitsbedürfnis beweist, ist die Tatsache, daß man sich unter gewissen Umständen ausnahmsweise Zurückhaltung in der Körper- und Haarwäsche auferlegte. So taten beispielsweise die Kaufleute vor ihrem Auszug auf eine lange und fernreichende Kauffahrt das Gelübde, erst nach ihrer Rückkehr wieder zu baden, was für sie eine regelrechte Entbehrung war.

Während des Monats Atemoztli tat man Buße und griff nicht zur Seife.

Das Bad hatte nicht nur den Wert einer Reinlichkeitsmaßnahme, sondern galt in vielen Fällen auch als rituelle Waschung. Die Gefangenen, die während der Panquetzalitzli-Festwochen als Opfer für Uitzilopochtli bestimmt waren, mußten sich einem rituellen Bad unterziehen. «Die Ältesten der *calpulli* holten in Uitzilopochco Wasser in einer Höhle, in der eine Quelle mit Namen Uiztilatl entsprang», und die Opfer trugen den Namen *tlaaltiltin,* «die, welche gebadet worden sind». Auch das Bad, das die Priester in dem Wasser des Sees während des Etzalqualitzli-Monats nahmen, hatte allem Anschein nach einen zeremoniellen Anstrich.

Dasselbe galt in beschränktem Maße von dem typisch mexikanischen Dampfbad, dem *temazcalli.* Dieser in den *nauatl*-Dörfern noch heute übliche Brauch war zu vorspanischer Zeit so verbreitet, daß die Mehrzahl der Häuser einen kleinen halbrunden Anbau aus Stein und Zement besaßen, der für Dampfbäder eingerichtet war.

Zwischen Herd und *temazcalli* befand sich eine poröse Steinwand, die man mit einem Holzfeuer zur Weißglut brachte. Wollte der Indianer also baden, so schlüpfte er durch eine niedere Seitentür in den *temazcalli* und schüttete Wasser gegen die überheizte Wand. Im Nu war er von Dampf eingehüllt und schlug sich kräftig mit Reisern. Oftmals begleitete ihn eine zweite Person, besonders wenn es sich um einen Kranken handelte, und massierte ihn, worauf sich der Badende auf eine Matte niederließ, um die Heilwirkung des Bades voll auszukosten.

Von diesem Bad erwartete man anscheinend einen doppelten Erfolg; einerseits wurde es als Säuberungs- und Heilverfahren, andererseits als Läuterung angesehen. Die Wöchnerinnen gebrauchten das Dampfbad, bevor sie ihre normale Tätigkeit wieder aufnahmen, ein Brauch, der sich bis zum heutigen Tage erhalten hat. Der *Codex von 1576* berichtet, daß im Jahre *«ce acatl – 1363»* die Frauen der Mexikaner im Zoquipan niederkamen und im Temazcaltitlan (dem Ort der Dampfbäder) badeten.

Die Natur hat den Indianern einen spärlichen Bartwuchs verliehen und ihnen so die Probleme und Unannehmlichkeiten der Griechen und Römer sowie der heutigen Europäer erspart. Sie rasierten sich nicht. Im Alter schmückte schließlich ein spärlicher Bart das Kinn der Greise, wie wir ihn aus den Bildhauerwerken und der Malerei des Fernen Ostens bei den chinesischen Weisen kennen und der auch dort ein Zeichen der Weisheit war. Das Haar wurde im allgemeinen auf der Stirn kurz geschnitten und um den Kopf herum lang getragen, aber gewisse Berufe und Ämter hatten ihren eigenen Haarschnitt. Die Priester rasierten Stirn und Schläfen, ließen aber das Haar auf dem Haupt wachsen, während die jungen Krieger im Nacken einen langen Schopf trugen, der nach Vollbringung ihrer ersten Waffentat abgeschnitten wurde.

Die Schönheitspflege der Frau bediente sich in Mexiko eines ähnlichen Arsenals von Hilfsmitteln, wie wir sie aus unserer Alten Welt kennen: feinpolierte Spiegel aus Obsidian und Schwefelkies[29], Salben, Pasten und Duftwässer standen ihr zu Gebote. Die Haut der Frau hatte einen natürlichen Bronzeton, dem sie eine hellgelbe Tönung zu geben suchte. So sehen wir sie im Gegensatz zu den Männern oftmals in den Bilderhandschriften dargestellt: diese helle Haut erreichte sie durch den Gebrauch einer Salbe, die *axin* hieß, oder einer gelben Erde, *tecozauitl;* die letztere war so beliebt, daß einige Provinzen sie als Abgabe zu liefern hatten. Die Sitte, sich die Zähne schwarz oder dunkelrot zu färben, war bei den Huaxteken und bei den Otomis so stark verbreitet, daß manche mexikanische Dame diese Mode mitmachte.

Was die Haarmode zur Zeit der Eroberung anbetraf, so wurde die Haarflut von hinten über den Kopf bis zur Stirn in hornförmige kleine «Schalen» zusammengerollt, wie es namentlich der *Codex Azcatitlan* zeigt.

Der weibliche Geschmacksinn richtete sich in Mexiko gegen die barbarische Gewohnheit übermäßiger Bemalung, die bei den Nachbarvölkern vorherrschte. Die Frauen des Otomi-Stammes begnügten sich nämlich nicht damit, ihre Gesichter zu bemalen und ihre Zähne zu färben, sondern bedeckten Brust und Arme mit Tätowierungen «in sehr feinem Blau, das mit Hilfe von kleinen Messerschnitten in die Haut eingeritzt wurde». In Tenochtitlan galt unter den Frauen der Oberschicht bloße Körperpflege als höchster Ausdruck weiblicher Reize.

Am Morgen mochte ein Vater zu seiner Tochter sagen: «Wasch dir Gesicht und Hände und spüle den Mund... Hör zu, meine Tochter, laß es dir nie in den Sinn kommen, dich zu schminken, Farbe aufzutragen oder dir die Lippen zu bemalen, um schöner zu erscheinen: Farbe und Schminke sind Dinge für leichtfertige und schamlose Frauen. Wenn du willst, daß dein Gatte dich liebt, so kleide dich anständig und halte dich und deine Kleider sauber.»

Die *auianime,* die Kurtisanen der jungen Krieger, waren es, die von solchen Schönheitsmitteln Gebrauch machten. «Die Kurtisane pflegt und kleidet sich mit solcher Sorgfalt, daß sie einer Blume gleicht, wenn sie ihre Körperpflege und ihren Anzug beendet hat. Zuerst betrachtet sie sich in einem Spiegel, dann badet sie, wäscht und erfrischt sich, um zu gefallen. Sie bemalt sich das Gesicht mit einer gelben Salbe, die *axin* heißt und ihr eine glänzende Hautfarbe verleiht; mitunter schminkt sie sich auch, da sie eine leichtfertige und lose Frau ist. Auch frönt sie der Gewohnheit, sich die Zähne mit Cochenille (rot) zu färben und das Haar offen zu tragen, weil es so kleidsamer ist... Sie parfümiert sich mit einem Duftzerstäuber, geht *tzictli* – kauend spazieren und klappert dabei mit den Zähnen, als seien es Castagnetten.»

Das hauptsächliche Kleidungsstück des Mannes, welches man zur Nachtruhe anbehielt, war der Lendenschurz, *maxtlatl,* den man um die Gürtellinie wand, zwischen den Beinen durchführte und vorne festband; dabei hingen hinten und vorne zwei oftmals mit Quasten und Stickereien versehene Stoffenden herunter. Entweder in einfachster Ausführung als Stoffstücke ohne Verzierung oder in eleganteren Modellen findet man den Lendenschurz seit Urzeiten bei den Olmeken und den Mayas. Im 16. Jahrhundert trugen ihn alle Kulturvölker Mexikos mit Ausnahme der Tarasken im Westen und der Huaxteken im Nordosten, was die Mexikaner der mittleren Hochebene nicht wenig empörte.

Der Mann aus dem Volke, der sein Land bestellte oder Lasten trug, besaß kein anderes Kleidungsstück. Doch hatte der Gebrauch des Mantels, *tilmatli,* sich allgemein eingebürgert: bei den einfachen Leuten bestand er aus Agavenfasern, bei den höhergestellten aus Baumwolle, manchmal aus gesponnenen, mit Federn verstärkten Kaninchenhaaren. Dieser Mantel bestand einfach aus einem rechteckigen Stück Stoff, welches auf der rechten Schulter oder der rechten Brustseite geknotet wurde. Die Azteken kannten weder Knöpfe noch Haken oder Spangen. Beim Sitzen zog man den Mantel nach vorne, um Körper und Beine zu bedecken.

Eine indianische Menschenmenge in den Straßen von Mexiko dürfte ein ziemlich ähnliches Bild wie das Volk von Athen in seinen Mänteln abgegeben haben. Der Faltenwurf des indianischen Kleidungsstückes glich dem unserer Ahnen im klassischen Altertum. Während der Mantel des einfachen Bürgers bloß ein weißes unverziertes Stück Stoff war, wies er bei den Würdenträgern eine außerordentliche Vielfalt an Farben und Mustern auf. Die Kunst des Webens – denn die Frauen stellten diese üppigen Gewänder her – scheint vom Osten aus den Heißen Ländern herübergekommen zu sein, wo die Baumwolle wächst und wo die Gewebe das schillernde Gefieder der Tropenvögel nachzuahmen schienen.

Zur Zeit der Azteken glaubte man noch, daß die schönsten Gewebe und farbenfreudigsten Stickereien bei den Totonaken und Huaxteken zu Hause wären. Zu Tausenden von «Lasten» brachte der Steuerzins die herrlichsten Mäntel, Lendenschurze und gewebten Röcke der Ost-Provinzen von Tochpan, Quauhtochco, Cuetlaxtlan und Tochtepec nach Mexiko. In der Hauptstadt selbst wurden die Weberinnen als Schützlinge von Xochiquetzal, der Göttin der Blumen, der Jugend und der Liebe, angesehen. Es hieß, daß die Frauen, die unter dem Zeichen *ce xochtil,* «Eins – Blume», zur Welt kamen, geschickte Weberinnen und gleichzeitig verschwenderisch in ihren Gunstbezeigungen sein würden.

Der *Codex Magliabecchi* gibt zahlreiche «Modelle» von *tilmatli* wieder, auf denen eine zauberhafte Einbildungskraft, gepaart mit einem maßvoll-würdigen Stil, die entzückendsten Motive entworfen hat. Sonnen, stilisierte Muscheln, Geschmeide, Fische, geometrisch-abstrakte Formen, Kakteen, Federn, Tiger- und Schlangenhäute, Kaninchen und Falter sind die häufigsten Motive.

In den verschiedenen Handschriften ließen sich noch viele andere finden. Sahagún erwähnt und beschreibt einige Arten, darunter das Modell, welches *coaxayacayo tilmatli* (wörtlich: «der Mantel mit den Schlangengesichtern») hieß: «Der ganze Mantel war von fahlroter Farbe und zeigte in einem silbernen Kreis auf rotem Grund das Gesicht eines Ungeheuers oder Dämons. Er war von diesem Muster aus Kreisen und Gesichtern vollständig durchwebt und mit Fransen eingesäumt.» Das Muster eines anderen Mantels bestand aus Seemuscheln aus rotgefärbtem Kaninchenhaar auf einem Grund von hellblauen Meeresstrudeln. Die Muster waren von einem halb hellblauen, halb dunkelblauen Rand eingefaßt, ein zweiter Rand war aus weißen Federn kunstvoll gefertigt. «Andere Mäntel wiederum hatten einen fahlroten Grund, der von federgewirkten weißen Faltern übersät war.» Man stelle sich die verblüffende Wirkung dieser farbenfreudigen Gewänder vor, wenn die Menge der Edlen und Krieger sich unter Mexikos strahlender Sonne um den Kaiser scharte!

Der priesterliche *tilmatli* war von schwarzem oder dunkelgrünem Grundton und oftmals mit Totenköpfen und Knochen bestickt.

Der Mantel des Herrschers – ihm allein stand das Recht zu, dies Gegenstück des römischen Purpurs zu tragen – hatte dem Türkis seine blaugrüne Farbe entlehnt. Man nannte ihn *xiuhtilmatli,* «den Türkismantel».

Die männliche Bekleidung bestand im wesentlichen aus *maxtlatl* und *tilmatli,* Lendenschurz und Mantel. Unter den außerordentlich zahlreichen Zeichnungen, die wir in den Handschriften finden – abgesehen von all den Einzelheiten, die wir beim

JUNGE MÄNNER MIT LENDEN-
SCHURZ UND MANTEL

Studium der Bildhauerwerke gewinnen–, wären als nachcortesische Funde die in der Nationalbibliothek von Paris aufbewahrten Handschriften anzuführen, die man der Feder Ixtlilxochitls zuschreibt. Die Zeichnungen stellen indianische Adlige dar, insbesondere den anziehenden jungen König von Texcoco, Nezaualpilli: sein Lendenschurz und sein herrlicher Mantel sind in geometrischen Motiven gewebt, in der linken Hand hält er einen Blumenstrauß, in der rechten einen Fächer oder Fliegenwedel aus Federn. Man kann die Anmut, die Würde und den Reichtum dieses im Grunde doch so schlichten Gewandes nicht genug bewundern.

Texte und Beschreibung der Bilder lassen erkennen, daß auch andere Kleidungsstücke sich ebensolcher Beliebtheit erfreuten. Zum Beispiel konnte der Lendenschurz durch eine Art dreieckiger Schambinde, die Hüften und Oberschenkel bedeckte, ergänzt werden. Schon in Tula können wir dieses Kleidungsstück bei den Kriegerkaryatiden der alten Toltekenstadt beobachten; auch der Kaiser Tizoc trägt den Schurz auf den Reliefs seines Gedächtnissteines. Die Priester und Krieger trugen zuweilen unter dem Mantel oder an Stelle des Mantels eine kurzärmelige Tunika, den *xicolli,* vorne offen und mit Hilfe von Bändern zu knoten. Eine Abart des *xicolli* konnte vorne geschlossen und wie ein Hemd oder wie ein Frauenmieder *(huipilli)* über den Kopf gezogen werden. Je nachdem bedeckte diese Tunika wie eine Weste oder ein Wams nur den Oberkörper, konnte aber auch über den Lendenschurz bis zum

Knie herunterreichen. Auf zwei Einzelheiten muß noch aufmerksam gemacht werden. Erstens trug, wer es sich leisten konnte, gerne zwei oder drei Mäntel übereinander; zweitens lag die Kriegskleidung des Mexikaners eng am Körper an, während sie für gewöhnlich reichen Faltenwurf aufwies. Die «Uniformen» der Tiger-Ritter waren ähnlich der Flieger- oder Mechanikerkleidung enganliegend; die Bluse endete in einer Haube, die den Kopf umschloß, während die Hosen eng bis zu den Knöcheln herabliefen. Die klassische Rüstung des aztekischen Kriegers, *ichcahuipilli* oder «baumwollener Leibrock», war ein gefüttertes Wams, das die Pfeile abhielt. So kannten die Mexikaner also gleichzeitig die beiden großen Bekleidungsarten, zwischen denen die Völker der Erde im allgemeinen wählten: Faltenwurf und enganliegende Gewandung.

Die mexikanische Frau trug als wesentliches Bekleidungsstück – was für den Mann der *maxtlatl* war – den Rock oder *cueitl*. Dieser bestand aus einem einzigen Stück Stoff und wurde um den unteren Teil des Körpers geschlungen, mit einem gestickten Gürtel befestigt, und reichte bis zur Wade. Beim Volk und auf dem Land ließen die Frauen oftmals die Brüste frei, in der Stadt und bei «Bürger»- oder «Edelfrauen» findet man meist den *huipilli*, eine Art Miederhemd, das über den Rock herunterging und dessen Ausschnitt mit Stickereien verziert war. Die tägliche Bekleidung war schlicht weiß, an Fest- und Kulttagen trat große Farbenfreudigkeit zutage.

Alle Augenzeugen sind sich über Glanz und Aufwand der Mieder und Röcke, die von Edelfrauen und Teilnehmerinnen der rituellen Tänze getragen wurden, einig. Während der Feste des Monats Uey tecuilhuitl tanzten die Frauen (insbesondere die *auianime*) mit den Soldaten. «Alle waren festlich gekleidet und reich geschmückt, trugen schöne Röcke und Mieder. Die einen Röcke wiesen ein Herzmuster auf, die anderen ein mattenartiges Motiv, das einem Vogelbauch glich, andere wiederum zeigten dachartige Spiralen- oder Blattmuster. Manche waren auch aus glattem Gewebe, aber alle hatten Säume, Fransen oder sonstige Einfassungen. Manchmal zierten die Mieder wehende zopfförmige Muster, andere wiederum zeigten Rauchmotive, schwarze Bänder, Fische, Häuser..., alle waren weit ausgeschnitten und hatten breit gestickte Säume.» Die beiden Lieblingsfrauen des Königs Uitziliuitl tragen auf den überlieferten Darstellungen ein weißes Mieder mit Stickereien an Hals und Taille, ihr weißer Rock ist mit einem reichbestickten breiten Saum eingefaßt. Auch hier war es wieder die Kunst des Ostens mit ihrer Vorliebe für farbige Stickereien und reiche Gewebe, die die Völker der Hochebene gefangennahm. Die östlichen Göttinnen, wie Tlazolteotl, erschienen auf den bunten Seiten der Handschriften stets mit einem baumwollenen Kopftuch, das mit Spindeln besteckt war. Bei den Huaxteken und den Totonaken vom Abhang der Sierra Madre und den alten Völkern wie den Otomis, die mit ihren östlichen Nachbarn seit langem in Verbindung waren, legten die Frauen großen Wert auf modische Wirkung und Glanzentfaltung. In ihrer

Bekleidung sind sie (die Huaxteken) wählerisch und anspruchsvoll, stellt man doch bei ihnen die Mäntel her, die *centzontilmatli* oder *centzonquachtli* heißen, was «tausendfarbige Mäntel» bedeutet. Von dort kommen jene Mäntel her, die mit den unglaublichsten Motiven, so zum Beispiel mit Köpfen von Seeungeheuern und mit Meeresstrudeln, bemalt sind. Die (huaxtekischen) Weberinnen überbieten sich geradezu in der Herstellung feinster Gewebe... Die Frauen bewegen sich mit Koketterie, legen großen Wert auf gutes Aussehen und gehen kostbar gekleidet. «Bei den ‹Totonaken› schauen die Frauen gerne in den Spiegel, sie tragen Röcke und Mieder mit eingewebten Mustern und verstehen sich geschmackvoll anzuziehen; daher werden ihre Röcke *intlatlapalcue,* bunte Röcke, genannt... Die Frauen des Adels richteten sich großartig her, die Frau aus dem Volke trug lediglich einen blauen Rock. Alle flochten Federn ins Haar, pflegten es bunt zu färben und schmückten sich an den Markttagen mit Blumen.» Dies traf auch auf die Völker der Golfküste zu. «Dort sind die Frauen ausgezeichnete Weberinnen, was bei einem so guten und reichen Land auch natürlich ist.» Die Frauen der Otomis hingegen übernahmen gerne die Moden der benachbarten Stämme, die ihnen ohne Ausnahme gefielen. «Alles, was sie bei anderen an Bekleidungsstücken sahen, wollten auch sie ohne Rücksicht auf Geschmack und Stil tragen.» Es ist zweifellos diesen Frauen zu verdanken, daß sich im mittleren Mexiko ein weibliches Bekleidungsstück durchgesetzt hat, das typisch orientalisch ist, nämlich der *quexquemitl,* eine rautenförmige, reichgemusterte und gestickte Pelerine. Der farbige *quexquemitl* war zu vorcortesischer Zeit ein typisches Kleidungsstück der Totonakenfrauen; doch stellt die aztekische Bildhauerkunst bestimmte Göttinnen dar, deren Büste mit dieser fransengeschmückten Pelerine bedeckt ist. In unserer Zeit zählen die indianischen Frauen, die den Stämmen des östlichen Abhanges und der Hochebene (Totonaken, Naua, Otomis) angehören, immer noch dieses altüberlieferte Kleidungsstück zu ihrer Garderobe.

Die Mode von Tenochtitlan legte zweifellos großen Wert auf Einfachheit im Gegensatz zur Buntscheckigkeit, in der sich die Provinzvölker gefielen. Dennoch dürfte ein Umzug von Frauen, der sich zu einem Tempel oder zu einem Fest begab, kaum einen weniger farbenprächtigen und abwechslungsreichen Anblick geboten haben. Denn wenn auch der Schnitt von Mieder und Rock der gleiche war, so vermochten die bunten Stoffe, die vielfältigen Muster, der Glanz der Geschmeide und Federn aus diesen indianischen Frauen mit ihren bronzefarbenen Gesichtern und Armen doch zarte, den herrlichsten Tropenvögeln vergleichbare Geschöpfe zu zaubern. Obschon gemildert durch eine gewisse Gebundenheit an traditionelle Strenge, ging dieser Hang zum Aufwand in der Bekleidung Hand in Hand mit dem technischen Fortschritt – und besonders mit der Entwicklung der Gewebeherstellung. Die nördlichen Wandervölker und sicherlich auch die Azteken trugen ursprünglich Tierfelle; die alten seßhaften Stämme der Hochebene verwendeten die Agavenfasern *(ixtle)* zum Weben.

Zu der Zeit, die uns beschäftigt, waren Lendenschurz und *tilmatli* des Plebejers noch aus diesem Gewebe hergestellt, das dem Geschmack des einfachen Mannes entsprach. Im übrigen vermochte man aus der Agavenfaser schon einen sehr feinen Faden zu spinnen und dünne Gewebe herzustellen, wie sie manche Indianer noch heute tragen. Man verwendete für die Bekleidung auch die Rinde gewisser Pflanzen, aus der man auch Papier herstellte. Doch war die Baumwolle, die aus den Heißen Ländern des Ostens und Westens stammte, für die Azteken rasch der Gegenstand stärkster Anziehungskraft geworden und die Baumwollfaser ihr wesentlichster Webstoff; man sprach nur noch von der «unentbehrlichen Baumwolle», *inichcatl intetechmonequi*.

Als der König Uitziliuitl zu Ende des 14. Jahrhunderts eine Tochter des Herrn von Cuauhnahuac (Cuernavaca im subtropischen Klima) heiraten wollte, schien der Hauptgrund dafür die Sorge um die Beschaffung von Baumwolle für seine Stadt zu sein. «Der König Uitziliuitl warb um die Hand einer Prinzessin von Cuauhnahuac mit Namen Miahuaxihuitl, Tochter des sogenannten Ozomatzin, der in Cuauhnahuac regierte. Und die Ältesten sagten, der Herr Ozomatzin herrsche über alle Bauern von Cuauhnahuac, die ihm die unerläßliche Baumwolle und alle dort wachsenden Früchte brächten. Von alldem gelangte nichts nach Mexiko, auch die Baumwolle kam nicht in den Besitz der Mexikaner; daher waren sie sehr unglücklich.»

So ist es größtenteils der Baumwolle zuzuschreiben, daß Kaufleute und Krieger der Hochebene nach dem reichen Tropenland auszogen, denn Handel und Abgaben brachten einen unversiegbaren Zustrom von Rohbaumwolle und Fertigfabrikaten nach Mexiko.

Mexikaner und Mexikanerinnen gingen oft barfuß, besonders die große Masse des Volkes. Sowie man aber in der gesellschaftlichen Rangordnung aufstieg, trug man *cactli,* Sandalen mit Faser- und Fellsohlen, die mit verschränkten Riemen am Fuß befestigt und mit einem Fersenleder versehen waren. Bei eleganteren Modellen umschlingt das Riemenwerk die Wade bis zum Knie: daraus entstand der Beinharnisch *(cozehuatl),* das charakteristische Schuhwerk der Krieger.

Die Sandalen von Montezuma trugen reiche Goldverzierungen. Von den Reliefs der Maja bis zu den Skulpturen der Azteken, die Bildhandschriften eingeschlossen, zeigt uns die einheimische Bilderschrift, daß die Ausführung der Sandale, die in unserer Zeit als die altgewohnte *huarache* der mexikanischen Indianer auftritt, in Formgebung, Farbe und Verzierung keine Grenzen kannte. Edelmetalle, Steine, Wildfelle (sogar von Jaguaren) und Federn tropischer Vögel wurden zu ihrer Herstellung verwandt.

Waren Kleidung und Schuhwerk der alten Mexikaner verhältnismäßig einfach, so vermag nichts eine Vorstellung von der üppigen Vielfalt und dem barocken Reichtum ihres Geschmeides und Kopfschmuckes zu geben. Die Frauen trugen Ohrringe, Halsbänder, Armreifen und Knöchelreifen. Die Männer liebten den gleichen Schmuck, durchbohrten sich aber außerdem die Scheidewand der Nase, um Edelstein- oder Metallschmuck einzusetzen. Auch durchlöcherten sie sich unterhalb der Oberlippe die Kinnhaut, um Lippenschmuck aus Kristall, Muscheln, Bernstein, Türkis oder Gold anzubringen, und befestigten auf Kopf oder Rücken riesige und prunkvolle Federgerüste. Dieser ganze Aufwand an Abzeichen und Schmuck unterlag einer strengen Aufsicht im Einklang mit der beamtlichen Rangordnung. Nur der Kaiser durfte den Nasenschmuck aus Türkis tragen. Mit großem Pomp wurde ihm nach seiner Wahl die Nasenscheidewand durchbohrt. Nur Krieger von einem bestimmten Rang aufwärts hatten das Recht, diesen oder jenen Schmuck anzulegen; Form und Machart waren genauestens festgelegt. Die «Devisen» oder Federverzierungen – gleißende Kopftrachten, grünschillernde Federbüschel aus *quetzal*-Federn, riesige Schmetterlinge, Feder- und Goldkegel, Kriegsfahnen aus Gewebe und Federmosaik, die von den Hauptleuten an der Schulter befestigt wurden, und Wappenschilder – durften nur von denjenigen getragen werden, die sich durch ihre Kriegstaten ein Anrecht darauf erworben hatten; Todesstrafe stand auf unberechtigtes Anlegen dieser Ehrenzeichen.

Seit grauer Vorzeit (dies geht zum Beispiel aus den Maja-Fresken von Bonampak hervor) haben die Indianer von Mexiko und Mittelamerika die Feder buchstäblich angebetet, die langen und prunkvollen grünen *quetzal*-Federn, die roten und gelben Papageienfedern. Unter der Aztekenherrschaft galt die Feder als einer der Hauptartikel, welchen die tropischen Städte an die Steuereinnehmer liefern mußten. Der gewaltige Federschmuck im Verein mit dem Gold- und Türkisgeschmeide hoben Krieger, Edelmann und Herrscher über das gewöhnliche Volk hinaus. Die mexikanische Pracht erinnert uns durch die Einfachheit ihres Schnittes einerseits an den weißen Faltenwurf unserer Mittelmeervölker aus der klassischen Antike, andererseits an die Welt der «Rothäute», der Ureinwohner Amerikas, jedoch mit solcher Verfeinerung, wie sie die rauhen Prärieläufer niemals gekannt haben.

Reliefs und Handschriften vermitteln uns eine genaue Vorstellung dieser herrlichen Verzierungen, die den Menschen zu etwas «Übermenschlichem» machen und ihn zu einem halbgöttlichen, heiligen und glänzenden Wesen verklären. Wenn bei dem dumpfen Raunen der Muscheln, dem trockenen Dröhnen der Pauken und dem heiseren Ton der Trompeten der Kaiser plötzlich auf dem überfüllten Hauptplatz erschien, gleißend von Gold, starr unter seinem gold- und türkisgeschmückten Diadem und im Glanz der grünen Federn, während um ihn her die Rüstungen, die «Devisen» und Banner der Würdenträger einen tausendfarbigen Blumenstrauß bildeten, wer hätte in ihm da nicht den Erwählten von Tezcatlipoca, «den Herrscher der Welt», «Vater und Mutter des Volkes», gesehen? In einer Gesellschaft, die ein starkes Gefühl für Rangordnung geprägt hatte, waren Verzierung und Schmuck, Gold und Feder die Sinnbilder der Macht und der Staatsführung.

Geschäfte, Arbeiten, Feierlichkeiten

Nach Sitte und Brauch gekleidet, beschuht, frisiert und geschmückt macht sich der Einwohner von Tenochtitlan, wie wir gesehen haben, schon zu früher Stunde an seine Arbeit. Viele sind, obschon Städter, ihrer Beschäftigung nach Landleute geblieben; in welchem Maße, läßt sich leider schwer feststellen. Entweder bauen sie in ihren Inselgärten, auf den *chinampas* oder auf dem Festland Mais, Gemüse oder Blumen an, oder sie gehen der Jagd auf Wasservögel oder dem Fischfang nach. Ihr Handwerkszeug und ihre Waffen sind einfach: der Hackstock, der sich für den Landmann am einen Ende zur Schaufel verbreitert, das Netz, Bogen und Pfeil, das Wurfbrett für den Wurfspeer, das Jagdnetz für Jäger und Fischer.

Der Vater einer Adelsfamilie pflegte zu seinen Söhnen zu sagen: «Vergeßt nicht, daß ihr adeliger Abstammung seid; vergeßt nicht, daß ihr nicht von Gärtnern oder Holzfällern herkommt. Was wollt ihr werden? Wollt ihr Kaufleute werden, die mit dem Stock in der Hand einhergehen und Lasten auf dem Rücken tragen? Wollt ihr Erntearbeiter oder Dammbauer werden? Wollt ihr Gärtner oder Holzhacker sein?

Ich will euch sagen, was ihr tun sollt. Hört gut zu und bewahrt meine Worte. Seht erst zu, daß ihr lernt, wie man tanzt, die Trommel rührt, die Glocken schlägt und das Tanzbein schwingt... Sodann bemüht euch um ein ehrenhaftes Handwerk, lernt Federschmuck herstellen oder sonst eine Handarbeit, denn damit könnt ihr auch in Notzeiten euer Brot verdienen, vor allem aber vergeßt den Ackerbau nicht, denn die Erde ernährt euch alle... Eure Ahnen haben all das verstanden, denn trotz ihrer edlen Abstammung haben sie stets darauf geachtet, daß ihr Erbland bebaut wurde: denn womit willst du deine Familie ernähren, wenn du nicht an deine Sippe und Herkunft denkst? Wovon willst du selbst leben? Nirgendwo hat einer von der Herkunft allein leben können.»

Eine wirklichkeitsnahe Lehre, aus der die Rangordnung der Berufe, so wie sie ein Edler von Tenochtitlan empfand, klar hervorgeht. Zunächst die Riten, denn darum handelt es sich, wenn von Gesang und Musik die Rede ist. Derselbe Familienvater führt dies näher aus, wenn er sagt: «Damit werdet ihr unserem Herrn und Gott, der allgegenwärtig ist (Tezcatlipoca), angenehm sein, und eure Hände werden an seinen Schätzen teilhaben.» Hernach die ehrenwerten Berufe, die Kunsthandwerke der Federmosaiken, der Goldschmiedekunst, der Steinschleiferei, und vor allem anderen der Ackerbau. Natürlich kann keine Rede davon sein, daß der mexikanische Edelmann sein Land wie ein «Dammarbeiter oder Gärtner bestellt»; das ihm vor Augen geführte Ideal ist die Auswertung seiner Ländereien.

Das Vorurteil des Adels, das uns hier trotz der illusionslosen Warnung: «Vom Adelsprädikat allein kann kein Mensch leben», begegnet, liegt nicht auf derselben Linie wie beim französischen Feudaladel. Der Adlige darf Handarbeit verrichten, nur ist ihm verboten, als einfacher Landarbeiter zu leben; ebensowenig darf er Kaufmann werden.

Die Mitglieder der führenden Klasse besaßen, wie wir gesehen haben, zahlreiche und ausgedehnte Ländereien, oftmals in der Umgebung Mexikos und manchmal sehr weit von der Hauptstadt entfernt. Obschon diese Besitzungen theoretisch dem Staat gehörten, entwickelte sich ihr Nießbrauch immer mehr zu dem von echtem Landbesitz. Sie widmeten also einen bedeutenden Teil ihrer Zeit der Verwaltung und Ausbeutung ihres Ackerlandes. Doch konnten sie sich durch *calpixque,* Haushofmeister, vertreten lassen; manche waren vertrauenswürdige Sklaven, die im Laufe der Zeit zu Reichtum kamen und sich nicht selten freikauften.

Wir müssen uns darüber klar sein, daß das «Haus» eines hohen aztekischen Herrn mit seinen Ländereien und Wäldern, seinen Lagunen und Flüssen, seinen Hauswerkstätten, in denen eine Menge Frauen spannen und webten, und seinen dem Hausherrn persönlich unterstellten Künstlern eine wichtige, bedeutende und teilweise eigengesetzliche Wirtschaftseinheit darstellte, die Nahrung und Kleidung produzierte. Andererseits dürfte außer Zweifel stehen, daß die unaufhörlichen Kriege und die zunehmende Last der Verwaltungsaufgaben die hohe Beamtenschaft daran hinderten, ihren Gütern mehr Aufmerksamkeit zu widmen als nur eine Art Oberaufsicht. Der Landedle wurde immer mehr zum Offizier, zum Richter, zum Höfling, zum Staatsmann, und seine wesentliche Arbeit wurde zunehmend von Verwaltern geleistet.

Staatsgeschäfte und «Befehlsgewalt», *tlatocayotl,* nahmen die gesamte Arbeitskraft der Führerschicht in zunehmendem Maße in Anspruch.

In erster Linie war es der Krieg, der die jungen Leute, begierig ein *tequiuaque* zu werden und die Stufenleiter höchster Auszeichnungen zu gewinnen, von Kindesbeinen an in seinen Bann zog. Dann kamen die ungezählten großen und kleinen Verwaltungsposten, die von ihren Dienern Tatkraft, Redlichkeit und Hingabe forderten. Da waren die *achcacauhtin,* Gendarmen, denen der Vollzug der Gerichtsentscheide oblag. Die Richter, die von der Morgendämmerung an bis zwei Stunden vor Sonnenuntergang mit einer kurzen Unterbrechung für ein leichtes Mahl und eine flüchtige Mittagsruhe tagten und im Falle von Bestechung der Todesstrafe anheimfielen. Die Steuereinnehmer, die sich anstrengenden und gefahrvollen Reisen unterziehen mußten und im Falle von Unterschlagung ihr Leben verwirkten. Die Botschafter, die entlegenen Städten das Kaiserliche Ultimatum zu überbringen hatten und nicht selten mit knapper Not ihre Haut retteten. Alle diese Beamten und noch viele andere mehr – zum Beispiel die Rektoren der Jugenderziehungsanstalten in den Stadtvierteln – gaben dem Staatsdienst all ihre Spannkraft und Muße her.

Der Mexikaner hatte vom Staatsdienst und seiner Amtsgewalt eine sehr hohe Vorstellung: mußte sich nicht sogar der höchste Herr der Befehlsüberbringung eines einfachen Gerichtsboten beugen? Gleichzeitig war die Sitten- und Gesetzesstrenge furchterregend! Wehe dem betrunkenen oder nachgiebigen Richter, wehe dem unehrlichen Beamten! Man führte als Beispiel gerne die Entscheidung des Königs von Texcoco an, der auf die Nachricht, daß einer seiner Richter einen Adligen zu Lasten eines *maceualli* begünstigt hatte, den ungerechten Beamten hängen ließ. Groß war die Machtbefugnis, aber schwer wogen die Pflichten.

Je höher man in der Rangordnung aufstieg, desto weniger Zeit hatte man für sich selbst. Nach der Beschreibung der Eroberer ist Montezumas Palast stets überlaufen von Kriegern und Beamten, die dort den ganzen Tag dienstlich verbringen.

Dann wären noch die Generalaudienzen mit Namen *nappualtlatolli* («Das Wort der achtzig Tage») zu erwähnen, die alle vier Monate des einheimischen Kalenders stattfanden. Da wurden mehrere Tage lang vom frühen Morgen bis in die späte Nacht hinein alle schwebenden politischen und gerichtlichen Fragen «erledigt». Weiter wäre noch von den Ratsversammlungen – der *Tlatocan* in Mexiko, die vier Großräte in Texcoco – zu reden, an denen, nach den uns überkommenen Berichten zu schließen, sich ein regelrechter Wettbewerb von kunstvollen und mit traditionellen Floskeln gespickten Ansprachen abspielte. Das öffentliche Leben, in dem die mexikanische Elite ihren Lebenszweck sah, stellte große Anforderungen an sie und forderte den Löwenanteil ihrer Arbeitskraft.

Die Priester, die mit den Zivil- oder Militärbeamten einen Großteil dieser Elite ausmachten, hatten

MONTEZUMA
BEI EINER RATSVERSAMMLUNG

überhaupt kein Privatleben, da der Gottesdienst Tag und Nacht ohne Unterbrechung fortdauerte und sie sich den schlimmsten Strafen aussetzten, wenn sie ihrem Gelübde untreu wurden. Das Zehnte Gebot von Nezaualcoyotl bestrafte den unzüchtigen oder im Zustand der Trunkenheit vorgefundenen Priester mit der Todesstrafe. Nebenbei sei erwähnt, daß der Grad der Bestrafung mit dem Rang des Schuldigen stieg: Trunkenheit in der Öffentlichkeit brachte dem Plebejer nur eine ernste Verwarnung und die Schande eines geschorenen Kopfes ein; bei einem Adligen wurde ein solches Vergehen mit dem Tode bestraft. Ein Adliger verwirkte auch sein Leben, wenn er seinen Vater bestahl, während der *maceualli* bei demselben Vergehen mit der Verurteilung zum Sklaven «davonkam». Pflichten, Verantwortung und Gefahren nahmen mit Macht und Reichtum zu.

Schon öfters haben wir Richter und Gerichtshöfe erwähnt. Es scheint nämlich, daß Rechtsprechung und Prozesse im Alltag des Mexikaners eine große Rolle spielten. Die streitsüchtigen Indianer sahen ihre Gerichtsbeamten ungerne unbeschäftigt. In den Städten und Städtchen der Provinzen durften die Gerichtshöfe die Fälle in erster Instanz aburteilen. Ihnen übergeordnet tagten in Mexiko und Texcoco Richter, die aus einzelnen Provinzen stammten und jeweils die Fälle ihrer betreffenden Heimatgegenden entschieden.

Zwölf Richter gehörten dem Berufungsausschuß an, der alle zwölf Tage unter dem Vorsitz des Königs von Texcoco zusammentrat, um die schwierigsten

Fälle zu entscheiden, wurden doch in Texcoco die Berufungen aller Prozesse aus dem gesamten Reich verhandelt. Kein Prozeß durfte mehr als achtzig Tage dauern, denn der Sinn der Generalaudienzen bestand darin, alle unentschiedenen Fälle ein für allemal zu erledigen. Welch schnell arbeitende Einrichtung! Für jeden Prozeß wurde von Schreibern eine «Akte» angelegt, die alle Zeugenaussagen und Urteilssprüche in Bilderschrift aufnahm; das Urteil war sofort vollstreckbar. Nebenbei sei noch darauf hingewiesen, daß das mittelalterliche Mexiko die gerichtliche Folter, den «dritten Grad», der bei uns erst im 18. Jahrhundert abgeschafft wurde, nicht kannte. Wenn man erwägt, wie sehr die Oberschicht von ihren Pflichten und Obliegenheiten in Anspruch genommen war, so muß man wiederum staunen, wieviel Zeit sie auf kultische Handlungen und Feierlichkeiten verwenden konnte. Ohne Zweifel nahm in Mexiko alle Welt an diesen ungezählten Festen und verwickelten Riten teil: aber auch hier waren es wieder die Würdenträger, die ohne Zweifel mehr dazu beitrugen als die anderen Stände.

Opfer, Tanz- und Gesangsveranstaltungen, Prozessionen und Aufmärsche erforderten nicht nur in der Stadt, sondern auch rund um die Lagunen am häufigsten ihr Erscheinen. Das Sonnenjahr war in achtzehn Monate von je zwanzig Tagen (zuzüglich der fünf ungünstigen Schalttage, an denen jede Tätigkeit auf ein Mindestmaß beschränkt wurde) aufgeteilt, auf jeden dieser Monate fiel eine neue Reihe von Festkundgebungen. Darunter gab es Veranstaltungen, für die großer Aufwand an Organisationsarbeit, ein gewaltiger Einsatz von Arbeitskräften und die Bereitstellung großer Lebensmittelmengen erforderlich waren. Nun waren es nicht nur die Priester, welche die Riten feierten, sondern im Gegenteil je nach Monat dieser oder jener Teil der Bevölkerung, der an den Kulten maßgeblich beteiligt war, wie zum Beispiel die jungen Männer, die jungen Mädchen, die Krieger, die Würdenträger, gewisse Körperschaften wie die *pochteca* oder die Goldschmiede und mitunter auch die gesamte Bevölkerung.

Während der ersten sieben Tage des Monats, der «das große Fest der Herrn» genannt wurde, ließ der Kaiser an die gesamte Bevölkerung Speise und Trank verteilen, «um sein Wohlwollen den kleinen Leuten gegenüber *(maceualtzintli)* zu zeigen». Allabendlich begannen nach Sonnenuntergang beim Schein der Fackeln und Kohlenbecken Gesang und Tanz. «Manchmal mischte sich Montezuma unter das Volk und tanzte mit.» Stunden und aber Stunden schritten Frauen und Krieger Hand in Hand zwischen den Reihen der Kohlenbecken und Fackelträger auf und ab; Gesänge und Reigen dauerten bis tief in die Nacht hinein.

Am zehnten Tag begannen die Grauen und Rührung erregenden Zeremonien, deren Hauptrolle von einer Frau, die in Gewandung und Schmuck die Göttin des jungen Mais, Xilonen, darstellen sollte, übernommen wurde: ihr Gesicht war gelb und rot bemalt, auf dem Kopf trug sie Quetzal-Federn, an ihrem Halsband von Türkisen hing eine goldene Scheibe herab. Ihre Gewänder waren bestickt, an den Füßen trug sie rote Sandalen, in der Hand hielt sie einen Schild und eine Zauberrassel, den *chicauaztli*. Während der Nacht, die ihrem Opferfest vorausging, wachte alle Welt; niemand ging zu Bett. Die Frauen sangen Hymnen auf die Göttin Xilonen. Bei Tagesanbruch begann der Tanz. Alle mannbaren Männer, die Kriegshauptleute, die Jünglinge und Krieger, die Offiziere, sie alle trugen Maisstengel, die man *toto-pantli* («Vogelfahnen») nannte. Auch die Frauen tanzten zur Begleitung der Göttin! In feierlicher Prozession näherte man sich in der vorerst grauen, dann rosenfarbigen Morgendämmerung tanzend und singend dem Tempel des Mais, Cinteopan, während die Priesterinnen ihre zweiklängigen Pauken ertönen ließen und die Priester Hörner und Muscheln bliesen. Langsam bewegte sich der Festzug vorwärts und führte in seiner Mitte die Gestalt, die für einige Stunden eine Göttin verkörperte, ihrem tödlichen Geschick entgegen. Denn kaum hatte sie die Schwelle des Cinteopan überschritten, als der Opferpriester, den goldenen Griff seines Feuersteinmessers in der Hand, der Gestalt entgegentrat, die im Tode der Enthauptung zur Göttin ward.

«Nun wurden zum ersten Male frische Maiskuchen gegessen», die Frauen tanzten und dazu auch «die jungen Mädchen, die bislang keinem Mann ins Auge geblickt hatten». Ein jeder formte Maisbrote und opferte sie den Göttern.

Den fünfzehnten Monat, Panquetzaliztli, leiteten Gesänge und Tänze ein, die jeden Abend von Sonnenuntergang bis Mitternacht dauerten. Neun Tage vor dem großen Fest des Gottes Uitzilopochtli begann man mit der Vorbereitung der für die Opferung bestimmten Gefangenen. Sie mußten sich rituellen Waschungen unterziehen; dann tanzten sie während eines Teils der Nacht mit ihren Bezwingern den «Tanz der Schlange».

Am zwanzigsten Tag pflegten die Gefangenen von ihren Besitzern Abschied zu nehmen und sangen, «als wollte ihnen die Stimme brechen und als seien sie heiser». Dann tauchten sie die Hände in ein mit Blau oder Ocker gefülltes Farbengefäß und ließen ihre Abdrücke auf der Oberschwelle und dem Türpfosten zurück. Sodann legten sie den für sie bestimmten Schmuck an. Im Morgengrauen begann die große Prozession von Paynal – der kleine Götterbote, der Uitzilopochtli vertritt – vom Mittelpunkt der Hauptstadt aus dem Tlatelolco, von da zu den Küstenstädtchen Popotlan und Chapultepec und von dort bis zu den Anfängen des Coyoacán. In größeren Abständen machte die Prozession halt und brachte Menschenopfer dar. Wenn Paynal nach diesem Umweg wieder in Tenochtitlan einzog und durch die heilige Umfriedung trat, tönten die Muscheln, und die Gefangenen wurden nacheinander auf dem Opferstein vor dem Tor des Uitzilopochtli-Tempels niedergemacht.

Andere Bräuche glichen unseren Volksbelustigungen der Fastnachtszeit. In den ersten Tagen des Monats Atemoztli stellten Priester und Jungkrieger sich in Gegenparteien auf und lieferten Schlachten mit Zweigen und Schilfrohr.

«Nahmen die Krieger einen Priester gefangen, rieben sie ihn mit Agavenblättern ein, was Hautjucken und Brandstellen verursachte. Wurde aber ein Krieger gefangengenommen, zerkratzten die Priester ihm mit einem Dorn Ohren, Arme, Brust und Beine, bis er schrie. Gelang es den Priestern, die jungen Krieger in den Palast zurückzutreiben, so plünderten sie ihn aus und schleppten alle Matten, Schnurteppiche, Lehnstühle, Betten und Tischchen mit. Wenn sie Pauken oder Trommeln fanden, so nahmen sie auch diese mit; nichts ließen sie liegen. Verfolgten die jungen Krieger aber die Priester bis an die Schwelle ihres Klosters *(calmecac)*, dann räuberten auch sie ihre Gegner aus und nahmen Matten, Muscheln und Sitze mit.»

Im Monat Tititl finden wir diese Neigung zu freundschaftlicher Feindseligkeit, die zu anderer Zeit schwer bestraft worden wäre, mit Genehmigung der Behörden wieder: hier sind es nun die Knaben, die mit einer Art Schlagpolstern, Säcken, die mit Papier oder Laub ausgestopft waren, die jungen Frauen und Mädchen angriffen – die sich zu ihrer Verteidigung mit Stöcken und Zweigen bewaffneten. Natürlich trachteten die Buben danach, sich mit ihren Säcken ungesehen an die Ahnungslosen heranzupirschen und sie mit einem Hagel von Schlägen und dem Ruf zu überraschen: «Wollt Ihr einen Sack, meine Dame?», um sich unter Gelächter und Gejauchze schleunigst wieder davonzumachen.

Schreckenerregend oder erheiternd, beängstigend wie der Tlacaxipeualitzli, der mit einem schaurigen Tanz der Priester in Menschenhäuten endigte, oder auch liebenswürdig wie das Fest von Tlaxochimaco, bei dem alle Tempel in Blumen schwammen – alle diese Zeremonien kosteten die Gemeinde viel Zeit, Arbeit und Geld. Sie wurden häufig gefeiert, zogen sich endlos in die Länge und waren bis ins kleinste ausgedacht und ausgeführt; sie waren auch deshalb so zahlreich und zeitraubend, da Mexiko, die Hauptstadt des Reiches, gleichzeitig allen Göttern diente und alle ihre Feste beging.

Daher standen die Mexikaner schon wenige Schritte über ihre Stadtgrenzen hinaus, zum Beispiel in Texcoco, in dem Ruf, so religiös zu sein, daß man die genaue Anzahl der Götter, denen sie huldigten, nicht wissen konnte. Um aber die wahre Bedeutung, die ein so betont religiöses Leben in ihrem eigenen Bewußtsein haben konnte, zu begreifen, müssen wir uns von dem konventionellen Unterton von Worten wie «Riten» und «Zeremonien», den sie in unserer Sprache angenommen haben, ganz frei machen.

Für die Mexikaner gab es nichts Lebenswichtigeres als diese Gebärden, Gesänge, Opferungen und all die überlieferten Handlungen, galt es doch im Sinne ihrer Weltanschauung, den normalen Ablauf der Jahreszeiten, die Wiederkehr der Regenzeit, das Keimen der Setzlinge und die Auferstehung der Sonne sicherzustellen. Das mexikanische Volk und in erster Linie seine Priester waren Tag für Tag in ein stets von neuem begonnenes Unternehmen weißer Magie verwickelt. Sie verband eine gemeinsame, unablässige Mühsal der Beschwörung, ohne die nach ihrer Ansicht selbst die Natur zugrunde gegangen wäre. Es handelt sich hier also um ihr ernstestes Anliegen, um ihre gebieterischste Verpflichtung.

Dennoch hielt diese anstrengende Kulttätigkeit Körperschaften und Volksgemeinschaften keineswegs von ihrer Tagesarbeit ab. Denn während die Handwerker in ihren Werkstätten Gold schmolzen und trieben, Edelsteine schliffen und Federmosaiken verfertigten, bereiteten die *pochteca* ihre Kauffahrt vor oder warfen ihre Waren, die sie von entlegenen Provinzen heimgebracht hatten, auf den Markt. Der Handel spielte sich in all seinen Formen auf Straße und Markt ab. Ungezählte unscheinbare Gewerbe brachten denen, die sie trieben, immerhin einen Zuschuß ein, der ihre Unterhaltungskosten deckte.

Frauen verkauften an die Fußgänger Maiskuchen, *tamales,* Maisbrühe, *atolli,* trinkfertigen Kakao, mit Pfefferbohnen und Tomaten gewürzte Gerichte und Kochfleisch. Männer wiederum boten Mais, Kürbissamen, Honig, Ölsaaten, Kochtöpfe und Matten an. Sicherlich suchten die einen wie die anderen ihre Kundschaft durch landesübliches Geschrei und Anpreisen ihrer Waren anzuziehen. Ihr Gerufe belebte das Straßenbild.

Der Kläger, der zum Gericht eilte, der Beamte, der zum Dienst ging, der Bauer, der zum Verkauf seiner Erzeugnisse einen Tag in der Stadt verbrachte – sie alle aßen «in aller Eile» einen Bissen auf der Straße, bevor sie weiterzogen. Holzträger, die aus den Bergen kamen, trabten mit ihrer schweren Last auf dem Rücken keuchend einher; andere lösten einander ab, um vom Gewicht der Balken und Bohlen nicht erdrückt zu werden. Nicht weit davon mochte eine von der Stadtverwaltung eingesetzte Abteilung Arbeiter unter der Aufsicht eines Beamten mit der Instandsetzung einer schadhaften Wasserleitung beschäftigt sein.

Die öffentlichen Arbeiten wurden dank des *tequitl,* des gemeinschaftlichen Arbeitsdienstes, durchgeführt, dem die Plebejer verpflichtet waren. Auf diese Weise verfügten die Behörden über beträchtliche Arbeitskräfte. So wurde zum Beispiel zur Zeit des Kaisers Montezuma I. der mit dem Namen «alte Wassermauer» *(ueue atenamitl)* getaufte Deich aufgeführt; und unter der Regierung von Auitzotl bauten Indianer von Texcoco, Azcapotzalco, Tlacopan, Coyoacán, Xochimilco und vier anderen Marktflekken den Kanal, der unmittelbar von einer Quelle Wasser nach Mexiko bringen sollte. «Es sah aus wie ein Ameisenhaufen», berichtet der Chronist. Und wirklich vermag nur das Bild des Ameisenhaufens die geordnete, fast geräuschlose, ergiebige Geschäftigkeit zu vermitteln, die den arbeitsamen Tag jener Zeit erfüllte.

Die Mahlzeiten

Der Mexikaner von einst war außerordentlich anspruchslos, so wie er es heute noch ist. Er begnügte sich die meiste Zeit mit wenig reichlicher und wenig abwechslungsreicher Kost, die in der Hauptsache aus Mais in Form von Maiskuchen, Maisbrühe oder *tamales* (Maiskrapfen), sodann Bohnen und huauhtli-

Samen (Tausendschön) und *chian* (Salbei) bestand. Indessen muß zugegeben werden, daß die Ernährungsweise des Plebejers zur Zeit vor Kolumbus trotz allem abwechslungsreicher war als die seines heutigen Bruders, denn sie enthielt mancherlei Anbaugemüse wie den *huauhtli,* wie auch wilde Pflanzen, Insekten und froschartige Reptilien, deren Verwendung heute weniger verbreitet oder sogar nahezu abgekommen ist. Die höheren Klassen hingegen konnten sich eine feinere Küche leisten.

Wenn man sich in der Morgendämmerung von seiner Matte erhob, gab es keine zubereitete Mahlzeit, noch war sie vorgesehen; unser «Frühstück» war nicht bekannt. Erst nach einigen Arbeitsstunden nahm man gegen zehn Uhr die erste Mahlzeit, meist eine Schale *atolli,* die mehr oder minder flüssige Maisbrühe, entweder versüßt mit Honig oder gewürzt mit Pfefferschoten, zu sich. Die Reichen und Würdenträger mochten Kakao, den von den Heißen Ländern eingeführten Luxusartikel, trinken. Meist war er mit Honig, der mit Vanille angerührt war, gesüßt oder auch mit grünem Mais, dem *octli* (gegorenem Agavensaft) oder mit Pfefferschoten vermischt.

Die Hauptmahlzeit war für alle das Mittagessen in den Stunden der größten Mittagshitze; wenn möglich, legte man hinterher eine kurze Ruhepause ein. Bei dem Mann aus dem Volk war das Ganze natürlich rasch abgetan: Maiskuchen, Bohnen, Piment- oder Tomatentunke, mitunter einige *tamales,* seltener Fleisch, wie Federwild, Wildbret oder Geflügel (den Truthahn). Als Getränk nur Wasser. Die Familie hockte sich auf Matten am Herd nieder und verzehrte rasch ihr karges Mahl. Nicht selten hielt den Mann auswärtige Arbeit fern; so zog er aus einem kleinen Sack sein *itacatl,* das ihm seine Frau des Morgens mitgegeben hatte.

Bei den Großen war das Mittagsmahl reichhaltig und ausgedehnt.

Für Montezuma richtete man täglich mehr als dreihundert Gerichte und für das Palastpersonal ungefähr tausend Essen an. Der Kaiser wählte vor der Mahlzeit unter den Tagesplatten aus, was ihm zusagte. Stets gab es Truthähne, Fasanen, Rebhühner, Krähen, Haus- und Wildenten, Hirsche, Wildschweine, Tauben, Hasen und Kaninchen. Dann nahm er allein auf einem *icpalli* Platz; vor ihm stellte man einen weißgedeckten niederen Tisch mit weißen Mundtüchern auf.

«Vier schöne gepflegte Frauen gossen aus tiefen Fingerschalen, die *xicales* (Flaschenkürbisse) hießen, Wasser über seine Hände, unter sie hielt man Behälter in Form von Tellern, um das Wasser aufzufangen, und reichte ihm Handtücher, dann brachten zwei andere Frauen Maiskuchen.» Von Zeit zu Zeit mochte es dem Herrscher gefallen, einen der Würdenträger seines Gefolges dadurch auszuzeichnen, daß er ihm eines der Gerichte, das ihm gemundet hatte, reichen ließ. Hatte er die erste Hauptmahlzeit beendet, so bot man ihm Früchte «aller Art und aus allen Gegenden des Landes an, doch aß er davon nur wenig und sehr selten».

Daraufhin trank er Kakao und wusch sich die Hände wie zu Beginn des Mahles. Possenreißer,

Zwerge und Bucklige trieben vor ihm ihre Künste und Kindereien. Montezuma ergriff eine der bemalten und goldverzierten Pfeifen, die man für ihn in Reichweite aufgestellt hatte, tat ein paar Züge daraus und legte sich zum Schlummer nieder.

Beim Herrscher von Mexiko und sicherlich auch bei den Häuptern der Bundesstädte und den Statthaltern der Provinzen wurde für den eigentlichen Hofstaat, für Beamte und Priester stets reichlich Essen angerichtet. «Hatte der Herrscher gegessen, so befahl er seinen Edelknaben oder Dienern, alle anwesenden Herren und Botschafter, die von auswärts zu Besuch gekommen waren, wie auch die Palastwache zu bedienen. Auch die Erzieher der jungen Mannen, die *tepuchtlatoque,* bekamen zu essen sowie die Götzenpriester, die Sänger und Kammerdiener und das gesamte Personal, das im Palast arbeitete, Arbeiter, Goldschmiede, Federkünstler, Steinschleifer und Mosaikarbeiter, dann die Schuster, die das feine Schuhwerk für die Würdenträger anfertigten, und ihre Haarschneider.»

Auch ihnen bot man Kakao an, der auf die verschiedenste Art zubereitet war; Sahagún führt mindestens zehn verschiedene Rezepte auf.

Die Geschicklichkeit der aztekischen Köche tat sich durch eine nicht minder große Erfindungsgabe neuer Gerichte hervor. Derselbe Chronist spricht von sieben verschiedenen Arten von Maiskuchen, von sechs verschiedenen *tamales,* von zahlreichen Möglichkeiten, das Fleisch zu kochen oder zu rösten. Er will auch zwanzig Ragouts von Geflügel, Fisch, Froschreptilien oder Insekten kennen, dazu eine Unmasse von Gemüse-, Körner-, Süßkartoffel-, Piment- und Tomatengerichten.

Unter den Speisen, die der Führerschicht besonders zusagten, mögen die fleischgefüllten *tamales,* die Schnecken oder Früchte – diese letzteren wurden zusammen mit Hühnerbrühe gereicht – genannt werden. Frösche in Pimenttunke; Weißfisch *(iztac michi)* mit Piment und Tomaten; axolotl, eine in Mexiko heimische Art des Wassermolches, der als besonders ausgefallenes und feines Gericht galt, gewürzt mit gelbem Piment; Fisch mit einer Tunke aus gemahlenen Kürbiskernen; andere Fischsorten mit einer Art Sauerkirschen; Flügelameisen; Agavenwürmer *(meocuilin);* Maisbrühe und *huauhtli,* salzig oder süß mit Piment oder Honig, grüne Bohnen *(exotl)* und Knollenpflanzen der verschiedensten Art wie *camotli,* die Süßkartoffel.

Die alten Mexikaner hatten weder Fett noch Öl, ihre Küche kannte keine gebratenen Gerichte. Alles war entweder geröstet oder meist gekocht, dazu stark gewürzt und gepfeffert. Da sie auch kein Vieh hatten, bestand ihre fleischliche Kost ausschließlich aus Wildbret und zwei Haustierarten: dem Truthahn und dem Hund.

Das mittlere Mexiko war zu jener Zeit sehr reich an Wild; an Kaninchen, Hasen, Hirschen, Wildschweinen (Bisamschweine), Vögeln wie Fasanen, Krähen, Tauben und insbesondere die ungezählten Arten der Wasservögel, welche die Lagunen bevölkerten. Von Anfang an hatte dieser Seen- und Sumpfreichtum die

Azteken für ihre sonstige Armut entschädigt: noch im 16. Jahrhundert ernährten sie sich zu einem großen Teil von diesen Vögeln, die zu bestimmten Jahreszeiten massenhaft die Gewässer heimsuchten und im Rohr und Binsengestrüpp nisteten.

Andererseits waren die Mexikaner von Haus aus – und diese Gewohnheit haben sie wohl aus ihrer Gründerzeit beibehalten, als sie sich mit Mühe und Not im Sumpfland behaupteten – Liebhaber von allem Getier, das im Wasser haust, so zum Beispiel: von Fröschen *(axolotl)*, Kaulquappen *(atepocatl)*, Süßwasserkrabben *(acociltin)*, kleinen Wasserflöhen *(amoyotl)*, Wasserlarven *(aneneztli)*, Weißwürmern *(ocuiliztac)* und sogar von Eiern, die eine Wassermücke *(axayacatl)* in riesigen Mengen auf den Wasserspiegel legte und die man als eine Art Kaviar *(ahuauhtli)* aß. Die arme Bevölkerung und die Bauern des Seeufers schöpften sogar von der Wasseroberfläche eine schwimmende Schlammschicht ab, die *tecuitlatl* («Steinauswurf») hieß, unserem Käse glich und sich zu einer Art Brot pressen ließ; auch verzehrten sie die schwammigen Larvennester der Wasserfliegen.

Das war natürlich eine armselige Nahrung, bildete aber für die ärmste Schicht eines kleinen und unbedeutenden Volksstammes zu Anfang sicherlich eine Zusatzkost. Im übrigen verachteten die Reichen und Angesehenen auch nicht die Frösche und bestimmte Reptilien wie die Eidechse *(quauhcuetzpalin)* oder gewisse Ameisen und die heute in Mexiko noch als Leckerbissen betrachteten Agavenwürmer. Außerdem hatte man, seitdem das Land zwei Meeresküsten umspannte, Seefische, Schildkröten, Krabben und Austern zu essen gelernt.

Der Truthahn (*totolin;* das Männchen hieß *uexolotl,* daher das heutige Wort «guajolote») stammt aus Mexiko, wo er seit Urzeiten als Haustier bekannt ist. Die Spanier haben ihn öfters «Landhuhn» genannt. Dies war das ideale Geflügel für den Hühnerhof, und jede Familie besaß in ihrem Garten neben dem Haus eine ganze Anzahl dieser Vögel. Die einfachen Leute aßen ihn nur an besonderen Feiertagen.

Beim Haushund handelt es sich um eine besondere Abart ohne Fell, die man mästete. Sein Fleisch war vermutlich weniger beliebt als das des Puters, denn Sahagún erzählt, daß man die «Platten unten mit Hundefleisch ausfüllte und darauf das Fleisch der Truthähne legte, damit es nach mehr aussähe (para hacer bulto)». Auf jeden Fall zog man das Tier in großen Mengen, und der Chronist Muñoz Camargo berichtet, er selbst habe nach der Eroberung einige besessen. Im übrigen hat die Zucht nach der Einführung von europäischem Vieh nachgelassen, auch darum, weil das Schlachten von Hunden mit gewissen heidnischen Kultbräuchen verknüpft war, welche die spanischen Behörden unterbinden wollten.

Aus ähnlichen Gründen haben spanische Mönche und Missionare mit bedauerlichem Erfolg für die wirtschaftliche Wohlfahrt Mexikos den Anbau des Tausendschön *(huauhtli)* bekämpft; diese recht ertragreiche Pflanze war in ihren Augen mit dem einheimischen Kultwesen zu innig verwoben. Sicher ist, daß die alten Mexikaner die vier hauptsächlichsten Nährpflanzen als gleichwertig für ihre Gemeinwesen ansahen: den Mais *(centli)* – vor allen anderen als Urquelle des Lebens verehrt –, die Bohne *(etl)*, das Tausendschön und den Salbei.

Wir ersehen aus dem *Codex Mendoza*, daß die abgabepflichtigen Städte jährlich beträchtliche Mengen dieser vier Nahrungsmittel an die aztekischen Steuereinnehmer abliefern mußten. Mit dem Samen der zwei letztgenannten Pflanzen bereitete man erfrischende und nahrhafte Brühen, den *tzoalli* und den *chianpinolli;* aus letzterer zog man auch ein Öl, das dem Leinöl nicht unähnlich war und zum Malen verwendet wurde.

Für die Indianer von einst wie auch für die heutigen Bewohner der entlegenen und unfruchtbaren Landstriche bildete die «Überbrückungs»-Periode zwischen zwei Ernten im Juni und Juli eine Zeit der Angst und des Hungers; «da herrschte wirklich Hunger, Mais im Korn war sehr hoch im Preis, und die Not war groß».

Im Monat *Uey tecuilhuitl* bemühte sich die Regierung von Mexiko um die Linderung der Not durch Verteilung von Lebensmitteln. Der Kaiser «bewies seine Liebe zum Volk» dadurch, daß er an alle *tamales* und Maisbrühe austeilen ließ. In andern Teilen des Landes sank dann das Leben auf den Zustand der vorlandwirtschaftlichen Nahrungssuche zurück. Wenn die Azteken auch den Otomis vorwarfen, so verachtenswerte Tiere wie Schlangen, Ratten und Eidechsen zu essen, so nahmen sie doch selbst ihre Zuflucht zu eßbaren Wildpflanzen wie die *quilitl* (*quelites* im heuti-

VERTEILUNG VON LEBENSMITTELN
UND KLEIDUNG AN BEDÜRFTIGE

gen Hispano-Mexikanisch), deren sie eine Unzahl kannten und zu verwenden wußten.

Sahagún beschreibt zahlreiche Abarten, darunter den *huauhquilitl,* das wilde Tausendschön, welches besonders beliebt war. Bäuerinnen verkauften es auf dem Markt: selbst die Mutter des Kaisers Itzcoatl verkaufte *quilitl* auf dem Markt von *Azcapotzalco.* Trotz ihrer augenscheinlichen Freigebigkeit ist die mexikanische Natur karg. Hungersnot war nichts Seltenes, die Not bedrängte das Volk jedes Jahr, und die Anbaumethoden waren noch zu primitiv, um gegen Ausnahmezustände, wie Heuschreckenschwärme, Nagetierplagen und reißende Regen- oder Schneestürme, gewappnet zu sein.

Eine Hauptaufgabe der Urvolkherrscher bestand darin, in den Staatsspeichern genügende Vorräte anzusammeln, um diese Notzeiten zu überstehen. So verteilten die drei Oberhäupter der Bundesstädte im Jahre 1450 die Getreidevorräte von zehn Jahren. Aber nicht einmal damit war die Not gebannt; man war vielmehr gezwungen, auf Hilfsmittel pflanzlicher und tierischer Ernährung zurückzugreifen. In jeder Notzeit kam bei dem seßhaften Bauern wieder der alte, an Jagd und Nahrungssuche gewohnte Nomade zum Vorschein. Jede Notstandszeit brachte die Bauernvölker der Mittelhochebene in ihrer Entwicklung um Jahrhunderte zurück.

Wie wir gesehen haben, frühstückten die Mexikaner mitten am Vormittag und aßen ihre Hauptmahlzeit zu Beginn des Nachmittags. Für die meisten war die zweite auch die letzte Mahlzeit, sofern sie vor dem

Schlafengehen sich nicht an einer Brühe aus Mais, Tausendschön oder Salbei labten. Wer aber, wie die Würdenträger und Kaufleute, die Feste und Bankette gaben, abends aufblieb, aß ausgiebig zu Abend, und das mitunter die ganze Nacht hindurch.

Für ein derartiges Festessen galt es, die notwendigen Vorräte rechtzeitig herbeizuschaffen: Mais, Bohnen, Körner, Pfeffer, Tomaten, achtzig bis hundert Truthähne, zwanzig oder mehr Hunde, zwanzig Lasten Kakao. Die Geladenen erschienen gegen Mitternacht. «Waren sie alle versammelt, so reichte man ihnen Wasser zum Händewaschen, dann setzte man sich zu Tisch. Nach dem Mahl spülte man sich von neuem Mund und Hände; darauf wurden Kakao und Pfeifen gereicht. Man beschenkte die Gäste mit Mänteln und Blumen.» Es handelt sich hier um das Bankett eines reichen Kaufmanns. Das Gelage zog sich unter Tanz und Gesang bis in die Morgenstunden hin; bei Tagesanbruch trennte man sich nach einem letzten Umtrunk von Kakao, der mit Vanille und Honig versetzt war.

Wie wir gesehen haben, spielte der Tabak eine große Rolle: wenigstens bot man in der führenden Schicht und bei den Kaufleuten den Gästen am Schluß der Mahlzeit fertig gestopfte Pfeifen an. Es waren zylindrische Pfeifen aus Rohr ohne besonderen Kopf – vielmehr mitunter auch aus gebranntem Ton –, reich verziert und gestopft mit einem Gemisch aus Tabak, Holzkohle und flüssigem Amber. Dies ergab eine Art dicke wohlriechende Zigarre, deren Geschmack von dem, was wir heute unter einer

Zigarre verstehen, ziemlich verschieden gewesen sein muß. Außerhalb der Mahlzeiten wurde wenig geraucht. Mit einer Pfeife in der Hand spazierenzugehen, war ein Zeichen von Adel und Eleganz.

Der Gebrauch des Tabaks in Medizin und Gottesdienst war weit verbreitet. Man schrieb ihm Heilkräfte und religiösen Heilwert zu: bei gewissen Zeremonien trugen die Priester einen mit Tabak gefüllten Flaschenkürbis auf dem Rücken. Die «profane» Verwendung der Tabakpflanze scheint in der vorcortesischen Zeit in die unteren Volksschichten keinen Eingang gefunden zu haben.

Dagegen waren andere, weit wirksamere Rausch- und Betäubungsmittel weitgehend bekannt: man suchte in ihnen nicht nur Wohlgefühl, sondern auch Einsicht in Kommendes. In den Berichten wird besonders der *peyotl,* ein kleiner, aus dem nördlichen Mexiko stammender Kaktus, erwähnt, der die ausgefallensten Wahnvorstellungen hervorrufen soll: «Wer es genießt», sagt Sahagún, «hat entsetzliche oder lustige Gesichte, und dieser Rauschzustand hält zwei oder drei Tage an. Bei den Chichimeken wird die Pflanze als Nahrungsmittel gebraucht, sie verleiht Kraft und Mut und vertreibt alle Furcht vor Kampf, Durst und Hunger; auch sagt man, sie schütze vor Gefahr.»

Der *peyotl* spielt auch heute noch eine große Rolle im rituellen Leben der Indianer des nordwestlichen Mexiko und des Südens der Vereinigten Staaten[30]. Andere Pflanzen, deren Wirkung noch nicht erprobt ist, sollen als Rauschgifte benutzt worden sein, so das *tlapatl*-Kraut, ein Nachtschattengewächs, und der Samen des *mixitl.* Was aber in dem uns bekannten Schrifttum immer wiederkehrt, ist ein Pilz, der *teon-anacatl* («göttlicher Pilz»), der zu Beginn eine Festessens den Gästen gereicht wurde. «Das erste, was man bei solch einem Festschmaus zu sich nahm, war ein kleiner schwarzer Pilz, der berauscht, Gesichte hervorzaubert und nebenei die Sinne erregt. Man aß davon, bevor der Tag anbrach..., mit Honig vermischt, und wenn das Gift ihr Blut erhitzte, tanzten sie. Manche sangen, andere weinten, so berauscht waren sie von dem Pilz; manch einer aber tanzte nicht, sondern blieb gedankenschwer im Saal sitzen. Es gab auch welche, die ihren Tod voraussahen, dann weinten sie; manche sahen sich bereits von wilden Tieren zerrissen, andere erlebten sich als Gefangene auf dem Schlachtfeld oder plötzlich reich und als Herren über viele Sklaven. Manch einer glaubte sich des Ehebruchs überführt und sah schon seinen Kopf rollen; ein anderer beging in seiner Vorstellung einen Diebstahl und stand vor der Hinrichtung, und viele andere Gesichte ähnlicher Art. Wenn der Rauschzustand verraucht war, tauschten sie gegenseitig ihre Visionen aus.»

Was uns an diesen Beschreibungen vielleicht am meisten auffällt, ist die Tatsache, daß nie von berauschenden Getränken die Rede ist. Dennoch kannten die Indianer ein Getränk, das *octli* (heute «pulque»), welches durch Gärung des Agavensaftes gewonnen wird und dem Apfelwein nicht unähnlich ist. Die Bedeutung des *octli* können wir an der wesentlichen

Rolle ersehen, die in der Religion die Götter des Trankes und der Trunkenheit gespielt haben. Man nannte sie die *Centzon Totochtin* («vierhundert [unzählbare] Kaninchen»), Mond- und Erdgötter des Überflusses und der Ernte, wie auch die Göttin der Agave, *Mayauel*[31].

Doch waren sich die Mexikaner der Gefahr, die auf ihre Kultur im Alkoholrausch lauerte, voll bewußt. Vielleicht hat kein Volk der Geschichte vor dieser Gefahr strengere Schranken aufgerichtet als das mexikanische. «Das Getränk, das wir *octli* nennen», sagte der neuerwählte Kaiser bei seiner Ansprache an das Volk, «ist Wurzel und Ursprung allen Übels und Verderbens, denn *octli* und Trunksucht sind die Ursache zu allem Zwist und Hader, zu Aufruhr und Unruhe in Städten und Königtümern. Die Trunksucht ist ein Wirbelwind, der alles zerstört und vernichtet. Sie ist ein unseliges Gewitter, das nur Unheil bringt. Von der Trunksucht kommt Ehebruch, Schändung, Verderbnis der jungen Mädchen und Blutschande, Diebstahl, Verbrechen, Fluch und falsch Zeugnis, Murren, Verleumdung, Schmähung und Zank. All das kommt vom *octli* und der Trunksucht.»

Wer sich mit dem Schrifttum der Mexikaner befaßt, gewinnt den Eindruck, daß die Indianer sich ihrer starken Neigung zum Alkohol wohl bewußt und darum fest entschlossen waren, sich selbst und die Geißel der Trunksucht dadurch zu bekämpfen, daß sie eine außerordentlich strenge Abwehrpolitik gegen den Alkohol trieben. «Kein Mensch trank Wein *(octli),* nur die alten Leute und dann in aller Heimlichkeit, aber ohne sich zu betrinken. Zeigte sich ein Mann angeheitert in der Öffentlichkeit, ertappte man ihn beim Trinken, torkelte er mit anderen Trunkenbolden singend durch die Straßen oder lag sinnlos betrunken in einer Ecke, so schlug man ihn krumm und lahm, bis er tot war, oder erwürgte ihn vor den jungen Leuten (des Stadtviertels), um ihnen ein warnendes Beispiel zu geben. Dies geschah, wenn der Angetroffene ein Plebejer war. War es ein Edelmann, so brachte man ihn heimlich um.»

Die Gesetze gegen Trunkenheit in der Öffentlichkeit waren unerbittlich: die Ordonnanzen von Nezaualcoyotl vollzogen die Todesstrafe an dem Priester, der in betrunkenem Zustande überrascht wurde, desgleichen an Würdenträgern, Beamten und Botschaftern, sofern sie im Palast im Zustand der Trunkenheit angetroffen wurden. Auch wurde der Würdenträger, der sich betrank, ohne Aufsehen zu erregen, darum nicht weniger bestraft: man enthob ihn seiner Ämter und Titel. Ein betrunkener Plebejer ging das erstemal frei aus, das zweitemal wurde er mit Spott und Spiel der Menge ausgesetzt, während man ihm auf dem Hauptplatz den Kopf glattschor; wurde er rückfällig, so hatte er den Tod verwirkt, der den Adligen schon beim erstenmal ereilte.

Hier haben wir den Fall einer sozialen Abwehrmaßnahme höchster Gewaltsamkeit vor uns, und zwar gegen eine nicht minder heftige Neigung. Die Zeit sollte dafür den Beweis erbringen, denn nach der Eroberung, mit der das moralische und gesetzliche Gefüge der mexikanischen Kultur zusammenbrach, nahm der Alkoholismus der Indianer beängstigende Formen an.

Indessen wird auch eine solch strenge Abwehrmaßnahme für ein «Sicherheitsventil» gesorgt haben. Der *octli* war nämlich nicht gänzlich verboten. Beide Geschlechter hatten im Alter die Erlaubnis zum Trinken, besonders an Festtagen, und man fand nicht einmal etwas dabei, wenn sie sich betranken. Am «Tauftag» zum Beispiel, das heißt am Tage der Namengebung, fanden sich «die alten Männer und Frauen abends zusammen und betranken sich am *pulque*. Um sich der Trunkenheit hingeben zu können, stellten sie einen Krug mit *pulque* vor sich hin, aus dem der Bedienstete einen Flaschenkürbis füllte und jedem der Reihe nach zu trinken bot... Sah der Diener, daß die greisen Gäste noch nicht betrunken waren, so begann er, ihnen in umgekehrter Reihenfolge das Getränk von neuem zu reichen. Waren sie endlich trunken, dann begannen sie zu singen... Wer nicht sang, schwatzte, lachte und gab Scherzworte zum besten; alles schrie vor Lachen, wenn ein guter Witz fiel.» Die Dinge spielen sich hier so ab, als hätten die Mexikaner beabsichtigt, «die Rolle des Feuers zu spielen», indem sie die Freuden des Trunkes denen genehmigten, deren tätiges Leben vorüber war, vor den jungen und reifen Männern aber die Schranken schrecklicher Strafen aufrichteten.

Sport und Spiel

Mit den Festessen berühren wir das Gebiet der Belustigungen und Spiele. Sicherlich standen die Prunkmähler mit einem religiösen Feiertag und einer Kulthandlung in Verbindung. Doch galten sie wie unsere Hochzeiten oder Silvesterbälle auch der Belustigung unter Freunden und Verwandten. Wer die Mittel dazu besaß, wie in erster Linie wohl der Kaiser, ließ Vortragskünstler kommen, die beim Essen und während des Kakaotrinkens und Rauchens am Schluß der Mahlzeit Gedichte aufsagten oder die zu Flöten-, Trommel- und zweiklängiger Paukenbegleitung *(teponaztli)* vorsangen. Auch wurde nach dem Fest zur Musik dieser Instrumente getanzt.

Eine der beliebtesten Zerstreuungen war die Jagd. Ging der Mann aus dem Volk auf die Jagd, so tat er es, um Abwechslung in seine Alltagskost zu bringen oder um die Jagdbeute zu verkaufen; die hohen Herren hingegen jagten nur zur Unterhaltung. In ihren Gärten und Parks oder draußen auf dem wildreichen Feld gingen sie mit ihren Blasrohren auf Vogeljagd: «Wenn Montezuma der Sinn nach Zerstreuung stand, suchte er mit fünfundzwanzig der hervorragendsten Männer Mexikos ein Schloß auf, das er in Atlacuhuayan, dem heutigen Tacubaya, besaß. Allein betrat er den Garten und vergnügte sich damit, Vögel mit einem Blasrohr zu erlegen.» Die Waffe, von der hier die Rede ist, ist ein Blasrohr für Kugeln aus gebrannter Erde, in ganz Mexiko und Mittelamerika seit Urzeiten bekannt: es ist die Waffe der Quiché-Halbgötter vom *Popol-Vuh,* die übrigens auf einer reliefgeschmückten Vase von Teotihuacán dargestellt ist. Auch große Treibjagden fanden statt, besonders im vierzehnten Monat des Jahres Quecholli, der dem Kriegsgott Uitzilopochtli und dem Gott der Jagd, Mixcoatl, geweiht war. Am zehnten Tag dieses Monats fanden sich alle Krieger von Mexiko und Tlatelolco auf den bewaldeten Hängen des Berges Zacatepetl ein und verbrachten dort die Nacht in Laubhütten. Wenn der Morgen des nächsten Tages graute, stellten sie sich in einer langen Reihe «wie ein Seil aus einem einzigen Stück» auf und trieben Hirsche, Präriewölfe, Kaninchen und Hasen zusammen, um sie hernach im Kessel niederzumachen. Wer einen Hirsch oder Präriewolf erlegte, empfing vom Kaiser, der alle zum Essen und Trinken einlud, ein Geschenk. Abends zogen die Jäger mit den Köpfen der erlegten Tiere als Jagdtrophäe heimwärts in die Stadt.

Die Mexikaner waren leidenschaftliche Spieler, und besonders zwei Spiele fesselten manch einen Indianer so sehr, daß er Hab und Gut und zuletzt die eigene Freiheit verspielte und aus Spielleidenschaft in die Sklaverei wanderte: sie hießen *tlachtli* und *patolli.*

Der *tlachtli* oder Ballspiel erfreute sich bei den Mexikanern seit Urzeiten großer Beliebtheit. In den Mayastädten der großen Epoche, im Tajín, in Tula, ist man schon auf Ballspiele gestoßen. Auf der Halbinsel Yucatán bietet Chichén-Itzá eines der herrlichsten Denkmäler von ganz Mittelamerika. Die einheimischen Handschriften stellen häufig Ballspiele dar und geben als Spielplan die Form eines Doppel-T an. Zwei

Mannschaften standen sich auf beiden Seiten der Mittellinie gegenüber: das Spiel bestand darin, mit einem schweren Gummiball in das gegnerische Feld einzudringen.

Zwei Steinringe waren an den Seitenmauern angebracht. Gelang es einer Seite, mit dem Ball durch einen der Ringe zu treffen, so war das Spiel gewonnen: eine um so seltenere und schwierigere Leistung, als man den Ball weder mit den Händen noch mit den Füßen, sondern nur mit den Knien und Hüften berühren durfte. Die Spieler warfen sich auf den Boden, um den Ball zu berühren, oder fingen den mit aller Kraft geworfenen Gummiball mit dem Körper auf. Daher waren sie wie die modernen Rugby- oder Baseballspieler gepolstert und mit Knieschützern und Lendenschürzen ausgerüstet, auch trugen sie Kinnschützer und Halbmasken für die Wangen. Lederhandschuhe schützten ihre Hände gegen den heftigen und dauernden Aufprall auf den Erdboden. Trotz aller Vorsichtsmaßregeln waren Unfälle nicht selten: manche, die der Ball auf Magen oder Unterleib traf, standen nicht wieder auf. Die meisten Spieler mußten sich nach einem Wettkampf Einschnitte an den Hüften machen lassen, um dem aus den Adern getretenen Blut Abfluß zu verschaffen. Dennoch gab man sich dem Spiel mit unverminderter Leidenschaft hin. Nur die Führerschaft war zur Ausübung des Spieles zugelassen.

Der *tlachtli* hatte sicherlich mythologische und religiöse Bedeutung. Man dachte sich das Spielfeld als Welt, den Ball als Stern, als Sonne oder Mond. Der

Himmel ist ein göttlicher *tlachtli,* auf dem die übernatürlichen Wesen mit den Sternen Ball spielen.

Doch diente das Ballspiel im täglichen Leben als Vorwand zu riesigen Wetten, durch die große Mengen von Kleidern, Federn, Gold und Sklaven den Besitz wechselten: ein Zeitvertreib der hohen Herren, wie er im Buche steht, der für manch einen mit Elend und Sklaverei endete.

Ixtlilxochitl erzählt sogar, daß der Kaiser Axayacatl beim Spiel gegen den Herrn von Xochimilco nicht weniger als den Markt von Mexiko gegen einen Garten im Besitz des genannten Edelmanns verwettete. Er verlor! Am nächsten Morgen stellten sich mexikanische Soldaten bei dem glücklichen Spieler ein. «Während sie ihn grüßten und ihm Geschenke überreichten, warfen sie ihm ein Halsband aus Blumen um den Hals, in dem ein Dolch verborgen war», und töteten ihn.

Der *patolli* war ein unserem Gänsespiel sehr ähnliches Würfelspiel. Der *Codex Magliabecchi* stellt vier auf dem Boden oder auf Matten sitzende Spieler dar, die sich um eine kreuzförmige, in Felder eingeteilte Tafel gruppieren. Ihnen zur Seite wacht der Gott Macuilxochitl, Schutzgottheit von Tanz, Musik und Spiel.

Als Würfel benützten die Spieler Bohnen, die alle auf verschiedene Punktzahl gemärkt waren; je nach der Augenzahl ihres Wurfes durfte man mit kleinen bunten Steinen auf dem Felderbrett vorrücken. Wer als erster wieder zu seinem Ausgangsfeld gelangte, hatte gewonnen und erhielt den gesamten Einsatz.

Wie der *tlachtli,* so barg auch der *patolli* einen geheimen Sinn: das Brett hatte zweiundfünfzig Felder, das heißt die Zahl der Jahre, welche die Jahresringe des Wahrsager- und Sonnenkalenders zugleich umfaßte. Noch heute spielt man *patolli,* wenigstens spielte man es vor zwanzig Jahren noch bei den Nahua- und Totonaken-Indianern der Sierra de Puebla. Im Gegensatz zum Ballspiel des Adels war dies das weitverbreitetste Spiel aller Klassen. Der indianischen Leidenschaft für Glücksspiele waren hier keine Grenzen gesetzt. Seltsam ist, daß man der Lust am Spiel anscheinend keinen Einhalt zu gebieten versuchte, während der aztekische Puritanismus doch gegen die Trunksucht mit der uns bekannten Strenge verfuhr und auch dem Geschlechtsleben größte Zurückhaltung vorschrieb. Die Wahrsagebücher beschränkten sich darauf, dem unter gewissen Zeichen, wie zum Beispiel *ce calli*, «eins-Haus», Geborenen die Zukunft eines großen Spielers und den Verlust von Hab und Gut beim Spiel vorauszusagen.

Der Ablauf von Tag und Nacht

Da die Mexikaner weder Wasser-, Sonnen- noch sonst welche Uhren besaßen, hatten sie nicht die Möglichkeit, ihren Tag nach einer genauen Zeitrechnung einzuteilen. Indessen setzt ein Kult- und Gesellschaftsleben von der Erlebnistiefe des mexikanischen gewisse Anhaltspunkte voraus, nämlich das, was Muñoz Camargo mit der «Stunden- und Festordnung der Staatsregierung» bezeichnet. Wenn man diesem Chronisten Glauben schenken darf, so ertönten die Trompeten und Muscheln auf den Zinnen der Tempel sechsmal in vierundzwanzig Stunden: beim Erwachen der Venus, in der Hälfte des Vormittags, am Mittag, in der Mitte des Nachmittags, zu Einbruch der Nacht, um Mitternacht. Begriffe wie Mitte des Morgens und Mitte des Nachmittags bleiben freilich ohne Instrument der Zeitmessung ungenau. Immerhin ist bekannt, daß die Priester sich im Sternenhimmel auskannten und den Lauf der Sonne sowie die Veränderung der Sternbilder zu beobachten wußten. So vermochten sie die Etappen zwischen Osten und Zenit und zwischen Zenit und Westen ziemlich genau festzulegen. Nachts hielten sie sich an Venus und die Plejaden.

Nach Sahagún schlugen die Trommeln und Muscheln der Tempel neun Tageszeiten an: viermal während des Tages, beginnend mit Sonnenaufgang, zur Mitte des Vormittags, zu Mittag und bei Sonnenuntergang; fünfmal nachts: zu Beginn der Nacht (wenn die Dämmerung zu Ende war), zur Zeit des Schlafengehens, zur Stunde, da die Priester sich zum Gebet erheben, «ein wenig nach Mitternacht», und «kurz vor der Morgendämmerung». Bestimmte Zeitabschnitte dürften daher ziemlich lang, also drei bis vier Stunden, andere wiederum sehr kurz gewesen sein.

Der Begriff der abstrakten, teilbaren und errechenbaren Zeit hatte sich noch nicht herausgeschält. Doch hatten Tag und Nacht ihren eigenen Rhythmus, und dieser Rhythmus kündigte sich aus Tempelshöhe, von den Türmen der Götter und des Gottesdienstes herab an und ordnete so das menschliche Dasein. Bei Tage hoch über dem Lärm der wimmelnden Hauptstadt oder in der Stille der Nacht rief plötzlich der heisere Laut der Muscheln und das schaurige Rühren der Trommeln den Standort der Sonne und Gestirne den Azteken ins Bewußtsein: zu all diesen Zeitpunkten brachten die Priester der Sonne und den Herrschern der Unterwelt ein Weihrauchopfer dar. Es wäre durchaus denkbar, daß diese Anhaltspunkte zur Festsetzung von Verabredungen, zur Einberufung von Ratsversammlungen, zur Eröffnung und Schließung von Gerichtssitzungen gebraucht wurden. Die Tongeräte der Tempel verbürgten für Einteilung und Ordnung des Tages, so wie in der christlichen Gemeinde etwa der Glockenturm.

Im Gegensatz zu einer naheliegenden Auffassung brach das geschäftige Tagestreiben einer Kultur, die von künstlicher Beleuchtung nahezu nichts wußte, mit dem Einbrechen der Nacht keineswegs ab. Denn Priester erhoben sich mehrfach in nächtlicher Stunde zu Gebet und Gesang, Kadetten schickte man mitten in der Nacht zum eisigen Bad in Quellen und Seen, Herren und Kaufleute saßen beim Festschmaus, Frauen und Krieger tanzten beim Fackelschein, verschlagene Händler stahlen sich mit ihren reichbeladenen Kanus auf der nächtlichen Lagune stadtwärts, Zauberer schlichen zu einem teuflischen Stelldichein – kurzum: ein reiches Nachtleben durchpulste die Stadt, deren tiefe Dunkelheit in weiten Abständen von rötlichem Brand der Tempelfeuer und dem Schein der Fackeln zerrissen wurde.

Die Nacht, die gefürchtete und zugleich begehrte Nacht, lieh ihre verschwiegenen Mußestunden dem Besuch wichtiger Persönlichkeiten, den heiligen Riten, dem heimlichen Liebesspiel der Krieger und Kurtisanen. Oftmals erhob sich der Kaiser mitten in der Nacht und brachte Blut und Gebet den Göttern dar. Hätte ein mit feinen Sinnen begabter Beobachter vom Gipfel eines Vulkans das gesamte Hochtal überblicken können, so würde er den Schein verstreuter Feuer gesehen und die Musik der Feste, das Trippeln der Tänzer, die Stimmen der Sänger, hin und wieder das Rühren der *teponaztli* mit dem Dröhnen der Muscheln vernommen haben. So verging die Nacht, ohne daß jemals der Blick des Menschen sich ganz vom Himmelsgewölbe löste, immer in heimlicher Angst, der heißersehnte Morgen möge einmal nicht mehr kommen. Dann graute der Tag: und über dem Raunen der erwachten Stadt erhob sich der Klang der priesterlichen Fanfaren triumphierend der Sonne, «dem Fürsten des Türkis, dem steigenden Adler» entgegen. Ein neuer Tag begann.

FÜNFTES KAPITEL

Von der Geburt zum Tode

Die Taufe

Wenn ein Kind in einer mexikanischen Familie zur Welt kam, so übernahm die Hebamme die Rolle des Priesters und zelebrierte den Geburtsritus. Sie war es auch, die das Kind begrüßte und willkommen hieß, es mit Namen wie «Edelstein» und *«quetzal-Feder»* zierte und es gleichzeitig vor der Ungewißheit und den Kümmernissen des Lebens warnte: «Nun bist du in eine Welt gekommen, in der deine Eltern in Sorge und Mühe leben, wo glühende Hitze, Kälte und Winde herrschen..., noch wissen wir nicht, ob du lange unter uns weilen wirst..., noch wissen wir nicht, welches Los dir beschieden sein wird.» Solche und andere Themen uralter Überlieferung werden in den anschließenden Zeremonien unablässig wiederholt.

Nun schnitt die Hebamme dem Neugeborenen die Nabelschnur durch, nicht ohne wieder eine lange Ansprache an das Kind zu halten. War es ein Knabe, so sprach sie zu ihm: «Geliebter Sohn..., wisse, daß dein Haus nicht dein Geburtshaus ist, denn du bist ein Krieger, du bist ein *quecholli*-Vogel, und das Haus, in dem du zur Welt kamst, ist bloß ein Nest... Du bist dazu bestimmt, die Sonne mit dem Blut deiner Feinde zu laben und die Erde Tlatecuhtli mit ihrem Leib zu nähren. Dein Land, dein Erbe und dein Vater sind im Haus der Sonne, im Himmel.» Zu einem Mädchen sagte sie: »Du mußt im Haus sein wie das Herz im Leib, du darfst das Haus nicht verlassen... Du mußt sein wie die Asche im Herd.» So war der Mann vom ersten Atemzug an das Los eines Kriegers, die Frau an das eines Aschenbrödels, das am Herd kauert, gekettet.

Dann wusch die Hebamme das Kind und richtete dabei ein Gebet an Chalchiuhtlicue, die Göttin des Wassers: «Wolle, o Göttin, daß sein Herz und Leben rein seien; daß das Wasser allen Makel abwasche, denn dieses Kind gibt sich in deine Hände, o Chalchiuhtlicue, Mutter und Schwester der Götter.»

Sobald die Geburt bei der Sippe und im Stadtviertel, bei großen Familien auch in anderen Städten, bekanntgemacht war, begann das verwickelte Zeremoniell der «Begrüßung». Die Greisinnen der Familie sprachen der Hebamme feierlich ihren Dank aus; diese antwortete in einer bilderreichen Rede. Nun begrüßten gewandte Redner, meist betagte Verwandte, das Neugeborene; andere, dafür besonders ausgesuchte Greise, antworteten in langatmigen Gegenreden[32].

Die Redelust der Azteken tat sich an endlosen und prunkvollen Ergüssen über die Gunst der Götter und das Geheimnis des Schicksals gütlich. Das neugeborene Kind wurde unablässig mit einem Halsband, einem Edelstein, einer seltenen Feder verglichen. Man hob seine Mutter in den Himmel und «verglich sie mit der Göttin Ciuacoatl Quilaztli». Man rühmte die hehre Vergangenheit der Familie. War der Vater Würdenträger oder Beamter, so «führte man ihm die wichtigen und schwerwiegenden Befugnisse seines Amtes auf dem Richterstuhl und in der Staatsregierung vor Augen». «Herr», so rief man ihm zu, «dies ist dein Ebenbild, dein Antlitz: dir ist ein Sproß entsprungen, du hast Frucht getragen!» Von Zeit zu Zeit – und das gehörte zu den üblichen Wendungen einer gewandten Rede – entschuldigte sich der Redner wegen seiner Langatmigkeit: «Ich fürchte, ich langweile euch und verursache euch Kopf- und Magenschmerzen», worauf er von neuem loslegte. Die Dankesreden der Familie waren ebenso umschweifig. Endlich wurden die Geschenke der Begrüßungsgäste niedergelegt: bis zu zwanzig oder vierzig Mäntel und Gewänder bei der führenden Schicht; bei den Plebejern beschränkten sich die Geschenke auf Speise und Trank.

Bei diesen Lustbarkeiten ließ der Vater einen *tonalpouhqui* oder Wahrsager, der mit Sinn und Deutung der Heiligen Bücher vertraut war, kommen. Dieser erhielt für seine Dienste ein paar Stoffe, Truthähne und seinen Anteil am Taufmahl; seine Arbeit begann damit, daß er sich nach dem genauen Augenblick der Geburt erkundigte, um bestimmen zu können, unter welchem Zeichen das Kind geboren war. Sodann schlug er in seinem *tonalamatl* nach, um das Zeichen des Geburtstages zu finden und die Dreizehntagereihe, in die es gehörte.

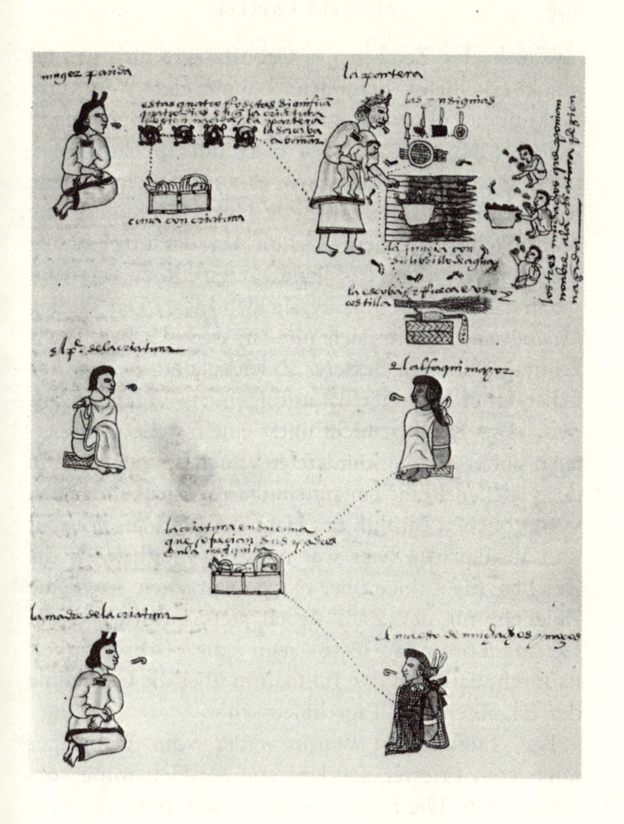

TAUFE EINES KINDES

Wurde das Zeichen des Geburtstages als gut und glückverheißend befunden, konnte der Wahrsager verkünden: «Euer Sohn ist unter einem günstigen Zeichen geboren, er wird Herr oder Senator sein, reich, tapfer und kriegerisch, er wird sich im Kriege hervortun und unter denen, die Heere befehligen, eine hohe Stelle erreichen.» Schon am darauffolgenden Tage konnte man das Kind taufen. Aber was tun, wenn das Zeichen unheilverheißend war? Der findige *tonalpouhqui* mühte sich nun, in der gleichen Dreizehntagereihe ein besseres Zeichen, und zwar möglichst unter den vier darauffolgenden Tagen zu finden. «Das Kind ist nicht unter einem günstigen Zeichen geboren», verkündete er, «doch befindet sich in der gleichen Reihe ein annehmbares Zeichen, das den verderblichen Einfluß des Hauptzeichens abschwächt und ausgleicht.» Dies war meistens möglich, da die Zeichen, die Zahlen über zehn entsprachen, sowie die Zeichen mit der Zahl sieben stets günstig waren. Genaugenommen löste man die Schwierigkeit dadurch, daß man das Taufdatum über die Grenzlinie der erlaubten vier Tage hinausschob.

Die Taufe selbst wurde weder vom Wahrsager noch vom Priester, sondern von der Hebamme vorgenommen. Die Feier umschloß zwei Teile: die rituelle Waschung des Kindes und die Namengebung.

Man begann mit der Bereitstellung von Speise und Trank für das anschließende Familienessen. Auch stellte man einen kleinen Schild, einen Bogen und vier Pfeile (für die vier Himmelsrichtungen) her, wenn das Kind ein Knabe war; war es ein Mädchen, so verfertigte man kleine Spindeln, ein Weberschiffchen und ein Kästchen. Alle Verwandten und Freunde versammelten sich vor Sonnenaufgang im Hause der Wöchnerin.

Sowie der Tag anbrach, stellte man im Garten oder Innenhof die Sinnbilder auf. Die Hebamme, in der Hand einen Krug mit Wasser, wandte sich zum Neugeborenen und sprach: «Adler, Jaguar, tapferer Krieger, du mein Enkel! Nun bist du in die Welt gekommen, Vater und Mutter, der große Gott und die große Göttin haben dich ins Leben gerufen. In deinem Haus bist du gezeugt und geboren worden, bei den höchsten Göttern, bei dem großen Gott und der großen Göttin, die über den neun Himmeln wohnen. Quetzalcoatl, der Allgegenwärtige, hat dir diese Gunst gewährt. Aber nun vereinige dich mit der Göttin des Wassers, Chalchiuhtlicue, Chalchiuhtlatonac.» Mit feuchten Fingern tupfte sie ein paar Tropfen Wasser auf seinen Mund: «Nimm und empfange, denn vom Wasser wirst du auf dieser Erde leben, vom Wasser wächst und grünst du; das Wasser schenkt uns, was uns nottut zum Leben. Empfang dieses Wasser.»

Danach befeuchtete sie die Brust des Kindes mit der Hand: «Sieh das himmlische Wasser, sieh das reine Wasser, das dein Herz reinwäscht und allen Makel tilgt. Empfang es. Möge es dein Herz reinigen.» Hierauf besprengte sie seinen Kopf mit ein paar Tropfen: «Möge dies Wasser deinen Körper durchdringen, möge es darin leben, das himmlische Naß, das blaue Wasser!» Endlich wusch sie den ganzen Körper des Kindes und sprach dabei die Formel zur Vertreibung der bösen Geister: «Wo du auch seiest, du, der diesem Kind schaden könnte, rühr es nicht an, hebe dich hinweg von ihm, denn nun ist das Kind von neuem geboren, von neuem hat unsere Mutter Chalchiuhtlicue ihm Gestalt und Leben gegeben.»

Nach den vier Wasser-Riten hob die Hebamme das Kind unter Anrufung des Himmels und der gestirnten Gottheiten viermal zum Himmel empor. Die heilige Zahl bestimmte also die Gebärden der Überlieferung. Die letzte Taufformel rief auch die Erde, göttliche Gattin der Sonne, an. Dann nahm die diensttuende Priesterin Schild und Pfeile und flehte zu den Göttern, sie möchten aus dem Knaben einen mutigen Krieger machen, «damit er dereinst in euren Freudenpalast eingehen möge, wo die auf der Walstatt gefallenen Krieger in ewiger Ruhe wandeln». Die Tauffeier für das Mädchen ging ähnlich vor sich wie die soeben beschriebene, doch stellte man das Kind nicht der Sonne, dem Gott der Männer und Krieger, vor. Nach der rituellen Waschung wandten Hebamme und Eltern sich mit rührender Feierlichkeit an die Krippe, in der das Mädchen schlummern sollte, und riefen sie mit dem Namen Yoalticitl, «die nächtliche Heilerin», an. «Die du seine Mutter bist, nimm's an, o greise Göttin. Füg ihm keinen Schaden zu, wach liebend über seinen Schlaf.»

Nach Beendigung der Riten wählte man den Namen und verkündigte ihn der Taufversammlung.

Die alten Mexikaner trugen keinen Geschlechtsnamen, jedoch übertrugen sie gewisse Namen nicht selten vom Ahnen einer Familie auf den Enkel. Dazu wurde auch das Geburtsdatum in Betracht gezogen: zum Beispiel erhielt ein Kind, das während der Dreizehntagereihe des Zeichens *ce miquiztli* unter dem Einfluß von Tezcatlipoca geboren wurde, einen der Beinamen dieses Gottes.

Bei gewissen Stämmen, namentlich bei den Mixteken, trug ein jeder den Namen seines Geburstages, zum Beispiel «sieben-Blume-Adlerfeder» oder «vier-Kaninchen-Blumenkranz». Die Vielfalt der mexikanischen Eigennamen war überraschend groß. Blättert man in den Texten, so stößt man auf Namen wie Acamapichtli (Rohrbündel), Chimalpopoca (rauchender Schild), Itzcoatl (Schlange aus Obsidian), Xiuhcozcatl (Türkishalsband), Quauhcoatl (Schlangen-Adler), Citlalcoatl (Sternschlange), Tlacateotl (göttlicher Mensch), Quauhtlatoa (sprechender Adler). Frauen gab man zierliche Namen wie Matlalxochitl (grüne Blume), Quiauhxochitl (Regenblume), Miahuaxihuitl (Türkis-Maisblume), Atototl (Wasservogel). Allen diesen Namen, wie auch Städte- und Gebirgsnamen, konnte man in den geschichtlichen Handschriften als Bilderschrift begegnen[33].

Das Fest endete mit einem Familienschmaus, und zum Schluß durfte das Alter sich den Freuden des Trunkes ergeben.

Kind und Jugend, Erziehung

Im *Codex Mendoza* finden wir in einer in zwei Spalten unterteilten Bilderreihe, links für die Knaben, rechts für die Mädchen, eine Zusammenstellung der Ausbil-

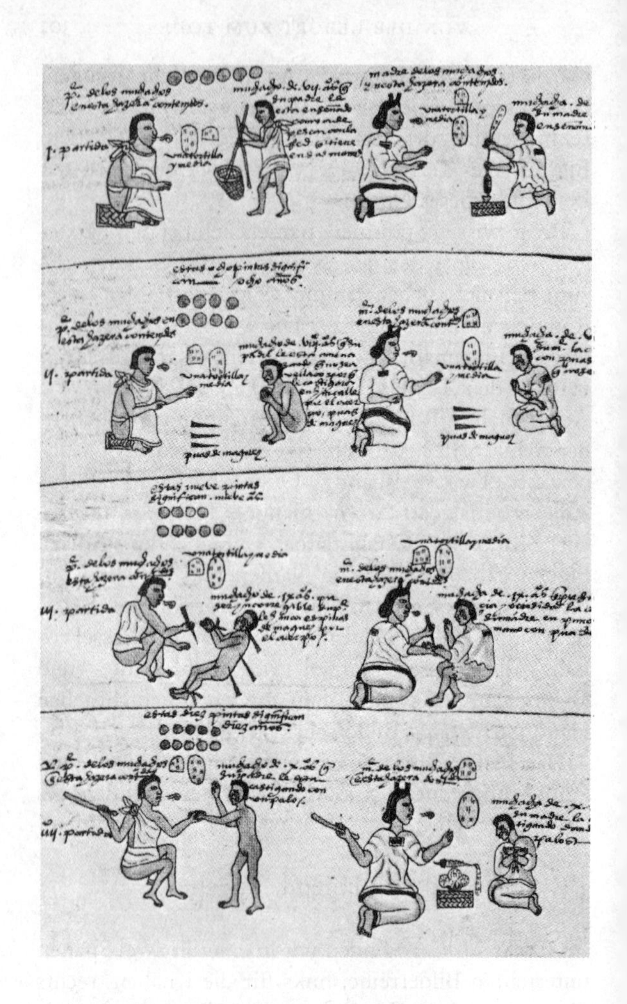

ERZIEHUNG DER KNABEN

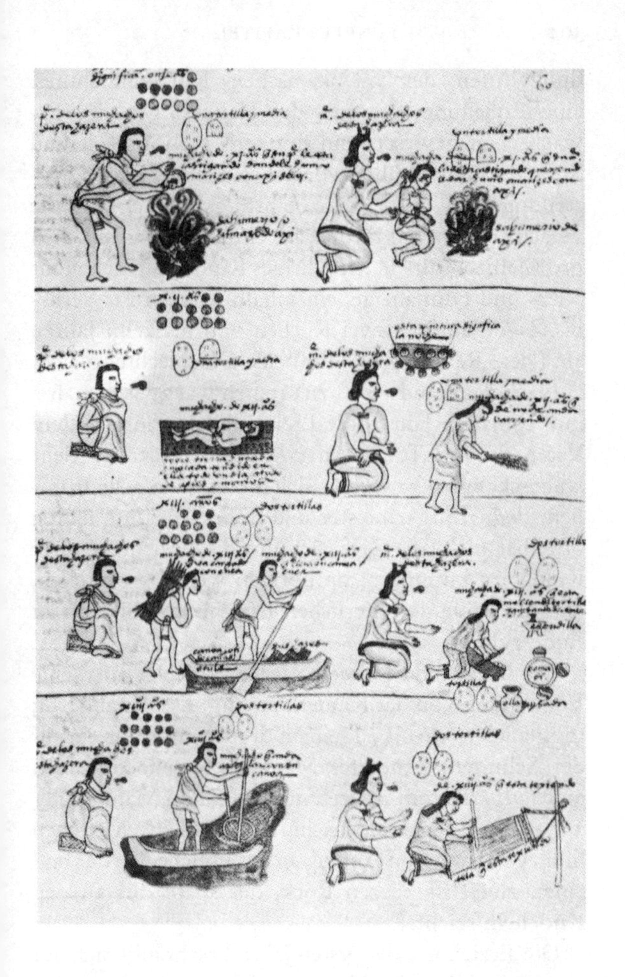

ERZIEHUNG DER MÄDCHEN

dungsstufen der mexikanischen Kindererziehung: eine Erziehung, die eine der Hauptsorgen der Erwachsenen gewesen und mit sehr viel Sorgfalt und Strenge durchgeführt worden sein muß. Diese Aufstellung gibt auch die Ernährungsrationen für die verschiedenen Kindesalter an, ein halber Maiskuchen pro Mahlzeit für ein dreijähriges Kind, ein Kuchen für Vier- und Fünfjährige, eineinhalb Kuchen für Sechs- bis Zwölfjährige, zwei Kuchen von dreizehn Jahren ab. Diese Rationen sind für beide Geschlechter gleich.

Nach der Handschrift zu urteilen war zwischen drei und fünfzehn Jahren die Erziehung des Sohnes dem Vater, die der Tochter der Mutter anvertraut. Sehr wahrscheinlich handelt es sich hier um einfache Familien, denn Bürgermeister und höhere Beamte hatten offenbar nicht die Zeit, sich um die Erziehung ihrer Kinder zu kümmern; im übrigen werden wir sehen, daß die Rolle der elterlichen Erziehung sehr früh zu Ende geht.

Die Bilder des *Codex Mendoza* geben uns eine Vorstellung von der Kinderkleidung. Der Knabe trug möglicherweise bis zu seinem dreizehnten Jahr ein auf der Schulter geknotetes Mäntelchen, jedoch keinen *maxtlatl:* erst vom dreizehnten Jahr, dem Mannesalter an, trug er den Lendenschurz. Das kleine Mädchen hingegen trägt von Anfang an das übliche Mieder und einen zunächst kurzen Rock, der später bis zu den Knöcheln reicht.

Die Erziehung der ersten Jahre beschränkt sich auf gute Ratschläge der Eltern (ein blauer edelsteinfarbener Schnörkel tritt auf den Bildern aus ihren Mündern) sowie auf die Ausübung kleiner Hauspflichten. Der Knabe lernt Wasser und Holz holen, begleitet seinen Vater zum Markt und trägt die auf dem Boden verstreuten Maiskerne zusammen. Das Töchterchen sieht seiner Mutter beim Spinnen zu, lernt aber die Spindel erst mit sechs Jahren handhaben. Vom siebten bis zum vierzehnten Jahre lernen die Knaben fischen und auf der Lagune segeln, während die Mädchen die Baumwollfaser spinnen, das Haus fegen, den Mais auf dem *metlatl* mahlen lernen und sich in der Kunst des Webens, die eine geschickte Hand verlangt, versuchen.

Also eine im wesentlichen praktische Erziehung, die darüber hinaus äußerst streng ist: bei einem faulen Kind hagelt es Strafen, die Eltern kratzen es mit Agavendornen oder zwingen es, den scharfen Rauch eines Feuers einzuatmen, in dem roter Pfeffer brennt. Die mexikanischen Erzieher scheinen Anhänger einer spartanischen Methode gewesen zu sein.

Im fünfzehnten Lebensjahr konnten die jungen Leute nach dem *Codex Mendoza* entweder in den *calmecac,* einen Tempel oder ein Kloster, eintreten, wo ihre Erziehung von Priestern vorgenommen wurde, oder in eine Schule, die *telpochcalli,* «Haus der jungen Leute», genannt wurde, gehen, deren Leitung in den bewährten Händen erprobter Krieger lag. Doch widerspricht das Aktenstück an dieser Stelle anderen zuverlässigeren Quellen. Es scheint, daß die Erziehung im Elternhause viel früher aufhörte. Es gab Väter, die ihre Söhne schon dem *calmecac* übergaben, wenn sie soeben gehen konnten; auf jeden Fall traten die Knaben zwischen sechs und neun in die Schule ein.

Wie man sieht, gab es also zwei Möglichkeiten: die Eltern konnten ihre Kinder in den *calmecac* oder in den *telpochcalli* schicken. Im Grunde waren im *calmecac* nur die Söhne und Töchter von Würdenträgern zugelassen, doch konnte er anscheinend auch von Kindern der Kaufleute besucht werden; ein Absatz in Sahagúns Bericht läßt sogar darauf schließen, daß auch die Kinder von Plebejerfamilien im *calmecac* Zutritt hatten. Diese Annahme wird noch durch die Tatsache bestärkt, daß die Hohenpriester «ohne Rücksicht auf ihre Herkunft, ausschließlich nach Sittenstrenge, Auftreten, Dogmenkenntnissen und Lebensführung ausgesucht wurden». Daher mußte der Priester zwangsläufig in einem *calmecac* erzogen worden sein.

Mexiko besaß verschiedene *calmecac,* die alle einem bestimmten Tempel angeschlossen waren. Ihre Verwaltung und die Erziehung der dort untergebrachten jungen Leute oder jungen Mädchen unterstanden dem Mexicatl Teohuatzin, dem «Generalvikar» der mexikanischen Kirche. Dagegen besaß jedes Stadtviertel mehrere *telpochcalli,* deren Verwaltung dem *telpochtlatoque,* dem «Lehrmeister der jungen Mädchen», der Laienbeamter und kein Priester war, unterstand.

Im großen ganzen diente der «Gymnasial»-Unterricht der *calmecac* als Vorbereitung zum Priesterberuf einerseits und zur höheren Beamtenlaufbahn andererseits: daher war er streng und stellte hohe Anforderungen an die Schüler. Der *telpochcalli* bildete den

«Durchschnitts»-Bürger heran – was übrigens nicht ausschloß, daß auch einer unter ihnen die höchste Stufenleiter im Staatsdienst erklomm –, ließ seinen Schülern viel mehr Freiheit und behandelte sie weniger streng als die Priesterschule ihre Zöglinge.

Für die Schüler des *calmecac* gab es keine Nachtruhe ohne Unterbrechung. Mitten in der Nacht mußten sie aufstehen, an dem für jeden von ihnen vorgeschriebenen Ort im Gebirge den Göttern Weihrauch opfern und mit Agavendornen aus Ohren und Beinen Blut pressen. Häufiges und strenges Fasten gehörte zu ihrer Ausbildung. Die Feldarbeit auf den Tempelgütern war hart, das leiseste Vergehen wurde unerbittlich geahndet.

Das Schwergewicht dieser Erziehung lag auf Opfer und Selbstverleugnung. «Höre, mein Sohn», sagte ein Vater zu seinem Sohn, der in die Klosterschule eintrat, «du wirst weder Ehre noch Gehorsam oder Achtung ernten. Vielmehr wirst du vernachlässigt, verachtet und erniedrigt werden. Jeden Tag wirst du Agavendornen schneiden, um Buße zu tun, Blut wirst du deinem Körper mit diesen Dornen abfordern, und des Nachts wirst du baden, selbst wenn es kalt ist... Stähle deinen Körper in der Kälte... Und wenn die Fastenzeit kommt, so brich sie nicht und lasse dir beim Fasten und bei Bußübungen nichts anmerken.» Diese Schulung zielte vor allem auf Selbstbeherrschung und Härte gegen sich selbst ab. Man lernte dabei auch «mit Anstand reden, grüßen und sich verbeugen». Endlich «unterwiesen die Priester die jungen Leute in den heiligen Gesängen, die in ihren Büchern standen, wie auch in der indianischen Sternkunde, in Traumdeutung und Jahresberechnung».

Die Mädchen wurden schon im zarten Alter dem Tempeldienst geweiht, sei es auf ein paar Jahre, sei es bis zu ihrer Hochzeit. Unter der Leitung erwachsener Priesterinnen, die sie unterrichteten, führten sie ein keusches Leben, erlernten die Verfertigung feiner gestickter Gewebe, nahmen an den Riten teil und brachten den Gottheiten mehrere Male in der Nacht Brandopfer dar. Sie trugen den Titel einer Priesterin.

Sehr verschieden davon und viel weniger streng war das Leben der anderen jungen Leute gestaltet. Der Knabe, der in das *telpochcalli* eintrat, mußte sich lästigen und wenig glanzvollen Arbeiten wie der Reinigung der Schulräume unterziehen. Auch wurde er gruppenweise zum Holzschlagen herangezogen und zum Arbeitsdienst an öffentlichen Arbeiten wie der Instandsetzung von Gräben und Kanälen und dem Anbau von Gemeindeland eingeteilt. Aber bei Sonnenuntergang «gingen alle jungen Leute zu Gesang und Tanz in ein Haus mit Namen *cuicacalco* (das Haus des Gesanges), dort tanzte der Knabe mit den anderen Jugendlichen bis nach Mitternacht. Wer eine Geliebte hatte, schlief bei ihr».

Die Erziehung ließ wenig Raum für religiöse Übungen, Fasten und Kasteiung übrig, die im Lehrplan der *calmecac*-Schüler so viel Platz einnahmen. Alles war auf ihre Kriegstauglichkeit abgestimmt; vom jüngsten Knabenalter an verkehrten sie nur mit erprobten Kriegern, deren Taten sie bewunderten und davon träumten, es ihnen dereinst gleichzutun. Solange sie Junggesellen waren, führten sie ein Gemeinschaftsleben, das Tanz und Gesang und die Gesellschaft von jungen Frauen, den *auianime,* die von oberster Stelle als Kurtisanen der Zöglinge zugelassen waren, auflockerte.

Die beiden geschilderten Erziehungsweisen sind so verschieden voneinander, daß sie in mancher Hinsicht als Gegensätze erscheinen. Sahagún, der die Partei der Adligen und ehemaligen Schüler des *calmecac* ergreift, behauptet, die jungen Leute der *telpochcalli* «führen kein anständiges Leben, unterhalten sie doch Kurtisanen, reden leichtfertig und ironisch daher und drükken sich hochmütig und anmaßend aus». Diese Gegensätzlichkeit kam trotz großer Duldsamkeit der öffentlichen Meinung bei gewissen Gelegenheiten zum Ausbruch: zum Beispiel im Monat Atemoztli, wenn die jungen Leute der *calmecac* und der *telpochcalli* im Scheinkampf aufeinander losgingen.

Gehen wir dieser Gegnerschaft auf den Grund, so stoßen wir auf die gegenseitige Feindschaft der Götter, die die beiden Zweige dieser Erziehung betreuen. Der Gott der *calmecac,* gleichzeitig Gott der Priester im wahrsten Sinne, ist Quetzalcoatl, die Gottheit der Aufopferung und der Buße, des Buches, des Kalenders und der Kunst, ein Sinnbild der Selbstverleugnung und der Kultur. Der Gott der jungen Leute ist Tezcatlipoca, auch Telpochtli, «der junge Mann», und Yaotl, «der Krieger» genannt. Er ist der Erzfeind von Quetzalcoatl, den er einstmals mit seiner Zauberei aus dem irdischen Paradies von Tula vertrieben hatte.

Läßt man einen Knaben in den *calmecac* eintreten, so heißt das, daß man ihn Quetzalcoatl weiht; ihn in den *telpochcalli* schicken, bedeutet, ihn Tezcatlipoca anvertrauen. Hier stehen sich zwei Lebensauffassungen hinter dem Antlitz dieser beiden Gottheiten gegenüber: einmal das Priesterideal der Selbstaufgabe, der Stern- und Zeichenkunde, der Kontemplation und der Keuschheit; andererseits das Kriegerideal, bei dem der Schwerpunkt auf Handlung, Kampf, Gemeinschaftsleben und den flüchtigen Freuden der Jugend liegt. Es gehört zu den eigenartigsten Zügen der Aztekenkultur, daß eine so kriegsbegeisterte Gesellschaft zur Bildung ihrer Elite die Lehre von Quetzalcoatl gewählt und Tezcatlipoca die zahlreichste, aber dafür weniger angesehene Schicht überlassen hat.

Ein tieferes Eingehen auf diese Gesellschaftsordnung würde zweifellos grundlegende Widersprüche aufdecken, und diese Widersprüche würden uns vermutlich die inneren Spannungen erklären, welche die Mexikaner bei bestimmten Gelegenheiten in ritueller Form auszugleichen suchten. Der Ursprung dieser Widersprüche aber ist in der Überlagerung und Vermischung verschiedener Kulturen zu suchen, die zur Bildung der mexikanischen Kulturform, so wie sie zur Zeit der Eroberung aussah, beigetragen haben. Es handelt sich in der Hauptsache um den Einfluß der Tolteken, der durch die seßhafte Bevölkerung des Hochtales, zusammen mit dem der Nomadenstämme, denen die Azteken selbst angehörten, in die mexikanische Kultur einging, so daß die Zweiheit im Gedankengut des Urvolkes im Beispiel der feindli-

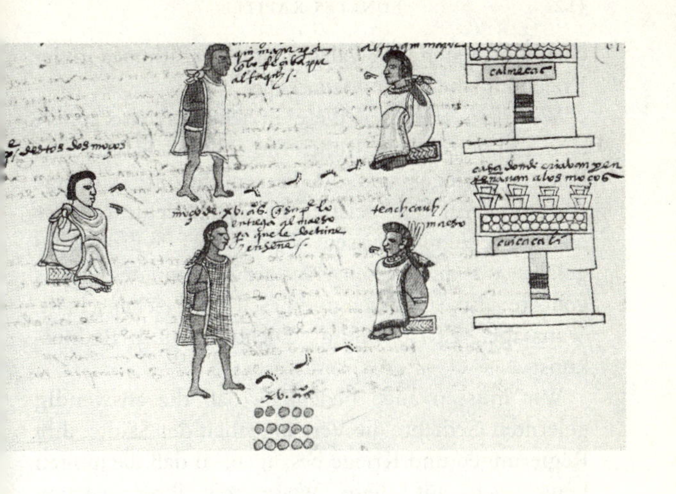

UNTERRICHT IN DER SCHULE
FÜR PRIESTER (OBEN)
UND KRIEGER (DARUNTER)

chen Gottheiten Quetzalcoatl und Tezcatlipoca in der Erziehungsmethode wiederkehrt.

Wie dem auch sei, diese Erziehungsweise spielte eine unübersehbare Rolle. Sie schulte Hauptleute, Priester, Krieger und die Frauen für ihre künftige Aufgabe. Auf rein geistige Erziehung legte nur der *calmecac* einen gewissen Wert. Dort wurde alles gelehrt, was zur Wissenschaft der Zeit und des Landes gehörte: also Schreiben und Lesen der Zeichenschrift, Wahrsage, Zeitrechnung, Dichtung und Rednerkunst.

Wir müssen auch bedenken, daß die auswendig gelernten Gedichte die Vergangenheit der Städte, ihre Regierungen und Kriege besangen, so daß die jungen Leute sich auf diese Weise mit ihrer eigenen Geschichte vertraut machten. Im *telpochcalli* vermittelten Tanz, Musik und Gesang den künftigen Kriegern nur einen sehr geringen Bildungsgrad. Im übrigen zielte die mexikanische Erziehung beider Gruppen auf die Ausbildung von Willensstärke, Körperkraft und Bereitschaft zum Gemeinwohl ab. Die Standhaftigkeit, welche die Azteken in der schrecklichsten Prüfung ihrer Geschichte an den Tag legten, beweist zur Genüge, daß ihr Bildungsideal ihr Ziel erreicht hatte.

Wenn sich nun ihr Erziehungssystem auch in zwei unterscheidbare Äste gabelt, so ist dennoch deutlich zu erkennen, daß diese Trennungslinie keine unüberwindliche Schranke für junge Leute unbemittelter oder kleiner Herkunft bildete, da die höchsten Ämter wie das des *tlacochcalcatl* den ehemaligen Schülern der

Volksschule zugänglich waren. Die Söhne dieser Plebejer wiederum waren in der Schule der Elite zugelassen.

Es ist bemerkenswert, daß ein Volk von Ureinwohnern auf amerikanischem Boden zu jener Zeit schon die allgemeine Schulpflicht eingeführt hatte und daß kein mexikanisches Kind des 16. Jahrhunderts, gleichviel welcher gesellschaftlichen Herkunft, ohne Schulbildung heranwuchs. Es genügt, diesen Stand der Dinge mit unserem klassischen Altertum oder mit unserem Mittelalter zu vergleichen, um zu begreifen, mit welcher Sorgfalt die Kultur der mexikanischen Ureinwohner trotz aller Begrenzung ihre Jugend zu fördern und ihre Untertanen heranzubilden trachtete.

Heirat, Familienleben

Vom zwanzigsten Jahre ab konnte der Jüngling heiraten. Die Mehrzahl der Mexikaner heiratete zwischen zwanzig und zweiundzwanzig Jahren. Nur die hohen Würdenträger und die Herrscher konnten jahrelang mit Konkubinen zusammenleben, bevor sie offiziell heirateten, wie der Fall des Königs von Texcoco, Nezaualcoyotl, beweist. Die Heirat war vor allem eine Familienangelegenheit und keineswegs die Angelegenheit eines einzelnen; wenigstens ist dies die überlieferte Lesart. Möglicherweise konnten die jungen Leute ihren Eltern gegenüber ihre Wünsche verlauten lassen. Um aber vom Zölibat in den Stand der Ehe einzumünden, das heißt, um ein wirklicher Erwachsener zu werden, mußte man zunächst vom Schuldienst des *calmecac* oder des *telpochcalli* befreit werden und dazu die Genehmigung der Lehrmeister einholen, unter deren Leitung man so viele Jahre gelebt hatte. Ein Festessen, das die Familie den Lehrern gab, erlaubte diese Genehmigung zu beantragen und zu erhalten.

Man lud also die *telpochtlatoque* zu einem Gastmahl ein, das je nach den Mitteln der Familie mehr oder weniger üppig ausfiel. *Tamales,* verschiedene Ragouts und Kakao wurden gereicht. Die Lehrmeister ließen sich die Gerichte schmecken und rauchten die angebotene Pfeife. Und im Wohlgefühl, das ein gutes Mahl hinterläßt, brachten sodann der Vater des jungen Mannes, die Ältesten der väterlichen Familie und die Ratgeber des Stadtviertels unter großem Gepränge eine polierte Steinhacke in den Saal und richteten an die Lehrmeister folgende Ansprache: «Herren und hier versammelte Lehrmeister der jungen Leute: Seid nicht betrübt, wenn euer Bruder, unser Sohn, eure Gesellschaft verläßt. Er wünscht sich nunmehr eine Frau zu nehmen. Seht diese Hacke: sie ist das Zeichen, daß dieser Knabe sich von euch trennen will gemäß unserer alten mexikanischen Sitte. Nehmt sie entgegen und gebt unsern Sohn frei.» Worauf ein *telpochtlato* antwortete: «Wir und die Schulkameraden eures Sohnes haben alle gehört, daß ihr seine Heirat beschlossen habt und daß er uns auf immer verlassen will: es sei, wie ihr wünscht.» Die Lehrmeister nahmen daraufhin die Hacke entgegen, bestätigten mit dieser symbolischen Handlung, daß der junge Mann aus der Schule austrat, und verließen unter Ehrenbezeigungen das Haus.

Natürlich war all dies von Anfang an vorgesehen: Mahlzeit, Anfrage und Entgegnung, jedoch offenbart sich hier wieder einmal die Formentreue der Indianer und ihr Gefallen an traditionsgebundenen Handlungen und Wortbräuchen. Nach Motolinía trennte der *telpochtlato* sich nicht von seinen Schülern, ohne eine Abschiedsrede zu erhalten, «in der er sie ermahnte, treue Gottesdiener zu werden, die Lehren der Schuljahre nicht zu vergessen und, da sie entschlossen waren, eine Frau zu nehmen und einen Hausstand zu gründen, männlich für die Ernährung und Bewahrung ihrer Familie zu arbeiten... Er rief ihnen auch ins Gedächtnis zurück, daß sie im Kriege mutige und tapfere Soldaten sein sollten.» Auch die Mädchen «ließ man nicht ohne Ratschläge und Lehren ziehen, sondern richtete im Gegenteil lange Ermahnungen an sie, besonders, wenn sie Töchter von Herren und Würdenträgern waren».

Drei Gebote schärfte man ihnen als Lebensregel ein: Gott zu dienen, Sittsamkeit zu bewahren, ihren Gatten zu lieben, zu achten und ihm untertan zu sein. «Obschon die Mexikaner ungläubig waren», fügte der Missionar hinzu, «so fehlte es ihnen doch nicht an guten Sitten.»

Hatten die Eltern des jungen Mannes die Wahl seiner zukünftigen Gattin entschieden – nicht ohne die Wahrsager befragt zu haben, welche Vorbedeutung man den Zeichen, unter denen die künftigen Eheleute geboren waren, entnehmen könne –, so traten die *cihuatlanque* oder betagte Frauen als Vermittlerinnen zwischen den Familien auf den Plan. Denn kein derartiger Schritt durfte ohne Vermittlung getan werden. Die Matronen suchten also die Eltern des jungen Mädchens auf und «setzten ihnen mit umschweifiger und geschmückter Rede den Zweck ihrer Mission auseinander». Der Brauch wollte es, daß man ihnen das erstemal mit einer höflichen Ablehnung und unterwürfigen Entschuldigung antwortete. Das junge Mädchen sei noch nicht heiratsfähig, sie sei dessen, der um ihre Hand anhielt, nicht würdig.

Im übrigen wußte natürlich jedermann, woran man sich zu halten hatte und worum es ging: ohne sich im mindesten zu beunruhigen, kamen die Matronen am nächsten Tag oder einige Tage später wieder, und schließlich ließen sich die Eltern zu folgender Antwort herbei: «Wir verstehen nicht, wie der junge Mann sich in seiner Wahl derartig täuschen kann, denn unsere Tochter taugt zu nichts und ist töricht. Da ihr jedoch mit solcher Hartnäckigkeit auf eurer Wahl zu bestehen scheint, müssen wir die Sache zunächst einmal mit Onkeln und Tanten und der männlichen und weiblichen Verwandtschaft des Kindes besprechen, auch werden wir unser Töchterchen von eurem Antrag in Kenntnis setzen. Kommt daher morgen wieder, damit wir mit der Angelegenheit ins Reine kommen können.»

Wenn nach einer Familienberatung die Zustimmung aller Beteiligten endlich erfolgt war, teilte die Familie des jungen Mädchens den Eltern des jungen Mannes ihren günstigen Beschluß mit. Somit brauchte man nur noch den Hochzeitstag festzusetzen: dafür befragte man wieder einmal die Wahrsager, damit die Verheiratung unter einem günstigen Zeichen, wie zum Beispiel *acatl* (Rohr), *ozomatli* (Affe), *cipactli* (Seeungeheuer), *quauhtli* (Adler), *calli* (Haus), vor sich gehe. Auch mußte man an die Gerichte, den Kakao, die Blumen und Pfeifen für die Hochzeitsfeierlichkeiten denken. Man bereitete drei Tage und Nächte lang *tamales,* geschlafen wurde während der Arbeiten kaum. Denn die Hochzeit war ein wichtiges Ereignis, sofern die Familie auch nur die geringsten Mittel besaß und einigermaßen Wert auf Aufmachung legte. Man lud alle Eltern und Freunde, die ehemaligen Lehrmeister der Verlobten und die «Honoratioren» des Stadtteils oder der Stadt ein.

Die eigentliche Hochzeit fand im Hause des jungen Mannes gegen Einbruch der Nacht statt. Vorher wurde den ganzen Tag im Hause der Braut gefeiert. Um die Mittagsstunde gab es ein ausgedehntes Mahl, die alten Leute taten sich am *octli* gütlich, die verheirateten Frauen brachten die Geschenke herbei. Nachmittags nahm die Braut ein Bad und wusch sich die Haare. Man schmückte ihre Arme und Beine mit roten Federn und malte ihr das Gesicht mit *tecozauitl* hellgelb an. In dieser Zierde setzte sie sich am Herd auf einer von Matten bedeckten Erhöhung nieder. Die ältesten Familienmitglieder ihres Verlobten stellten sich ihr nun unter feierlichen Verbeugungen vor: «Unsere Tochter», sagten sie, «du ehrst uns alte Männer und Frauen deiner Verwandtschaft. Von nun an wirst du unter die Frauen gezählt, nun bist du kein Kind mehr, sondern stehst auf der Schwelle des Erwachsenseins. Arme Kleine! Nun mußt du dich von Vater und Mutter trennen. Unsere Tochter, wir heißen dich willkommen und wünschen dir viel Glück!»

Und die Braut antwortete. Man mag sie sich bewegt und ein wenig unsicher vorstellen, gewohnt, wie sie durch ihre Erziehung war, ihre Gefühle zu verbergen und sich zur Ruhe zu zwingen; wir sehen sie mit Federn und Blumen geschmückt, bemalt und in reiche, buntbestickte Gewänder gekleidet. Sie sprach also: «Ihr habt ein gutes Herz, die Worte, die ihr an mich gerichtet habt, sind mir teuer; der Rat, den ihr mir gabt, kam aus dem Mund wahrer Väter und Mütter. Ich bin euch für alles, was ihr für mich getan habt, von Herzen dankbar.»

Bei Einbruch der Nacht geleitete der Hochzeitszug die Braut in ihr neues Heim. An der Spitze kamen die Eltern des jungen Mannes «und viele alte ehrwürdige Frauen und Matronen»; dann die Braut, von einer bejahrten Frau auf dem Rücken getragen.

War sie aus gutem Hause, so wurde sie in einer Sänfte auf den Schultern zweier Träger in ihr künftiges Heim gebracht. Die jungen Mädchen des Viertels, ihre Verwandten und ihre unverheirateten Freundinnen begleiteten sie in zwei Reihen mit Fackeln in den Händen.

Unter dem Jubel des neugierigen Spaliers von Menschen, die der Braut «Glückliches Mädchen!» zuriefen, schlängelte sich der fröhliche Hochzeitszug

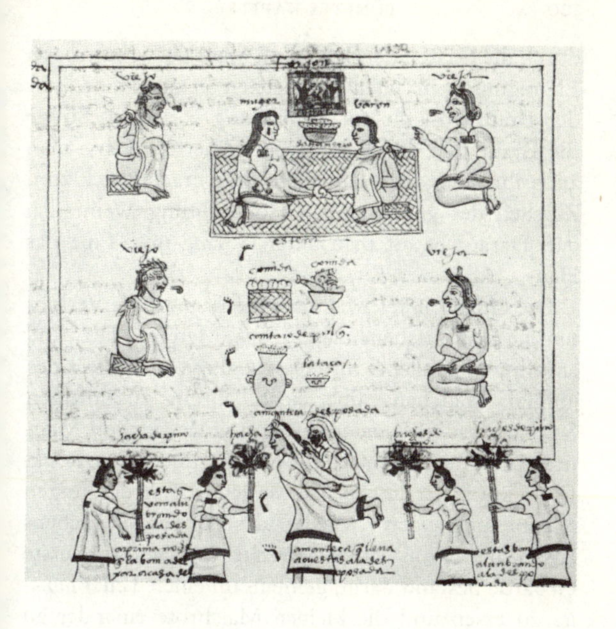

AZTEKISCHE HOCHZEIT

durch die Gassen der Stadt zum Haus des zukünftigen Ehemanns. Ein Weihrauchbecken in der Hand, trat der Bräutigam ihr zur Begrüßung entgegen. Sowie die Braut sich der Türschwelle näherte, reichte man auch ihr eines, und das junge Paar brachte sich zum Zeichen der gegenseitigen Hochachtung Weihrauch dar. Darauf betrat man unter Gesang und Tanz das Haus.

Die Hochzeitsfeier fand am Herd statt. Die Verlobten nahmen nebeneinander auf Matten Platz und empfingen zunächst ihre Geschenke. Die Mutter des jungen Mädchens überreichte ihrem zukünftigen Schwiegersohn Kleider, die Mutter des jungen Mannes schenkte der Braut ein Mieder und einen Rock. Dann knüpften die *cihuatlanque* den Mantel des jungen Mannes mit dem Mieder des jungen Mädchens zusammen. Nun waren sie verheiratet, und ihre erste Gebärde bestand darin, gemeinsam einen Teller *tamales* zu essen und die kleinen Maisbrote einander zu reichen.

Bis dahin drückte sich die Festfreude in Tanz und Gesang aus. Nun aber sprach man den Erfrischungen herzhaft zu, und diejenigen Gäste, die ihrem Alter nach Anspruch auf alkoholische Getränke hatten, gaben sich ohne Zögern dem Trunke hin. Indessen hatten die Gatten sich in das Hochzeitsgemach zurückgezogen, verharrten dort aber vier Tage lang im Gebet, bevor sie die Vereinigung vollzogen. Während dieser ganzen Zeit verließen sie den Raum nur, um zur Mittagsstunde und zur Mitternacht auf dem Hausaltar Weihrauch abzubrennen. In der vierten

Nacht richtete man ihnen ein Bett aus Matten her, zwischen die man Federn und ein Stück Jade legte – wahrscheinlich als Sinnbild der Kinder, die aus dieser Ehe geboren werden sollten und daher stets als kostbare Federn und Edelsteine angesprochen wurden. Am fünften Tage badeten sie im *temazcalli,* und ein Priester besprengte sie zur Segnung mit Weihwasser.

In den Familien von Würdenträgern war die Feier des fünften Tages fast ebenso üppig wie die Hochzeit selbst: die Eltern segneten die Neuvermählten viermal mit Wasser und viermal mit *octli.* Die junge Frau legte einen Kopfschmuck von weißen Federn an und zierte Arme und Beine mit bunten Federn. Wiederum wurden Geschenke verteilt, und ein neues Gelage gab den beiden Familien und ihren Freunden erneut Gelegenheit zu Tanz, Gesang und Trank. Bei den Plebejern fiel die Veranstaltung bescheidener und auch weniger kostspielig aus, doch glich ihr Verlauf im großen ganzen unserer Beschreibung.

Wenigstens war das das Idealbild einer Hochzeit, die jedermann zu verwirklichen trachtete. In der Praxis kam es jedoch nicht selten vor, daß ein verliebtes Pärchen nicht um die Erlaubnis der Eltern bat und sich heimlich vereinte. Meist scheinen es die Plebejer gewesen zu sein, die keine Lust hatten, so lange zu warten, bis sie das für Geschenke und Festlichkeiten Notwendige gesammelt hatten. Wenn sie nach einiger Zeit so viel erspart hatten, um ihre Familien einladen zu können, suchte der junge Mann die Eltern seiner Frau auf und sprach zu ihnen: «Ich sehe meinen Fehler ein, wir haben unrecht gehandelt, uns ohne euer

Einverständnis zu vereinen ... Ihr müßt recht erstaunt gewesen sein, eure Tochter plötzlich zu vermissen (sic). Doch haben wir gemeinsam beschlossen, wie richtige Eheleute zu leben, und wollen nun versuchen, ein anständiges Leben zu führen und für uns und unsere Kinder zu arbeiten: verzeiht uns und gebt eure Zustimmung.» Die Eltern gaben ihr Einverständnis und «richteten Fest und Feier, wie es ihren ärmlichen Mitteln entsprach».

Dies waren also die Bedingungen und Festbräuche für die Hochzeit des Mannes mit seiner Hauptfrau, denn diese Art Hochzeit durfte nur mit einer Frau gefeiert werden: doch konnte er sich so viele Nebenfrauen nehmen, wie es ihm beliebte. Das Ehegesetz der Mexikaner scheint eine Zwischenlösung zwischen Ein- und Vielehe gewesen zu sein: eine einzige «gesetzmäßige» Gattin (diesen Ausdruck finden wir bei den Chronisten immer wieder), also diejenige, mit der man alle beschriebenen Bräuche gefeiert hat, aber eine unbestimmte Anzahl gesetzlich genehmigter Konkubinen, die auch ihren rechtmäßigen Platz im Heim hatten und in keiner Weise belächelt oder verachtet wurden. Der Geschichtsschreiber Oviedo überliefert uns die nachfolgende Unterhaltung, die er mit dem Spanier Juan Cano, dem dritten Ehemann von Doña Isabel Montezuma, der Tochter des Kaisers Montezuma II., geführt haben will.

Frage: Man hat mir gesagt, Montezuma habe einhundertundfünfzig Söhne und Töchter gehabt ... Woher wollt ihr also wissen, daß Doña Isabel, eure Frau, eine gesetzmäßige Tochter von Montezuma war, und wie stellte es ihr Schwiegervater an, um seine rechtmäßigen Kinder von den außerehelichen und seine richtigen Ehefrauen von seinen Konkubinen zu unterscheiden?

Antwort von Don Juan Cano: Für die Eheschließung mit der echten Frau herrschte folgende Sitte: man knüpfte den Zipfel des Mieders der Braut mit dem Kattunmantel des Bräutigams zusammen ... Wer ohne diesen Brauch heiratet, gilt nicht als verheiratet, und die Kinder dieses Bundes werden nicht als gesetzmäßig anerkannt und sind nicht erbberechtigt.

«Der König von Texcoco hatte so viele Frauen, wie er nur wollte, und zwar aus den verschiedensten Gesellschaftsschichten, doch nur eine rechtmäßige Gattin», schreibt der einheimische Chronist Pomar. Alle Texte gehen darin einig. Ixtlilxochitl sagt zum Beispiel, daß es die Gewohnheit der Herrscher war, «eine rechtmäßige Frau zu haben, damit sie einen Nachfolger gebären könne». Ein namenloser Eroberer berichtet gleichfalls, «daß die Indianer genau wie die Mauren so viele Frauen haben, wie sie ernähren können ..., daß aber eine über allen anderen steht, und deren Kinder sind zum Nachteil ihrer Halbgeschwister allein erbberechtigt». Muñoz Camargo führt aus, daß die rechtmäßige Gattin über die Konkubinen herrschte und daß sie selbst die Nebenfrau anzog und schmückte, mit der «ihr Gatte zu schlafen wünschte».

Es scheint außer Zweifel zu stehen, daß die halbwilden Volksstämme, die vom Norden gekommen waren, die Einehe betrieben, wie wir aus allen Berichten über ihre Lebensweise ersehen. Die Vielehe dürfte bei der seßhaften Bevölkerung der Mittelhochebene (den Ex-Tolteken) im Gebrauch geblieben und dadurch in die Sitten der Mexikaner nach und nach Eingang gefunden haben, zumal das Leben bei Herrscher- und Führerschicht üppiger wurde. Die Herrscher besaßen tatsächlich Hunderte, ja Tausende von Nebenfrauen (der König von Texcoco, Nezaualpilli, leistete sich mehr als zweitausend); es hatte sich sogar der Brauch herausgebildet, Städteabkommen durch Austausch von Frauen, die den verschiedenen Dynastien angehörten, zu besiegeln.

Die Ausdrücke «rechtmäßig» oder «unrechtmäßig», die nach der spanischen Eroberung unter dem Einfluß europäischer Vorstellungen in Gebrauch kamen, dürfen uns nicht irreführen; denn keinerlei Makel haftete an der Stellung der Nebenfrau und deren Kinder. Grundsätzlich waren wohl nur die Söhne der Hauptfrau nachfolgeberechtigt. Dennoch begegnen uns im Schrifttum massenhaft Beispiele des Gegenteils, wie das des Kaisers Itzcoatl, der der Sohn einer Konkubine recht bescheidener Abkunft war. Auf jeden Fall wurden die Kinder der Nebenfrauen durchweg als *pilli* angesehen und hatten im Bewährungsfalle Zugang zu den höchsten Ämtern. Es wäre ein vollkommener Irrtum, wollte man in ihnen «natürliche Kinder» oder gar «Bastarde» sehen und dazu noch mit jenem abfälligen Unterton, den unsere Welt in diese Bezeichnung legt oder jedenfalls legte.

Wenn also die Familie der Vielehe theoretisch anerkannt war und darum kein Problem aufwarf, so richteten die Eifersucht zwischen den Frauen des Gatten und der Wettstreit unter den Kindern dennoch viel Unheil an. Mitunter versuchten die Konkubinen aus Ränkesucht Zwietracht zwischen dem Mann und den Kindern der Hauptfrau zu stiften. So gelang es zum Beispiel einer Favoritin des Königs Nezaualcoyotl, auf das Haupt des jungen Prinzen Tetzauhpiltzintli, des «Wunderkindes», Unglück zu beschwören.

Dieser, Sohn des Königs und seiner rechtmäßigen Gattin, «besaß alle Gaben, welche die Natur einem erlauchten Fürsten zu verleihen vermag. Sein Charakter war von großer Ausgeglichenheit, er machte seinen Lehrern und Erziehern nicht nur keine Sorgen, sondern leistete auf allen Gebieten Großartiges: er war ein glänzender Philosoph, ein großer Dichter und ein schneidiger Soldat, selbst in den mechanischen Künsten war er nahezu unerreicht ... Da schnitt ein anderer Prinz, Sohn des Königs und einer Konkubine, aus einem Edelstein einen Vogel, und zwar so naturgetreu, daß er einem lebendigen Vogel zum Verwechseln ähnlich sah, und machte ihn seinem königlichen Vater zum Geschenk. Der König freute sich über das kostbare Kleinod und gedachte, ihn seinem Sohn Tetzauhpiltzintli, den er über die Maßen liebte, zu schenken.»

Wer hätte gedacht, daß diese reizende Familienszene in ein Drama ausarten könne? Aber so geschah es. Der Jüngling ging auf den Rat seiner Mutter, der Konkubine, zum König und sagte ihm, «daß der Prinz ihm eine ungehörige Antwort gegeben habe, die vermuten ließe, daß er sich gegen seinen Vater zu empören gedenke; daß er auch erklärt habe, das Kunsthandwerk, an dem der Halbbruder, der den Vogel geschnitten habe, so viel Gefallen finde, langweile ihn, denn sein Anliegen sei das Kriegshandwerk; daß er eines Tages die Welt zu beherrschen und möglicherweise seinen Vater zu überragen gedenke und daß er ihm bei diesen Worten ein großes Waffenlager gezeigt habe».

Der König, den diese Kunde aufbrachte, sandte einen seiner Vertrauensleute zu seinem Sohn. Der Abgesandte stellte fest, daß der dem jungen Prinzen eingeräumte Palast wirklich mit Waffen aller Art geschmückt war. Nun besprach der König Nezaualcoyotl sich mit den verbündeten Herrschern von Mexiko und Tlacopan und bat sie, seinen Sohn aufzusuchen, ihn zu tadeln und zurechtzuweisen. Aber die beiden Monarchen, denen die Schwächung der Nachbardynastie willkommen war, «gingen zum Prinzenpalast unter dem Vorwand, ihn zu besuchen und seine Bauten zu besichtigen. Dabei wurde er von einigen Offizieren, die ihn auf dem Rundgang begleiteten, unter dem Vorwand, ihm einen Blumenkranz um den Hals zu legen, erdrosselt... Als der König vom Tode des Prinzen, den er zärtlich liebte, erfuhr, weinte er bitterlich und beklagte die Hartherzigkeit der beiden Könige... Tagelang vergrub er sich traurig und geknickt in den Wäldern und beweinte sein Schicksal, denn er hatte keinen rechtmäßigen Sohn, der ihm in der Regierung nachfolgen konnte, obschon er von seinen Konkubinen sechzig Söhne und fünfundfünfzig Töchter besaß. Die meisten Knaben wurden berühmte Soldaten, und die Töchter heirateten Mitglieder seines Hofstaates oder gingen hohe Verbindungen in Mexiko oder Tlacopan ein; den einen wie den anderen schenkte er Land, Dörfer und Lehensgüter.»

Übrigens scheint es, daß die Königsfamilie von Texcoco einem tragischen Geschick verfallen war. Trieb das Schicksal den Nachfolger von Nezaualcoyotl, den König Nezaualpilli, nicht auch dazu, seinen eigenen Sohn zu töten? Sein ältester Sohn Huexotzincatzin war nämlich «außer den Günsten und Gaben, mit denen ihn die Natur bedacht hatte, ein Philosoph und Dichter von Rang; als solcher verfaßte er eine Satire auf die Dame von Tula, die Lieblingsfrau des Königs, und schickte ihr das Gedicht zu. Nun verstand auch sie sich auf die Kunst des Reimes. Und so kam es, daß die beiden Frage und Antwort in Gedichtform auszutauschen begannen. Dies löste den Verdacht aus, der Prinz mache der Favoritin den Hof. Die Geschichte kam vor Gericht, und da dies nach dem Gesetz als Hochverrat ausgelegt wurde, worauf der Tod stand, obschon der königliche Vater seinen Sohn herzlich liebte, mußte die Strafe vollstreckt werden.»

Im Vorbeigehen darf darauf hingewiesen werden, daß das geschilderte Palastdrama eine der entfernten Ursachen für den Fall des mexikanischen Kaiserreiches bildete. Da der von Nezaualpilli bestimmte Thronfolger unter den geschilderten Umständen ums Leben gekommen war, entspann sich unter mehreren seiner Halbbrüder tatsächlich ein wilder Streit, wer von ihnen den Thron von Texcoco besteigen solle. Er endete damit, daß einer aus ihrer Mitte, Ixtlilxochitl, aus Verdruß mit seiner Partei und seinen Truppen zu den Spaniern überging.

Die «Dame von Tula», die – wer weiß, ob absichtlich oder unabsichtlich – den tragischen Tod von Huexotzincatzin heraufbeschworen hat, stellt die vollendete Geliebte eines hohen mexikanischen Herrn dar. Ebenso gebildet wie schön – obschon sie nur die Tochter eines Kaufmanns war – wetteiferte sie mit dem König und den Großen des Hofes in Kenntnissen und in der Dichtkunst. Sie lebte in einem eigens für sie erbauten Palast, hielt eine Art privaten Hofstaat und «verstand es, den Monarchen willfährig zu machen».

Ob Haupt- oder Nebenfrauen, sie alle hatten anscheinend mehrere Kinder, so daß die Familien der Vielehe außerordentlich zahlreich werden konnten. Nezaualpilli hatte einhundertvierundvierzig Söhne und Töchter, davon elf von seiner rechtmäßigen Frau. Die *Crónica Mexicayotl* zählt zweiundzwanzig Kinder von Axayacatl, zwanzig von Auitzotl und neunzehn von Montezuma auf. Der *ciuacoatl* Tlacaeleltzin, Großwesir des Kaiserreiches unter Montezuma I., heiratete zuerst ein Edelfräulein von Amecameca, die ihm fünf Kinder schenkte, sodann zwölf Nebenfrauen, die ihm jede einen Sohn oder eine Tochter gebaren, doch fügt der Text hinzu, daß «andere Mexikaner behaupten, Tlacaeleltzin der Ältere, seines Zeichens ebenfalls *ciuacoatl,* habe dreiundachtzig Kinder gezeugt».

Es liegt auf der Hand, daß nur Würdenträger und Reiche sich solch zahlreiche Familien leisten konnten. Wenn die Vielehe sich auch auf die höheren Schichten beschränkte, so beschleunigte sie doch die Bevölkerungszunahme und schaffte ein Gegengewicht für die häufigen Kriegsverluste. Denn viele Männer kamen auf dem Schlachtfeld um und starben auf dem Opferstein, bevor sie heiraten oder jedenfalls Kinder zeugen konnten. In den Namenslisten bestimmter Chroniken kehrt die Bemerkung «gefallen im Kampf gegen Uexotzinco», «gefallen in der Schlacht bei Atlixco» wie ein Leitmotiv der Trauer ohne Unterlaß wieder. Die Witwen konnten Witwen bleiben, sich wiederverheiraten – es kam vor, daß eine Witwe einen Sklaven ihres verstorbenen Gatten heiratete und ihn zum Hausverwalter machte – oder die Nebenfrau eines Bruders des Verblichenen werden.

Der Mann war das unbestrittene Familienoberhaupt und die Atmosphäre des Familienlebens rein patriarchalisch. Man erwartete vom Ehemann, daß er seine Frauen gleich gut behandle, doch kam es vor, daß ein schlechter Gatte seine Unlust an einer der Frauen ausließ, was meist an der rechtmäßigen Gattin geschah, und ihr allerhand Schimpf und Beleidigungen zufügte. Eine derartige Haltung war streng verpönt. Der Herrscher von Tlatelolco, Moquiuixtli, hatte eine Schwester des mexikanischen Kaisers Axayacatl, die Prinzessin Chalchiuhnenetzin geheiratet. Nun roch sie aus dem Munde, «war spindeldürr und hatte kein Fleisch auf den Knochen: darum wollte ihr Gatte nichts von ihr wissen. Alle Geschenke, die ihr Bruder Axayacatl für sie schickte, nahm der König ihr weg und schenkte sie seinen Nebenfrauen. Die Prinzessin Chalchiuhnenetzin litt furchtbar: man zwang sie, in einer Ecke, der Wand zugekehrt, neben dem *metlatl* zu schlafen, als Decke bekam sie nur einen derben zerfetzten Mantel. Natürlich weigerte der König Moquiuixtli sich, bei ihr zu schlafen, und verbrachte seine Nächte ausschließlich in den Armen seiner Konkubinen, schönen Frauen, war doch die edle Chalchiuhnenetzin nicht schön von Gestalt, sondern hager, kraft- und saftlos, ihre Brust bestand nur aus Haut und Knochen. Daher liebte Moquiuixtli sie nicht und behandelte sie schlecht. Eines schönen Tages wurde dies ruchbar. Der Kaiser Axayacatl erzürnte darüber so sehr, daß es zwischen Mexiko und Tlatelolco zum Krieg kam. Darum spricht die Geschichte davon, daß Tlatelolco wegen seiner Konkubinen unterging.»

Nun darf man sich die mexikanischen Frauen auch wieder nicht als ewig Unmündige vorstellen. Im Rahmen einer vom Blickfeld des Mannes ausgerichteten Gesellschaftsordnung waren sie dennoch nicht so unsichtbar, wie es auf den ersten Blick aussieht. Im Altertum hatten die Frauen, wie zum Beispiel in Tula, die oberste Rolle gespielt, auch scheint es, als ob am Ursprung der mexikanischen Monarchenmacht eine Frau, Ilancueitl, steht. Wenigstens zu Beginn waren die Frauen die Träger des Dynastenblutes gewesen. Ilancueitl hat Mexiko das toltekische Blutserbe von Colhuacán vermacht; auf diese Weise konnte die

Aztekendynastie sich auf die fabelhafte Abstammung von Quetzalcoatl berufen.

In jüngerer Zeit sehen wir einen Plebejer niederster Abstammung *tlatoani* einer Provinz werden, nur weil er eine Tochter des Kaisers Itzcoatl heiratete. Es besteht kein Zweifel darüber, daß die Herrschaft im Laufe der Zeit erstarkte und dahin strebte, die Frau immer mehr in die vier Wände ihres Hauses zurückzudrängen. Doch behielt und verwaltete sie ihren eigenen Besitz, konnte Geschäfte machen, ihre Waren Handlungsreisenden anvertrauen und bestimmte Berufe, wie den der Priesterin, der Hebamme, der Heilkundigen, die ihr große Unabhängigkeit gewährten, ausüben. Die *auianime,* aus denen die spanischen Chronisten gern Prostituierte machen, obschon sie ganz richtig sagen, «daß diese ihren Leib verschenkten», übten einen nicht nur anerkannten, sondern auch angesehenen Beruf aus: bei den religiösen Feierlichkeiten war ihr Platz neben den jungen Kriegern, deren Gefährtinnen sie waren.

Eine gewisse Gegensätzlichkeit zwischen den Geschlechtern läßt sich aus gewissen Gebräuchen ablesen. Einmal waren es die Schulbuben und die jungen Leute, die Frauen und Mädchen mit ausgestopften Säcken auf der Straße überfielen – und nicht selten eine wohlverdiente Abreibung dafür einlösten –, ein andermal waren es die jungen Mädchen, welche die jungen ungeschlachten Krieger mit Beleidigungen und beißendem Spott angriffen.

Während des Festmonats Uey Tozoztli nahmen die jungen Mädchen mit gemaltem Gesicht, Beine und

Arme mit Federn geschmückt, in der Hand die geweihten Maiskolben, an dem Umzug teil, und wenn ein Junge sie anzureden wagte, so verlachten sie ihn und riefen: «Schaut her, da kommt einer mit langen Haaren (das heißt einer, der noch nicht gekämpft hat) und tut den Mund auf! Aber redest du denn wirklich? Wäre es nicht besser, du tätest das Nötige, damit deine langen Locken endlich fielen, du Lockenkopf! Bist du vielleicht nicht doch eine Frau wie ich?» Die Knaben versuchten, gute Miene zum bösen Spiel zu machen, und antworteten mit erkünstelter Derbheit: «Ach, geh doch und wälz dich im Dreck! Rutsch mit dem Bauch im Staub!» Aber untereinander gestanden sich die fassungslosen Burschen: «Weiberworte sind grausam, sie gehen durch Mark und Bein und schneiden dir ins Herz. Los, laß uns zum Kriegsdienst eilen. Wer weiß, Freunde, ob wir uns nicht eine Auszeichnung erkämpfen!»

Die betagten Frauen, die entweder das Alter, das sie dem Gatten unterstellte, überschritten hatten oder schon Witwen waren, erfreuten sich großer Unabhängigkeit, genossen allgemeine Hochachtung und hatten wie die Greise das Anrecht, von Zeit zu Zeit einige Schalen *octli* zu sich zu nehmen. Im Schrifttum begegnen wir ihnen immer wieder, wie sie ihren Töchtern und weiblichen Verwandten zur Seite stehen oder mit frommem Eifer an den ungezählten Gottesfesten teilnehmen, wenn sie dabei ein Amt auszuüben haben. Ihre Redeweise ist freimütig und ihre Zunge flink. Als Matronen und «Heiratsvermittlerinnen» suchen sie die Häuser heim, in denen Fami-

EINE ALTE FRAU TRINKT «OCTLI»

lienfeste gefeiert werden, ergehen sich in salbungsvollen Reden und haben ihren angestammten Platz am Tisch der Gastgeber. In einem Land, wo das Alter sich alle Rechte beimaß, gehörte die alte Frau zu den Menschen, deren Rat man hörte und erbat, selbst wenn es nur um das eigene Stadtviertel ging.

Während ihres Lebens als Gattin und Mutter, sagen wir vom zwanzigsten bis fünfzigsten Jahr, hatte die Mexikanerin zum mindesten in den niederen und mittleren Schichten reichlich zu tun. Die Lieblingsfrau des Herrschers mochte der Dichtkunst pflegen, aber im allgemeinen hatte die Indianerin neben ihren Kindern, ihrer Küche, dem Spinnen und Weben und den ungezählten Verrichtungen der täglichen Hausarbeit wenig Muße. Auf dem Lande fiel ihr ein Teil der Feldarbeit zu, und in der Stadt unterstand ihr der Hühnerhof.

Es ist schwer zu sagen, ob Ehebruch oftmals vorkam. Die äußerste Härte in seiner Bekämpfung und die häufige Erwähnung von Strafvollstreckungen im mexikanischen Schrifttum scheinen darauf hinzuweisen (etwa im Sinne dessen, was wir über die Bekämpfung der Trunksucht gesehen haben –, daß die mexikanische Gesellschaft sich der ernsten Gefahr voll bewußt und daher bereit war, ihr mit eherner Faust zu begegnen. Der Ehebruch zog den Tod beider Beteiligten nach sich. Man tötete sie, indem man ihnen die Köpfe mit Steinschlägen zerschmetterte; immerhin wurde die Frau zuvor erhängt. Nicht einmal die hohen Würdenträger entgingen dieser Strafe. Allerdings erforderte das Gesetz mit all seiner Strenge, daß das Vergehen lückenlos bewiesen wurde. Die Zeugenaussage des Gatten allein war wertlos. Es war unumgänglich, daß unparteiische Zeugen seine Aussage bestätigten, und der Mann, der seine Frau selbst in flagranti umbrachte, war des Todes gleichfalls schuldig.

Das berühmteste und vielleicht dramatischste Beispiel von Ehebruch in der Geschichte des alten Mexiko liefert uns wiederum die königliche Familie von Texcoco. Der König Nezaualpilli zählte unter seinen Nebenfrauen eine Tochter des Aztekenkaisers Axayacatl. Diese Prinzessin war, obgleich fast noch ein Kind «schon von solch teuflischer Verderbtheit, daß sie sich vor ihrem Gesinde, das ihr dank ihres Namens Achtung zollte (Ixtlilxochitl sagt übrigens, sie habe nicht weniger als zweitausend Diener gehabt), tausend Ausschweifungen hingab».

Dies ging so weit, daß sie, wenn sie einen gutgewachsenen und eleganten jungen Mann, der ihrem Geschmack und ihren Neigungen entsprach, erblickte, ihm sagen ließ, er müsse ihr zu Willen sein. Sobald sie ihre Lust befriedigt hatte, ließ sie ihn töten und ein Standbild nach seiner Gestalt errichten. Dies Denkmal schmückte sie mit reicher Kleidung, Goldgeschmeide und Edelsteinen und stellte es in ihrem Aufenthaltsraum auf. Es standen darin so viele Bildsäulen ihrer ermordeten unfreiwilligen Liebhaber, daß sie die Wände des Gemaches nahezu ausfüllten. Wenn der König sie besuchte, fragte er sie, was diese Denkmäler bedeuteten, und sie antwortete, es seien ihre Götter. Er glaubte ihr, wohl wissend, wie religiös das mexikanische Volk ist und wie sehr es an seinen falschen Götzen hängt.

Indessen sollte ein Ereignis das Geheimnis der aztekischen Prinzessin aufdecken. Sie beging nämlich die Unvorsichtigkeit, einem ihrer – noch lebenden – Liebhaber ein Kleinod zum Geschenk zu machen, das ihr Gatte ihr gegeben hatte. Nezaualpilli schöpfte Verdacht und suchte die junge Frau eines Nachts auf. Die Matronen und Diener sagten ihm, sie schliefe, in der Hoffnung, der König würde umkehren, wie er es immer getan hatte. Diesmal trat er mißtrauisch in ihr Schlafgemach ein. Doch fand er darin nur ein mit einer Perücke bekleidetes Standbild, das auf dem Bett lag. Währenddessen feierte die Prinzessin mit drei Liebhabern erlauchter Herkunft.

Alle vier wurden zum Tode verurteilt und vor einer riesigen Menschenmenge hingerichtet, zusammen mit einer großen Zahl von Mitwissern ihrer Ehebrüche und Massenmorde. Diese Ereignisse trugen nicht wenig dazu bei, die Beziehungen zwischen der Dynastie von Texcoco und der kaiserlichen Familie von Mexiko zu verschlimmern, die, wenn sie auch ihren Groll zu verbergen suchte, dem verbündeten König die Bestrafung einer aztekischen Prinzessin nie vergab.

Von Scheidung ist im alten Mexiko wenig die Rede. Wenn die Frau oder der Mann das eheliche Heim verließ, so galt dies als Grund zur Auflösung der Ehe. Das Gericht konnte einen Mann zur Verstoßung seiner Frau ermächtigen, wenn sie unfruchtbar war oder ihre Hausfrauenpflichten nachweisbar vernachlässigte. Die Frau dagegen konnte gegen ihren Mann Klage führen und ein günstiges Urteil erreichen, wenn das Gericht davon überzeugt war, daß er sie beispielsweise geschlagen, ihr nicht den nötigen Lebensunterhalt gesichert hatte oder die Kinder verkommen ließ. In diesem Fall wurde ihr die Obhut über die Kinder zugesprochen und der Besitz des aufgelösten Haushaltes gleichmäßig unter die ehemaligen Gatten verteilt.

Ob die Ehe nun von Wechselfällen begleitet war oder nicht, mit ihr trat der Mexikaner jedenfalls in die Gesellschaft der Erwachsenen ein. «Sowie sie (die jungen Leute) verheiratet waren, wurden sie auf der Liste der Ehepaare eingetragen..., und obschon das Land stark bevölkert, ja übervölkert war, wurde doch jeder einzelne erfaßt.» Der verheiratete Mann hatte Anrecht auf eine Parzelle Land aus dem Gemeinschaftsbesitz des *calpulli* und auf seinen Anteil bei den Verteilungen von Lebensmitteln und Kleidern. Er war nun ein vollwertiger Bürger, und die seiner Person entgegengebrachte Achtung hing zu einem großen Teil von der Würde seines Familienlebens und von der Gründlichkeit seiner Kindererziehung ab. Es steht außer Zweifel, daß hinter dem Panzer des Formalismus, der die Familienbeziehungen einengte, bei den Mexikanern eine starke Liebe zum Kind pulste. *Nopiltze, nocuzque, noquetzale,* «mein Söhnchen, mein Schatz, meine kostbare Feder» – so redete ein Vater seinen Sohn an. Wurde eine Frau schwanger, so gab die Nachricht unter den beiden Familien zu großen Freudenbezeigungen und Lustbarkeiten Anlaß, zu denen die Verwandten und Honoratioren des Viertels oder Dorfes geladen wurden.

Nachdem das Festessen vorbei war und die Pfeifen entzündet wurden, ergriff eines der ältesten Familienmitglieder im Namen des zukünftigen Vaters das Wort und sprach zu den Honoratioren also: «Verwandte und Herren, ich erlaube mir, einige bäurische und ungehobelte Worte an euch zu richten, die ihr durch den Willen unseres Gottes *Yoalli Eecatl* («der Nachtwind», Tezcatlipoca), der allerorten ist, versammelt seid. Er hat euch bis zum heutigen Tage Leben gegeben, euch, die ihr unser Schatten und Schutz seid, ihr, die ihr seid wie der *pochotl,* der viel Schatten gibt, und der *ahuehuetl,* der die Tiere unter seinen Ästen beherbergt. Auch ihr seid, geehrte Herren, Schutz und Schirm der Armen und Niedrigen, die in Berg und Steppe hausen. Ihr beschützt die armen Soldaten und Kriegsleute, in euch erblicken sie ihre Wohltäter und Tröster. Gewiß leidet ihr Kummer und Sorgen, gewiß verursachen wir euch Schmerz und Unordnung... Hört, ihr versammelten Herren, und ihr alle, Greise und Greisinnen, gebleichte Häupter: wisset, daß unser Gott in seinem Erbarmen unserer... (folgt der Name der schwangeren Frau), die kürzlich in den Stand der Ehe getreten, einen Edelstein, eine reiche Feder geschenkt hat.»

Nun erging sich der Redner in langatmigen Ausführungen und rief die Erinnerung der toten Ahnen wach, sie, «die in den Höhlen, in den Wassern und in der unterirdischen Welt ruhen». Dann ergriffen nacheinander das Wort: ein zweiter Redner im Namen der

Eltern. Eine der Honoratioren, die sich besonders an die junge Frau richtete und sie mit einem Stück Jade und einem Saphir verglich und ihr vor Augen hielt, daß das Leben, das sie in sich trage, ein Geschenk des göttlichen Paares Ometecuhtli-Omeciuatl sei. Hierauf sprachen Vater und Mutter der Frau. Zum Schluß sprach sie selbst, dankte allen Anwesenden und fragte sich, ob sie überhaupt das Glück verdiene, Mutter zu werden.

Hier empfinden wir wieder hinter der blanken Fassade konventioneller Redeform jenen leisen Ton von Bangigkeit und Angst vor der Zukunft, der so oft in der aztekischen Seele aufklingt.

Die schwangere Frau stand unter dem Schutz der Göttinnen der Geschlechterfolge und der Gesundheit, dazu von Teteoinnan, der Göttermutter, Schutzpatronin der Hebammen, die auch Temazcalteci, «die Groß-Mutter des Dampfbades», hieß, und von Ayopechtli oder Ayopechcatl, jener kleinen weiblichen Gottheit der Niederkunft. Uns ist ein Gebettext, ein regelrechter Zauberspruch bekannt, den man als Anruf jener Göttin sang.

Drunten im Haus von Ayopechcatl ist das Kleinod
ein Kind ist zur Welt gekommen. [geboren,]
Drunten im Haus von Ayopechcatl ist das Kleinod
ein Kind ist zur Welt gekommen. [geboren,]
Drunten bei ihr werden die Kinder geboren.
Komm, komm her, Neugeborenes, komm her!
Komm, komm her, Kleinod-Kind, komm her!

Zum mindesten in den Familien der höheren Schichten empfing die junge Frau lange vor der Geburt des Kindes sorgsame Betreuung. Man wählte eine Hebamme, die von den alten Eltern zur Pflege der werdenden Mutter feierlich angestellt wurde. Sowie die Hebamme die Stellung angenommen hatte, nicht ohne zuvor beteuert zu haben, daß sie nur ein «altes, unglückliches, törichtes und unverständiges Weib» sei, begab sie sich zu ihrer Schutzbefohlenen und zündete das Feuer für das Dampfbad an. Sie betrat mit der Frau das *temazcalli,* sah darauf, daß das Bad nicht zu heiß war, und tastete ihr den Bauch ab, um sich von der Lage des Kindes zu überzeugen.

Sodann gab sie ihre Anweisungen: die Frau dürfe keinen *tzictli* kauen, damit Gaumen und Zahnfleisch des Kindes nicht anschwellen, was naturgemäß die Ernährung erschweren würde. Zudem dürfe sie sich nicht aufregen, keine Angstzustände bekommen, und die Familienmitglieder wurden angewiesen, ihr alles zu geben, worauf sie Lust hätte. Wenn sie rote Gegenstände betrachtete, würde das Kind «verkehrt herum» zur Welt kommen. Wenn sie nachts ausging, müsse man ihr etwas Asche in das Mieder oder unter die Gürtellinie streuen, damit sie nicht vor Gespenstern erschrecke. Wenn sie den Himmel während einer Sonnenfinsternis betrachtete, würde das Kind mit einer «Hasenscharte» geboren werden, es sei denn, seine Mutter trage unter ihren Kleidern, und zwar auf der Haut, zum Schutz ein Messer aus Obsidian. Man sagte auch, daß, wenn der Vater nachts ausginge und einem Gespenst begegnete, das Kind leicht mit einer

Herzkrankheit zur Welt kommen könne. Kurzum: während der ganzen Schwangerschaft waren Vater und Mutter von einem Netz altüberlieferter Verschreibungen eingeengt, die nach Ansicht aller Beteiligten zum Schutz des Kindes dienten.

Die Niederkunft fand unter der ausschließlichen Aufsicht der Hebamme statt, sie übernahm die Führung der Hausbewohner, sie richtete Nahrung und Bäder an, sie massierte den Leib der Schwangeren. Ließ die Entbindung auf sich warten, so gab man ihr ein Tränklein aus *ciuapatli (Montanoa tomentosa)*, einer Pflanze, deren Aufguß heftige Zusammenziehungen bewirkte; erwies sich dieses Verfahren als nutzlos, so schritt man zu dem letzten Ausweg und gab ihr ein Getränk ein, in dem ein Stück vom Schwanz des *tlaquatzin* (Beuteltier) aufgelöst war. Diesem Gebräu schrieb man die Fähigkeit zu, eine sofortige, ja gewaltsame Niederkunft hervorzurufen[34].

Wenn Bäder, Massagen und Arzneien nicht zum Erfolg führten, schloß die Hebamme sich mit der Hochschwangeren in ein Gemach ein. Dort betete sie zu den Göttinnen, insbesondere zu Ciuacoatl und Quilaztli. Wenn sie gewahr wurde, daß das Kind im Schoß der Mutter tot war, griff sie zu ihrem Feuersteinmesser und schnitt den Embryo in Stücke.

Der Tod im Kindbett wurde ausdrücklich dem Krieger- oder Opfertod gleichgestellt. «Wenn sie gestorben war, wusch man ihr den ganzen Leib, seifte ihr Kopf und Haare ab und legte ihr ihre besten Gewänder an. Ihr Gatte trug sie auf dem Rücken zum Begräbnisort. Die Haare der Toten waren aufgelöst.

Alle Hebammen und Greisinnen begleiteten den Leichnam auf seiner letzten Reise; sie trugen Schilder und Schwerter und stießen ein Kriegsgeschrei aus wie die Soldaten beim Sturmangriff. Die jungen Leute, die man *telpopochtin* nennt (es handelt sich hier um die Zöglinge der *telpochcalli*), traten ihnen zum Kampf entgegen, um ihnen den Leichnam zu entreißen...»

«Man begrub die Verblichene bei Sonnenuntergang... im Tempelhof, der den Göttinnen, die himmlische Frauen oder *ciuapipiltin* (Prinzessinnen) genannt wurden, geweiht war... Gatte und Freunde bewachten sie vier Nächte lang, um einem Raub des Leichnams vorzubeugen. Die jungen Krieger hingegen gaben sich alle Mühe, die Tote zu entführen, denn sie betrachteten den Leichnam als etwas Heiliges und Göttliches. Gelang es ihnen, den Hebammen die Tote zu entreißen, so schnitten sie ihr in Anwesenheit ihrer Gegnerinnen sogleich den Mittelfinger der linken Hand ab. Gelang ihnen der Raub während der Nacht, so schnitten sie ihr außer dem Finger auch noch die Haare ab und bewahrten alles als Reliquien auf. Der Grund, warum ihnen an dieser Beute lag, ist folgender: wenn sie in den Krieg zogen, befestigten sie Haar oder Finger im Schildinneren, denn damit würden sie mutig und tapfer, glaubten sie... Haar und Finger würden ihnen Kräfte verleihen, auch vermöchten sie damit die Augen ihrer Gegner zu blenden.»

«Es hieß, die (im Kindbett) gestorbene Frau fahre nicht zur Unterwelt, sondern gehe in den Sonnenpalast ein, die Sonne nehme sie zu sich dank ihrer Tapferkeit... Die im Krieg oder im ersten Kindbett umgekommenen Frauen, die man *mociuaquetzque* (tapfere Frauen) nennt, werden unter die Kriegsopfer gezählt. Alle scharen sich um die Sonne und wohnen im Westhimmel; deshalb nannten die Alten den Westen *ciuatlampa* (die Frauenseite)... Die Frauen traten ihre Reise im Zenit an und trugen die Sonne im Festzug in einer Sänfte aus *quetzal*-Federn zum Westen hinunter. Andere zogen unter Freudenrufen und Frohlocken vor ihr einher. Dort, wo die Sonne sinkt und von den Trabanten der Unterwelt empfangen wird, schieden die Frauen von ihr.»

Das Los, das auf die «tapferen Frauen» im Jenseits wartet, ist somit das genaue Abbild der im Kampf oder auf dem Opferstein gefallenen Krieger. Diese geleiten die Sonne vom Aufgang zum Zenit, die Frauen aber begleiten sie vom Zenit zum Untergang. Nun waren sie Göttinnen geworden, daher nannte man sie *ciuateteo,* «göttliche Frauen». Leiden und Tod hatten sie mit der Vergöttlichung belohnt. Als gefährliche Gottheiten der Dämmerung tauchten sie zu bestimmten Nächten an Kreuzwegen auf und schlugen mit Lähmung, wer ihnen in die Quere kam. Sie waren mit den Göttinnen des westlichen Paradieses Tamoanchan wie auch mit den Ungeheuern des Weltendes wesensgleich.

Krankheit und Alter

Krankheitsbegriffe und Heilverfahren der alten Mexikaner setzen sich aus einem unentwirrbaren Gemisch von Religion, Magie und Wissenschaft zusammen.

Von Religion, weil bestimmte Gottheiten für Krankheitsspender und Krankheitsheiler gehalten werden. Von Magie, weil Krankheit in den meisten Fällen auf die schwarze Magie irgendeines Zauberers zurückgeführt wird und man sie durch eine Zauberformel zu heilen sucht. Und endlich von Wissenschaft, weil das Wissen um die Eigenschaften der Pflanzen und Mineralien und die Anwendung von Aderlässen und Bädern der aztekischen Heilkunde in mancherlei Hinsicht einen eigentümlich neuzeitlichen Anstrich geben. Doch steht wohl außer Zweifel, daß von diesen drei Gesichtspunkten die beiden ersten, und darunter wiederum die magische Seite, vorherrschend waren. Der Arzt *(ticitl),* Mann oder Frau, war vor allem ein Zauberer, wenn auch ein guter, von der Gesellschaft geprüfter und zugelassener Zauberer, der Spuk und Hexerei verwarf.

Bei den heutigen *nauatl*-Indianern der Sierra d'Orizaba kann eine Krankheit von folgenden Ursachen herrühren: 1. ein Fremdkörper wird durch schwarze Magie in den Organismus des Kranken eingeführt; 2. Leiden oder Tod werden dem «totem» des Erkrankten, seinem tierischen Doppelgänger oder *naualli,* von einem Feind oder böswilligen Zauberer zugefügt; 3. der «Verlust» des *tonalli,* ein Wort, das die Seele, den Lebensatem und das Zeichen, unter dem der Patient geboren ist, also sein Los und Schicksal zugleich bedeutet. Endlich und 4. die «Strömungen», auf spanisch *aires,* auf nauatl *elhigatl cocoliztle,* «Krankheitsströme», verderbliche und unsichtbare Einflüsse, die besonders zur Nachtzeit die Menschen umlauern.

Diese Begriffe stammen in gerader Linie von den Vorstellungen der vorspanischen Zeit ab. Die Vermutung, wonach die magische Einführung eines Fremdkörpers als Krankheitserreger auftreten konnte, war weit verbreitet. Die Heilgehilfinnen nannte man *tetlacuicuilique,* «welche die Steine (aus dem Körper) entfernen», oder *tetlanocuilanque,* «welche Würmer aus den Zähnen ziehen», auch *teixocuilanque,* «welche Würmer aus den Augen holen».

Wenn auch der *«Naualismus»* im modernen Sinne vermutlich eine verhältnismäßig neue Erscheinung ist, verstand man einstmals unter dem Namen *tonalli* gleichzeitig den «Charakter» eines jeden, sein Glück und seinen «Stern» – im Sinne des vorbestimmten Schicksals[35]. Und was die mißlichen «Strömungen» anbelangt, so schrieb man ihre Entstehung einstmals Tlaloc und Tlaloque, den Berggöttern, zu. «Sie (die Indianer) glaubten, bestimmte Krankheiten, die von der Kälte hervorgerufen schienen, kämen aus den Bergen, oder aber die Berge besäßen die Kraft, sie zu heilen. Wer von einer solchen Krankheit befallen war, tat ein Gelübde, dem oder jenem Berg, in dessen Nähe er wohnte oder für den er eine besondere Verehrung empfand, ein Fest oder Opfer zu stiften. Wer in See- oder Flußnot war, tat ein ähnliches Gelübde. Die Krankheiten, deretwegen man dergleichen Gelübde ablegte, waren die Gicht an Händen oder Füßen oder an irgendeinem anderen Körperteil, die Lähmung eines Gliedes oder des ganzen Körpers, eine Hals- oder sonstige Schwellung, Entkräftung oder vollkommene Steifheit eines Gliedes ... Wer von derartigen Krankheiten heimgesucht war, tat das Gelübde, dem Windgott, der Wassergöttin und dem Regengott Bildnisse anzufertigen.»

Tlaloc hielt man auch für den Urheber der Hautkrankheiten, Geschwüre, Lepra und Wassersucht. Für Krämpfe und Kinderlähmung hielt man die Ciuapipiltin, von denen soeben die Rede war, für verantwortlich. «Diese Göttinnen machen gemeinsam die Luft unsicher und erscheinen den Irdischen nach Belieben, schlagen Knaben und Mädchen mit Krankheit, schlüpfen in ihre Körper und rufen Lähmungen hervor.» Der heutige Glaube an «Ströme» entspricht derselben nur verdinglichten Überlieferung.

Auch andere Gottheiten konnten Krankheiten bringen: die, welche über die Fleischeslust wachen, also Tlazolteotl und seine Gefährtinnen. Man glaubte nämlich, daß der Mann oder die Frau, die unerlaubter Liebeslust frönten, in ihrer Umgebung wie durch unablässige Behexung etwas verbreiteten, was man *tlazolmiquiztli* «den Tod (verursacht) durch die Liebe» nannte, und daß dadurch Kinder oder Eltern der Schwermut und Schwindsucht anheimfielen. Es war dies gleichsam eine moralische und körperliche Beschmutzung, von der man sich nur durch das Dampfbad, jenen Reinigungsritus, befreien konnte, wenn man dabei die *tlazolteteo,* die Göttinnen der Liebe und der Begierde, anrief.

Der Gott der Jugend, der Musik und der Blumen, Xochipilli, der auch Macuilxochitl hieß, strafte die Übertreter der Verbote, zum Beispiel die Männer und Frauen, die sexuellen Verkehr während der Fastenzeit

TLALOC SEGNET DEN MAIS

hatten, mit Geschlechtskrankheiten, Blutungen und Hautkrankheiten. Xipe Totec wurde für den Urheber der Augenentzündung gehalten.

Wenn gewisse Götter Krankheiten verursachten, so vermochten andere, oder auch sie selbst, sie zu heilen. Man traute Tlaloque und Xochipilli zu, die Krankheiten, die sie gesandt hatten, gegen Opfer und Gebete wegzunehmen. Der Gott des Feuers war Frauen im Kindbett behilflich, wie auch die Göttin Ciuacoatl, die Schutzherrin derer, die ein Dampfbad nahmen. Eine andere Göttin, Tzapotlatenan, heilte Geschwüre, Ausschläge, Aufspringen der Haut und Heiserkeit. Ein kleiner Gott mit schwarzem Gesicht, Ixtlilton, heilte die Kinder. «In seinem Tempel standen geschlossene Keramikgefäße, die sein schwarzes Wasser *(itlilauh)* – denn so nannte man es – enthielten. Wurde ein Kind krank, so führte man es in den Ixtlilton-Tempel, ein Krug wurde geöffnet, das Kind bekam schwarzes Wasser zu trinken und wurde gesund.»

Wurde ein Indianer krank, so bestand die erste Maßnahme darin, die Ursache seiner Krankheit festzustellen, eine Diagnose, die nicht so sehr in der Beobachtung der Symptome als in der Wahrsagung lag. Zu diesem Zweck warf der Arzt Maiskörner auf ein Stück Stoff oder in einen mit Wasser gefüllten Behälter und zog seine Schlüsse aus der Art, wie die Körner fielen, ob zusammen oder verstreut, ob sie auf der Wasseroberfläche schwammen oder untergingen.

Um zu wissen, ob ein krankes Kind seinen *tonalli* verloren hatte, hielt die Heilgehilfin es über ein mit

Wasser gefülltes Gefäß, schaute hinein wie in einen Spiegel und rief dabei die Göttin des Wassers an: «Hör und komm, du meine Mutter, Jadestein, die du einen Rock aus Jade hast, die du ein Mieder aus Jade hast, grünes Mieder, grüner Rock, weiße Frau.» Wenn das Gesicht des Kindes aus dem Wasserspiegel verdunkelt und wie überschattet herausblickte, so stand fest, daß ihm sein *tonalli* geraubt worden war.

In anderen Fällen griff der *ticitl* zu der heiligen Pflanze mit Namen *ololiuhqui,* deren Samen eine Art Betäubung und Gesichte hervorrief. Manchmal nahmen der Arzt oder der Kranke, oder auch eine dritte Person, *peyotl* oder Tabak zu sich. Man sagte den Wahnvorstellungen, die auf den Genuß dieser Pflanzen folgten, nach, daß sie die Ursache der Krankheit und das heißt den Zauber als Krankheitserreger und damit das Wesen des Zauberers aufzuklären vermöchten. Jedwede Anzeige, die auf Grund eines derartigen Orakels gegen eine Person erstattet wurde, galt als unwiderlegbar: auf diese Art entstanden zwischen der Familie des Kranken und dem angeblichen Zauberer oftmals unversöhnlicher Haß und Zwietracht.

Endlich wurden noch andere Verfahren der magischen Diagnostik angewandt: Die Wahrsagung mittels Schnürchen, eine Besonderheit der *mecatlapouhque* (Wahrsagerinnen der Schnürchen), und das «Arm-Maß», ein Brauch, bei dem der Heilkundige sich die Hände mit Tabak bestrich und den linken Arm des Patienten mit der Handfläche maß.

Wenn Ursache und Beschaffenheit der Krankheit festgestellt waren, begann die eigentliche Behandlung. Stammte die Krankheit von einem Gott her, so tat man alles, um ihn durch Opfergaben zu besänftigen. Andernfalls umfaßte das Heilverfahren eine ganze Reihe von magischen Operationen: Anrufung, Einblasen, Handauflegen, «Ausziehen» von Steinen, Würmern oder Papierfetzen, die sich in den Organismus des Kranken eingeschlichen haben sollten. Dazu Verschreibungen, die auf tatsächlicher Krankheitskunde beruhten: Aderlaß, Bäder, Einläufe, Verbände, Pflaster, Einnehmen von Pflanzenextrakten oder -aufgüssen.

Tabak und pflanzlicher Weihrauch *(copalli)* spielten bei dieser Heilmethode eine große Rolle. Man redete den Tabak, den man stampfte und zerrieb, an und nannte ihn «den, der neunmal geschlagen ward». Die Finger des Arztes wurden als «die fünf *tonalli*» bezeichnet; im allgemeinen war die Sprache dieser Zauberformeln bilderreich und undurchsichtig.

Folgendes Beispiel zeigt, wie man Kopfschmerzen behandelte. Der *ticitl* rieb den Kopf des Kranken heftig und sagte: «Ihr fünf *tonalli,* die ihr alle in die gleiche Richtung blickt, und ihr Göttinnen Quato und Caxoch, welch mächtiges und verehrungswürdiges Wesen zerstört unseren *maceualli?* Wer hier spricht, bin ich, Priester und Herr der Zauberei. Wir werden es am Gestade des heiligen Wassers (des Meeres) finden und es ins heilige Wasser werfen.»

Während er diese Worte sprach, preßte er die Schläfen des Kranken zwischen seine beiden Hände und hauchte ihm auf den Kopf. Dann rief er das Wasser folgendermaßen an:

«Hör mich an, o Mutter du, die du einen Rock aus Jade trägst. Komm her. Schenk dem *maceualli,* dem Diener unseres Gottes, das Leben wieder.»

Bei diesen Worten goß er Wasser über Kopf und Gesicht des Patienten. Wenn diese Kurmethode keinen Erfolg zeitigte und der Kopf anschwoll, legte der Heilkundige ein Gemisch von Tabak und einer Wurzel mit Namen *chalalatli* auf. Dabei sprach er folgende Beschwörungsworte:

«Ich, der Priester, ich, der Herr der Zauberei, (ich frage) wo ist er, der dies verhexte Haupt zu zerstören trachtet? Komm du, der neunmal geschlagen und zerrieben wurde (der Tabak), wir wollen dieses verzauberte Haupt mit dem roten Heilmittel (die Wurzel *chalalatli*) retten. Ich rufe den kalten Wind, auf daß er dies verzauberte Haupt heile. O Wind, ich bitte dich: Kannst du nicht Heilung bringen dem geschlagenen Haupt?»

Litt ein Kranker Brustschmerzen, so gab man ihm Maisbrühe mit der Rinde der Passionsblume *(quanenepilli)* vermischt; dazu legte man ihm die Hände auf und sprach: «Kommt, ihr fünf *tonalli.* Ich, der Priester, ich, der Herr der Zauberei, ich suche den grünen Schmerz, den fahlroten Schmerz. Wo steckt er? Zauberarznei, ich sage dir, der ich Herr der Zauberei bin: ich will dies kranke Fleisch heilen. Tritt doch ein in die sieben Höhlen (die Lungen). Rühr nicht an das gelbe Herz, Zauberarznei: ich treibe den grünen Schmerz hinaus, den fahlroten Schmerz. Kommt, ihr neun Winde, vertreibt den grünen Schmerz, den fahlroten Schmerz.»

Gleichzeitig mit den Beschwörungen und magischen Formeln machten die mexikanischen Ärzte von einer Heilmethode Gebrauch, die auf einer gewissen Kenntnis des menschlichen Körpers (in einem Lande, in dem Menschenopfer eine alltägliche Sache war, sicherlich weit verbreitet) und den Eigenschaften von Pflanzen und Mineralien beruhte. Sie renkten Brüche ein und legten den gebrochenen Gliedern Schienen an. Man ließ mit Lanzetten aus Obsidian sehr geschickt zur Ader. Abszesse wurden mit aufweichenden Pflastern behandelt und feinzerriebener Obsidian auf Wunden gestreut: «Gemahlen wie Mehl und auf frische Wunden und Verletzungen getupft, besitzt dieser Stein eine rasche Heilwirkung.»

In ihren Anweisungen zur Arzneibereitung war viel von Mineralien, dem Fleisch bestimmter Tiere und besonders von Pflanzen die Rede. Der brave Vater Sahagún will sogar für die Wirksamkeit bestimmter Steine einstehen: «Es gibt auch», so schreibt er, «Steine mit Namen *eztetl,* Blutsteine, die bei Nasenbluten stillend wirken. Ich selbst habe die Wirksamkeit dieses Steines erprobt, denn ich besitze ein Stück, das so groß ist wie eine Faust oder ein wenig kleiner, und habe heuer, im Jahre 1576, während der Epidemie, da viele Menschen Blut und Leben durch die Nase verloren, manch einem das Leben gerettet. Man brauchte ihn nur einige Zeit in der Hand zu halten, dann setzte die Blutung sofort aus, und die Kranken genasen von dieser Krankheit, die so vielen Menschen in Neuspanien das Leben gekostet hat und noch immer kostet. Hier im Marktflecken Santiago Tlatelolco lebt mehr als ein Zeuge dieser Tatsache.»

Derselbe Chronist berichtet, daß ein Stein mit Namen *quiauhteocuitlatl* («Gold des Regens») gut gegen «das Erschrecken vor dem Donner» ist... auch für innere Hitze (Fieber). «Man findet diesen Stein in der Gegend von Jalapa, Itztepec und Tlatlauhquitepec; die Einheimischen erzählen, daß, wenn es im Gebirge donnert und regnet, diese Steine aus den Wolken fallen, in die Erde eindringen, jedes Jahr mehr wachsen und dann von den Indianern gesucht und ausgegraben werden.»

Es ist wahr, daß man diesen Steinen, Tieren (zum Beispiel, wie wir gesehen haben, dem Schwanz des Beuteltieres) und Pflanzen fabelhafte Heileigenschaften zutraute. Dennoch steht fest, daß die Indianer im Laufe der Zeit in der Anwendung von Pflanzen ihres Landes reiche Heilerfahrungen gemacht haben. Wenn man einmal unter diesem Gesichtspunkt ihr Heilverfahren mit dem westeuropäischen der gleichen Zeit vergleicht, so muß man sich ernsthaft fragen, ob das aztekische nicht das wissenschaftlichere war. Sicherlich barg ihre Anwendung von Heilpflanzen – abgesehen vom magischen Brimborium, auf das der mexikanische *ticitl* nicht verzichtete – mehr wahre Wissenschaft als die Verschreibungen des europäischen Baders jener Zeit.

Die außerordentliche Wirksamkeit gewisser einheimischer Arzneien hatte ihren Eindruck auf die *conquistadores* nicht verfehlt. Im Jahre 1570 sandte Philipp II. von Spanien seinen Leibarzt Francisco Hernández nach Mexiko, der in sieben Jahren unermüdlicher Arbeit und unter dem für jene Zeit gewaltigen Kostenaufwand von sechzigtausend Dukaten eine beträchtliche Anzahl von Einzelheiten über die Heilpflanzen des Landes und dazu ein großartiges Herbarium sammelte. Leider starb er, bevor er sein Werk veröffentlichen konnte, auch ging ein Teil seiner Aufzeichnungen bei dem Brand des Escorial im Jahre 1671 verloren. Immerhin erschienen in Mexiko und Italien wichtige Auszüge seiner Arbeiten, die eine Vorstellung des außerordentlichen Reichtums der *materia medica* von Mexiko im 16. Jahrhundert vermitteln, hatte Hernández doch mehr als zwölfhundert Pflanzen festgestellt, die in der mexikanischen Heillehre Anwendung fanden.

Sahagún widmet einen großen Teil seines elften Buches den Heilkräutern und -pflanzen. Neuzeitliche Forschungen haben festgestellt, daß die aztekischen Heilkundigen in zahllosen Fällen die Eigenschaften der Pflanzen, die sie als Abführmittel, Brechmittel, harntreibende Mittel, Beruhigungsmittel, Fiebermittel und dergleichen verwendeten, erfahrungsmäßig richtig erkannt hatten.

Der «peruanische Balsam», die Jalapawurzel, die Sassaparille, der *iztacpatli (Psoralea pentaphylla L.),* mit großem Erfolg bei Fieber angewandt, der *chichiquauitl (Garrya laurifolia Hartw.),* wirksam bei Ruhr, *iztacoanenepilli,* als harntreibendes Mittel, *nixtamalaxochitl,* als Ableitungsmittel, der krampflindernde Baldrian, der blutstillende *matlalitztic (Commelina pallida)* sind uns bekannt, um nur einige zu nennen.

Doch ist damit die Untersuchung keineswegs abgeschlossen, und es wird noch lange dauern, bis die ungezählten Arten von Kräutern und Pflanzen, die im mexikanischen Schrifttum und den europäischen Berichten auftauchen, auf ihre Heilwirkung hin geprüft und erprobt sind[36].

Der Mexikaner, der Krieg und Krankheit (und die Ärzte) überstanden und jenes ehrwürdige Alter erreicht hatte, das ihn unter die *ueuetque* oder «Ältesten», die eine so bedeutende Rolle im Leben der Familie und der Öffentlichkeit spielten, einreihte, konnte in seinen letzten Lebensjahren ein friedliches und angesehenes Dasein führen.

Hatte er im Staats- oder Heeresdienst gestanden, so wurden ihm als Ruhestandsgehalt Wohnung und Unterhalt gestellt. Selbst als einfacher *maceualli* stand ihm ein Sitz im Rat des Stadtviertels zu. Auch wenn er kein großer Redner war, erging er sich bei allen Gelegenheiten – und es gab deren nicht wenige – in hochtrabenden Reden, sobald Sitte und Brauch es vorschrieben. Er stand im Ansehen aller, gab seine Meinung zum besten, ermahnte und riet. Endlich konnte er bei Festessen und Familienfeiern mit den Männern und Frauen seiner Generation unbesorgt dem *octli* zusprechen.

Dann kam der Tod. Wer in seinem Leben sich eines schweren Vergehens oder einer geheimen Sünde schuldig gemacht hatte, dachte nunmehr an die Beichte. Dies war zum Beispiel der Fall bei Ehebruch. Die Beichte hatte nicht nur die Freisprechung des Schuldigen im Auge, sondern auch die Vermeidung einer gerichtlichen Verfolgung. Jedoch konnte man nur einmal im Leben beichten: daher schoben die meisten die Beichte bis zum Schluß hinaus.

Zwei Gottheiten führten bei der Beichte den Vorsitz: Tezcatlipoca, der alles sieht, selbst unsichtbar und allgegenwärtig ist, und die Göttin Tlazolteotl, die Göttin der Wollust und der verbotenen Liebe, die man auch *Tlaelquani* nennt, also «die, welche Unreines (Sünde) ißt», daher «die, welche die Vergebung der Sünden erteilt». «Sie wurde Tlaelquani genannt, weil der Bußfertige ihr beichtete und ihr alle seine Fehler gestand. Er sprach und breitete vor ihr all seine unreinen Handlungen, die häßlichsten, schwersten Sünden aus, ohne auch das Geringste zu verschweigen. Man entblößte sich vor ihr und legte eine vollkommene Beichte ab.»

Tlazolteotl war die Göttin, die die entartetsten Begierden einflüsterte: «Darum war sie es auch, die sie vergab. Sie nahm jeden Makel fort, sie wusch und machte alles rein... Und somit vergab sie.»

Der Bußfertige wandte sich also an einen *tlapouhqui,* der im Lesen und Deuten der heiligen Bücher bewandert war, und tat ihm seinen Wunsch kund. Der Priester befragte seine Bücher und setzte einen günstigen Tag fest. War der Gläubige eine bedeutende Persönlichkeit, so fand die Beichte in seinem Hause statt; wenn nicht, stellte er sich bei dem Priester zur abgemachten Stunde vor. Beide setzten sich am Feuer auf neuen Matten nieder. Der *tlapouhqui* warf Weihrauch in die Flamme, und während der aromatische Rauch sich im Gemach verbreitete, rief er die Gottheit an: «Mutter der Götter, Vater der Götter, o alter Gott (das Feuer), ein armer Mann kommt zu dir. Er kommt in Tränen, traurig und in Angst. Vielleicht hat er Fehler begangen. Vielleicht hat er gefehlt und in Unreinheit gelebt. Sein Herz ist schwer und bekümmert. O Herr, unser Gott, der du nah und fern bist, hilf seiner Not und stille sein Herz.»

Sodann wandte er sich dem Bußfertigen zu und forderte ihn zu einer vollkommenen, aufrichtigen Beichte all seiner geheimen Schuld ohne Scham und Scheu auf. Der Gläubige schwor, die volle Wahrheit zu sagen: er berührte die Erde mit dem Finger, hub ihn dann an die Lippen und warf Weihrauch ins Feuer. Nun war er durch einen Schwur an Erde und Feuer (oder die Sonne), das heißt an die höchste Zweiheit, gebunden. Und dann erzählte er sein ganzes Leben und schilderte alle seine Vergehen.

Wenn er geendet hatte, legte der Priester ihm eine mehr oder minder strenge Strafe auf: kürzeres oder längeres Fasten, Schröpfen der Zunge – man durchstach sie und schob durch die Wunde bis zu achthundert Dornen oder Strohhalme –, Opfergaben für Tlazolteotl, Enthaltsamkeit und anderes. Nach vollzogener Bußübung konnte der Gläubige «auf dieser Erde nicht mehr bestraft» werden. Der Priester war zum tiefsten Stillschweigen verpflichtet, denn «was er gehört hatte, war nicht für seine Ohren, sondern für die der Gottheit bestimmt gewesen».

Tod und Jenseits

Die Leichenfeier der Azteken kannte zwei Abteilungen: die Einäscherung und das Begräbnis.

Jeder, der durch Ertrinken, durch Blitzschlag, Lepra, Gicht, Wassersucht starb, kurz alle, welche die Götter des Regens und des Wassers der Erde auf ihre Weise entzogen, wurden begraben. Besonders der Leichnam eines Ertrunkenen löste einen regelrechten heiligen Schrecken aus. Man glaubte allen Ernstes, daß ein Indianer, der in der Lagune ertrank, von einem Fabeltier, dem *auitzotl,* auf den Grund des Sees hinuntergezogen worden war. Stieg der Körper ohne Verletzungen, jedoch ohne Augen, Nägel und Zähne – der *auitzotl* entriß sie seinen Opfern – an die Oberfläche zurück, wagte niemand, ihn zu berühren. Man ließ sofort einen Priester kommen.

«Es hieß, die Götter Tlaloque hätten die Seele des Ertrunkenen in das irdische Paradies entsandt. Darum brachte man die Leiche in einer Sänfte in ehrfürchtigem Zuge zu seinem Begräbnis in eines der Bethäuser, die man *ayauhcalco* (kleine Tempel der Wassergötter am Ufer der Lagune) nannte; man schmückte die Sänfte mit Rohr und spielte Flöte für den Leichnam.» Endlich wurden die im Kindbett gestorbenen und vergöttlichten Frauen, wie wir gesehen haben, im Hof des Tempels der *Ciuapipiltin* begraben. Alle anderen Toten wurden eingeäschert. Die verschiedenen zivilisierten Stämme Mexikos haben im Laufe der Zeit beide Begräbnisarten angewandt: es mag genügen, die Begräbniskammern der Maya von Palenque, die der Zapoteken und der Mixteken von Monte Albán zu erwähnen, während die toltekische Überlieferung die Einäscherung fordert, deren berühmtestes Beispiel der Scheiterhaufen von Quetzalcoatl ist[37]. Die nördlichen Nomadenvölker pflegten zwar ihre Toten zu begraben, gingen aber zum mindesten in den maßgebenden Familien zum Brauch der Tolteken über. Der König Ixtlilxochitl von Texcoco war der erste Herrscher dieser Dynastie, dessen Leichnam «gemäß Brauch und Kult der Tolteken» eingeäschert wurde. Es ist wahrscheinlich, daß die alten seßhaften Völker der Hochebene ihre Toten beerdigten. Dies würde nämlich erklären, warum die von Tlaloc und seinen göttlichen Gefährten ausgezeichneten Toten für diese Begräbnisart ausersehen waren.

Zur Aztekenzeit wurden die beiden Riten nebeneinander gepflogen, und nur die Todesart bestimmte die Begräbniswahl der Familie. Große Persönlichkeiten wurden in unterirdischen Gewölben feierlich aufgebahrt. Jener «namenlose Eroberer» erzählt, wie er selbst der Öffnung eines Grabes beigewohnt habe, in dem der Tote, geschmückt mit Schild, Schwert und Schmuck, aufrecht in seinem Stuhl saß; die Gruft habe Gold im Werte von dreitausend *castellanos* enthalten. Vater Francesco di Bologna beschreibt auch eine «unterirdische Kapelle», in welcher der Verstorbene, reich gekleidet und inmitten von Waffen und Edelsteinen, auf einem *icpalli* saß.

War der Tote ein sehr hoher Würdenträger oder gar ein Herrscher gewesen, so tötete man bestimmte seiner Frauen und Sklaven, und zwar die, «welche freiwillig mit ihm sterben wollten»; man begrub oder äscherte sie je nach den Umständen ein, damit sie ihn ins Jenseits begleiten könnten.

Ging es an die Einäscherung eines Toten, so zog man ihm seine schönsten Kleider an, band den Leichnam in Kauerstellung, die Knie unter das Kinn gezogen, fest, und wickelte ihn in mehrere Stoffschichten ein, so daß eine Art Leichenballen oder Mumie entstand. Jedenfalls stellt das geschichtliche Schrifttum die toten Könige in etwa dieser Form dar.

Die Mumie wurde sodann mit Papierschmuck und Federn sorgfältig verziert; vor dem Gesicht wurde eine Maske aus Stein oder Mosaik befestigt. Die Herrscher wurden nach der Art von Uitzilopochtli mit königlichen und göttlichen Auszeichnungen geschmückt und mit Gewändern angetan, welche die Symbole des großen Gottes zierten. Während der Trauergesang miccacuicatl ertönte, wurde der Leichnam unter der Aufsicht von Ältesten auf einem Scheiterhaufen verbrannt. Nach Beendigung der Einäscherung sammelte man die Asche und Knochen des Toten ein und legte sie mit einem Stück Jade, dem Sinnbild des Lebens, zusammen in eine Urne, die im Hause eingegraben wurde. Die Asche der Herrscher wurde im Tempel von Uitzilopochtli aufbewahrt.

Wir wir gesehen haben, waren manche Tote von den Göttern für ein Leben nach dem Tode auserkoren. Den «Gefährten des Adlers» und den «tapferen Frauen» winkte die laute und lichte Freude der Sonnenpaläste; den Lieblingen von Tlaloc das stille Glück ohne Ende, ohne Last und Sorge in den milden Gärten des Ostens. Die Mehrzahl der Toten war jedoch für die Unterwelt, das dunkle Reich von Mictlan, auserkoren. Um dem Toten bei der harten Prüfung, die ihn erwartete, behilflich zu sein, gab man ihm einen Begleiter, einen Hund, mit, den man tötete und mit ihm verbrannte. Auch Grabopfer wurden achtzig Tage nach der Begräbnisfeier verbrannt, ein zweites Mal bei Jahresende, und dann nochmals nach zwei, drei und vier Jahren. Nach Ablauf dieser vier Jahre glaubte man, der Tote sei am Ende seiner dunklen Reise angekommen. Nun nahm er seinen wirklichen Platz unter den Toten ein, denn er war in der «neunten Unterwelt», im letzten Ring von Mictlan, dem Ort seiner ewigen Rast, angelangt.

SECHSTES KAPITEL

Der Krieg

Der Krieg *(yaoyotl)* nahm im Bewußtsein der Azteken im Hinblick auf ihre Gesellschaftsordnung und ihr Staatsleben einen so großen Platz ein, daß er uns einer besonderen Behandlung würdig scheint.

Wir haben schon gesehen, welche Kollektivvorstellung, welche mythischen und religiösen Vorstellungen sich mit dem Begriff des Krieges verbanden. Der Heilige Krieg war eine kosmische Pflicht. Man versinnbildlichte ihn mit der doppelten Hieroglyphe *atltlachinolli* («Wasser» – das heißt «Blut» und «Brand»), die unablässig wie eine Wahnvorstellung in allen Reliefs des *teocalli* des Heiligen Krieges wiederkehrte. Indem sie Krieg führten, fügten sich die Menschen dem Willen der Götter seit Anbeginn der Welt.

Die Sage will wissen, daß die vierhundert Wolkenschlangen (*Centzon Mimixcoa:* die Sterne des Nordens), welche von den höchsten Gottheiten geschaffen worden waren, um der Sonne Speis und Trank zu geben, sich ihrer Sendung entzogen hatten. «Sie fingen einen Jaguar und enthielten ihn der Sonne. Sie schmückten sich mit Federn, legten sich in ihrem Federschmuck zur Ruhe, schliefen mit Frauen und tranken ‹*tziuactli* – Wein bis zur Trunkenheit›. Da wandte sich die Sonne an die Menschen, die nach dem *Mimixcoa* geboren waren, und sprach: ‹Meine Söhne, nun müßt ihr die vierhundert Wolkenschlangen vernichten: denn sie geben Vater und Mutter nichts ab . . .› So begann der Krieg.»

Aber abgesehen von seiner mythisch-religiösen Seite enthielt der Krieg noch eine andere: er lieferte den machthungrigen Städten einen Vorwand zur Eroberung und kleidete sich daher in juristische Begriffe, um seine Zwecke zu rechtfertigen. Die offizielle Lehre der drei Bundesstädte von Mexiko, Texcoco und Tlacopan beruhte auf einem zweifachen pseudogeschichtlichen Anspruch. Die drei Dynastien, so gab man vor, leiteten ihr Recht von dem Herrschaftsanspruch der Tolteken ab, die das mittlere Mexiko beherrscht hatten. Andererseits schrieben sie sich dank der Seitenlinie von Texcoco, dem Abkömmling der chichimekischen Eroberer, ein besonderes Vorrecht auf die Herrschaft über das gesamte Land zu. «Die drei Herrscher betrachteten sich vor allen anderen als Herren und Führer und stützten sich bei diesem Herrschaftsanspruch auf die Tatsache, daß das gesamte Land einst den Tolteken, deren Nachfolger und Erben sie waren, gehört hatte, sowie auf die neue Besitzergreifung des Landes durch den Chichimeken Xolotl, ihren Ahnen.» Von diesem Gesichtspunkt aus erschien jede Stadt, die unabhängig zu bleiben gedachte, als durchaus aufrührerisch.

Um in der Praxis eine Stadt oder Provinz angreifen zu können, bedurfte es eines *casus belli*. Den gebräuchlichsten Anlaß lieferten die Angriffe, denen die *pochteca* (Kauffahrer) auf ihren Reisen ausgesetzt waren. Wurden sie geplündert, ausgeraubt oder gar umgebracht, standen Regierungstruppen augenblicklich bereit, um sie zu rächen. Aus dem Schrifttum geht klar hervor, daß eine Handelsverweigerung oder der Abbruch von Handelsbeziehungen praktisch als Kriegserklärung aufgefaßt wurde. «Sie weigern sich, mit unsern Leuten zu arbeiten und zu verhandeln», ist der Grund, den Ixtlilxochitl als Rechtfertigung für das Unternehmen der Mittelstädte angibt. Die Mexikaner zogen zur Eroberung der Landenge von Tehuantepec aus, nachdem die Einwohner mehrerer Marktflecken dieser Gegend fast alle Mitglieder einer Handelskarawane umgebracht hatten. Der Krieg zwischen Mexiko und der Nachbarstadt Coyoacán hatte als Grund den Abbruch der alten überlieferten Handelsbeziehungen: «Die mexikanischen Frauen machten sich mit Fischen, Schnecken und Enten beladen auf den Weg..., um sie in Coyoacán zu verkaufen. Die Wächter, die man auf ihrer Wegstrecke aufgestellt hatte, nahmen ihnen all ihre Habe weg. Da kehrten sie nach Tenochtitlan weinend und jammernd zurück...» Als Folge dieses Schimpfes begannen die Mexikaner mit dem Boykott des Marktes von Coyoacán. Als dies das Oberhaupt der Stadt sah, rief er seine Würdenträger zusammen und sprach: «Brüder, seht ihr nicht, daß die Mexikaner unseren Markt meiden; ohne Zweifel sind sie über die Beleidigungen, die unsere Leute ihnen zugefügt haben, erzürnt. Halten wir daher unsere Waffen, unsere Schilde und

Schwerter bereit... Denn bald werden die Mexikaner hinter ihren Hoheitszeichen von Adler und Tiger vor unserer Stadt erscheinen.»

Auch andere *casus belli* waren gebräuchlich. Der Herrscher, der seinen Rat berief, um mit ihm über die Kriegserklärung abzustimmen, mußte die Gründe, die einen Angriffskrieg rechtfertigen sollten, auseinandersetzen. Hatte man ihm seine Kaufleute umgebracht, so antwortete der Ältestenrat, dies sei ein guter Grund und eine gerechte Sache, womit er sagen wollte, daß Handel und Wandel ein natürliches Recht seien, wie Gastlichkeit und freundlicher Empfang der Reisenden, und daß ein Krieg gegen die Übertreter dieser überlieferten Ordnung gesetzlich zulässig sei. War ein Sendbote getötet worden oder spielte der Herrscher auf einen anderen gleichfalls unbedeutenden Anlaß an, so wiederholte der Rat dreimal: «Warum willst du den Krieg?» und gab dadurch zu verstehen, daß dies kein hinreichender Grund zum Kriege sei. Wenn der König ihn aber mehrere Male berief, so pflegte der Rat schließlich nachzugeben.

Nach den mexikanischen Chroniken zu schließen, waren für manchen Zusammenstoß rein politische Gründe verantwortlich, das heißt, weil eine Stadt die Pläne einer anderen fürchtete und daher vorzog, der Gefahr ihrerseits mit einer Kriegserklärung vorzubeugen. Azcapotzalco erklärte Tenochtitlan am Tage nach der Wahl von Itzcoatl den Krieg, «nur weil ihr Herz gegen die Mexikaner von Haß erfüllt war». Sie fürchteten wohl, der neue Herrscher könne seinen Stamm zu einer neuen Reihe von Eroberungen mißbrauchen, und beschlossen daher, die drohende Gefahr im Keim zu ersticken und Mexiko auszulöschen.

Fünfzig Jahre später entschloß Axayacatl sich zu einem massierten Überfall auf die Zwillingsstadt Mexikos, Tlatelolco, als er nämlich die Überzeugung gewann, daß das Haupt jener Stadt dabei war, Geheimverträge mit den Nachbarstaaten abzuschließen, um bei der ersten Gelegenheit über Tenochtitlan herzufallen. Wenn zwischen zwei Städten ein gespanntes Verhältnis oder gegenseitiges Mißtrauen herrschte, bedurfte es des lächerlichsten Zwischenfalls, um einen Waffengang zu entfesseln: das Gezeter und Gekeife der Gemüseweiber auf dem Markt von Tlatelolco genügte schon, um zwischen den beiden Städten den Krieg zu entfachen.

Indessen schwirrte im allgemeinen der erste Pfeil nicht eher, als bis man sich in langen und zeitraubenden Verhandlungen nutzlos ermüdet hatte. Als Azcapotzalco die Vernichtung der Azteken beschlossen hatte und durch Vorschiebung seiner Vorposten bis zur Stadtgrenze den Auftakt zu den Kriegshandlungen gab, gelang es mehreren mexikanischen Botschaftern dennoch, mit dem Einverständnis des Gegners die feindlichen Linien zu überschreiten und Friedensverhandlungen anzubahnen.

Zwar scheiterten diese Unterhandlungen an dem eisernen Willen der Leute von Azcapotzalco, die es darauf abgesehen hatten, dem gefährlichen Volksstamm den Garaus zu machen, doch spielten sich Kommen und Gehen der Unterhändler und ihre

Besprechungen mit dem feindlichen Herrscher im überlieferten Zeremoniell ab.

Als es schließlich den Anschein hatte, daß für den Frieden keine Aussicht mehr bestand, wurde der *atempanecatl*[38] Tlacaeleltzin mit dem letzten Friedensvorstoß zum König von Azcapotzalco geschickt. Als Geschenke hatte er einen Mantel, eine Federkrone und Pfeile bei sich. Der gegnerische König dankte ihm und bat ihn, seinen Dank an Itzcoatl zu übermitteln; dann überreichte er ihm einen Schild, ein Schwert und ein kostbares Kriegsgewand und «gab der Hoffnung Ausdruck, daß er mit heiler Haut zu den eigenen Reihen zurückgelange». All dies spielte sich nach den Regeln eines ritterlichen und höfischen Zeremoniells ab, welches die Gegner zu gegenseitiger Achtung und Rücksicht zwang.

Zu der Zeit, da der Drei-Städte-Bund auf der Höhe seiner Macht stand, beachtete er gewissenhaft die verwickelten Regeln, bevor er sich auf einen Konflikt einließ. Der einem derartigen Schritt unterliegende Gedanke war aber der, daß die Stadt, die man sich einzuverleiben gedachte, dem Städtebund in gewisser Weise zugehöre – wenigstens war das die schon oben auseinandergesetzte offizielle Auffassung. Erkannte sie dieses Vorrecht an, war sie bereit, sich diesem Recht zu beugen, ohne zur Waffe zu greifen, so wurde sie nicht einmal als abgabepflichtig angesehen: der mexikanische Staat begnügte sich dann mit einem freiwilligen «Geschenk» und entsandte nicht einmal Tributeinnehmer. Alles wurde freundschaftlich geregelt.

Alle drei kaiserlichen Städte hatten ihre eigenen Botschafter, die sich ihrer Aufgabe nacheinander zu entledigen hatten, die darin bestand, die kampflose Unterwerfung der in Frage stehenden Stadt zu erwirken.

Zunächst fanden die Botschafter von Tenochtitlan, *Quauhquauhnochtzin* genannt, sich bei den Behörden der entsprechenden Stadt ein. Sie wandten sich besonders an den Ältestenrat und führten ihm die grauenhaften Folgen eines Krieges vor Augen. «Wäre es nicht viel einfacher», sagten sie, «wenn euer Herrscher Freundschaft und Schutz des Kaiserreiches annähme?» Dazu genügte es, daß das Stadtoberhaupt sein Wort gab, «das Kaiserreich nie zu befehden und seine Kaufleute und Bürger ein- und ausgehen, Handel treiben und Freundschaft schließen zu lassen».

Auch baten die Botschafter den Herrscher, in seinem Tempel dem Bildnis Uitzilopochtlis einem dem obersten Ortsgott ebenbürtigen Platz einzuräumen und nach Mexiko ein Geschenk in Form von Gold, Steinen, Federn und Mänteln zu entsenden. Vor ihrem Abgang hinterließen sie ihren Verhandlungspartnern eine Anzahl von Schildern und Schwertern, «damit sie nie sagen könnten, sie wären durch Verrat unterjocht worden». Dann verließen sie die Stadt, kampierten auf der Strecke und ließen der Provinz zwanzig Tage Zeit (einen Monat nach einheimischer Rechnung), um sich zu entscheiden.

Wenn nach diesem Verzug eine Entscheidung nicht eingetroffen war oder die Stadt sich weigerte, dem Vorschlag nachzukommen, trafen die Botschafter von Texcoco, die *Achcacauhtzin,* ein. Sie überbrachten dem Oberhaupt und seinen Würdenträgern eine feierliche Warnung: «Wenn nach einer neuen Frist von zwanzig Tagen keine Unterwerfung erfolgte, würde ihr Herrscher nach dem Gesetz des Städtebundes des Todes durch Keulenhieb schuldig werden, worauf er den Tod nicht auf dem Schlachtfeld oder auf dem Opferstein fände. Desgleichen würden die übrigen Ritter seines Hauses und Hofstaates gemäß dem Willen der drei Reichshäupter bestraft werden. Wenn Herrscher und Adel der gesamten Provinz sich innerhalb von zwanzig Tagen nach Übermittlung dieser Warnung zur Unterwerfung bereit erklärten, so waren sie zu einem jährlichen Geschenk in mäßiger Höhe an die drei Bundeskönige verpflichtet, worauf sie alle in Gnade und Freundschaft aufgenommen waren. Weigerte sich der Aufgeforderte, so salbten die Gesandten ihm den rechten Arm und den Kopf mit einer bestimmten Flüssigkeit, die ihn gegen den wütenden Angriff der kaiserlichen Heere wappnen sollte. Sie setzten ihm auch einen Federschmuck, *tecpillotl* (Zeichen von Adel), der mit einem roten Lederriemen festgebunden wurde, auf das Haupt und schenkten ihm eine Anzahl Schilde, Schwerter und andere Waffen.» Worauf sie zu den ersten Botschaftern zurückreisten, um bei ihnen die zweite Frist abzuwarten.

Wenn nun dieser neue Verzug von zwanzig Tagen ohne freiwillige Unterwerfung der «aufständischen» Stadt ablief? Dann machte sich die dritte Gesandtschaft unter der Führung des Königs von Tlacopan auf den Weg, um ihre letzte Warnung abzugeben. Die Botschafter wandten sich diesmal in der Hauptsache an die Krieger der Stadt, «da sie die Last und Not des Krieges besonders zu verspüren bekämen». Sie setzten eine dritte und letzte Frist von zwanzig Tagen fest und machten ihnen klar, daß im Weigerungsfalle die kaiserlichen Heere ihre Provinz verwüsten und die Gefangenen in die Sklaverei abführen würden und daß ihre Stadt tributpflichtig würde.

War der letzte Aufschub verstrichen, so befanden sich Stadt und Reich *ipso facto* im Kriegszustand. womöglich wartete man noch mit dem Beginn der Feindseligkeiten, bis die Wahrsager einen günstigen Tag bestimmt hatten, zum Beispiel einen Tag unter einem der dreizehn Zeichen, das mit *ce itzcuintli,* «eins-Hund», der dem Feuer- und Sonnengott geweihten Reihe begann.

Die Mexikaner begaben sich somit freiwillig der Vorteile eines Überraschungskrieges. Nicht nur ließen sie ihren Gegnern Zeit zu ihrer Verteidigung, sondern lieferten ihnen sogar Waffen, wenn auch nur in symbolischen Mengen. Dieses ganze Verhalten, diese Botschaften, Reden und Geschenke beweisen zur Genüge das hohe Ritterideal, das die Krieger des mexikanischen Altertums beseelte.

Man muß hierin wohl auch folgende Vorstellung sehen: der Krieg ist ein regelrechtes «Gottesgericht». Die Götter sind es, die letzten Endes die Entscheidung treffen. Dieses Gericht muß seinen vollen Wert behalten und darf nicht von Anfang an verfälscht werden; dies würde aber unweigerlich geschehen, wenn der

Kampf ungleich ist oder der Feind durch einen Überfall unschädlich gemacht wird.

Gleichzeitig zögern die Indianer mit jenem Gemisch von Idealismus und Wirklichkeitssinn, den man bei ihnen so häufig findet, keineswegs, zu allen nur erdenklichen Kriegslisten zu greifen. Schon vor Beginn der Feindseligkeiten sandten sie Geheimagenten, die mit *quimichtin* (wörtlich: Mäuse) bezeichnet wurden, in das gegnerische Lager; dies waren Leute, die sich in Kleidung und Haartracht von der Landesbevölkerung nicht unterschieden und ihre Sprache sprachen. Auch verwendete man für derartige Aufgaben gerne verkleidete Kaufleute, die das Land durch ihre Reisen kannten.

Diese Missionen waren nicht ungefährlich, denn die Bevölkerung der Städte war mißtrauisch. In einem in kleine Einheiten aufgeteilten Land, wo jeder jeden kannte, wo Kleider, Sprache und Sitten von einem Ort zum anderen voneinander abwichen, war es recht schwierig, unerkannt durchzukommen. Der entlarvte Spion wurde auf der Stelle hingerichtet, ebenso seine Mitwisser. Entledigte er sich hingegen seiner Aufgabe mit Erfolg, gelang es ihm, genaue Auskünfte über «Eigenschaft und Nachteile des Geländes, über Sorglosigkeit oder Kriegsbereitschaft des Feindlandes zu geben», so erhielt er zur Belohnung Land zugesprochen.

Auch im Kampf war die Anwendung von Kriegslisten weit verbreitet. Manch eine militärische Einheit täuschte einen Rückzug vor, um die feindlichen Truppen in einen Hinterhalt zu locken. Nicht selten gruben die Krieger sich des Nachts in Gräben ein, die sie mit Zweigen oder Stroh deckten, um erst aufzutauchen, wenn der Feind, von der Tarnung irregeführt, in Reichweite ihrer Pfeile kam. Dank einer solchen Kriegslist gewann der Kaiser Axayacatl die Schlacht von Cuapanoayan und unterwarf sich das Tal von Toluca.

Andere derartige Unternehmen entsprangen dem, was wir heute einen «genialen Kopf» nennen würden. Im Jahre 1511 nahmen die Azteken den Marktflecken von Icpatepec, ein Felsennest auf dem Gipfel eines steilen Gebirges, ein, indem sie die Klippen auf Holzleitern, die sie an Ort und Stelle verfertigten, erklommen. Inselstädte wurden von Kommandos, die sich auf Flößen kauernd heranpirschten, angegriffen. Der *Codex Nuttall* stellt den Wasserangriff auf eine Insel dar, bei dem drei Krieger in ihren Nachen stehen, die von ihrem Gewicht untersinken, während Fische, Krokodile und Schlangen um sie herumschwimmen.

Die Bewaffnung der mexikanischen Krieger bestand im wesentlichen aus dem runden Schild *(chimalli)* aus Holz oder Rohr, verziert mit Federmosaik oder Edelmetall, und aus dem Holzschwert *(macquauitl)* mit Schneiden aus Obsidian, das furchtbare Verwundungen zufügte. Als Wurfwaffen besaßen sie den Bogen, *tlauitolli,* und besonders das Wurfbrett, *atlatl,* mit dem sie Pfeile, *mitl,* oder Wurfspieße, *tlacochtli,* schleuderten.

Manche Völker, wie die Matlaltzinca des Toluca-Tales, benützten die Schleuder, und die halbwilden Chinanteken der Oaxacaberge verwendeten lange

Lanzen mit Steinspitzen. Die aztekischen Krieger trugen eine Rüstung, eine Art wattierte Tunika und Helme aus Holz und Papier, die zwar schön aussahen, aber wenig Schutz boten und mit Federschmuck und Zierat überladen waren.

Im Kampfgetümmel war jeder Feldhauptmann *(ichcahuipilli)* an seinem Banner oder Hoheitsabzeichen – ein kostbares, zerbrechliches Gebilde aus Rohr und Federn, das an der Schulter befestigt war – leicht zu erkennen. Jedes dieser Feldzeichen hatte seinen besonderen Namen. Rang und Ruhmestaten allein bestimmten die Berechtigung zum Tragen solcher Abzeichen[39].

Begann der Kampf in Schlachtordnung, so stießen die Krieger ein ohrenbetäubendes Kriegsgeschrei aus; das grausige Dröhnen der Muscheln und der schrille Ton der Knochenpfeifen mischten sich darein. Die Instrumente dienten nicht nur zur Anfeuerung der Krieger, sondern auch zur Zeichenübermittlung. Manch ein Kriegshauptmann hatte am Hals eine kleine Trommel hängen, auf der er seinen Leuten Befehle zutrommelte[40]. Zuerst schleuderten die Bogenschützen und Speerwerfer ihre Geschosse gegen den Feind, dann gingen die Krieger mit Fechtsäbeln aus Obsidian und Schilden zum Angriff über, eine Taktik, die der römischen mit ihrem *pilum* und Schwert nicht unähnlich war. Kam es dann zum Handgemenge, bot die Schlacht ein vollständig anderes Bild, als wir es von unserer Alten Welt gewohnt sind. Denn hier handelte es sich ja nicht so sehr um das Niedermachen, sondern vielmehr um das Einfangen des Gegners zu Opferzwecken. «Sondertruppen» standen hinter den Kämpfern bereit, um die zu Boden geschleuderten Feinde zu fesseln, bevor sie wieder zu Sinnen kamen. Die Schlacht verzettelte sich in eine Unzahl von Zweikämpfen, in denen ein jeder seinen Gegner weniger umzubringen als gefangenzunehmen trachtete. Wenn auch das Kriegsziel in der Gefangennahme eines oder mehrerer Gegner bestand, so zielte der allgemeine Operationsplan doch auf eine vollständige Unterwerfung des Feindes ab. Jedoch war diese Niederlage mit einer überlieferten Regel untrennbar verknüpft: eine Stadt war besiegt und erklärte sich auch als besiegt, wenn es dem Angreifer gelungen war, in ihren Tempel einzudringen und das Heiligtum des Stammesgottes anzuzünden. Daher finden wir in den einheimischen Handschriften als Sinnbild einer Eroberung am häufigsten einen Tempel in Flammen, in dem ein Pfeil steckt.

Die Einnahme des Tempels bedeutet die Unterwerfung der heimischen Gottheit, es ist der Sieg des Gottes Uitzilopochtli: damit haben die Götter gesprochen, und jeder Widerstand wird nutzlos. Die Niederlage nimmt somit einen symbolischen Charakter an und spiegelt damit eine Entscheidung auf der außermenschlichen Ebene der Gottheit wider. Die mexikanische Kriegführung hat daher keinerlei Ähnlichkeit mit dem «totalen» Krieg, den unsere Zivilisation zu einer solch teuflischen Meisterschaft gesteigert hat. Es handelte sich für die Azteken gar nicht darum, den Gegner durch Verwüstung seines Landes und Gemetzel seiner Bevölkerung zu unterwerfen, sondern um den Willen von Uitzilopochtli kundzutun. Sowie dieser Wille offenbar war, hatte der Krieg sein Ziel erreicht. Wer gewagt hatte, dem Kaiserreich, und das heißt dessen Gott, Widerstand zu leisten, brauchte seinen Irrtum nur einzusehen und danach zu trachten, dabei möglichst glimpflich wegzukommen.

Denn der Krieg begann mit Unterhaltungen und endete mit Unterhandlungen. Noch auf dem Schlachtfeld und auf den vom Feind überfluteten Straßen, noch während die Flammen das Heiligtum der Stadt verzehrten, machte sich schon eine Abordnung der unterlegenen Partei zu den Mexikanern auf den Weg. Die Kampfhandlungen wurden eingestellt: zunächst war dies nur eine Unterbrechung der Schlacht, ein ungewisser Waffenstillstand, um den ein erstaunliches Feilschen anhub. «Wir waren im Unrecht», das war im wesentlichen der Sinn dessen, was die Besiegten vorbrachten. «Wir sehen unsern Irrtum ein. Schonet unser. Wir bitten um den Schutz eures Gottes und Kaisers. Seht, was wir euch zu bieten haben!» Und die Botschafter zählten Lebensmittel, Waren, Geschmeide und Dienstleistungen auf, die sie als Abgabe zu entrichten bereit waren.

Meistens entgegneten die Sieger, daß diese Vorschläge nicht ausreichten. «Nein, ihr dürft nicht auf Gnade hoffen... Ihr müßt uns noch Dienstpersonal für unsere Paläste schicken, das sich alle zehn Tage ablöst...» Man verhandelte und stritt. Die Besiegten gaben im greifbaren und übertragenen Sinn ein wenig nach: «Wir überlassen euch unser Land bis nach Techco», sagten die unterlegenen *Chalca*. Zum

Schluß erklärten die Azteken: «Überlegt euch gut, wozu ihr euch verpflichtet. Wir wollen nicht, daß ihr uns eines Tages vorwerft, ihr hättet uns derlei Versprechen gar nicht gemacht.» Letzten Endes handelte es sich um eine Abmachung, die von Siegern und Besiegten gebilligt wurde und daher für beide Teile bindend war.

Die Wurzel zu einer solchen Verhandlung beruht in der Vorstellung, daß der Sieger als Liebling und Werkzeug der Götter allein recht hat. Wenn er wollte, könnte er die eroberte Stadt vernichten, alle Einwohner verschleppen oder hinmorden und ihr Heiligtum dem Erdboden gleichmachen. Auf dieses Vollrecht verzichtet er mittels eines Entgeltes: dieser Ausgleich ist der Tribut, eine Zahlung, mit der der Besiegte in gewisser Weise sein Leben loskauft. Die Mexikaner fordern, daß die Stadt die Oberherrschaft von Uitzilopochtli anerkennt und damit die von Tenochtitlan; daß sie ferner keinerlei eigenmächtige Außenpolitik treibt und endlich Abgaben bezahlt. Dafür darf sie ihre Einrichtungen, Götterkulte, Sitten und Sprache beibehalten. Die Stadt bleibt nach wie vor die Wesenszelle, der Mittelpunkt allen politischen und kulturellen Lebens. Sie tritt notgedrungen dem Städtebund bei, verliert aber dadurch nicht ihre Eigenständigkeit. Das Kaiserreich stellt im Grunde nichts anderes dar als eine Liga von selbständigen Städten. Nur in einer kleinen Anzahl von Städten herrscht aus besonderen Gründen ein von der Zentralmacht ernannter Statthalter; so zum Beispiel in Tlatelolco, das ein Teil der Hauptstadt geworden war.

Nichts wäre den alten Mexikanern unverständlicher und abscheulicher vorgekommen als die bezeichnenden Merkmale moderner Kriegführung mit ihrer Massenzerstörung, ihrer systematischen Ausrottung ganzer Völker und der Vernichtung oder des Umsturzes von Staatsgebilden.

Die einzigen einheimischen Herrscher, die ein Staatsgebilde aufzuheben versuchten, wie zum Beispiel die Dynastie von Texcoco auszulöschen und ihr Königtum von der Landkarte verschwinden zu lassen, waren der alte Tyrann von Azcapotzalco, Tezozomoc, und sein Sohn Maxtlaton. Daher waren ihre Namen im 16. Jahrhundert allgemein verhaßt. Sie sind die schwarzen Schafe der mexikanischen Geschichte. Als nun den Herrschern von Tenochtitlan und Texcoco im Jahre 1428 die Aufhebung dieser Tyrannei gelang, taten sie natürlich alles, damit diese unter der Asche nicht von neuem schwele. Dazu waren sie vorsichtig genug, eine Stadt des unterworfenen Stammes zur Teilnahme an der gemeinsamen Vorherrschaft aufzufordern, nämlich Tlacopan. So kam der Dreiverband zustande.

Ob heiliger Krieg oder politischer Krieg, der mexikanische Krieg ist stets in ein Netz von Abmachungen verstrickt. Im ersten Fall läßt er sich sogar auf eine Art vereinbarten Zweikampf zur Ehre der Götter zurückführen; im zweiten Fall stellt er eine Krise, eine vorübergehende Krankheitserscheinung dar, die den Göttern erlaubt, sich zu äußern. Die Feldzüge mochten wegen der riesigen Entfernungen und des Fehlens von Beförderungsmitteln lange dauern, die eigentlichen Kampfhandlungen waren dafür aber um so kürzer.

Die vorangegangenen Ausführungen mögen teilweise erklären, warum der letzte Krieg, den Tenochtitlan geführt hat, für Reich und Kultur der Azteken so unheilvoll endete. Das kam ganz einfach daher, weil Spanier und Mexikaner nicht den gleichen Krieg führten. Waffenmäßig schlugen sie sich nämlich mit gänzlich verschiedenen Mitteln. Auch in sozialer und moralischer Hinsicht sahen sie den Krieg von einer verschiedenen Warte an. Einem unvorhergesehenen, von einer anderen Welt ausgehenden Angriff vermochten die Mexikaner nur in ganz unzulänglicher und hilfloser Weise zu begegnen, so wie etwa die Einwohner unseres Planeten einer Landung der Marsbewohner gegenüberzutreten vermöchten.

Mit ihren Kanonen, Pickelhauben und Rüstungen, ihren Stahldegen, Pferden und Segelschiffen besaßen die Europäer eine entscheidende Überlegenheit über die Krieger von Tenochtitlan mit ihren Holz- und Steinwaffen, Pirogen und ihren Truppen, die nur aus Fußvolk bestanden. Hätte eine mazedonische Phalanx oder eine cäsarische Legion es wohl mit einer Batterie von Feldgeschützen aufnehmen können? Die Berichte über die Belagerung von Mexiko zeigen zur Genüge, mit welch durchschlagendem Erfolg die spanischen Brigantinen an Hand ihrer Segel manövrierten und schwenkten, die Lagune mit ihrem Feuer säuberten und die aufs Korn genommene Stadt bald derart einengten, daß sie von Zufuhr und Verbindungen abgeschnitten war. Man kann aus den Berichten auch

AZTEKISCHE KRIEGER MIT GEFANGENEN

ersehen, wie sehr das Kanonenfeuer durch das Umlegen von Mauern und Häusern den Angriff der *conquistadores* im Herzen der verschanzten Stadt erleichterte.

Bei einer näheren Beschäftigung mit diesen Berichten wird aber besonders auffallen, daß alle überlieferten Kriegsregeln, die den Mexikanern in Fleisch und Blut übergegangen waren, von den Eindringlingen auf das natürlichste von der Welt mißachtet wurden. Weit entfernt, etwaige Kampfhandlungen durch Unterhandlungen einzuleiten, schlichen sie sich mit Friedensbeteuerungen in Mexiko ein, um dann plötzlich über den indianischen Adel herzufallen, der auf dem Tanzplatz im Hofe des Uitzilopochtli-Tempels versammelt war.

Anstatt zu versuchen, Gefangene zu machen, hauen sie so viele Krieger als möglich nieder, während die Azteken ihre Zeit damit verlieren, Spanier oder einheimische Söldner als Menschenopfer zu verhaften. Als dann alles vorbei war, glaubten die mexikanischen Führer schließlich, einen hitzigen Wortstreit erwarten zu dürfen, damit die Frage des zu zahlenden Tributes geregelt werde. Sie waren sozusagen organisch außerstande, sich die wirklichen Folgen ihrer Niederlage vorzustellen. Nämlich den Umsturz ihrer gesamten Kultur, die Zerstörung ihrer Götter und ihres Glaubens, die Vernichtung ihrer politischen Einrichtungen, die Mißhandlung ihrer Könige, um ihnen ihre Schätze zu entreißen, und endlich das rotglühende Eisen der Sklaverei.

Die Spanier führten eben einen «totalen» Krieg; für sie gab es nur einen Staat, die Monarchie Karls V.,

MASSAKER DER SPANIER AN DEN AZTEKEN

und eine mögliche Religion. Ein bewaffneter Zusammenstoß war nichts im Vergleich mit dem Aufeinanderprallen von Weltanschauungen. Die Mexikaner unterlagen, weil ihr Denken, das auf politischem und religiösem Gebiet einer überlieferten Vielheit gehorchte, einen Kampf gegen die Dogmatik der staatlichen und religiösen Einheit nicht gewachsen war.

Es wäre nicht ausgeschlossen, daß sogar die Einrichtung des «Blumenkrieges» zum Fall von Tenochtitlan gewaltig beigetragen hat. War sie es nicht, die sozusagen vor den Toren der Hauptstadt die Trennung von Tlaxcala herbeigeführt hat, «weil diese Gefangene für das Gottesopfer verlangte»? Wenn die Mexikaner Tlaxcala wirklich zerstören und damit die Gefahr beseitigen wollten, so hätten sie es wahrscheinlich ganz einfach dadurch erreichen können, daß sie alle Streitkräfte des Reiches auf diesen Punkt zusammenzogen. Sie taten es nicht, weil sie die Notwendigkeit der Aufrechterhaltung des *xochiyaoyotl* (des «Blumenkrieges») vermutlich klar erkannten.

Ohne es zu ahnen, verschafften sie dem noch unerkannten Eindringling auf diese Weise einen Verbündeten, der ihm sein Fußvolk und seinen Unterschlupf zur Verfügung stellen sollte, auf die er in den Tagen nach seiner Schlappe zurückgreifen konnte. Und was die Republik von Tlaxcala anbelangt, so glaubte sie sicherlich, die mächtigen Ausländer zu ihren eigenen Zwecken ausnützen zu können, um einen mexikanischen Städtekrieg zu ihren Gunsten zu beendigen. Sie begriff nicht besser als Tenochtitlan die wahre Gefahr; wenn sie sie aber wahrnahm, so war es bereits zu spät.

Wenn also der Krieg nach der Formel von Clausewitz nicht nur die Fortsetzung der Politik ist, sondern ein Spiegel, der eine Kultur in Augenblicken der Krise, in denen sich sein Urbild erst recht offenbart, zurückstrahlt, so ist das Verhalten der Mexikaner im Kriege außerordentlich aufschlußreich. Man erkennt darin alle Tugenden und Schattenseiten einer Kultur, die in ihrer Weltabgeschiedenheit einem Einbruch von außerhalb nicht zu widerstehen vermochte.

Diese Kultur wurde mangels hinreichender Bewaffnung oder geistiger Anpassungsfähigkeit besiegt und ging unter, ohne die Blüten getrieben zu haben, deren Keime sie noch barg. Sie ist hauptsächlich unterlegen, weil ihre religiöse und rechtsförmige Auffassung sie angesichts von Eindringlingen lähmte, die auf Grund einer völlig verschiedenen Weltanschauung handelten. So widersinnig dies auf den ersten Blick erscheinen mag, so ist man doch anzunehmen geneigt, daß die Azteken, mochten sie im Vergleich zu den christlichen Europäern des 16. Jahrhunderts auch kriegerisch sein, es in Wirklichkeit vielleicht nicht genug waren. Oder sie waren es auf andere Weise, und dann war ihr Heldenmut ebenso ungenügend und unwirksam, wie es der Mut des Marnesoldaten gegenüber der Atombombe von heute wäre[41].

SIEBENTES KAPITEL

Das kulturelle Leben

Barbarei und Kultur

Jede große Kultur unterscheidet sich von ihrer Umgebung. Griechen, Römer und Chinesen haben ihre «Kultur» stets der «Barbarei» anderer Völker, die sie kannten, gegenübergestellt: eine manchmal berechtigte Gegenüberstellung, wie im Falle der Römer im Vergleich zu den germanischen Stämmen oder der Chinesen im Vergleich zu den Hunnen; mitunter wieder recht anfechtbar, wenn es sich beispielsweise um Griechen und Perser handelt. Andererseits neigen die Angehörigen einer kultivierten Gesellschaftsschicht zu gewissen Zeiten beim Zurückblicken auf ihre Vergangenheit dazu, sich auf bestimmte Vorfahren zu berufen – auf das «Goldene Zeitalter» – und dafür auf andere als «derb» und «bäuerisch» verschrieene Ahnen mit einem Anflug von Mitleid herabzublicken. Diese beiden Einstellungen des Kulturmenschen treten uns bei den Mexikanern der klassischen Zeit, sagen wir zwischen 1430 und 1520, entgegen.

Die Mexikaner des Mittelhochlandes waren sich des Wertes ihrer Kultur und ihrer Überlegenheit über andere indianische Völker wohl bewußt. Dennoch hielten sie sich nicht allein für Kulturträger und räumten gewissen anderen Stämmen, namentlich denen der Golfküste, in Dingen der Kultur Gleichberechtigung ein. Andere galten in ihren Augen dafür als rückständig und barbarisch. Andererseits wußten sie sehr wohl, daß ihr eigenes Volk noch nicht lange im mittleren Hochtal ansässig war und bis vor kurzem selbst das Leben eines Barbarenvolkes geführt hatte. Indessen sahen sie sich als Erben jenes Kulturvolkes an, das lange vor ihnen das Hochtal kolonisiert und dort seine Großstädte errichtet hatte.

Sie zögerten also nicht, sich als frühere Barbaren zu betrachten und einerseits von nomadischen Vorfahren ihre kriegerischen Eigenschaften, von seßhaften Ahnen hingegen die hohe Kultur ererbt zu haben, auf die sie so stolz waren. Um nochmals auf einen Vergleich mit dem Altertum des Mittelmeeres zurückzukommen, so könnte man ihr Denken in dieser Beziehung mit der Einstellung der Römer zur Zeit der Scipionen gleichsetzen, die zwar von ihrem rauhen Ursprung noch nicht weit entfernt, aber schon von einem edlen Kulturstrom durchdrungen waren, den andere vor ihnen in Fluß gebracht hatten.

Diese beiden Pole – der barbarische und der kultivierte – sind hier durch zwei geschichtlich-mythische Vorstellungswelten vertreten: die der *Chichimeca* und die der *Tolteca*. Die Chichimeken sind die Wanderjäger und -krieger der nördlichen Ebenen und Berge. In mythischer Vorzeit ernährten sie sich nur vom Fleisch wilder Tiere, «das sie roh verzehrten, denn sie kannten noch nicht den Gebrauch des Feuers... (sie hüllten sich in Tierfelle) und waren des Hausbaus nicht kundig, sondern wohnten in Höhlen, die sie fanden, oder bauten sich Hütten aus Zweigen und bedeckten sie mit Gras».

Zu Beginn des 16. Jahrhunderts kamen die Azteken und die dem Kaiserreich angeschlossenen Stämme wie die Otomis von Xilotepec zum erstenmal in Berührung mit den nördlichen Barbaren der Gegenden von Timilpan, Tecozauhtla, Huichapan, Nopallan, achteten aber deren Lebensweise und leiteten Handelsbeziehungen mit ihnen ein[42]. «Was man *teochichimeca,* das heißt vollkommen barbarisch, oder *zazachichimeca,* das heißt Waldmenschen, nennt, waren die Steppenbewohner, die in Hütten, Wäldern und Höhlen hausten, fern der Städte, denn sie hatten keinen festen Wohnsitz und wanderten als Nomaden von einer Gegend zur anderen; überraschte sie die Nacht auf dem Wege, so schliefen sie in Grotten oder Unterschlupfen, die sie vorfanden. Sie hatten einen Häuptling und Herrn..., und dieser Häuptling besaß nur eine Frau, wie auch die *teochichimeca* alle nur eine Frau besaßen. Niemand konnte zwei Frauen haben, ein jeder lebte mit seiner Frau für sich und suchte sich das Seine zum Lebensunterhalt...»

Die gleiche Beschreibung aus der Feder Sahagúns zeigt uns diese Barbaren als Fellträger und Bogenschützen, bewandert in der Anwendung von Pflanzen und Wurzeln. «Sie sind es, die als erste die *peyotl* genannte Wurzel gefunden und gebraucht haben, jene Wurzel, die sie an Stelle von Wein verzehrten und gleichfalls den giftigen Pilz mit Namen *nanacatl,* der wie Wein berauschte, verwendeten... Ihre Ernährung bestand aus den Blättern und Früchten des Feigenbaumes, aus der *cimatl* genannten Wurzel und noch anderen mehr, die man aus der Erde zieht..., aus *mizquitl* (einer Akazie mit eßbarer Frucht), aus Frucht und Blüten der *izcotl*-Palme. Sie zogen Honig aus Palmen, Agaven und (wilden) Bienenstöcken... Sie aßen Kaninchen, Hasen, Hirsche, Schlangen und vielerlei Vögel. Da sie sich von reiner, ungemischter Speise ernährten, lebten sie lange und von Krankheit unbelästigt. Starb einer, so starb er weißhaarig und altersschwach.»

Dieses Bild des Barbarenlebens ist nicht nur wegen seiner gewiß genauen Einzelheiten über Lebensgewohnheiten, Kleidung und Nahrung der «Wilden» aufschlußreich, sondern weil es gleichzeitig die Geisteshaltung seiner Urheber, das heißt der seßhaft gewordenen, städtischen Indianer widerspiegelt. In ihren Augen ist der Barbar ein «Mensch der Natur», er ist robuster, gesünder als der Städter, er besitzt diese *«manuum mira virtus pedumque»,* welche der Dichter der *De Natura Rerum* den ersten Menschen zuschreibt.

Die Azteken wußten sehr wohl, daß sie vier oder fünf Jahrhunderte früher ebenso gelebt hatten. Zu jener Frühzeit hatten sie sich «die Barbaren von Aztlan», *chichimeca azteca,* genannt und diese Lebensweise seit Urzeiten, «zweimal vierhundert Jahre, und nochmals zehnmal zwanzig Jahre, und noch vierzehn Jahre dazu», geführt, als sie auf Wanderschaft gingen. Es ist kein Zufall, daß ihre früheste Lebensweise nach Aztlan Chicomoztoc «die sieben Höhlen» hieß. Wovon lebten sie nun? «Sie erlegten Hirsche mit Bogen und Pfeil, dazu Kaninchen, Wildtiere, Schlangen und Vögel. Sie kleideten sich in Tierfelle und nährten sich von dem, was sie fanden.» Sie waren also regelrechte Wanderjäger und Sammler, wie die Indianer des nördlichen Mexiko es bis spät in die spanische Eroberungszeit hinein geblieben sein müssen.

Wie die kulturelle Angleichung der Barbaren, die nach ihrem Eindringen in das mittlere Hochtal Gewohnheiten, Sprache, Gesetze und Sitten der seßhaften Kulturstämme ziemlich rasch annahmen, vor sich ging, ist uns dank der Chronik der Dynastie von Texcoco zur Genüge bekannt. Diese Dynastie tat sich übrigens etwas darauf zugute, in direkter Linie vom Chichimekenhäuptling Xolotl[43] abzustammen, der die barbarischen Horden angeführt hatte, als sie sich nach dem Fall der Toltekenherrschaft niederließen.

Xolotl und seine beiden Nachfolger lebten noch in Höhlen und Wäldern. Der vierte Herrscher, Quinatzin, begann mit dem Stadtleben in Texcoco und hielt seinen Stamm zum Ackerbau an, doch empörte sich ein Teil seiner Leute und entfloh in die Berge. Der fünfte, Techotlalatzin, erlernte die Toltekensprache, die ihm eine aus Colhuacán gebürtige Ehefrau beibrachte, und nahm in seiner Hauptstadt Texcoco Angehörige von Kulturstämmen auf, die in seinen eigenen Stamm übergingen. Ixtlilxochitl paßt sich endlich in jeder Beziehung den Gebräuchen der «Tolteken» an (das heißt des Kulturstammes der *nauatl*-Sprache, dessen Kultur ihren Höhepunkt vor dem

Nomadeneinbruch erreicht hatte), und sein Sohn Nezaualcoyotl erscheint als bester, richtunggebender und verfeinerter Vertreter der klassischen Kultur Mexikos. Diese ganze Umformung hatte nicht länger als zweihundert Jahre gebraucht. Als nämlich die Barbaren auf die Mittelhochebene kamen, fanden sie nicht nur reiche Spuren einer hohen Kultur, eben die der Tolteken, vor, sondern kamen in ständige Berührung mit Völkerschaften, die seit langem seßhaft geworden und somit jener Kultur treu geblieben waren. Tula war zweifellos seinem Schicksal überlassen worden, der Toltekenstaat war verschwunden, aber in Colhuacán, Cholula, Xochimilco, Chalco und vielen anderen Orten herrschten Sprache, Religion und Sitten der Tolteken noch vor. Andere Marktflekken wie Xaltocan waren von Otomis bevölkert, seßhaften Bauern mit ländlichen Sitten, die jedoch lange im Kulturbereich der Tolteken gelebt hatten.

Im Umkreis dieser toltekischen und toltekisierten Stadtstaaten entstanden nun unter ihrem Einfluß und nach ihrem Vorbild die Neugründungen der Neukömmlinge und später die Städte jener Stämme, die von den Steppen des hohen Nordens herabzuströmen begannen und deren letzter Zustrom der Stamm der Azteken war. Alle diese Stämme machten sich das bestehende Staats- und Gesellschaftsgefüge zu eigen und übernahmen von ihren Vorgängern Götter und Künste: also alles, was den Stadtstaat mit seinem Ältestenrat und seiner Dynastie anbelangt, nämlich Ehrenämter und Ritterorden, die Anbetung von Erdgottheiten, Kalender und Schreibweise, Vielehe und

Ballspiel. Was in Italien nach dem Fall des westlichen Reiches weder Theoderich, Boethius noch Cassiodorus gelungen ist, haben die Mexikaner nach dem Untergang von Tula erreicht; wir müssen zugeben, daß dies in der Geschichte der Kulturkreise als beachtlicher Erfolg zu werten ist.

Die Azteken und ihre Nachbarn wußten wohl, daß sich in ihnen zwei Erbschaften überschnitten: einerseits die barbarische, deren sie sich keineswegs schämten, da sie doch deren Kriegertugenden pflegten, andererseits eine zivilisierte, die der Tolteken nämlich, deren Sinnbild der Gott-Held Quetzalcoatl, Erfinder der Künste und Kenntnisse und Schutzgott des Wissens, war.

Als Erben der Tolteken stellten sie sich selbst an die Seite der Völker, die keine Barbaren gewesen waren, die «Leute des Gummis und Salzwassers» *(Olmeca Uixtotin)*, «die dort wohnen, wo die Sonne aufgeht, und die niemand Chichimeken nennt». Es waren Stämme, die hauptsächlich in der Provinz Xicalanco (im Süden des heutigen Staates von Campeche) wohnten und als Bindeglied zwischen der mexikanischen und der Mayawelt mit dem Aztekenreich freundschaftliche Beziehungen unterhielten, ohne ihm jedoch untertan zu sein.

Das alte Mexiko bietet daher das sehr deutliche Beispiel einer Kulturgemeinschaft, die sich dem politischen Gefüge überordnet, eine stark empfundene Gemeinschaft übrigens, die die überlieferte Form des Toltekenmythos annahm. Dabei war dieser Mythos reich an geschichtlichen Bestandteilen, die mit sinnbildlichen Vorstellungen vermengt waren. Der Indianer von Tenochtitlan oder Texcoco, von Uexotla oder Cuauhtitlán betrachtete sich nicht nur als Glied eines Volksstammes und Bürger einer Stadt, sondern als gebildeter Mensch, der Anteil an einer hohen Kultur hatte. Dadurch stand er nicht nur im Gegensatz zu den Chichimeken, die auf der Stufe eines wilden Nomadenvolkes geblieben waren, sondern auch zu den bäuerischen Otomis[44], zu den *Popoloca,* die «eine Barbarensprache sprachen»[45], und den *Tenime,* «einem Barbarenvolk, ungeschickt, unfähig und derb». Diese Vorstellung einer höheren Kultur setzte gleichzeitig gewisse Kenntnisse und die Ausübung bestimmter Künste, eine festgefügte Lebensart und ein nach erprobten Regeln ausgerichtetes Verhalten voraus.

Selbstbeherrschung, gute Sitten, Gesellschaftsordnung

Ein gebildeter Mensch ist zunächst ein Mensch der Selbstbeherrschung, der seine Empfindungen nicht zur Schau stellt – außer, wenn es erlaubt und angebracht ist – und der in allen Lebenslagen ein würdiges Auftreten und bescheidene Zurückhaltung an den Tag legt. Was wir heute mit «gutem Benehmen» bezeichnen würden, spielte in den Augen der alten Mexikaner eine ausschlaggebende Rolle als Maßstab für den Wert eines jeden und als unerläßlicher Bestandteil der gesellschaftlichen Stufenordnung.

In der Oberschicht war die ständige Sorge um die persönliche Würde eng verknüpft mit dem Bestreben, bedächtig, heiter, ja bescheiden aufzutreten und «seinen Platz» zu kennen. Man beanstandete das Benehmen der jungen Krieger, weil sie «eitel, großsprecherisch, laut und ungehobelt daherredeten», wie es der *Codex* von *Florenz* so hübsch ausdrückt.

«Noch nie ist ein stolzer, hochmütiger oder lauter Mensch zum Würdenträger ernannt worden; nie hat ein unhöflicher, schlechterzogener, in Sprache und Ausdruck derber oder vorlauter Mensch oder einer, der alles herausplappert, was ihm einfällt, sich auf einer Matte oder einem *icpalli* niederlassen dürfen. Und wenn es vorkommt, daß ein Würdenträger sich schlechte Witze erlaubt oder leichtfertig daherredet, so wird er zum *tecucuecuechtli,* das heißt zum Narren gestempelt. Noch nie ist eine hohe Staatsstellung einem eitlen, ungezügelten Schwätzer oder Hanswurst anvertraut worden.»

Das Ideal der führenden Schicht ist eine geradezu römische *gravitas* im Privatleben, in der Umgangssprache und im Auftreten, verbunden mit erlesener Höflichkeit. Zwar fand man sich damit ab, daß bestimmte Männer, die Veteranen zum Beispiel, diesem Idealbild nicht ganz nachkamen, so daß man gewisse Verletzungen von Sprache und Umgangsformen in Kauf nahm; dafür kamen aber derartige Persönlichkeiten für höchste Ämter niemals in Frage. «Wer *quauquachicitin,* etwas verrückte, aber kriegstüchtige Männer, oder *otomi altalotzonxintin,* leicht durchgedrehte, glattgeschorene Otomis, genannt wurde, galt als handfester Haudegen, aber für den Staatsdienst als durchaus ungeeignet.» Ein wirklicher Herr mußte «bescheiden und nicht anmaßend, klug und besonnen, friedfertig und ruhig auftreten». «Dies», sagte ein Vater zu seinem Sohn, «muß aus Herzensgrund kommen vor unserem Gott (Tezcatlipoca). Deine Bescheidenheit sei nicht falsch, denn sonst wird man dich *titoloxochton* (scheinheilig) nennen, oder *titlanixiquipile* (einen Menschen, der sich verstellt): denn unser Gott der Herr sieht in alle Herzen und kennt alle unsere Geheimnisse.»

Diese «Bescheidenheit» – vielleicht wäre es richtiger, von Selbstbeherrschung und gezähmtem Stolz zu sprechen – drückt sich besonders im Maßhalten bei Vergnügungen aus: «Stürz dich nicht auf die Frauen wie der Hund auf sein Fressen.» Im Gleichmaß der gesprochenen Rede: «Ruhig muß man sprechen; sprich nicht zu rasch, erhitz dich nicht dabei, erhebe deine Stimme nicht zu sehr ... Bewahre einen gemäßigten Ton, weder zu hoch noch zu tief, auch sei deine Ausdrucksweise sanft und heiter.» In der Verschwiegenheit: «Wenn du etwas siehst und hörst, besonders etwas Übles, so laß dir nichts anmerken und schweige still.» Durch höfliche Aufmerksamkeit und bereitwilligen Gehorsam: «Laß dich nicht zweimal rufen; antworte gleich beim erstenmal.» Durch guten Geschmack und Mäßigung in der Kleidung: «Trage dich nicht zu auffällig und geckenhaft ..., lege aber auch keine zerrissenen und alten Kleider an.» Kurzum: Mäßigung in allen Dingen.

Auf der Straße soll man «ruhig einhergehen, weder

zu rasch noch zu langsam...» Wer diese Regel nicht beachtet, wird *ixtotomac cuecuetz* genannt, Leute, die beim Gehen närrisch nach allen Seiten schauen und weder Würde noch Anstand bewahren. «Laß beim Gehen den Kopf nicht nach vorne herunter oder auf die Seite hängen, schau auch nicht dauernd nach rechts und links, sonst sagt man, du seiest dumm, unerzogen und zuchtlos.»

«Iß bei Tisch nicht zu rasch und nicht zu unbeherrscht, nimm nicht zu große Bissen, und stopf dir den Mund nicht zu voll, schling das Essen nicht herunter wie ein Hund, zerstückle die Kuchen nicht, und hänge nicht gierig über deinem Teller. Iß gemessen, damit man sich nicht über dich lustig macht. Wasch dir vor dem Essen Mund und Hände und tue dasselbe nach der Mahlzeit.»

Diese «Vorschriften der Ältesten», *ueuetlatolli,* stellten eine regelrechte eigene Form im Schrifttum dar. Sie spiegelten die Vorstellung wider, die sich die Azteken von dem würdevollen Auftreten eines «gebildeten Mannes» ihrer Zeit machten. Der *ueuetlatolli,* von dem wir beim Pater Olmos eine Niederschrift in nauatl-Sprache finden, zählt langatmig und umständlich alle Verhaltungsmaßregeln auf, die ein junger Mexikaner aus gutem Hause zu befolgen hat. Wie er sich Vorgesetzten gegenüber, unter Ebenbürtigen, gegen Untergebene zu verhalten hat, daß er dem Alter mit Ehrerbietung begegnen, Mitleid mit den Unglücklichen haben, leichtfertige Reden unterlassen und sich in allen Lebenslagen der größten Höflichkeit befleißigen soll.

Die Vorschriften, die bei einem Essen im Hause eines Herrn zu befolgen waren, lauten zum Beispiel folgendermaßen: «Gib acht, wie du (bei einem Herrn) eintrittst, denn man wird dich beobachten, ohne daß du es merkst. Tritt achtungsvoll ein, verbeuge dich und begrüße Gastgeber und Gäste höflich. Mach beim Essen keine Grimassen, iß geräuschlos und sorgfältig, schlinge nicht wie ein Vielfraß, sondern nimm die Bissen langsam in den Mund, einen nach dem anderen... Unterlasse alles schlappernde Geräusch beim Trinken, du bist ja kein kleiner Hund! Nimm nicht die ganze Hand zum Essen, sondern nur die drei Finger der rechten Hand... Huste und spucke nicht, und hüte dich, die Kleider eines anderen Gastes zu beflecken.»

Die Höflichkeit, die den Indianern einst mit solcher Gewissenhaftigkeit eingeschärft wurde, so daß sie heute noch von ausgesuchter Zuvorkommenheit sind, kam nicht nur in Haltung, Gebärde und Inhalt der Sprache, sondern auch in ihrer Form zum Ausdruck. Die nauatl-Sprache, feingeistig und reich an Ausdrucksmitteln, besaß Partikel und sogar Konjugationen der Ehrerbietung. Man hängte die Silbe *-tzin* an den Namen der Person, die man ehren wollte, an ihren Titel und an jedes Wort, dem man einen Klang von Achtung oder Zuneigung zu verleihen gedachte: Motecuhçomatzin, der hochverehrte Montezuma; *totatzin,* unser verehrter Vater: *ixpopoyotzin,* ein bemitleidenswerter Blinder.

Besondere Wörter dienten zum Konjugieren der Zeitwörter, wenn man sich an eine geachtete oder geliebte Person wandte. *Tiyoli* bedeutet «du lebst», aber *timoyolotia* kann man mit «Euer Gnaden leben» übersetzen; *timomati* bedeutet: «du denkst», *timomatia* «du hast die Güte, du geruhst zu denken». *Miqui* heißt «sterben», *miquilia* «ehrenhaft sterben».

Wenn man es für angebracht hielt, eine würdige und einfache Haltung an den Tag zu legen, ohne seine Gefühle zur Schau zu tragen, so verlangte der gesellschaftliche Anstand unter gewissen Umständen wiederum, daß man Zeichen von Gemütsbewegung von sich gab. Die Braut, die das Elternhaus verließ, antwortete mit «Tränen» auf die Reden der Mitglieder der verschwägerten Familien. Die jungen Kaufleute, die in den Handel eintraten, lauschten achtungsvoll den langatmigen Ansprachen der betagten *pochteca* und vergossen bei ihrer Antwort reichliche Tränen als Zeichen der Dankbarkeit und Ergebenheit.

Müssen wir diesen Kult der Mäßigung in Gebärden und Worten, diese Abneigung gegen alles Unmaß, also gegen das, was die Griechen mit *hybris* bezeichneten, und den außerordentlichen Wert, den sie auf gutes Benehmen und Höflichkeit legten, nicht als einen Versuch des Selbstschutzes gegen die herrschende Neigung zu Sittenroheit und die Heftigkeit der Leidenschaften auffassen? Denn die zarte Blume der Ritterlichkeit beginnt in einer Welt zu erblühen, die zu Beginn des 16. Jahrhunderts soeben einen langen Zeitabschnitt der Kriege, Staatsstreiche, der mordgespickten Umtriebe und des politischen Verrats überstanden hatte.

Die Generation, an die sich die «Verhaltungsmaßregeln der Ältesten» richten, ist selbst noch zu jung, um jene unruhige Zeit gekannt zu haben, doch erinnert man sich der Wechselfälle, der Unsicherheit und der blutigen Geschehnisse, die zur Zeit der Vorherrschaft von Azcapotzalco und der Anfänge des Dreibundes zur Tagesordnung gehörten. Wir sehen die Großen dieser Epoche von ungestümen Leidenschaften aufgerührt, beherrscht von blutrünstigem Zorn und von Gelüsten, die kein Verbrechen scheuen.

So läßt der erste Montezuma (dessen Name «der, welcher [wie ein] Herr in Zorn ausbricht» höchst aufschlußreich ist) in einem Zornesausbruch wegen einer belanglosen Sache seinen eigenen Bruder, den *tlacateccatl* Ueue Zacatzin[46], ermorden. So lassen der Tyrann Tezozomoc und sein Sohn Maxtlaton durch ihre Mordbuben jeden umbringen, der den beiden Mißtrauen einflößt, den unglückseligen König von Tenochtitlan, Chimalpopoca, und den von Texcoco eingeschlossen. Und verübt nicht auch der weise König von Texcoco, Nezaualcoyotl, ein Verbrechen, das seine Nachfahren noch beschämen wird, als er, von Liebe zu der jungen Azcaxochitzin verblendet, den Herrn, dem sie versprochen ist, auf dem Schlachtfeld hemmungslos hinmorden läßt?

Die Mexikaner des 15. Jahrhunderts treten uns aus den Chroniken als eine verschlagene, leidenschaftliche und zugleich gewissenlose Rasse entgegen, die jedes Hindernis zu überrennen gewillt ist, das ihren Begierden oder Machtgelüsten im Wege steht. Doch scheint es, daß die Überlebenden dieser Schreckenszeit in später Stunde weise wurden: die philosophischen Gedichte des Königs Nezaualcoyotl, Ausdruck einer heiteren Entsagung und eines Epikuräertums, dessen Weisheit auf der Eitelkeit vergänglicher Seelenregungen beruht, stimmen gut mit einer Zeit der Beruhigung überein, die auf einen Abschnitt der Erschütterungen folgt.

Gegen Ende des 15. Jahrhunderts und zu Beginn des 16. hat sich dieses Streben nach Mäßigung endlich durchgesetzt; man bemüht sich nun, die heftigen Gemüter zu zähmen und gegen die Zügellosigkeit der Instinkte einen widerstandsfähigen Wall aufzurichten. Auf das Vorbild des zu allen Schandtaten bereiten Abenteurers folgt das Ideal des gebildeten Menschen. Über die grausamsten Prüfungen hinweg hat die mexikanische Gesellschaft zu guter Letzt eine eigenständige Ordnung zu schaffen verstanden. Die Höflichkeit ist unter der Regierung des zweiten Montezuma zu einem wesentlichen Bestandteil dieser Ordnung geworden.

Als die Dynastien, insbesondere die von Tenochtitlan, dem Chaos entstiegen und an Stärke zunahmen, gewann die Stammesordnung die Gestalt der Monarchie und ruhte nunmehr vor allem in der Person des Herrschers. Mochte seine Machtbefugnis noch so umfassend sein – wenn sie auch vom Ältestenrat gedämpft wurde –, so stand sie noch immer hinter seinen Pflichten zurück. Die Könige der anderen Liga-Städte und die Herren der selbständigen Städte – die natürlich alle dem Kaiser von Mexiko unterstanden – hatten schweren Pflichten zu genügen. Sie sind nicht nur für die Führung der Staatsgeschäfte und der

Heere verantwortlich, sondern auch für den Wohlstand und das Leben der Völker «sowie für den Überfluß der Güter dieser Erde». Sie haben für alle diese Bedürfnisse Sorge zu tragen, indem sie zunächst einmal den Göttern in vorgeschriebener Weise dienen. Sodann müssen sie alle unerläßlichen Maßnahmen treffen, beispielsweise um Notzeiten vorzubeugen oder ihre Schäden zu lindern, Vorräte anzuhäufen, Kleider und Lebensmittel zu verteilen und dadurch «den kleinen Leuten ihre herrscherliche Güte zu zeigen». Andernfalls murrt das Volk, und der Herrscherthron beginnt zu schwanken.

Die offizielle Lehre, die sich in den Reden anläßlich der Wahl des neuen Kaisers zur Genüge offenbart, läuft darauf hinaus, daß der Herrscher von den Göttern auserkoren ist, daß seine Belastung erheblich, seine Bürde furchtbar schwer und seine Hauptaufgabe nach dem Gottesdienst der Schutz des Volkes ist.

«Herr», sagte man zu ihm, «nun wirst du die Last und das Gewicht des Staates tragen! Du wirst deinen Rücken unter die schwere Bürde der Regierung stemmen müssen. Unser Gott legt dir auf Schultern und Arme die Sorge um die Führung eines Volkes, das unbeständig und jähzornig ist. Du, Herr, wirst auf Jahre hinaus dies Volk wie ein Wickelkind zu erhalten und zu pflegen haben ... Bedenke, Herr, daß du von nun an auf einem hohen Kamm, auf einem schmalen Pfad, zu dessen Seiten ein tiefer Abgrund gähnt, schreiten wirst ... Sei mäßig in der Ausübung deiner Macht, zeige weder Zähne noch Krallen ... Erfreue und ergötze das Volk mit Spielen und erbaulichem

Zeitvertreib, denn dann wirst du geliebt und geachtet sein... Dein Volk steht im Schutze deines Schattens, denn du bist wie ein *pochotl* oder ein *ahuehuetl,* der reichen Schatten spendet und der mit seinen weitausladenden Ästen eine Menge Menschen beschattet.»

Auf diese Beschützerrolle weisen alle Zeitberichte mit Nachdruck hin. Die Ordnung fußt auf ihr, und damit diese Ordnung gut, menschlich und dem Volke dienlich sei, muß der Kaiser seine Leidenschaften zügeln; über diese Forderung wird er am Tage seiner Wahl nicht im unklaren gelassen.

«Sage und tue nichts übereilt, höre Klagen und Berichte ruhig bis zu Ende an... Nimm auf niemand Rücksicht, strafe niemand grundlos... Auf den Matten und dem *icpalli* der Herren und Richter darf es in Worten und Handlungen weder hitzig noch übereilt zugehen, nichts darf im Zorn entschieden werden... Sprich mit niemand im Ärger, erschrecke niemand durch Heftigkeit. Auch mußt du darauf sehen, Herr, daß du niemals leichtfertig redest, denn das wird dir Mißachtung eintragen... Du mußt dir jetzt das Herz eines besonnenen und ernsten Greises schaffen... Liefere dich nicht den Frauen aus... Glaube nicht, Herr, daß die Matte und das *icpalli* der Könige nur zum Vergnügen und zur Entspannung da sind, sondern im Gegenteil nur Arbeit, Kümmernis und Sorge einbringen.»

Dieser Aufforderung zum Maßhalten muß der Kaiser als erster nachkommen, diesen Kampf gegen die Leidenschaft muß er als erster aufnehmen, denn von ihm hängt alles ab. Das Zeitideal sieht einen aufgeklärten Gewaltherrscher, einen kaiserlichen Philosophen, der sich selbst beherrscht, um dem Allgemeinwohl zu dienen. Die halb geschichtlichen, halb sagenhaften Anekdoten sind in dieser Hinsicht recht aufschlußreich. Nezaualcoyotl, der gegen das Ende seiner Regierungszeit Hast und Hitze seines jugendlichen Abenteuerlebens überwunden zu haben scheint, wird oft als eine Art Harun al Raschid dargestellt: wir sehen ihn, wie er, als Jäger verkleidet, Beschwerden und Klagen der Bauern anhört, sie hernach zum Palast kommen läßt und reich beschenkt.

Oder man schildert uns ihn, wie er von einem Balkon aus zufällig die bittere Klage eines Holzhauers mitanhört, der, unter seiner Last schwitzend, ausruft: «Der in dem Palast da hat alles, was er braucht, aber wir stöhnen und sterben vor Hunger!» Der König ließ den Holzhacker rufen und riet ihm zunächst, seine Worte wohl zu wägen, «da die Wände nämlich Ohren haben». Dann bat er ihn, «die Last und Bürde eines Herrschers zu bedenken und die ihm auferlegte Verantwortung, ein solch großes Königreich gerecht zu regieren und gegen seine Feinde zu verteidigen», schließlich entließ er ihn mit Geschenken beladen.

«Dieser König hatte so viel Mitleid mit den Armen, daß er an Markttagen gewöhnlich auf einen *mirador,* der den Marktplatz überragte, stieg, um die armen Leute, die sich mit dem Verkauf von Salz, Holz und Gemüsen mühsam ernährten, zu beobachten. Und wenn er sah, daß dies arme Volk seine Waren nicht los wurde, weigerte er sich, seine Mahlzeit einzunehmen, bis seine Haushofmeister auf den Markt gegangen waren und all die unverkauften Vorräte zum doppelten Preise gekauft und an Arme verschenkt hatten. Er sorgte besonders für die Verteilung von Nahrung und Kleidung an Greise, Kranke, Krieger, Versehrte, Witwen und Waisen und gab dafür einen großen Teil der hereinkommenden Abgaben aus.»

Im gleichen Sinne wird von Montezuma II. erzählt, er habe einmal auf der Jagd in einem Garten an den Ausläufern der Stadt einen unreifen Maiskolben abgerissen, ohne dazu die Erlaubnis des Bauern eingeholt zu haben. «Herr, der du so mächtig bist», sagte der zu ihm, «wie kannst du mir einen Kolben stehlen? Verurteilt dein Gesetz den, der einen Maiskolben oder seinen Wert stiehlt, nicht zum Tode?» «Das stimmt», antwortete Montezuma. «Also», entgegnete der Gärtner darauf, «warum hast du gegen dein eigenes Gesetz verstoßen?» Da schlug ihm der Kaiser vor, ihm seinen Maiskolben zurückzugeben, aber der Bauer weigerte sich, den Vorschlag anzunehmen. Montezuma gab ihm darauf seinen eigenen Mantel, den kaiserlichen *xiuhayatl,* und sprach zu seinen Würdenträgern: «Der arme Mann hier hat mehr Mut bewiesen als irgendeiner der Anwesenden, denn er hat mir die Verletzung meiner eigenen Gesetze vorzuwerfen gewagt.» Und er erhob den Bauern zur Würde eines *tecuhtli* und betraute ihn mit der Regierung von Xochimilco.

Was uns an diesen erbaulichen Geschichtchen fesselt, ist nicht die Frage, ob sie wirklich vorgekommen sind, sondern weil sie die Stimmung der Zeit wiedergeben. Denn so *muß* nämlich ein guter Herrscher sein: fähig, Klagen und Beschwerden anzuhören, barmherzig und selbstbeherrscht. Auf dem Höhepunkt von Staat und Gesellschaft muß er die Tugenden verkörpern, die seine Zeit als höchste verehrt und von denen man die Aufrechterhaltung von Ordnung und Sitte zum Wohl der Allgemeinheit erwartet.

Die Kunst als Zierde des Daseins

Das Kulturleben, im Grunde ein Vorrecht der höheren Schichten, spielt sich in einem Rahmen ab, der durch die Künste einen solchen Grad des Reichtums und der Verfeinerung erreicht hat, daß wir uns unwillkürlich an das Goldene Zeitalter der Toltekenzeit erinnert fühlen. Die mexikanische Kultur kannte den Begriff des «l'art pour l'art» nicht. Bildhauerei, Malerei, Goldschmiedekunst, Mosaik- und Federkunst sowie die Miniaturmalerei wetteiferten darin, Glauben und Zeitgeist auszudrücken, die Stufenleiter der Rangordnung bildhaft wiederzugeben und den Tageslauf in Formen überlieferter Vorstellung zu kleiden.

Auf die Architektur wollen wir hier nicht näher eingehen, da diese im ersten Kapitel bereits behandelt wurde. Die Denkmäler waren durch Standbilder belebt und mit Reliefs[47] geschmückt; in der Mehrzahl stellten sie religiöse Themen dar. Indessen fehlt es auch nicht an weltlicher Bildhauerkunst. Bald erfaßt sie in kräftigen Zügen das Antlitz eines Mannes aus dem Volk, bald gibt sie den vertrauten Anblick von Tieren oder Pflanzen des Landes wieder. Auch schildert sie nicht ohne Hoheit die Ruhmestaten der Herrscher oder erzählt ein geschichtliches Ereignis, wobei es sich um die Eroberungen von Tizoc oder um die Einweihung des Großtempels durch dessen Nachfolger handeln mag.

Die Kaiser liebten es, ihre Ebenbilder in Stein oder Gold zu hinterlassen. Eine der wenigen Goldstatuetten, die der Schmelztiegel der Spanier verschont hat, stellt Tizoc dar. Vierzehn Bildhauer schnitten das Standbild von Montezuma II. in Chapultepec in Stein und erhielten dafür riesige Mengen Stoffe, Kakao und Lebensmittel, dazu jeder zwei Sklaven.

Manche Denkmäler waren mit Fresken geschmückt, eine Kunstgattung, die für das Mittelhochland auf die Kultur von Teotihuacán zurückgeht und in dem Landstreifen zwischen Mexiko und den mixtekischen Bergen zu besonderer Blüte gelangt war. Die aztekische Wandmalerei ist mit den Gebäuden von Tenochtitlan verschwunden, doch findet man noch Spuren in Randorten wie Malinalco.

Wenn aber die Fresken, welche Tempelmauern und Paläste schmückten, zur gleichen Zeit untergingen, als diese Mauern unter der Wucht der Kanonen und Steinhauen zusammenbrachen, so ist uns die mexikanische Malerei in Form von ausgemalten Handschriften dennoch erhalten geblieben. Es handelt sich hier um eine Grenzkunst, die zwischen der Schrift und der Miniatur liegt; ihre feinen Glyphen und die Darstellung geschichtlicher oder sagenhafter Begebenheiten sind mit peinlicher Genauigkeit ausgemalt.

Der *tlacuilo* oder *tlacuiloani,* der Schreiber-Maler, erfreute sich großen Ansehens, mochte er nun für

Tempel, für Gerichtshöfe oder Verwaltungsämter arbeiten. Die alten Mexikaner liebten ihre Bücher. Durch die fanatische Hand Zumárragas, der Tausende und aber Tausende wertvollster Handschriften dem Scheiterhaufen übergab, ist ein sehr großer Teil ihrer Kunst vernichtet worden.

Die Zierde des Daseins ruhte in der Hauptsache in der überaus glücklichen Fähigkeit der «kleinen» Künste, Gebrauchs- oder Feiertagsgegenstände zu verschönern, denn vom bescheidensten Tonteller bis zum goldenen Geschmeide gab es nichts Häßliches oder Gewöhnliches; nichts verriet eine hastige Herstellung oder die Sucht nach Wirkung oder leichten Erwerb. Besonders überrascht waren die Eroberer von den ungewöhnlichen Schöpfungen der Kunsthandwerker von Tenochtitlan, der Goldschmiede, Steinschleifer und Federflechter.

Die *tolteca* – man räumte ihnen, wie wir gesehen haben, diesen Ehrentitel ein, der sie mit der großen Überlieferung des Goldenen Zeitalters verband – verstanden, das edle Metall weiß oder gelb zu schmelzen und zu formen, die härtesten Steine zu schneiden, die großartigsten Federmosaiken zur Verzierung der Schilde und die herrlichsten Banner und Mäntel der Führer und Götter mit Meisterschaft zu verfertigen. Ein paar steinerne, kupferne und hölzerne Handwerkszeuge; nasser Sand zum Abschleifen von Jade oder Kristall; besonders aber unendliche Geduld und eine überraschende Sicherheit im Geschmack – das waren die Mittel, mit denen sie solch zarte Herrlichkeiten hervorzuzaubern wußten.

Die Goldschmiede wandten die Technik des «verlorenen Wachses» zur Herstellung – das sind wenigstens die von den aztekischen Quellen erwähnten Beispiele – jener kleinen Standbilder an, welche Indianer fremder Stämme, Tiere (Schildkröten, Vögel, Fische, Krustentiere, Eidechsen), mit Schellen und Blumen versehene Metallhalsbänder darstellen. Sie verstanden, Gold in einem Alaunbad «farbig» zu machen. Sie hämmerten und schnitten Gold in Platten und Blättern.

Die Steinschleifer bearbeiteten Bergkristall, Amethyst, Jade, Türkis, Obsidian, Perlmutter und andere und bedienten sich dafür nur der bescheidenen Hilfsmittel des Schilfrohrs, des Sandes und des Schmirgels. Auf einem Grund von Holz, Stuck oder Knochen ordneten sie ihre Steinsplitter als kunstvolles Mosaik an.

Die Federflechter, *amanteca,* hefteten die kostbaren Federn der Tropenvögel entweder auf leichte Schilfgestelle, indem sie Feder für Feder mit Baumwollzwirn festbanden, oder klebten sie zu Farbmustern mosaikartig auf Stoff oder Papier fest, wobei sie dank der Durchsichtigkeit der Federn bestimmte Farbwirkungen erzielten. Dies war eine eigenständige und ausschließlich mexikanische Kunst, die die Eroberungszeit in den bekannten kleinen Federbildern überdauert hat, später aber vollkommen verschwunden ist. Von diesen zerbrechlichen Meisterwerken ist fast nichts erhalten.

Der kaiserliche Beamte, der mit den Spaniern nach ihrer Landung in der Gegend von Vera Cruz die erste

Berührung aufnahm, «zog aus einem Kasten mehrere wundervoll gearbeitete Gegenstände aus Gold und ließ zehn Lasten weißen Baumwollstoff und Federn, herrlich anzusehen, heranschaffen». Nach einheimischen Quellen soll Montezuma an Cortés folgende Geschenke entsandt haben: Zunächst ein Gewand des Quetzalcoatl, das folgende Einzelstücke umfaßte: eine Maske aus Türkisen, einen Kopfschmuck aus *quetzal*-Federn, eine große Scheibe aus Jade mit einer kleinen Scheibe aus Gold in der Mitte, einen mit *quetzal*-Federn und Perlmutter geschmückten Schild aus Gold, einen mit Türkisen eingelegten Spiegel, ein mit goldenen Klingeln und Edelsteinen verziertes Armband, einen Kopfschmuck aus Türkisen und obsidianverbrämte Sandalen.

Das zweite Geschenk war ein Gewand des Tezcatlipoca, das hauptsächlich wegen seiner Federkrone, eines goldenen Bruststückes und eines Spiegels Erwähnung verdient.

Später folgte ein Gewand des Tlaloc mit einer Krone aus grünen Federn, Ohrhänger aus Jade, eine Scheibe aus Jade und eine aus Gold, ein Zepter aus Türkisen, Knöchelreifen aus Gold. Dazu kam noch eine Kopfbedeckung aus Jaguarfell, die mit Federn und Steinen verziert war, Ohrringe aus Türkis und Gold, ein Bruststück aus Jade und Gold, ein Schild aus Gold und *quetzal*-Federn, eine goldene, mit Papageienfedern geschmückte Mütze und eine aus Goldblatt.

Unter den Geschenken, die Cortés von Montezuma II. empfing und im Juli 1519 an Karl V. weitersandte, finden wir unter anderem: zwei «Räder» von zehn Spannen (2,10 m) Durchmesser, eines aus Gold, das die Sonne darstellt, das andere aus Silber für den Mond; ein goldenes Halsband aus 8 Stücken mit 183 kleinen eingelegten Smaragden und 232 Granatsteinen, von dem 27 goldene Klingeln herabhingen; eine hölzerne, goldüberschalte Haube; ein goldenes, perlenverziertes Zepter; 24 Schilde aus Gold, Federn und Perlmutter; 5 Fische, 2 Schwäne und andere Vögel, alle in Gold gegossen; zwei große Muscheln und ein Krokodil aus purem Gold mit Filigranverzierungen; zahlreiche Kopfbedeckungen, Mützen, Federbüsche, Fächer und Fliegenklappen aus Federn und Gold.

Als das Aztekenreich sich ausdehnte und langsam die Tropenländer, aus denen die Federn stammten, die mixtekischen Gebirge, wo das Gold in den Gießbächen als Körnchen gewonnen wurde, und die Küstenstreifen des Golfes, die die vielbegehrte Jade lieferten, zu beherrschen begann, legte das mexikanische Leben das feingewirkte Kleid der Prachtliebe und des Aufwandes an. Götterbilder wurden in Federgewänder gehüllt, und Würdenträger gaben die althergebrachte Formenstrenge auf, um kostspieligen Liebhabereien, wie dem Federschmuck, dem Goldgeschmeide und den geschliffenen Edelsteinen, zu frönen. Wir haben bereits gesehen, daß selbst der hohe Adel sich gerne in die Kunst des Steinschneidens einweihen ließ und Jade und Türkis zu bearbeiten begann.

Gold und Silber erweckten weniger Begehr und Bewunderung als Federn und Steine, die in der Sprache der Rede und Dichtung unablässig wiederkehren.

Das goldene Grün der *quetzal*-Federn, das bläulichgrüne Türkisblau der *xiuhtotl*-Federn, das leuchtende Gold der Papageienfedern, das durchscheinende Grün der von Xicalanco eingeführten großen Stücke Jade, das Rot der Granatsteine und die düstere Durchsichtigkeit des Obsidian haben Herren und Dichter, Kaufleute und Künstler angezogen. Ihr vielfarbener Glanz umgibt das Leben der mexikanischen Menschen mit einem Heiligenschein von Pracht und Schönheit.

Die Kunst der Sprache, der Musik und des Tanzes

Die Mexikaner waren stolz auf ihre Sprache, den nauatl, der zu Beginn des 16. Jahrhunderts die Allgemeinsprache, die κοινή, dieses riesigen Landes geworden war. «Die mexikanische Sprache wird als Muttersprache, die von Texcoco als edelstes und feinstes Idiom angesehen. Von diesen beiden abgesehen, hielt man alle anderen für roh und derb ... Die mexikanische Sprache ist über ganz Neuspanien verbreitet ... Die anderen gelten als barbarisch und fremd ... Es ist die umfassendste und reichste, die man sich denken kann. Sie ist nicht nur würdevoll, sondern auch weich und schmiegsam, elegant und voll inneren Adels, bündig, leicht und biegsam.»

In der Tat besitzt der *nauatl* alle Eigenschaften, die eine Kultursprache kennzeichnen. Ihre Aussprache ist leicht, ihr Tonfall harmonisch und klar. Ihr Wortschatz ist außerordentlich reich, und ihre Verbindungsmöglichkeiten schaffen jedes gewünschte Wort, insbesondere auf dem Gebiet der Begriffe. Sie eignet sich großartig zur Formulierung der feinsten Schattierungen des Gedankens und des Sinnenhaften. Sie läßt sich ebensogut für die kernige Kürze der Jahrbücher wie für die rednerische Buntheit der Vorträge oder die Bildersprache der Dichtkunst verwenden. Sie war ein erstklassiger Rohstoff für die Literatur.

Die Schreibweise der Azteken setzte sich zu der Zeit, die uns beschäftigt, aus einem Mittelding zwischen dem Begriffszeichen, dem Lautzeichen und der einfachen figürlichen Darstellung zusammen. Das Sinnbild der Niederlage, dargestellt durch einen Tempel in Flammen, die Glyphe des Krieges *atl-tlachinolli,* die Nacht, wiedergegeben als schwarzer Himmel und geschlossenes Auge, und die Zeitzeichen sind Ideogramme, Begriffszeichen. Die Silben oder Silbengruppen *tlan* (Zähne, *tlan-tli*), *te* (ein Stein, *tetl*), *quauh* (ein Baum, *quauitl*), *a* (Wasser, *atl*), *tzinco* (der untere Teil des menschlichen Körpers, *tzintli*), *acol* (*acolli,* der Ellbogen), *pan* (eine Fahne, *pantli*), *ix* (ein Auge, *ixtolotli*), *teo* (eine Sonne, gedeutet als Gott, *teotl*), *coyo* (ein rundes Loch, *coyoctic*), *tenan* (eine Mauer, *tenamitl*), *tecu* (ein Diadem, daher ein Herr, *tecuhtli*), *icpa* (ein Knäuel Garn, *icpatl*), *mi* (ein Pfeil, *mitl*) *yaca* (eine Nase, *yacatl*) und viele andere liefern ebenso viele Beispiele der Lautsprache. Die oftmals recht stilisierten Gebrauchsbilder, welche die aufgezählten Gegenstände darstellen, dienen zum Festhalten der Klänge, wenn auch nicht von den Gegenständen selbst die Rede ist. Daher kommt es, daß der Name des Dorfes Otlatitlan durch ein Schilfrohr, *otlatl* (Begriffszeichen), und durch Zähne, *tlan* (Lautzeichen), wiedergegeben ist. In der Praxis verband man diese beiden Schreibarten, indem man auch noch die Farbe hinzuzog: das Wort *tecozauhtla* wurde durch einen Stein *(tetl)* aus gelbem Grund *(cozauic)* dargestellt, das Wort *tlatlauhquitepec* durch einen stilisierten, rot *(tlatlauhqui)* gemalten Berg *(tepetl)*. Endlich wurden mythische oder geschichtliche Szenen einfach durch Personen dargestellt, begleitet von Glyphen, die ihren Namen entsprachen, und notfalls von Zeichen, die das Datum der Begebenheit festhielten.

So wie diese Sprache geschaffen war, gestattete sie nicht, den genauen gesprochenen Wortlaut festzuhalten. Durch ein Gemisch von Lautzeichen, von Sinnbildern und figürlichen Darstellungen eignete sie sich zur Zusammenfassung von Ereignissen und lieferte dem Gedächtnis einen Anhaltspunkt. Die geschichtlichen Berichte, die Hymnen, die Gedichte mußten auswendig gelernt werden. Die Bücher dienten lediglich als Gedächtnishilfe. Dies gehörte zu den Hauptpunkten des Unterrichts, der den jungen Leuten von den Priestern des *calmecac* erteilt wurde. «Sie erlernten mit aller Sorgfalt die Gesänge, die man Gottesgesänge nennt und die in den heiligen Büchern aufgezeichnet sind. Sie machten sich gleichfalls die Berechnung der Tage, das Buch der Träume und das der Jahre vertraut[48].» Glücklicherweise eignete eine beschränkte Anzahl von Indianern sich in dem Zeitabschnitt nach der Eroberung und dank aufgeklärter Männer wie Sahagún die lateinische Schrift an und bediente sich dieses ihrem bisherigen unendlich überlegenen

Schriftbildes, um die noch nicht zerstörten einheimischen Bücher zu übertragen und das aufzuzeichnen, was sie auswendig wußten. Auf diese Weise wurde ein wenn auch bescheidener Teil der mexikanischen Literatur gerettet.

Dieses Schrifttum war so «vielseitig und weitverzweigt, daß kein anderes, auf dieselbe Höhe der Entwicklung gelangtes Volk ihm auch nur etwas annähernd Gleichwertiges an die Seite zu stellen vermocht hätte». Es umschloß alle Seiten und Blickpunkte des Lebens, denn sein Ziel lag darin, das gesamte Wissen vorangegangener Generationen lebendig zu erhalten: nämlich religiöse Vorstellungen, Mythen, Riten, Wahrsagung, Heilkunst, Geschichte, Recht; dazu kam das weite Gebiet der Rednerkunst, der epischen und lyrischen Dichtkunst.

Hierin unterscheiden wir zunächst die Prosa: Lehrvorträge, mythische Erzählungen, geschichtliche Berichte, und in der Verskunst, die sich meist in einer Art von Trochäe bewegte, religiöse und weltliche Gedichte. Viele Aufsätze oder Beschreibungen, die in der Literatur der Alten Welt in Prosa abgefaßt worden wären, wurden in Mexiko in Versform oder in einer Art rhythmischem Bibelvers erlernt, damit sie leichter im Gedächtnis haften blieben. Der rednerische und dichterische Stil vermochte aus den Möglichkeiten der Sprache die größte Wirkung zu erzielen. Der Reichtum des *nauatl* ließ zur Beschreibung einer Tatsache eine Anhäufung von sinnverwandten Wörtern zu, deren Unterschied in leichten Schattierungen lag. Daher gewinnen wir in den Übersetzungen oftmals den Eindruck von Weitschweifigkeit, während uns der Urtext eher ein wenig geziert vorkommt.

Um auszudrücken, daß der Zauberer Titlacahuan das Aussehen eines Greises angenommen hat, drückt sich der aztekische Erzähler ungefähr folgendermaßen aus: «Er verwandelte sich in einen kleinen Greis, er veränderte sich, er verkleidete sich, er gab sich sehr gebückt, er machte sich ein ganz weißes Haupt mit vielen weißen Haaren.» Eine andere, recht häufige Stilform besteht darin, einen Begriff durch die Nebeneinanderstellung von zwei Worten, durch eine «zweigliedrige Größe», wie folgt auszudrücken: *mixtitlan ayauhtitlan* (in Wolken, im Nebel), also: geheimnisvoll; *noma nocxi* (meine Hand, mein Fuß), also: mein Körper; *inchalchiuitl in quetzalli* (Jade, Federn), somit: Reichtum oder Schönheit; *itlatol ihiyo* (sein Wort, sein Atem), daher: seine Rede; *in xochitel in cuicatl* (Blume, Gesang) ergibt: Gedicht, und so weiter.

Dieselbe Neigung offenbart sich im Parallelismus, unablässig angestrebt in Dichtung und Rede, der in der Aneinanderreihung von zwei gleichsinnigen Sätzen besteht: *choquiztli moteca ixayotl pixahui,* «der Gram schwillt, die Tränen rinnen». In gleicher Weise liebte man den Parallelismus des Tons, des vokalischen Gleichklanges und der Wiederholung anlautender Buchstaben. Alle diese Wortbildungen wie auch die oftmals sehr gewählten Bildausdrücke waren die Kennzeichen der schönen Sprache, der Sprachweise, die dem gebildeten, kultivierten Menschen geziemt.

So trocken, bündig und auf die Aneinanderreihung

der nackten Tatsachen beschränkt der Stil der Jahrbücher meistens war, so blumenreich und überladen, ja für unseren Geschmack geschwollen, klang die Rednersprache. Hiervon haben wir bereits einige Beispiele gesehen. Auf die besondere Vorliebe der Mexikaner für diese Rhetorik mit philosophisch-moralischer Verbrämung kann gar nicht genug hingewiesen werden. Ihr ganzes Wesen drängte unaufhörlich nach Rede und Gegenrede in unablässigem Austausch von «Gemeinplätzen» (im Sinne der lateinischen Rhetorik), das heißt von allgemein anerkannten Begriffen, um die sie in ständig neuen Versuchen das Gewand der Bildersprache warfen. «Die Rednerkunst war ihr Steckenpferd... Während der Ansprachen kauerten sie auf den Hacken, ohne den Boden zu berühren, ohne umherzublicken oder die Augen zu erheben, ohne auszuspucken oder irgendwelche Handbewegungen zu machen. Dabei schauten sie niemandem ins Gesicht. Wenn ein Redner geendet hatte, erhob er sich und zog sich mit gesenktem Blick und ohne den Zuhörern den Rücken zuzuwenden, mit großer Bescheidenheit auf seinen Platz zurück.»

Bei allen Gelegenheiten des öffentlichen oder privaten Lebens ergaben sich regelrechte Rednerwettkämpfe, ganz gleich, ob der Anlaß eine Kaiserwahl, eine Kindstaufe, die Abreise einer Handelsgesellschaft oder eine Hochzeit war.

Die Dichtkunst war nicht weniger geschätzt. Die Würdenträger und ihre Familien, die elegantesten und distinguiertesten Frauen eingeschlossen, bildeten sich viel auf ihre Dichtkunst ein. In Texcoco, wo alles, was die schöne Sprache anbelangt, hoch im Kurs stand, hieß einer der vier Großräte der Regierung «Rat der Musik und Wissenschaften». Zu seinen Befugnissen gehörte außer der Durchführung der Gesetze, die Kulte und Zauberwesen regelten, die Förderung der Dichtkunst: er hatte Wettbewerbe ins Leben zu rufen, bei denen der König die Preisträger mit Geschenken bedachte.

Mit Ausnahme der Gelegenheitsdichter und der literarisch gebildeten Schicht, deren Leuchte König Nezaualcoyotl war, gab es Berufsdichter, die im Dienste der Großen standen: sie besangen die Ruhmestaten der Helden, Größe und Macht der Dynastien sowie Zauber und Traurigkeit des Lebens. Diese Dichter lehrten Gesang und Musik in den «Häusern des Gesangs» *(cuicacalli),* die den Palästen angegliedert oder von den Stadtvierteln unterhalten waren.

Der Name des Dichters (*cuicani,* der Sänger) besagt schon, daß Gesang und Gedicht gleichbedeutend waren, denn das Gedicht wurde stets gesungen oder wenigstens mit Begleitung von Musikinstrumenten vorgetragen. Dem Text bestimmter Gedichte gingen Anmerkungen voraus und gaben den Rhythmus des *teponaztli* an, dessen Klangfarbe den Vortrag unterstreichen sollte. Gewisse Dichtwerke zeigen, daß ihr Schöpfer von seiner Sendung durchdrungen war:

Ich meißle die Jade, im Schmelztiegel gieße ich Gold:
das ist mein Lied!
Ich lege Smaragde ein:
das ist mein Lied!

Er sang auch:

Ich bin der Dichter, Meister des Sangs,
ich bin der Sänger und rühre die Trommel.
O wecke, mein Ruf,
die Seelen der toten Gefährten!

Oder:

Ich bin der Sänger und mach ein Gedicht,
fein wie der edle Smaragd,
leuchtend und blitzend wie ein Smaragd;
ich folge den Klängen des tzinitzcan,
dem Wohllaut seiner Stimme ...
Wie der Klang der Glöckchen,
der Klang der Glöckchen aus Gold ...
So sing ich mein duftendes Lied,
einem schimmernden Kleinod gleich,
dem blitzenden Smaragd, dem strahlenden Türkis,
mein blühendes Lied auf den Frühling.

Die Azteken unterschieden selbst eine bestimmte Anzahl von Gedicht-«Arten», in erster Linie den *teocuicatl* («göttlichen Gesang») oder Hymne. Von diesen haben die Gehilfen Sahagúns glücklicherweise einige übertragen, die eine wirkliche Fundgrube für das Studium der religiösen Sprache und des Gedankengutes der alten Mexikaner darstellen[49]. Beim Lesen darf man nicht vergessen, daß diese Gedichte nicht nur gesungen, sondern «gespielt» wurden, das heißt, jeder Vers – der sicherlich zahllos wiederholt wurde – begleitete eine bestimmte Phase des Gottesdienstes, bestimmte Gebärden der Priester und bestimmte Maskentänze.

AZTEKISCHE MUSIKANTEN

Diese aus Urzeiten überlieferten religiösen Gesänge waren selbst für die Azteken zum mindesten unklar und für Laien sehr wahrscheinlich unverständlich. Ihr Stil wimmelt von esoterischen Anspielungen und Bildern.

Die Blume meines Herzens hat sich aufgetan,
sieh, der Herr der Mitternacht ist da.
Sie ist da, unsere Mutter, sie ist da,
sie, die Göttin Tlazolteotl.

Es ward geboren der Gott des Maises
im Paradies von Tamoanchan,
dort, wo die Blumen blühen,
er (der heißt) «Eins-Blume».

Es ward geboren der Gott des Maises
im Garten von Regen und Nebel,
Da, wo man Menschenkinder zeugt,
wo man fischt die Fische aus Jade.

Der Tag bricht an, die Dämmerung weicht,
Quechol-Vögel sammeln schon
dort, wo die Blumen blühen . . .[50]

Zu Ehren des Nationalgottes von Tenochtitlan sang man:

Ich bin Uitzilopochtli, der junge Krieger,
einen bessern gibt es nicht.
Nicht umsonst habe ich meinen Mantel aus Papageienfedern angelegt,
dank meiner Kraft geht die Sonne auf!

Für die Göttin Teteoinnan, die Mutter der Götter:

Die gelbe Blume hat sich aufgetan.
Sie, unsere Mutter mit der häutenen Maske,
von Tamoanchan ist sie gekommen.

Die gelbe Blume ist aufgeblüht.
Sie, unsere Mutter mit der häutenen Maske,
von Tamoanchan ist sie gekommen.

Die weiße Blume hat sich aufgetan.
Sie, unsere Mutter mit der häutenen Maske,
von Tamoanchan ist sie gekommen.

Die weiße Blume ist aufgeblüht.
Sie, unsere Mutter mit der häutenen Maske,
von Tamoanchan ist sie gekommen.

Ach, Göttin ist sie geworden
inmitten der Kakteen, unsere Mutter,
der Schmetterling aus Obsidian.

Ach, du hast die neun Steppen betrachtet!
Sie nährt sich von den Herzen der Hirsche,
unsere Mutter, Göttin der Erde.

Und nun wird eine andere Göttin, Ciuacoatl, in ihrer Doppelrolle der Göttin von Krieg und Scholle besungen:

Der Adler, der Adler Quilaztli
hat ein rotes Gesicht von Schlangenblut.
Adlerfedern sind seine Krone.
Sie ist die Zypresse und schützet
das Land von Chalman und Colhuacán.

Der Mais wächst im heiligen Feld.
Die Göttin stützt sich auf den Rasselstab.

Der Agavendorn, der Agavendorn ist in meiner Hand,
der Agavendorn ist in meiner Hand.
Im heiligen Feld
stützt sich die Göttin auf den Rasselstab.

Das Grasbündel ist in meiner Hand.
Im heiligen Feld
stützt sich die Göttin auf den Rasselstab.

«Dreizehn-Adler», so nennt man
unsere Mutter, die Göttin von Chalman.
Gebt mir den Kaktuspfeil, das Götterzeichen.
Da kommt mein Sohn Mixcoatl.

Unsere Mutter, die Kriegerin, unsere Mutter, die [Kriegerin,]
die Hindin von Colhuacán,
sie trägt den Federschmuck.

Der Tag ist da, der Kampf ist befohlen.
Der Tag ist da, der Kampf ist befohlen.
Laßt uns Gefangene heimbringen!
Wüst wird die Erde sein!
Sie, die Hindin von Colhuacán,
sie trägt den Federschmuck.

Andere, viel einfachere Hymnen lassen sich in Wirklichkeit auf unendlich wiederholte magische Formeln zurückführen; zum Beispiel der Gesang von Chicomecoatl, der Göttin des Maises, mit dem man das

Wachstum vor seiner jährlichen Wiedergeburt zu erwecken suchte:

Verehrte Göttin der Sieben Kolben,
steh auf, wache auf!
O Mutter, heut verlässest du uns
und kehrst in dein Land Tlalocan zurück.

Steh auf, wache auf!
O Mutter, heut verlässest du uns
und kehrst in dein Land Tlalocan zurück.

Ihre anderen Gedichte reihten die Mexikaner, je nach Art, Ursprung und Inhalt, in mehrere Abteilungen ein: *yaocuicatl,* Kriegergesang, *chalcayotl,* ein Gedicht nach der Art der Leute von Chalco, *xochicuicatl cuecuechtli,* blumenreicher und boshafter Gesang, *xopancuicatl,* Frühlingsgesang, und so weiter. Manche dieser Gedichte waren regelrechte «Sagas» – zum Beispiel der Gesang von Quetzalcoatl[51] –, andere hinwiederum enthielten Betrachtungen über die Kürze des Lebens und die Ungewißheit des Schicksals.

Endlich findet man in einer Zusammenfassung von Vortrag, Gesang, Tanz und Musik auch Elemente der dramatischen Kunst, wobei verkleidete Schauspieler geschichtliche oder sagenhafte Gestalten verkörperten und Dialoge sprachen. Rede und Gegenrede wechselten dabei zwischen Darsteller und Chor: bei derartigen Vorstellungen, die zugleich Tragödie und Ballett waren, traten zum Beispiel der König Nezaualpilli, sein Vater Nezaualcoyotl, der Kaiser Montezuma und andere auf. Gemimte Gesänge, manchmal von Frauen vorgetragen, waren in diese Kompositionen eingeschoben, zum Beispiel:

Meine Zunge ist aus Koralle,
aus Smaragd mein Schnabel;
ich gefalle mir selbst, o Eltern,
ich, Quetzalchictzin.
Ich spanne meine Flügel aus,
ich weine vor ihnen:
wie sollen wir zum Himmel steigen?

Die Schauspielerin, die diese Verse sang, war vermutlich als Vogel verkleidet.

Blume und Tod zieren mit ihrem düsteren Zauber in untrennbarer Eindringlichkeit die Lyrik Mexikos.

Ach, lebte man doch ewig!
Ach, stürbe man doch nie!
Wir leben zerrissenen Herzens,
über uns flackern Blitze,
bewacht, bedrängt sind wir.
Wir leben zerrissenen Herzens, welch ein Leid!
Ach, lebte man doch ewig!
Ach, stürbe man doch nie!

Oder etwa so:

Soll mein Herz dahinschwinden
wie die Blumen, die vergehen?
Wird mein Name nichts mehr sein?
Wird mein Nachruf nichts mehr gelten?
Gäb's doch Blumen und Gesang!
Was soll mein Herz tun (um zu überleben)?
Ach, vergebens ist unser Erdenweg.

Dieselbe Bedrängnis finden wir in folgendem Gedicht von Chalco:

Vergeblich greifst du den blühenden teponaztli,
mit vollen Händen wirfst du die Blumen,
und sie verblühn!

Wir singen hier ein neues Lied,
auch neue Blumen ruh'n
in unseren Händen.
Mögen sie unsere Freunde ergötzen!
Möge die Trauer unseres Herzens weichen!

Möge niemand der Traurigkeit nachgeben,
möge sich kein Gedanke auf der Erde verirren.
Seht unsere Blumen und edlen Gesänge.
Freuet euch, Freunde, freuet euch.
Möge unseres Herzens Trauer weichen!

Seht, Freunde, die Erde ist uns nur geliehen.
Die schönen Gedichte müssen wir lassen,
die schönen Blumen müssen wir lassen.
Drum bin ich traurig, wenn ich die Sonne besinge:
die schönen Gedichte müssen wir lassen,
die schönen Blumen müssen wir lassen.

Von hier gelangt das mexikanische Gefühl zum Ausdruck jener epikureischen Philosophie, die in den höheren Kreisen verbreitet gewesen sein muß:

Ach, nie kehren wir zurück zur Erde,
ihr Chichimekenherren!
Laßt uns glücklich sein! Nehmen wir denn die
Blumen mit ins Totenreich?

Sie sind doch nur geliehen.
Wahr ist, daß wir Abschied nehmen,
wir lassen die Blumen, den Sang und die Erde.
Wahr ist, daß wir Abschied nehmen . . .
Wenn es so ist, daß nur die Erde
uns Blumen und Lieder schenkt,
so seien sie unser Reichtum,
so seien sie unser Schmuck,
freuen wir uns an ihnen!

Endlich spiegelt die Dichtung auch das Schauspiel der erhabenen Landschaft Mexikos wider. Einer der Botschafter, durch die Uexotzinco beim Kaiser Montezuma um Hilfe bat, entdeckt in Bergeshöhe das Panorama des mexikanischen Hochtales:

Ich steige hinan und erklimme den Gipfel.
Tief unten der riesige See, der grün und blau
bald ruhig, bald wild
in den Felsen schäumt und singt.
. . . Blühende Wasser, grün wie Türkis,
drin schwebt und schwimmt
und ruft der glänzende Schwan,
sein schimmernd Gefieder wallt.

Und wenn die Sonne zur Ruhe geht:

Unser Vater, die Sonne,
sinkt im reichen Federschmuck
in eine Urne aus köstlichen Steinen,
geschmückt mit einem Türkishalsband,
unter die bunten Blumen,
die fallen und fallen wie Regen.

Kurze Auszüge wie die vorangegangenen vermögen uns kaum eine Vorstellung von dem Reichtum dieser Literatur zu vermitteln, von der wir freilich nur Bruchstücke kennen. Die Leidenschaft der alten Mexikaner für Rede- und Dichtkunst, für Musik und Tanz fand ihr reiches Genüge bei Festen, Gastmählern und den unzähligen Feierlichkeiten. Wir sehen die jungen Leute in ihrem üppigen Schmuck beim Tanz mit den herrlich gekleideten Kurtisanen, wir sehen Würdenträger und selbst den Kaiser an Bällen und Festveranstaltungen alter Überlieferung teilnehmen. Denn der Tanz war nicht nur ein Vergnügen, nicht nur ein Ritus, sondern eine Art und Weise, die Gunst der Götter «mit dem Dienst und dem Ruf des ganzen Körpers» zu «verdienen».

Die aztekische Musik – von der uns mangels Aufzeichnungen nichts bekannt ist – besaß keine großen Ausdrucksmittel. Sie kannte nur einige Blasinstrumente, die Muschel, die Trompete, die Flöte, die Pfeife und hauptsächlich Schlaginstrumente: die aufrechte Pauke *(ueuetl)* und die zweiklängige Holzpauke *(teponaztli)*.

Ihre Aufgabe bestand hauptsächlich darin, Stimmen und Körper rhythmisch zu begleiten. Mitunter mochte es geschehen, daß in den kühlen Nächten der Hochebene inmitten der Pyramiden, die beim Schein der Harzfackeln aus dem Dunkel tauchten, die versammelte Menge ein allgemeiner Taumel befiel – dann tanzte und sang sie, und jede Bewegung und jede Gebärde gehorchte den alten Regeln und Riten des Landes.

VOLKSBELUSTIGUNG MIT MUSIKANTEN,
AKROBATEN UND BUCKLIGEN

Und in dieser Verbindung von Gesang und rhythmischer Bewegung, die der Pulsschlag der Pauken skandierte, fand ein Menschenschlag, ohne sich seiner Pflichten zu entziehen, ja innerhalb der vorgeschriebenen Seinsbegrenzung, einen Ausgleich für die Leidenschaft seiner heißen Seele. Die mexikanische Kultur, die mit der Pflege der Selbstbeherrschung allen Bürgern und insbesondere der Elite einen unablässigen Zwang auferlegte, war weise genug, der verhaltenen Kraft im Anblick der Götter eine erlaubte Entspannung zu verschaffen. Dichtung und Musik, Rhythmus und Tanz bildeten auf dem großen Platz der heiligen Stadt im roten Flammenmeer der Fackeln – in stundenlanger Entfaltung – jene Befreiung, die eine Staatsordnung ihren gestählten Männern als Ausgleich für ihre hohe Beanspruchung von Zeit zu Zeit gewährte.

So waren also diese Männer geartet mit ihrer Größe und ihren Schwächen, mit ihrem Ordnungsideal und ihrer Grausamkeit. Gebannt vom Geheimnis des Blutes und des Todes, entzückt von der Schönheit der Blumen, der Vögel und Edelsteine; religiös bis zum Selbstmord, und wiederum von bewunderungswürdigem Wirklichkeitssinn für die Probleme ihres Staatswesens; ihrer Erde und ihrem Mais innig verbunden und dabei den Blick ständig zu den Gestirnen emporgerichtet – so waren diese alten Mexikaner Menschen einer hohen Kultur.

Und ihre so plötzlich vernichtete Kultur gehört zu den Kulturen, auf deren Erschaffung die Menschheit stolz sein darf. Darum sollte sie in Herz und Hirn der

Menschen, für die unser gemeinsames Erbgut aus den Werten des Menschengeschlechtes aller Zeiten und aller Länder besteht, einen Platz unter den kostbarsten Schätzen erhalten, eben weil sie so selten sind.

Im großen Ablauf der Menschheitsgeschichte bringen Menschen, die sich inmitten der tödlichen Gleichgültigkeit der Welt zu einer Gesellschaftsordnung zusammenschließen, manchmal etwas hervor, das sie überlebt – eine Kultur. Wir nennen sie Kulturschöpfer. Und die Indianer des Anahuac am Fuß ihrer Vulkane und an den Ufern ihrer Lagunen können fürwahr unter diese Kulturschöpfer gezählt werden.

Anhang

Editorische Notiz

Die vorliegende Ausgabe beruht auf der von Curt Meyer-Clason besorgten deutschen Übersetzung des Werkes *La vie quotidienne des Aztèques à la veille de la conquête espagnole* (Paris 1955), die zuerst unter dem Titel *So lebten die Azteken am Vorabend der spanischen Eroberung* (Stuttgart 1956) erschien.
Mit Ausnahme des Titels wurden keine Veränderungen im Textbestand vorgenommen. Dagegen wurde die Darstellung um zahlreiche Bildbeigaben ergänzt, deren ausführliche Erläuterungen sich im Anhang befinden. Gedankt sei an dieser Stelle dem Gebr. Mann Verlag in Berlin, der für diese Ausgabe den Abdruck einiger Seiten aus dem Codex Aubin sowie deren deutsche Übersetzung von Walter Lehmann und Gerdt Kutscher gestattete.

Wolfgang Stammler

Die 18 Monate und die Riten

1. *Alt caualo* (Stillstand des Wassers) oder *Quiauitl eua* (der Baum erhebt sich). Kinderopfer für Tlaloc, den Gott des Regens, und für die Tlaloken.

2. *Tlacaxipeualiztli* (Hautabziehen der Männer). Fest des Xipe Totec. Opferung der Gefangenen, denen hernach die Haut abgezogen wurde. Die Priester zogen die Häute der Geopferten an.

3. *Tozoztontli* (Kleine Nachtwache). Blumenopfer, Kult von Coatlicue.

4. *Uey tozoztli* (Große Nachtwache). Feste zu Ehren von Centeotl, dem Gott des Maises, und von Chicomecoatl, der Göttin des Maises. Blumen- und Speisopfer in den Tempeln der Stadtviertel und den privaten Betzimmern. Prozession der jungen Mädchen, die Maiskolben in den Tempel von Chicomecoatl tragen. Gesang und Tanz.

5. *Toxcatl (Trockenheit?).* Fest des Tezcatlipoca. Opferung eines jungen Mannes, der Tezcatlipoca verkörpert und ein Jahr lang als Herr gelebt hat.

6. *Etzalqualiztli* (*etzalli:* ein Gericht aus Mais und gekochten Bohnen, *qualiztli:* der Vorgang des Essens). Fest des Tlaloc. Feierliche Bäder in der Lagune. Tanz und Verspeisung des *etzalli*. Fasten und Buße der Priester. Darbietung der Menschenopfer, welche die Götter des Wassers und des Regens darstellen sollen.

7. *Tecuilhuitontli* (kleines Fest der Herren). Riten, von den Salzsiedern gefeiert. Opferung einer Frau, die Uixtociuatl, die Göttin des Salzwassers, darstellt.

8. *Uey tecuilhuitl* (Großfest der Herren). Verteilung von Nahrungsmitteln unter das Volk. Tänze. Opferung einer Frau, die Xilonen, die Göttin des jungen Maises, verkörperte.

9. *Tlaxochimaco* (Blumenopfer). Man pflückte Blumen auf dem Feld und schmückte den Tempel von Uitzilopochtli mit Blumen. Lustbarkeiten, Festessen, große Tänze.

10. *Xocotl uetzi* (die Frucht fällt herab). Fest des Feuergottes. Opferung von Gefangenen in Xiuhtecuhtli oder Ueueteotl. Die jungen Leute kletterten an einer Stange hoch, auf der ein Bild aus *huauhtli*-Teig befestigt war, und balgten sich um die Stücke.

11. *Ochpaniztli* (Fest des Fegens). Fest der Göttinnen des Wachstums und der Erde; diese werden stets mit einem Besen in der Hand dargestellt; man nimmt an, daß sie damit die Straße der Götter (das heißt: des Wachstums, des Maises usw.) reinfegen. Tänze. Scheinkämpfe zwischen Frauen, Heilgehilfinnen und Kurtisanen. Opferung einer Frau, die Toci oder Teteoinnan, die Mutter der Götter, verkörpert. Vorbeimarsch der Krieger vor dem Kaiser, der einem jeden Abzeichen und Ehrenwaffen überreichte.

12. *Teotleco* (Rückkehr der Götter). Man glaubte, die Götter kämen auf die Erde zurück, zunächst Tezcatlipoca, zuletzt der alte Feuergott, dem man Menschenopfer darbrachte.

13. *Tepeilhuitl* (Fest der Berge). Man verfertigte kleine Modelle aus *huauhtli*-Teig, die die Berge (Regengötter) darstellten und die hinterher gegessen wurden. Opferung von fünf Frauen und einem Mann, welche die Erdgottheiten verkörperten.

14. *Quecholli* (Name eines Vogels). Fest von Mixcoatl, Gott der Jagd. Herstellung von Pfeilen. Große Treibjagd auf dem Zacatepetl. Opfer für Mixcoatl.

15. *Panquetzaliztli* (Hissen von Fahnen aus *quetzal*-Federn). Großes Fest für Uitzilopochtli; Scheinkämpfe. Umzug des Gottes

Paynal, des Gehilfen von Uitzilopochtli, der mehrere Ortschaften in der Umgebung von Mexiko durchwanderte. Opferungen.

16. *Atemoztli* (Niederschlag des Wassers). Fest der Regengötter. Fasten. Verfertigung von Bildern der Regengötter aus Teig von Tausendschön, die man mit einem *tzotzopaztli* (langes und flaches Webwerkzeug) «tötete». Opfergaben von Speise und Trank.

17. *Tititl* (?). Opferung einer Frau, welche die alte Göttin Ilamatecuhtli, ganz in Weiß gekleidet, darstellte. Karnevalsschlachten, bei denen die jungen Leute die Frauen mit «Rupfensäcken» (mit Stoffresten gefüllte Säcke in Form von Schlummerrollen) schlugen.

18. *Izcalli* (Wachstum). Fest zu Ehren des Feuergottes. Man durchbohrte den Kindern die Ohren und «stellte sie dem Feuer vor». Alle vier Jahre opferte man Menschen, die als Feuergott geschmückt und verkleidet wurden.

Zum Schluß kamen die fünf Tage *nemontemi,* die als derartig unheilvoll angesehen wurden, daß man sich jeder Tätigkeit enthielt.

Anmerkungen

1 «Ich habe von einem großen Herrn mit Namen Muteczuma gehört», schreibt *Cortés* an Karl V. (*Cartas de Relación,* New York. 1828, Seite 48). Am Ufer des Golfes von Mexiko in San Juan de Ulúa während der Karwoche des Jahres 1519 kamen die Spanier zum ersten Mal in Berührung mit den Beamten des mexikanischen Kaiserreiches. Es waren Pinotl, Statthalter der Provinz von Cuetlaxtlan in Begleitung von zwei Schultheißen und zwei Würdenträgern, Tentitl und Cuitlalpitoc, die Bernal Díaz Tendil und Pitalpitoque nennt. (Díaz del Castillo, Bernal: *Historia verdadera de la Conquista de la Nueva España, Mexiko,* 1950, 1. Band, Seite 160). Die aztekische Lesart, die von Sahagún (Historia general de las Cosas de Nueva España, Mexiko, 1938, 4. Band, Seite 134 und ff.) festgehalten ist, beschreibt dieses erste Treffen, nachdem die mexikanischen Würdenträger in ihren Booten längsseits kamen und an Bord empfangen wurden: «Die Spanier fragten sie: ‹Wer seid ihr? Woher kommt ihr?› Sie antworteten: ‹Wir kommen aus Mexiko.› Worauf die Spanier entgegneten: ‹Wenn ihr wirklich Mexikaner seid, wie heißt dann der König von Mexiko?› Sie antworteten: ‹Meine Herren, sein Name ist Montezuma.» Worauf ein Austausch von Geschenken erfolgte (die Mexikaner gaben herrlich gestickte Gewebe, die Spanier Glaswaren). Dann segelten die Beamten zur Küste zurück und «eilten in Tag- und Nachtmärschen zu Montezuma zurück, um ihm als erstem die Neuigkeit wahrheitsgetreu zu berichten». Nach ihren Aussagen brachten sie dem Kaiser nicht nur die von Cortés

empfangenen Geschenke, sondern auch Zeichnungen der Schiffe, Kanonen, Pferde und Rüstungen der Spanier mit.

Als die Spanier langsam im Lande vorrückten, hörten sie nach und nach immer mehr von Montezuma und seiner Macht. «Die Mexikaner sind hier, was die Römer in der Alten Welt waren.» (Díaz, Seite 179.) Der edle Herr Olintecutli erzählt einen ganzen Abend lang den Spaniern von Mexikos Größe, vom Reichtum und von der militärischen Macht des Kaisers: «*Cortés* und wir hörten mit Staunen zu.» (Daselbst, Seite 230). Der Ruf Montezumas reichte weit über die Grenzen des Reiches bis zu den «Wilden» des Nordens hinaus. Pater Soriano schreibt in einer unveröffentlichten Handschrift (siehe: Jacques Soustelle: *La Famille otomi-pame du Mexique central,* Paris, 1937, S. 335, und *Documents sur les Languages pame et jonaz du Mexique central,* im *Journal de la Société des Américanistes,* 40. Bd., Paris, 1951, Seite 1–20), daß die Pames Montezuma anbeteten. Noch heute bedeutet das Wort «moctezuma» in dem gesamten Landstrich, der einst von den «Chichimeken» der Sierra Gorda besiedelt war, die Ruinen alter Städte.

Noch in unseren Tagen tritt Montezuma in den Erzählungen der Einheimischen zugleich als großer König und als gütiger Zauberer auf, der magische Kraft besitzt und sich in einen Adler verwandeln, durch die Luft fliegen und andere Kunststücke vollbringen kann. (Erzählung von Montezuma und der Schlange, in nauatl-Sprache, gesammelt im Jahre 1942. Weitlander, R. und I.: Acatlán y Hueycantenango, Guerrero, *México Antiguo,* 4. Band, Mexiko, 1943, Seite 174).

2 Um nicht in Anachronismus und Verwirrung zu verfallen, müssen wir uns räumlich wie zeitlich Beschränkung auferlegen. Vor allem wollen wir das Stadtleben, und zwar das der Bewohner von Mexiko-Tenochtitlan, beschreiben. Überdies herrschte in dieser und in einigen ihrer Nachbarstädte, namentlich in Texcoco auf dem Festland am Ufer des großen Sees, eine anscheinend einheitliche Kultur. Es ist für uns daher nur von Vorteil, auch aus den geschichtlichen Quellen von Texcoco zu schöpfen wie in unsere Darstellung unter

Umständen Einzelheiten aus Städten wie Xochimilco, Chalco, Cuauhtitlán und anderen einzubeziehen. Alles weist nämlich darauf hin, daß die Lebensbedingungen im gesamten mexikanischen Hochtal, zum mindesten in den Siedlungsmittelpunkten, sehr ähnlich waren.

Darum wäre es falsch, das Kaiserreich stillschweigend übergehen zu wollen, denn sein Dasein, sein Handel und Wandel, seine politische Unrast und sein religiöses Leben übten selbst auf die Hauptstadt einen außerordentlich starken Einfluß aus. Es hatte im 15. Jahrhundert in Form eines Dreibundes, einer dreiköpfigen Liga der Stadtstaaten von Mexiko, Texcoco und Tlacopan (heute Tacuba), seinen Anfang genommen; diese Liga war zwangsläufig entstanden als Folge der Kriege, in denen die Vorherrschaft einer anderen Stadt des Hochtals, Azcapotzalco, gebrochen worden war. Doch hatte der ursprüngliche Zuschnitt des Dreibundes sich bald verändert. Bald hatte Tlacopan, dann selbst Texcoco unter dem Druck der Mexikaner Vorrechte und Unabhängigkeit schwinden sehen. Noch zu Beginn des 16. Jahrhunderts waren die «Könige» von Tlacopan und Texcoco theoretisch Mitglieder des mexikanischen Kaisertums, aber diese Mitgliedschaft bestand zu einem großen Teil nur noch dem Namen nach. Der aztekische Herrscher griff nämlich in die Nachfolge der beiden Dynastien dergestalt ein, daß er praktisch ihre Trabanten ernannte und diese faktisch kaiserliche Beamte wurden: als Cortés in Mexiko seinen Einzug hielt, wurde er von Montezuma empfangen, den die beiden Könige und einige von ihm ernannte Statthalter umgaben, so sehr richtete das Gesetz der ersten sich nach dem Statut der zweiten. Die Abgaben der Provinzen wurden zu Anfang stets unter die drei herrschenden Städte nach einem bestimmten Satz verteilt, und zwar je ⅖ für Mexiko und Texcoco und ⅕ für Tlacopan, doch lassen zahlreiche Tatsachen darauf schließen, daß in Wirklichkeit der Kaiser von Tenochtitlan diese Verteilung nahezu nach Gutdünken vornahm. Die Liga war auf dem Wege, ein Einheitsstaat zu werden.

3 Der Michoacán (auf nauatl: «Land der Fischeigentümer», «die Fischer») hatte seine Hauptstadt am Ufer des großen Sees von Pátzcuaro, in Tzintzuntzan. Die Mexikaner hatten es vergebens zu erobern versucht: der Kaiser Axayacatl hatte bei Taximaroa eine schwere Niederlage erlitten. (*Tezozomoc,* Verlag Ternaux-Compans, Paris, 1853, Seite 279–283.)

4 Die *coa* (azt. *uictli*) war das Ackergerät der Indianer, ein Stock zum Umgraben, der sich an der Spitze zu einer Art Schaufel erweitert. Man benützt ihn heute noch in einigen Gegenden.

5 Tepoztlán (im heutigen Staat Morelos) war eine kleine Stadt, welche die Mexikaner unter Auitzotl erobert hatten. Seine Einwohner, die *nauatl* sprachen, beteten den Gott Tepoztecatl an, «den von Tepoztlán», dessen Tempel noch heute steht (vergleiche R. H. K. Marett: *Archaeological Tours from Mexico City,* Oxford University Press, 1933, Seite 90). Dieser Gott gilt als einer der Götter der Trunkenheit: *Codex von Florenz,* 1. Band, Seite 24.

6 Zum Beispiel der *Mimixcoa incuic,* «Gesang der Mimixcoa» (die Wolkenschlangen), *Codex von Florenz,* 2. Band, S. 209, und der Gesang von *Amimitl,* daselbst, Seite 210. Diese beiden Texte sind, der eine teilweise, der andere vollständig, in chichimekischer Sprache abgefaßt.

7 «Glyphe» ist der gebräuchliche Ausdruck zur Bezeichnung der «Schriftzeichen» der Schreibweise der Maya oder Azteken.

8 Name, der im *Codex von Huichapan,* einer in otomi-Schrift abgefaßten und im Nationalmuseum von Mexiko für Anthropologie und Geschichte aufbewahrten Handschrift, *Mexiko* bedeutet. Dieser Codex wurde von Alfonso Caso beschrieben: *Un Códice en otomí, in Proceedings of the XXIIIrd International Congress of Americanists,* New York, 1930, Seite 130–135, und von Jacques Soustelle: *La Famille otomi-pame du Mexique central,* Paris (Institut d'Ethnologie), 1937, Seite 213–214. Noch heute gebrauchen die Otomis das Wort *bondo* oder *bonda* für die Stadt Mexiko und das Wort *dezânâ* für die mexikanische Sprache (nauatl).

9 Der *Codex Mendoza* ist eine geschichtliche Urkunde allerersten Ranges und wurde von einheimischen Schreibern auf Anordnung des Vizekönigs Don Antonio de Mendoza (1535 bis 1550) zur Übersendung an Karl V. herausgegeben. Da das Schiff, das den Codex nach Spanien mitnehmen sollte, von einem französischen Korsaren gekapert wurde, geriet er in die Hände von André Thévet, dem Kosmographen des Königs, dessen Name auf der hier erwähnten Seite steht. Augenblicklich befindet sich der *Codex* in der *«Bibliothèque bodléienne»* von Oxford. Er wurde 1938 in London bei Waterlow and Sons von James Cooper Clark herausgegeben.

10 Nach der Überlieferung stammten die Mexikaner von einem mythischen Ausgangspunkt ab, der eine Insel mitten im See war und deren Name *Aztlan* (daher: *Azteca,* Azteken) die Vorstellung von etwas Weißem hervorruft.

11 Hermann Beyer hat im Jahre 1925 in der Zeitschrift *México Antiguo,* Band II, das Wurfbrett der Wurfspeere beschrieben, das für die Jagd auf Seevögel in der Gegend von Texcoco noch zu jener Zeit verwendet wurde.

Über den Gott *Atlaua* siehe die Hymne *Atlahoa icuic,* die zu seinen Ehren gesungen wurde (*Codex von Florenz,* Ausgabe in nauatl-Sprache und englische Übersetzung von Anderson und Dibble, Santa Fé, Neumexiko, 2. Band, 1951, Seite 213), und die Bemerkungen von Seler in Sahagún: *Historia general de las Cosas de Nueva España,* Mexiko, 1938, 5. Band, S. 170.

Über *Amimitl* siehe die Hymne dieses Gottes (*Codex von Florenz,* obige Ausgabe, Seite 211) und die Bemerkungen von Seler, daselbst, Seite 104. Amimitl und Atlaua waren die Götter der Seebevölkerung von Cuitlahuac, einem Dorf an der Süßwasserlagune, dessen Einwohner hauptsächlich vom Fisch- und Seevögelfang lebten. Die *Historia de los Mexicanos por sus pinturas,* niedergeschrieben nach der Eroberung auf Grund von einheimischen Handschriften, die vor der spanischen Epoche verfaßt wurden (herausgegeben von Joaquín García Icazbalceta: *Nueva Colección de documentos para la historia de México,* Band III, Mexiko, 1891, Seite 228–263), erklärt, Amimitl sei der oberste Gott der Bewohner von Cuitlahuac gewesen und mit einem Pfeil des chichimekischen Jagdgottes, Mixcoatl, gleichgesetzt worden.

Die Hymne an Amimitl war in einem nauatl-Dialekt abgefaßt, den die Mexikaner kaum noch verstanden und als «chichimekisch» bezeichneten, wie die Anmerkung auf aztekisch, die diesen Text in der Madrider Handschrift begleitet, bezeugt: «Dieser Lobgesang auf Amimitl ist vollkommen chichimekisch (‹wild›), und man kann nicht feststellen, was er in unserer nauatl-Sprache bedeutet.»

Was *Opochtli* anbelangt, so war er der Gott eines Küstenortes, Uichilat, dessen Einwohner Chichimeken waren; er selbst war ein Wassergott. Sein Hauptmerkmal waren seine Pfeile für die Entenjagd und das Wurfbrett. Die *Historia de los Mexicanos por sus pinturas,* der wir diese Einzelheiten entnehmen, fügt hinzu, daß dieser Wassergott Linkser war wie Uitzilopochtli (*opochtli:* links oder Linkser; *uitzilopochtli:* der Kolibri links oder zur Linken), und daß die beiden Götter *fueron muy amigos,* «sehr befreundet waren». Nach dieser Quelle nahm das Dorf, in dem dieser Seegott angebetet wurde, auch nach der Ankunft der Mexikaner den Namen *Uitzilopochco,* den Ort von Uitzilopochtli (das heißt, den augenblicklichen Marktflecken Churubusco), an.

In allen drei Fällen haben wir es mit Gottheiten der «wilden Seebewohner» zu tun, die sich besonders dem Schutz der Jagd auf Seevögel annehmen.

12 Siehe besonders A. F. Bandelier: *On the social organization and mode of government of the ancient Mexicans,* im *XIIth Annual Report of the Peabody Museum,* Seite 557–699, und George C. Vaillant: *Aztecs of Mexico,* Garden City, New York, 1947, Seite 111 und folgende. Die Gedanken von Bandelier fußen auf der recht fragwürdigen Annahme, daß die Mexikaner mit den Indianern Nordamerikas vergleichbar wären, und sind daher heute überholt. Auch Vaillant, einer der besten amerikanischen Archäologen, neigt, wenn auch in geringerem Maße, zu dem gleichen Irrtum.

13 Die Eroberer stießen bei Mizquic auf den See und verbrachten die letzte Nacht an der Seeküste bei Iztapalapan. «Und

als wir so viele Städte und Dörfer auf dem Wasserspiegel sahen und noch viele andere mehr auf dem Festland... ergriff uns Staunen, und wir sagten, das müsse Zauberei sein, wie es im Buche von Amadis berichtet wird, denn allerwärts erhoben sich große Türme, Tempel und Pyramiden aus dem Wasser; manch ein Soldat glaubte sogar zu träumen», schreibt Bernal Díaz del Castillo in seiner *Historia verdadera de la Conquista de la Nueva España,* Mexiko, 1950, 1. Band, Seite 330.

14 Das Austrocknen des Hochtals ist sicherlich unter langsamer Einwirkung der Natur vor sich gegangen, aber durch den Eingriff der Menschen wesentlich beschleunigt worden. Um den Überschwemmungen einen Riegel vorzuschieben, hat man im Jahre 1609 den Abflußkanal von Nochistongo, darauf im Jahre 1900 den großen Kanal des «Desagüe» und den Tunnel von Tequixquiac eröffnet. Die unvorhergesehene und verheerende Folge dieser Erdarbeiten war die, daß nicht nur das Oberflächenwasser verschwand und die Seen sich in staubige Flächen verwandelten, sondern daß das Austrocknen – noch verschärft durch das Anbohren zahlreicher künstlicher Brunnen – dem Gelände, das vormals See war, vier Fünftel seines Grundwassers wegnahm, es dadurch veranlaßte, sich zusammenzuziehen, und den Boden zum Einsinken brachte. Daher zieht das Gelände, auf dem die Stadt Mexiko steht und das die meiste Zeit aus angeschwemmtem *jaboncillo* besteht, sich regelmäßig zusammen. Das Niveau der Stadt sinkt heute durchschnittlich 50 Zentimeter pro Jahr, also zehnmal schneller als im Jahre 1910. Der Grund des Sees von Texcoco liegt augenblicklich drei Meter unter dem Niveau von Mexiko, desgleichen der Abflußkanal und der Tunnel: um daher den Überschwemmungen, die um so heftiger wieder einsetzten, Einhalt zu gebieten, mußte man mit großen Kosten Pumpenanlagen bauen, die Abfluß- und Grundwasser abziehen sollten.

15 Von den verschiedenen Berichten, die erhalten sind, ist der von Tezozomoc der vollständigste (Band II, Seite 55–58) und schildert alle magischen und religiösen Geschehnisse dieser Angelegenheit. Ixtlilxochitl (Seite 291) widmet ein

kurzes Kapitel der Geschichte der Quelle Acuecuexatl, besonders um die wohltätige Rolle des Königs von Texcoco, Nezaualpilli, hervorzuheben. Die Überschwemmung wird in dem *Codex von 1576,* Seite 76, erwähnt, der angibt, daß sie die Maisfelder verwüstet habe: neben dem Jahr *chicome acatl* «sieben Rohr», 1499, sieht man, wie ein Wasserlauf Maiskolben mitführt.

Sahagún (Band III, Seite 293) berichtet kurz von dieser Überlieferung und fügt hinzu, daß der Vizekönig, Don Gastón de Peralta, die Quelle Acuecuexatl zu verwenden versuchte, aber scheiterte und den Plan aufzugeben gezwungen war.

16 Über die Wanderschaft der Mexikaner siehe namentlich *Codex von 1576,* Bilderhandschrift der Bibliothèque Nationale de Paris, herausgegeben unter dem Titel: *Histoire de la Nation mexicaine,* Paris (Leroux), 1893, und *Codex Azatitlan,* veröffentlicht im *Journal de la Société des Américanistes,* Band XXXVIII, Paris, 1949.

17 Es handelt sich um die Gefangennahme und Hinrichtung des «Königs» Uitziliuitl des Älteren durch die Bewohner von Colhuacán. *Codex Azcatitlan,* Tafel XI, und alle alten Quellen, die über diese Ereignisse übereinstimmen.

18 Der Tiger war ein Sinnbild von Tezcatlipoca. Siehe Jacques Soustelle: *La Pensée cosmologique des anciens Mexicains,* Paris, 1940, Seite 15.

19 Der Adler war ein Sinnbild der Sonne. Daselbst, Seite 8. Im Nationalmuseum von Mexiko ist der wunderbare, in Stein gehauene Kopf eines Ritter-Adlers zu sehen. Abgebildet in: André Malraux, *Le Musée imaginaire de la Sculpture mondiale,* Paris, 1952, Tafel 354.

20 *Codex von Florenz,* Band II, Seite 114 und 115. Der überlieferte Ausdruck *atl-tlachinolli,* «Wasser und Feuer», bedeutet: der Krieg und insbesondere der heilige Krieg; er wird durch eine besondere Hieroglyphe dargestellt, in der die Zeichen von Wasser und Feuer vereint sind. Siehe Alfonso Caso: *El Teocalli de la Guerra Sagrada,* Mexiko, 1927, S. 30 und 31.

21 Dieses Wort kommt von *tlaquimilolli,* «eingewickeltes Ding» (in Stoffen), auf spanisch *lio* oder *envoltorio.* Auf der

Wanderschaft wurden die Götterbilder oder die heiligen Gegenstände, die den Platz der Götter einnahmen, in derartiger Verpackung mitgenommen. In geschichtlicher Zeit bewahrte man *tlaquimilolli,* die beispielsweise einen Spiegel *(Tezcatlipoca)* oder Agavendornen (Uitzilopochtli) enthielten, in bestimmten Tempeln auf: Pomar, op. cit., Seite 13.

22 Es handelt sich um eine Provinz, die erst in jüngerer Zeit unterworfen wurde. Sie war von Tzotzil, einem Stamm der Mayasprache, bevölkert und gehört heute zum mexikanischen Staat Chiapas. Tzinacantlan, auf aztekisch «Ort der Fledermäuse», ist die Übersetzung von Tzotzil, vom Maya *tzotz,* «Fleder-Maus».

23 Sahagún, Band II, Seite 367. Bei den Festen tanzten die Würdenträger vor den Kaufleuten, die am Tanz nicht teilnahmen und hernach Geschenke anboten.

24 *Relación de la genealogia y linaje de los señores que han señoreado en esta tierra de la Nueva España . . . Escribimos por mandado de nuestro Prelado, a ruego é intercesión de Juan Cano, Español, marido de doña Isabel, hija de Montezuma, el segundo de este nombre, señor que era de la Ciudad de México.* Veröffentlicht von J. García Icazbalceta, *Nueva Colección de documentos para la historia de México, Mexiko,* 1891, Seite 263–281.

25 Das Schrifttum über dieses Thema ist ungeheuer groß. Die hauptsächlichsten einheimischen Bilderhandschriften, die dafür in Frage kommen, sind folgende:

Codex Borbonicus, Paris 1899. *Codex Borgia,* Edition Kingsbourough, London, 1831–1848, Band III. *Codex Cospiano do Bologna,* Rom, 1898. *Codex Fejérváry-Mayer,* Paris, 1901. *Codex Magliabecchiano,* Rom, 1904. *Codex Ríos* (Vaticanus A), Rom, 1900. *Codex Telleriano-Remensis,* Paris, 1899. *Tonalamatl Aubin,* Paris, 1900. *Codex Vaticanus B,* Rom, 1896. Manche Texte stellen eine Umschreibung der Bilderhandschriften aus vorcortesianischer Zeit dar. Dies bezieht sich besonders auf die *Anales de Cuauhtitlán* und die *Historia de los Mexicanos por sus pinturas.* Unter den spanischen Chronisten finden wir das Wichtigste bei Sahagún. Empfehlenswert ist auch: Durán: *Historia de las Indias de Nueva España y Islas de Tierra firme,* Mexiko, 1867–1880 (2 Bände).

Motolinía: *Memoriales*, Mexiko, 1903. Torquemada: *Veinte i un libros rituales i Monarchia indiana, Madrid, 1723* (3 Bände). Über die anderen Städte, mit Ausnahme von Mexiko, siehe: Muñoz Camargo: *Historia de Tlaxcala*, Mexiko, 1892, *Pomar: Relación de Texcoco*, Mexiko, 1891. Neuzeitliche Verfasser: Alfonso Caso: *La Religión de los Aztecas*, Mexiko, 1936; *El Pueblo del Sol*, Mexiko, 1953. Eduard Seler: *Gesammelte Abhandlungen zur Amerikanischen Sprach- und Altertumskunde*. Insbesondere: 1. Band, Berlin, 1903, Seite 417–503, und 2. Band, 1904, Seite 959–1107. Jacques Soustelle: *La Pensée cosmologique des anciens Mexicains*, Paris, 1940.

26 Zum Beispiel: Cortés läßt dem Lotsen Gonzalo von Umbría die Füße abhauen, zwei Spanier hängen und anderen zweihundert Peitschenhiebe verabreichen. (Díaz del Castillo, Band I, Seite 220). Indianischen Gefangenen läßt er die Hände abhacken (daselbst, Seite 265). Über die Metzeleien von Cholula und Mexiko siehe Díaz del Castillo, Seite 308, und Sahagún, 4. Band, Seite 169–171. Über Folterung und Hinrichtung von Cuauhtemotzin siehe Pérez Martínez: Cuauhtémoc, *vida y muerte de una cultura*, Mexiko, französische Übersetzung, Paris (Laffont), 1952.

27 Von *petlatl*, Matte, und *calli*, Haus, wörtlich «Haus der Matten», daher «Kasten aus Korbgeflecht». Das spanische Wort *petaca*, abgeleitet von *petlacalli*, bedeutet in Spanien ein Zigarettenetui, hat aber in Mexiko die Bedeutung des «Handkoffers» behalten.

28 Díaz del Castillo, Band I, Seite 335. Das Geheimgemach, in dem der Schatz sich befand, wurde von den Spaniern, die Gäste Montezumas waren, schließlich geöffnet (daselbst, Seite 364). Es enthielt solche Reichtümer, namentlich aus Gold, daß Díaz «es für unmöglich hält, daß irgendwo auf der Welt dergleichen anzutreffen sei».

29 Ein wundervoller Spiegel aus Obsidian mit einem geschnitzten Holzrahmen findet sich im «Museum of the American Indian», Heye Foundation, New York. Er ist dargestellt in C. A. Burland: *Art and Life in ancient Mexico*, Oxford, 1948, Seite 43. Das «Musée de l'Homme» in Paris besitzt einen Spiegel aus Markasit, auf dessen Rückseite das

Bildnis des Windgottes *Eecatl* eingegraben ist. Siehe E. T. Hamy: *La Galerie américaine du Musée d'Ethnographie du Trocadéro,* Paris (s. d.), 1. Band. Tafel XI, Nr. 34.

30 Über den *peyotl (Lophophora williamsii)* siehe insbesondere Léon Diguet: *Der Peyotl und sein ritueller Gebrauch bei den Indianern von Nayarit,* im *Journal de la Sociéte des Américanistes,* Paris, 1907; A. Rouhier: *Der Peyotl, die Pflanze, die staunende Augen macht,* Paris, 1927; Richard Evans Schultes: *Peyote, an American Indian heritage from Mexico,* in *México Antiguo.* Band IV, Nr. 5–6, Mexiko, 1938, Seite 199–208; Maximino Martínez: *Plantas medicinales de México,* Mexiko, 1944, Seite 215 und folgende.

31 Über die Götter der Trunkenheit siehe insbesondere A. Caso: *El Pueblo del Sol,* Seite 68–69. Der *Codex Magliabecchiano* widmet zehn Seiten (49–59) der Darstellung dieser Götter. Mayauel ist hauptsächlich im *Codex Borbonicus,* S. 8, dargestellt. Man sieht bei Sahagún, wie groß bei der aztekischen Priesterschaft die Bedeutung der Priester der Centzon Totochtin war. Ein religiöser Gesang, der diesen Göttern eigen ist, steht im *Codex von Florenz,* Band II, Seite 213.

32 Muñoz Camargo, Seite 149. Dieser Verfasser hebt die Verpflichtung der Eltern, die Geburt des Kindes Verwandten und Freunden mitzuteilen, besonders hervor; sonst wären diese beleidigt gewesen. Siehe auch Sahagún, Band II, Seite 196 und folgende.

33 Siehe zum Beispiel: *Codex von 1576,* Seite 5 (Glyphen, die den Eigennamen Quauhcoatl, Apanecatl, Tezcacoatl, Chimalman entsprechen), Seite 28 (Tezozomoctli), 32 (Tenochtli); *Codex Azcatitlan,* Seite XI (Uitziliuitl, Chimalaxochitl, Tozpanxochitl), XIII, (Tezozomoc und Quaquauhpitzauac), XIV und folgende (Namen der mexikanischen Kaiser); *Codex Telleriano-Remensis,* Seite 30 (Uitziliuitl), 31 (Chimalpopoca, *Itzcoatl*), 32 (Nezaualcoyotl), 33 Rückseite (Quauhtlatoa), 36 (Nezaualpilli) und so weiter.

34 «Der Schwanz dieses kleinen Tieres besitzt große Heilkräfte. Wenn eine Frau in Geburtswehen ein wenig davon trinkt, kommt sie unverzüglich nieder... Wer die Knochen oder den Schwanz des *tlaquatzin* ißt, selbst wenn es ein Hund

oder eine Katze ist, übergibt sich sofort.» (Sahagún, Band III, Seite 156.) Man verwandte auch einen Aufguß von *nopal*-Blättern: daselbst, Seite 263.

35 Hernando Ruiz de Alarcón: *Tratado de las supersticiones y costumbres gentilicas que oy viuen entre los Indios naturales desta Nueua España* (1629). *Veröffentlicht in Anales del Museo Nacional de México,* Band IV, Mexiko, 1892, Seite 123–223. *«La causa de la enfermedad del niño es faltarle su hado o fortuna o estrella, que estas tres cosas se comprehenden en la lengua mexicana debaxo deste nombre tonalli.» (Seite 197.)* Die Übersetzung des Buchtextes lautet: «Die Ursache jener Kinderkrankheit ist, daß dem Kind Zeichen, Glück oder Stern fehlt; diese drei Dinge sind in der mexikanischen Sprache in der Bezeichnung tonalli zusammengefaßt.»

Die Schreibweise der aztekischen Namen und Worte wurde übernommen von: Eduard Seler: Gesammelte Abhandlungen zur Amerikanischen Sprach- und Altertumskunde, 6 Bände, Berlin, 1904.

36 Über dieses Thema siehe insbesondere Sahagún, Band III, Seite 229–276; Ignacio Alcocer: *Consideraciones sobre la medicina azteca,* ein Aufsatz, der nach dem 3. Band von Sahagún, Seite 375–382, erschien; Maximino Martínez: *Plantas útiles de la República mexicana,* Mexiko, 1928, und: *Plantas medicinales de México,* Mexiko, 1944; Del Paso y Troncoso: *Estudio sobre la historia de la medicina en México. La Botánica entre los Nahoas,* in *Anales del Museo Nacional de México,* Band III, 1896, Seite 140–235; Paul C. Standley: *Trees and Shrubs of Mexico,* in *Contributions from the U. S. National Herbarium,* Band XXIII, Washington, 1920–1926.

37 Über die Grabpyramide von Palenque vgl. Alberto Ruz Lhuillier: *Estudio de la cripta del Templo de las Inscripciones en Palenque,* in *Tlatoani,* Band I, Nr. 5–6, Mexiko, 1952, Seite 3–28. Vom gleichen Verfasser: *Exploraciones en Palenque: 1950–1951,* in *Anales del Instituto Nacional de Antropologia e Historia,* Band V, Mexiko, 1952, Seite 25–66.

38 Tlacaeleltzin, berühmte Persönlichkeit der aztekischen Geschichte, war der Begründer der Dynastie der *ciuacoatl,* die, gleichlaufend mit der der Kaiser, einen großen Einfluß auf

die Ausdehnung von Tenochtitlan ausgeübt hat. Er trug zu jener Zeit (1428) den militärischen Titel *atempanecatl,* «der (welcher befiehlt) am Rand des Wassers».

39 Als Beispiele dieser Hoheitsabzeichen können der *zaquanpapalotl,* Schmetterling aus gelben Federn, der *quetzaltototl,* Vogel-quetzal, der *zaquanpanitl,* Banner aus gelben Federn, der *zaquantonatiuh,* Sonnenscheibe aus Federn, der *macuilpanitl,* Zierart aus fünf Bannern, und so weiter genannt werden. Diese und andere Abzeichen sind nach den Originalbildern aztekischer Künstler bei Sahagún, Band II, Tafel 2, 3 und 4 zu finden.

40 Motolinía (loc. cit.) gibt über den König von Texcoco Aufschluß. Auf einer Seite der Bilderhandschrift, die man Ixtlilxochitl zuschreibt und die sich in der «Bibliothèque Nationale de Paris» befindet, ist der Herrscher von Texcoco, Nezaualcoyotl, folgendermaßen dargestellt: Sein Kleid ist eine prächtige Federrüstung, sein Haupt bedeckt ein Helm, in den Händen hält er Schild und Schwert, an seinem Halse hängt eine kleine konische Pauke. Eine Wiedergabe dieser Seite erscheint bei Boban: *Catalogue raisonné . . .* Atlas, Seite 67.

41 Es gibt wenige so spannende Themen wie die Ursachen der Niederlage, die die Mexikaner im Jahre 1521 erlitten. Im Gegensatz zu Arnold J. Toynbee, der der Meinung ist, daß die mexikanische Kultur praktisch schon zu Ende war *(L'Histoire, un essai d'interpretation,* Paris [Gallimard], 1951, Seite 299–300), halte ich daran fest, daß sie regelrecht *«hingemordet»* wurde. Siehe meine Anmerkung über den Mord an Zivilisationen, in *Liberté de l'Esprit* Nr. 22, Paris, 1951, Seite 166–167. Man kann hier auf die Formulierung Spenglers zurückgreifen: «Denn diese Kultur ist das einzige Beispiel für einen gewaltsamen Tod. Sie verkümmerte nicht, sie wurde nicht unterdrückt oder gehemmt, sondern in der vollen Pracht ihrer Entfaltung gemordet, zerstört wie eine Sonnenblume, der ein Vorübergehender den Kopf abschlägt.» (Untergang des Abendlandes, zweiter Band, Seite 51.)

Für den Erfolg der Spanier kommen vier verschiedene Gruppen von Gründen in Betracht:

1. Militärische Gründe, von denen gesprochen wurde.

2. Biologische Gründe: Die Pockenepidemie, die von einem Neger aus Kuba eingeschleppt wurde und unter einer Bevölkerung, der diese Krankheit unbekannt war, Tausende von Opfern forderte. Der Kaiser Cuitlahuac fiel dieser Ansteckungskrankheit nach kaum 80 Tagen Regierungszeit zum Opfer.

3. Religiöse Gründe: Zu Beginn der Kampfhandlungen kam den Spaniern die Vermutung der Mexikaner, die Montezuma geteilt zu haben scheint, nämlich daß Cortés und seine Soldaten der Gott Quetzalcoatl und sein Gefolge sei, sehr zu Hilfe.

4. Politische Gründe: Ohne stärkste Beteiligung der Tlaxcalteken und anderer Indianer, namentlich derer, die in Texcoco dem Kronprätendenten Ixtlilxochitl nachfolgten, hätten die Eroberer nie ihr Ziel erreicht. Alle diese Indianer, die nur im Rahmen des selbständigen Stadtstaates zu denken und zu folgern gewohnt waren, sahen in diesem Krieg gegen Mexiko einen Krieg wie alle andern Kriege, nämlich eine Stadtfehde, ohne sich klar darüber zu werden – mit Ausnahme von einigen wenigen weitsichtigen Männern wie Xicotencatl der Jüngere, den Cortés umbringen ließ –, daß sie einen Feind vor sich hatten, der entschlossen war, ihre politische Autonomie, ihre Religion und ihre Kultur vollkommen zu zerstören. Sie wachten erst auf, als sie sich bereits einer Sklaverei unterworfen sahen, wie sie zuerst den besiegten Azteken auferlegt wurde. Aber da war es schon zu spät.

42 Francisco Ramos de Cárdenas: *Descripción de Querétaro* (1582). Veröffentlicht von Primo F. Velázquez: *Colección de documentos para la historia de San Luis Potosí,* San Luis Potosí, 1897, Seite 12–13. Dieser Verfasser spricht besonders von einem *otomi pochtecatl* von Nopallan, der «seine Waren bei den chichimekischen Indianern verkaufte, die sich mit der Provinz (Xilotepec) im Kriegszustand befanden und sich keiner Amtsgewalt fügten. Er brachte ihnen Kleider, die aus dem Faden hergestellt wurden, den man von einem Baum oder einer Pflanze namens magey (sic) gewinnt, und dazu

Salz, was für sie der begehrteste Artikel war..., und sie lieferten ihm dafür Felle von Rehböcken, Löwen, Jaguaren, Hasen..., dazu Bogen und Pfeile.»

43 Xolotl ist zweifellos eine sagenhafte Persönlichkeit, die verschiedene Barbarenhäuptlinge der Epoche versinnbildlicht. Der Name, den man ihm überliefertermaßen gibt, ist der des Gott-Hundes, eine der Gestalten von Quetzalcoatl. Wenn Quetzalcoatl unter die Erde, in das Reich der Toten verschwindet, so erscheint er in der Gestalt von Xolotl wieder; der Hund ist, wie man weiß, gleichfalls der Gefährte der Toten. In der Geschichte verschwindet die Toltekenkultur (Quetzalcoatl) ebenfalls, um in neuer Form (Xolotl) wieder aufzutauchen).

44 Die Verachtung der Azteken für die Otomis trat in landläufigen Ausdrücken zutage wie: «Du bist wie ein Otomi, daß du nicht verstehst, was man zu dir sagt. Bist du nicht wirklich ein Otomi?» So kränkte man einen, der ungeschickt und linkisch war. Sahagún, Band III, Seite 124, 132.

45 Dieser Ausdruck bezog sich auf verschiedene Stämme, namentlich auf die zwischen Tehuacán und der Golfküste angesiedelten. Das Zeitwort *popoloca* bedeutet «eine barbarische Sprache sprechen». Molina: *Vocabulario de la lengua Mexicana* (1571), Faksimile-Neuauflage Leipzig, 1880, Seite 83 Rückseite, mexikanische Seite.

46 *Crónica Mexicayotl,* Seite 132–133. Auf Befehl von Montezuma I. wurde der große Deich gebaut, der die Stadt vor dem See schützen sollte. Während die Maurer arbeiteten, sang und trommelte der Bruder des Kaisers vor ihnen mit aller Auffälligkeit. «Wer ist denn das, der da so öffentlich singt und spielt?» fragte der Kaiser. – «Dein Bruder ist es, der *Tlacateccatl.*» – «Was werden die Leute vom Festland und die Uferbevölkerung sagen, die alle zur Arbeit hergekommen sind, während dieser Faulpelz (wörtlich: ‹tote Hand›, *mamiqui*) uns solche Schande bringt?» rief Montezuma aus und gab Anweisung, Ueue Zacatzin zu töten.

47 Außer den vorigen Werken siehe: André Malraux: *Le Musée imaginaire de la Sculpture mondiale* (commentaires sur la sculpture mexicaine par Jacques Soustelle), Paris (Gallimard),

1952; Ignazio Marquina: *Arquitectura prehispánica,* Mexiko, 1951; Alfonso Caso: *Arte prehispánico,* in *Veinte Siglos de Arte Mexicano,* Mexiko, 1940, Seite 26 bis 70; C. A. Burland: *Art and Life in ancient Mexico,* Oxford, 1948; Franz Feuchtwanger und Irmgard Groth-Kimball: *L'Art ancien du Mexique,* Paris (Braun), 1954; Paul Rivet et Gisèle Freund: *Mexique précolombien,* Neuchâtel, 1954. Dazu der illustrierte Katalog der *«Exposition d'Art mexicain».* Paris (Musée d'Art moderne), 1952.

48 *«Uel nemachtiloia in cuicatl in quilhuia teocuicatl, amoxxotoca. Ioan uel nemachtiloia in tonalpoalli, in temicamatl, ioan in xiuhamatl.»* (*Codex von Florenz,* Band I, Seite 65.) Die alten Mexikaner legten Träumen, die Vorahnungen enthielten, große Bedeutung bei. Der Tyrann Tezozomac gab Befehl, Nezaualcoyotl zu ermorden, nachdem er geträumt hatte, daß er von einem Adler, einem Tiger, einer Schlange und einem Präriewolf angegriffen wurde, was ihm Angst vor der Rache des jungen Fürsten einflößte.

49 Die aztekischen religiösen Gedichte, die von Sahagún im Original ohne Übersetzung veröffentlicht wurden, Band I, Seite 244–252, sind neu verlegt und übersetzt worden: auf englisch (in recht mangelhafter Übertragung) von Daniel G. Brinton: *Rig-Veda americanus,* Philadelphia, 1890; auf deutsch von Eduard Seler: *Die religiösen Gesänge der alten Mexikaner, in Gesammelte Abhandlungen,* Band II, 1904, Seite 959–1107. Spanische Lesart bei Sahagún, Band V, Seite 13–192; auf englisch, von Anderson and Dibble: *Codex von Florenz,* Band II, Seite 207–214.

50 Hymnus, der alle acht Jahre anläßlich des Festes Atamalqualitztli gesungen wurde. Sahagún, Band V, Seite 134 und folgende; *Codex von Florenz,* Band II, Seite 212.

51 *Codex von Florenz,* Band III, Seite 13–36. Cornyn: *The Song of Quetzalcoatl.* Anscheinend gab es einen episch-mythischen «Zyklus» der gefiederten Schlange. Man findet Bruchstücke davon bei Brinton: *Ancient Nahuatl Poetry,* Seite 104, und in den Anales de Cuauhtitlán, Codex Chimalpopoca, Mexiko, 1945, Seite 7–11.

Bilderläuterungen

Die Abbildungen auf dem vorderen und hinteren Vorsatz zeigen einige Seiten aus dem *Codex Aubin,* einer von mehreren Versionen der Annalen von Tenochtitlan aus der zweiten Hälfte des 16. Jahrhunderts. Die Seiten auf dem vorderen Vorsatz berichten über die Anfänge der aztekischen Geschichte mit dem Aufbruch aus Aztlan im Jahr 1186 (fol. 3v–4r):

Hier ist gemalt die Geschichte davon, daß die Mexica kamen aus dem Orte namens Aztlan.

Es liegt (der Ort) mitten im Wasser, von dem sie (die Mexica) aufbrachen. Es sind vier Stämme (Großhäuser).

Und während (der Überfahrt) zu Schiff dienten sie dem Gott, legten sie ihm ihre grünen Fichtenzweige nieder. Der Ort des Namens «Stätte des späteren Aufbruches» ist eine Höhle. Dort ist es, von wo herauskamen die acht Stämme.

Der erste Stamm (sind) die Huexotzinca. Der zweite Stamm (sind) die Chalca. Der dritte Stamm (sind) die Xochimilca. Der vierte Stamm (sind) die Cuitlahuaca. Der fünfte Stamm (sind) die Malinalca. Der sechste Stamm (sind) die Chichimeca. Der siebte Stamm (sind) die Tepaneca. Der achte Stamm (sind) die Matlatzinca.

Dort, wo (der Ort) Colhuacan liegt, da hatten sie ihre Wohnsitze. Als sie (die Azteken) aus Aztlan herüber (über das Wasser) kamen, trafen sie dort sofort (die Leute von) Colhuacan. Nachdem die (dort) Ansässigen sie (die Azteken) gesehen hatten, da sprachen sie zu den Azteken: «O unsere Herren! Wo geht ihr hin? Laßt uns euch begleiten!»

Da sagten die Azteken. «Wohin sollen wir euch begleiten?» Da sagten die acht Stämme: «Nein, o unsere Herren! Wir werden euch begleiten!» Und darauf sagten die Azteken: «Schon gut, wir wünschen euch zu begleiten!»

Erst in Colhuacan erhielten sie alsbald (das Kultbild des) Teufels, den sie verehrten, den Huitzilopochtli. (Unter) denen, die kamen, (war) eine Frau namens Chimalman. Sie begleiteten sie aus Aztlan. Zu vieren (in vier Gruppen) zogen sie aus, in der Weise wanderten sie.

[Das eingerahmte Symbol bedeutet: 1 Feuerstein, welches das Jahr 1168 bezeichnet]. Das Jahr «1 Feuerstein». Sie brachen auf aus Colhuacan. Vier Personen trugen auf ihrem Rücken (das Kultbild des) Teufels: der erste namens Quauhcouatl, der zweite (namens) Apanecatl, der dritte namens Tezcacouacatl, die vierte namens Chimalman [...]

Die Seiten auf dem hinteren Vorsatz sind Teil eines längeren Berichtes über das Vordringen der Spanier zu Beginn ihres Eroberungszuges im Jahr 1519. Sie haben folgenden Wortlaut:

Dann schnitten sie (die Spanier) die Hände ab denen, welche die Pauke schlugen. Es gibt zwei Stück von ihren Pauken. Eine (dieser Pauken) schlug (man) am Rande. Da wird man im Gedränge getreten, gerät man in Verwirrung. Da (war) ein Herr, ein Räucherpriester, der von (dem Tempel) Acatl iyacapan herabschaute. Er schrie eilends, er sagte eilends:

«O Mexica! Was tut ihr? Ist kein anderer da, der die Hintergedanken (der Spanier) begreift? Wer sind die, in deren Händen sich die Siegesschilde befinden? Ihr Stock (ist) nur ein Fichtenknittel!»

Als sie (die Mexica) das sahen, wandten sie den Rücken (zur Flucht), da gingen sie und schoben sich gleichsam nur so fort.

Darauf wurden sie (die Spanier) abgeriegelt. Im (Jahresfest) Etzalqualiztli waren sie abgesperrt in den Häusern zwanzig Tage lang. Am Etzalqualiztli(-Fest) erging insgeheim ein Befehl Motecuzomas. Er sprach zu den Älteren Kriegern:

«Hören sollen es die Mexica! Schon seit zwei Tagen haben nichts zu fressen die Hirsche der Götter [die Pferde der Spanier]. Verzehrt sind die Binsenmatten, die man ihnen als Futter gab.

Und jetzt sind schon zwei (Pferde) in hitziger Aufregung gefallen (verendet). Und demgemäß seien auf die Folgen hingewiesen die Älteren Krieger! Mögen wir nicht verderben!»

Es erschienen die Älteren Krieger. Darauf sagten sie: «Es ist schon gut!»

Darauf ward befohlen, nur nachts das Hirschfutter (Pferdefutter) hereinzubringen.

Und darauf kam der Kapitän [gemeint ist Cortés], damals eben, als an sieben Tagen gekämpft wurde, wo sie (die Spanier) nach Tlaxcallan abzogen im (Jahresfest) Tecuilhuitontli. Damals starb Motecuzoma [Motezuma II. starb in Wirklichkeit am 30. Juni 1520].

Nachdem er gestorben war, da beluden sie (mit der Leiche) einen namens Apanecatl [siehe das Begleitbild in der Handschrift].

Darauf brachte er (der Apanecatl) sie (die Leiche) nach Huitzillan. Aber dort verfolgten sie ihn. Nunmehr brachte er sie nach Ecatitlan. Aber dort schossen sie mit Pfeilen nach ihm. Nunmehr brachte er sie nach Tecpantzinco. Sie ebenfalls verfolgten ihn. Abermals brachte er sie fort nach Acatl iyacapan. Erst dort behielten sie ihn. Es sagte der Apanecatl:

«O unsere Herrschaften! Arm dran ist Motecuzoma! Soll ich ihn vielleicht lebenslänglich auf dem Rücken tragen?»

Darauf sagten die Vornehmen: «Holet sie (die Leiche)!» Sodann übernahmen die Verpflichtung (für den Leichnam) die Hausverwalter. Da verbrannten sie ihn. [...]

(Es folgt das Jahresfest) Tlacaxipeualztli. – Er (Quauhtemoctzin) unterwarf die Chalca und die Leute von Xocotitlan. Da sehen sie es, mit anderen zusammen wurden sie (zum Opfertod) «gestreift». [«Gestreifter, Mit Streifen Versehener», lautete die Bezeichnung der Gefangenen, die im «Sacrificio Gladiatorio» als Opfer des Gottes Xipe Totec den Tod erleiden. Der Name erklärt sich aus der charakteristischen weißen Körperbemalung mit längs verlaufenden roten Streifen.]

Am (Jahresfest) Toçoztontli starben die Prinzen [wohl auf Geheiß von Quauhtemoctzin, weil sie die Spanier unterstützt hatten]: Tziuacpopoca, Xoxopeualoc, Tziuactzin, Tencuecuenotl, Axayaca (und) Totleuicol [...]

(Zitiert nach *Geschichte der Azteken. Codex Aubin und verwandte Dokumente.* Aztekischer Text. Übersetzt und erläutert von Walter Lehmann und Gerdt Kutscher. Quellenwerke zur alten Geschichte Amerikas, aufgezeichnet in den Sprachen der Eingeborenen, Band XIII, Berlin 1981)

Seite 6:
Eine Seite (fol. 40v) aus dem Codex Aubin, die Jahre 1506 bis 1510 betreffend:
[«1 Kaninchen»] (= das Jahr 1506)
Hier wurden unterworfen die Leute von Çoçollan.
[«2 Rohr»] (= das Jahr 1507)
Hier werden geknotet unsere Jahre; zum siebten Mal wurden sie geknotet, die gesamte Zeit, seit die Mexica von Aztlan aufgebrochen waren.
[«3 Feuerstein»] (= das Jahr 1508)
Hier kamen herab die «Taubenmenschen».
[«4 Haus»] (= das Jahr 1509)
Hier erhob sich mehrmals das schreckliche Vorzeichen. Damals kam herab die «Steinsäule» von Texiuacan. Damals begaben sich die Christen auf die Reise. Auf diese Weise eröffnete ihnen Unser Herr, daß sie hierher (nach Mexiko) kommen würden. Aber oben ist abgemalt der Tempel.
[«5 Kaninchen»] (= das Jahr 1510)
Bild- und Textquelle: Geschichte der Azteken, a.a.O. Seite 225 bzw. Seite 26.

Seite 18/19:
Karte von Mexiko nach Provinzen und Stämmen zu Beginn des 16. Jahrhunderts. Bildquelle: Jacques Soustelle, So lebten die Azteken. Stuttgart 1956.

Seite 31:
Die Gründung von Tenochtitlan, der Stadt am Kaktusfels. Bildliche Darstellung aus dem Codex Mendoza. Sie zeigt die Häuptlinge der verschiedenen Stämme, neben den Wasserläufen sitzend, in Betrachtung der Vision eines Adlers auf einem Kaktus als Zeichen für die Anwesenheit Huitzilopochtlis, dem aztekischen Schutzgott. Die Legende von der Gründung Te-

nochtitlans besagt, daß Huitzilopochtli den Azteken versprochen hat, sie würden einen Adler auf einem großen Kaktus mit einer Schlange in den Krallen sehen, wenn sie den richtigen Platz zum Bauen gefunden hätten. Bildquelle: Bodleian Library, Oxford.

Seite 38:
Die Regierungsjahre Axayacatls. Diese Darstellung aus dem Codex Mendoza versinnbildlicht die Ereignisse während seiner Herrschaft. Im Bild oben wird der Sturz des Königs Moquiuixtli von den Zinnen der Tempelpyramide gezeigt. Die brennenden Tempel bezeichnen die eroberten Städte. Bildquelle: Bodleian Library, Oxford.

Seite 45:
Karte von Mexico-Tenochtitlan nach der Beschreibung von Cortés, die er in seinen Briefen an Karl V. über die Eroberung Mexikos gegeben hat. Sie ist im Codex Vindobonensis, S. N. 1600 der Österreichischen Nationalbibliothek, Wien, enthalten. Bildquelle: Österreichische Nationalbibliothek, Wien.

Seite 46:
Plan des Hauptplatzes von Tenochtitlan aus dem Codex von Florenz, einem in der nauatl-Sprache abgefaßten, illustrierten Geschichtswerk aus der ersten Hälfte des 16. Jahrhunderts. Bei den abgebildeten Baulichkeiten und Figuren handelt es sich um A: Die Heiligtümer des Uitzilopochtli und Tlaloc, B: ein Priester, C: Priesterhaus, D: Tempelplattform, E: das «Adlerhaus», eine Art Armeeklub, F: das «tlachtli», das Ballspielhaus, G: Schädelhaus, H: Tempel des Xipe Totec, Gott des Frühlings, I: Opferstein, K: alter Uitzilopochtlitempel, L: Symbol für «fünf-Eidechsen»-Jahr, M: Symbol für «fünf-Haus»-Jahr, N: Tanz- und Festplatz, P: Zugänge zum Hauptplatz, R: Tore zu den Heiligtümern. Bildquelle: Florentine Codex, General History of the Things of New Spain, ed. Arthur J. O. Anderson and Charles E. Dibble. 12 vols. Santa Fe 1950–69.

Seite 60/61:
Der Tempelbezirk in Tenochtitlan. Rekonstruktionszeichnung von Ignacio Marquina. Bildquelle: Ders., Estudio Arquitectó-

nico Comparativo de los Monumentos Arqueológicos de México, México 1928.

Seite 71:
Palast des Montezuma. Darstellung aus dem Codex Mendoza. Montezuma nimmt als der große Sprecher den obersten Raum ein, darunter befinden sich auf der Ebene der zweiten Plattform die links und rechts angeordneten Gemächer der verbündeten Könige. Der linke Raum im Erdgeschoß ist für den Kriegsrat bestimmt, der rechte Raum für die vier Richter, die sich gerade mit den Schwierigkeiten eines ehelichen Rechtsstreites befassen: Bildquelle: Bodleian Library, Oxford.

Seite 97:
Besuch eines «telpochcalli», eines «Hauses der jungen Männer». Das Bild oben zeigt den Unterricht bei einem Krieger. Die Schnörkel bedeuten Sprechen. Falsche Antworten werden mit dem Kaktusstachel bestraft, den der Krieger in der Hand hält. Bildquelle: Bernhardino de Sahagún, Historia General de las Cosas de Nueva España, México 1829.

Seite 103:
Montezuma zeichnet verdiente Krieger aus. Bildquelle: Sahagún, a.a.O.

Seite 113:
Ausbildung eines jungen Priesters. Der Unterricht beginnt mit dem Wecken um Mitternacht und einer feierlichen Prozession auf die obere Plattform des Tempels. Nach einigen Gesängen zu Ehren der Götter erklärten die Priester den Novizen die Positionen der Sterne und Planeten, während zur gleichen Zeit die jüngsten Zöglinge zum Einsammeln von Skorpionen und Spinnen ausgeschickt wurden. Die Darstellung aus dem Codex Mendoza zeigt einen Schüler, der eine mit Skorpionen gefüllte Weihrauchpfanne zum Priester trägt. Bildquelle: Bodleian Library, Oxford.

Seite 125:
Die Darstellung ist dem Codex Fejérváry-Mayer, einer vorkolumbianischen Bilderhandschrift, entnommen. Sie zeigt Yacate-

cuhtli («Er, der vorausgeht»), den Schutzgott der Kaufleute, mit dem Symbol des Kreuzweges und den darauf gemalten Fußspuren. Der Kaufmann unten trägt eine Ladung quetzal-Federn. Bildquelle: Codex Fejérváry-Mayer. Manuscrit mexicain précolumbien, publié par le Duc de Loubat, Paris 1901.

Seite 139:
Goldschmied beim Schmelzen des Goldes. Aus dem Codex von Florenz. Bildquelle: Florentine Codex, a.a.O.

Seite 165:
Tributliste des Montezuma aus dem Codex Mendoza. Abgebildet sind hier die Tribute aus Soconusco, einem tropischen Gebiet, das Kakaoballen, Federn, Jaguarfelle und Jadeperlen nach Tenochtitlan schickte. Auf der linken Seite sind die tributpflichtigen Städte verzeichnet: Bildquelle: Bodleian Library, Oxford.

Seite 185:
Das Urpaar Ometecuhtli und Omeciuatl. Auf dieser Darstellung bringen der «Herr und die Herrin der Zweiheit» einen Feuerschmetterling als Symbol der Seele in einen leblosen Schädel. Bildquelle: Codex Fejérváry-Mayer, a.a.O.

Seite 207:
Bildliche Darstellung des Wahrsagejahres. Bildquelle: Codex Fejérváry-Mayer, a.a.O.

Seite 219:
Tezcatlipoca, der «Rauchende Spiegel», hier im Kampf mit dem Erdungeheuer, bei dem Tezcatlipoca einen Fuß verlor. Bildquelle: Codex Fejérváry-Mayer, a.a.O.

Seite 226:
Atelier eines Goldschmieds. Bildquelle: Florentine Codex, a.a.O.

Seite 246:
Junge Männer mit Lendenschurz und Mantel. Die Abbildung zeigt eine Szene vom Fest Tlacaxipeualitzli, das «Fest des Menschenschindens», das im Februar gefeiert wird, um das Wachs-

tum des Maises zu fördern. Aus diesem Anlaß tanzt ein junger Priester mit der abgezogenen Haut eines Menschenopfers durch die Straßen; siehe dazu auch Seite 199 und 267. Bildquelle: Sahagún, a.a.O.

Seite 261:
Montezuma bei einer Ratsversammlung. Auf dem Bild sitzt der Herrscher auf dem «icpalli», dem aus Binsen geflochtenen Thronsessel, während er zu den vor ihm versammelten vier Großräten spricht. Bildquelle: Sahagún, a.a.O.

Seite 278:
Verteilung von Lebensmitteln und Kleidung an Bedürftige unter Aufsicht des Kaisers Montezuma. Bildquelle: Sahagún, a.a.O.

Seite 297:
Taufe eines Kindes, aus dem Codex Mendoza. Vier Tage nach der Geburt (oben links die Mutter und das Neugeborene) zeigt die Hebamme das Kind den drei Jungen, die den Namen ausrufen sollen. Später kommen die Verwandten des Kindes, um ihm Ratschläge zu erteilen und Segen zu wünschen (rechts Mitte und unten; ihnen gegenüber Vater und Mutter des Kindes). Bildquelle: Bodleian Library, Oxford.

Seite 302/303:
Erziehung der Knaben und Mädchen im Alter zwischen drei und vierzehn Jahren. Auf diese Schaubilder aus dem Codex Mendoza beziehen sich Soustelles Ausführungen auf Seite 301 ff. Das Alter des Kindes wird durch die Anzahl der Punkte auf jedem Bild bezeichnet. Bildquelle: Bodleian Library, Oxford.

Seite 311:
Unterricht in der Schule für Priester («calmeac» oben) und für Krieger («cuicacali» unten). Die Schüler auf dem Bild aus dem Codex Mendoza sind fünfzehn Jahre alt. Bildquelle: Bodleian Library, Oxford.

Seite 319:
Aztekische Hochzeit, aus dem Codex Mendoza. Bildquelle: Bodleian Library, Oxford.

Seite 333:
Eine alte Frau trinkt «octli» aus einer Schale. Aus dem Codex Mendoza. Freier Genuß von Alkohol war nur den über Fünfzigjährigen oder zu besonderen Gelegenheiten erlaubt. Bildquelle: Bodleian Library. Oxford.

Seite 347:
Tlaloc segnet den Mais, indem er die Erde feucht und grün macht. Die Maispflanze erscheint hier als Chalchihuitlicue, Tlacocs junge Gattin. Bildquelle: Codex Fejérváry-Mayer, a.a.O.

Seite 379:
Aztekische Krieger mit Gefangenen, aus dem Codex Mendoza. Gefangene zu machen war ein wichtiges Kriterium für den militärischen Erfolg. Ehrenzeichen und Beförderungen wurden entsprechend der Gefangenenzahl, die der einzelnen Krieger erreichte, erteilt: Bildquelle: Bodleian Library, Oxford.

Seite 381:
Im Gegensatz zu den Azteken führten die Spanier einen blutigen Krieg. Diese Darstellung aus dem Codex Vaticanus A zeigt den spanischen Kommandanten Pedro de Alvarado während eines Massakers an den aztekischen Adligen, die sich unter dem Großen Tempel versammelt hatten. Bildquelle: Codex Vaticanus A (Rios), Biblioteca Apostolica Vaticana, Vatikan.

Seite 417:
Aztekische Musikanten. Bildquelle: Florentine Codex, a.a.O.

Seite 426:
Volksbelustigung mit Musikanten, Akrobaten und Buckligen. Bildquelle: Sahagún, a.a.O.

Inhalt

SIEBENTES KAPITEL

ANHANG

CIP-Kurztitelaufnahme der Deutschen Bibliothek

Soustelle, Jacques:
Das Leben der Azteken: Mexiko am Vorabend
d. span. Eroberung / Jacques Soustelle.
Übers. aus d. Franz. von Curt Meyer-Clason. –
Zürich: Manesse Verlag, 1986.
(Manesse Bibliothek der Weltgeschichte)
Einheitssacht.: La vie quotidienne des aztèques <dt.>
ISBN 3-7175-8086-8 Gewebe
ISBN 3-7175-8087-6 Ldr.

Umschlag und typographisches Konzept:
Hans Peter Willberg, Eppstein

Titel der französischen Originalausgabe:
«La vie quotidienne des Aztèques à la veille
de la conquête espagnole»,
erschienen im Verlag Librairie Hachette, Paris
Ins Deutsche übertragen von Curt Meyer-Clason

naya caontetl ynmveueuh centetl ate
qujtzotzonaya nimã yenequeque çall
yeixpolioya nimã ce tlacatl tlenan
cac acatl yyacapã valitztia tzatziti vitz
qujtotivitz. Mexicaye tlacamay aocac
yyollo qujmati aqujque ynjn macu
nj mal chimalli. Ynj quauh çanac
yaquavitl ynoqujttaque nimã ye n
tepotztia yuhqujn çã motoliqpeuhtiaque n
man ycõmocaltzaeque. Ynjpan caltz
uhc ticatca ẽ tzalqualiztli cempoval
tica ypã ẽ tzalqualiztli ymichtacava
q ynjtlatol ỹmotecuhccoma qujmilh
nj tiachcavan. Tlaqcaqujca ỹmex
ca cayecomilhuitl ynatlequjqua ymm
çavan ynteteo otlatlan intolacextli
qujn qualtia. Auh ynaxcã yeontetl y
comontivetzi. Auh ynjn aoc moxo
caltican intiachcava maamotipoh
ticayñezca yntachcavã. Nimã qujn
que. Cayequalli. Nimã yemona vat
çanyovaltica in calla qujxa, ỹmaçatl
qualli. Auh nimã valla incapida
yquac inyenochtico milhuitl ypãnec
lli vac ypan inyaque tlaxcallan inte
cuilhuitontli yquac mic ymotecuhccor
yno ỹmic nimã qujval mamaltin
ymitoca apanecatl nimanompaq